박홍규 철학의 세계

박홍규 철학의 세계

이태수 · 최화 · 윤구병 · 양문흠 · 손동현 · 강상진 · 유형수 · 이창대 · 이정호 · 류종렬 · 김혜경 · 기종석 지음

도서출판 길

지은이 및 좌담 참여자 (가나다순)

강상진 서울대 철학과 교수
강성훈 서울대 철학과 교수
기종석 건국대 철학과 명예교수
김남두 서울대 철학과 명예교수
김혜경 인제대 문화콘텐츠학과 교수
류종렬 철학아카데미 교수
박희영 외국어대 철학과 명예교수
손동현 성균관대 철학과 명예교수, 우송대 교양대학장
송영진 충남대 철학과 명예교수
양문흠 동국대 철학과 명예교수
유형수 한국방송통신대 문화교양학과 최우수 졸업논문상 수상, 택시운전기사
윤구병 전(前) 충북대 철학과 교수, 변산공동체 대표
이정호 한국방송통신대 문화교양학과 명예교수, 정암학당 이사장
이창대 인하대 철학과 명예교수
이태수 서울대 철학과 명예교수, 전(前) 인제대 교수
최화 경희대 철학과 교수
한경자 사단법인 정암학당 연구실장

박홍규 철학의 세계

2023년 12월   5일 제1판 제1쇄 인쇄
2023년 12월 15일 제1판 제1쇄 발행

지은이 | 이태수 외
펴낸이 | 박우정

기획 | 이승우
편집 | 이남숙
전산 | 한향림

펴낸곳 | 도서출판 길
주소 | 06032 서울 강남구 도산대로 25길 16 우리빌딩 201호
전화 | 02) 595-3153 팩스 | 02) 595-3165
등록 | 1997년 6월 17일 제113호

ⓒ 이태수 외, 2023. Printed in Seoul, Korea

ISBN 978-89-6445-275-2 93100

머리말

   소은(素隱) 박홍규(朴洪奎, 1919~94) 선생은 서양철학사의 기저에 놓인 존재론의 근본 문제를 평생 치열하게 성찰해 그 기본 얼개와 특징을 탁월하게 해명하고 존재와 생성을 함께 아우르는 고유의 존재론적 사유를 구축한 위대한 철학자이다.

   올해로 소은 선생이 우리 곁을 떠난 지 29년에 이르고, 지난 2019년은 소은 선생의 탄신 100주년이 되는 해였다. 그래서 제자들은 2019년에 맞추어 소은 선생 탄신 100주년 기념 문집을 내기로 일찍이 뜻을 모았다. 그러나 제자들의 게으름과 이런저런 사정 때문에 턱없이 늦어져 예정보다 4년이 지난 이제서야 책을 펴내게 되었다. 탄신 100주년 기념이란 명분이 무색해졌으니 그저 선생께 죄송스러울 뿐이다. 기획 당시 제자들은 탄신 100주년 기념호가 될 이번 책에는 지난번에 펴낸 『박홍규 형이상학의 세계』(도서출판 길 2015)와 달리, 학술적인 논문 형식의 글뿐만 아니라 소은 선생의 삶을 돌아보는 자유로운 형식의 글도 함께 포함하기로 했다. 왜냐하면 선생과 가까이에서 가장 많은 시간을 보낸 제자들의 나이도 어느덧 노령에 이르고 있어 철학사에 남을 선생의 삶과 관련한 정보를 더 늦기 전에 기록으로 남길 필요가 있었기 때문이다.

따라서 이 책에는 소은 선생의 삶과 학문과 관련해 다양한 형식과 내용의 글들이 실려 있다. 실린 글들의 형식을 '강연문', '논단', '회고와 철학적 단상', '서평', '좌담', '자료' 등으로 구분한 것도 그 때문이다. 그러나 이러한 구분도 편집상의 편의를 위한 개략적인 구분일 뿐 형식과 내용에서 다소 구분이 애매한 글도 일부 포함되어 있다.

'강연문'은 2019년 한국서양고전학회에서 소은 선생 탄신 100주년을 기념해 이태수 교수와 최화 교수가 발표한 것인데, 이곳에 옮겨 실으면서 내용 가운데 일부가 수정·보완되었다. 짧지만 소은 철학의 핵심을 간취할 수 있는 글이다.

'논단'은 소은 선생의 철학과 학문과 관련해 학술적인 성격의 글들을 모아놓았지만, 학술 논문에서부터 개인의 철학적 단상에 이르기까지 형식도 다양하고 내용과 주제 또한 자유롭다. 전문 연구자로서 제자들의 깊이 있는 성찰은 물론이거니와 평범한 일상인으로서 소은 철학에 관심을 두고 쓴 글도 입문 이상의 내용을 담고 있다.

'회고와 철학적 단상'은 제자들마다 때로는 비슷하게 때로는 다르게 겪었을 소은 선생에 대한 추억과 회고담, 그리고 그와 관련한 상념을 담은 글들이다. 수필 형식의 글이 대부분이지만, 소은 철학에 대한 필자들

나름의 철학적 상념이 곳곳에 담겨 있다.

'서평'은 이정우 교수가 오랜 기간 심혈을 기울여 펴낸 『소은 박홍규와 서구 존재론사』(도서출판 길 2016)에 대한 서평을 실었다. 이 책은 소은 철학 연구가 미진한 가운데 소은 철학의 전반적인 내용을 심도 있게 그리고 체계적으로 다룬 연구서라는 점에서 빛을 발한다.

'좌담'은 이 책의 처음 기획 의도에 맞추어 소은 선생의 삶과 관련해 제자들이 알거나 직접 겪은 내용들이 담겨 있다. 처음에는 제자들 각자가 글로 쓰기로 했지만 서로 겹치는 내용도 많을 것 같아 함께 모여 좌담을 나누는 게 더 좋다고 여겨, 줌(Zoom) 화상 회의 장치를 이용해 두 차례 좌담을 열었다. 그러나 오래간만에 만난 제자들이 자유롭게 방담 형식으로 장시간 진행하다 보니 주제와 상관없는 내용도 많아 불가피하게 좌담 내용을 주제에 맞게 재구성해 싣게 되었다.

끝으로 '자료'는 소은 선생의 1970년대 초 서울대 문리과대학 철학과 학부·대학원 강의록 몇 편을 싣고 있다. 우선 학부 강의록은 박희영 교수와 이정호 교수의 재학 시절 수강 노트의 내용이다. 다행히 수강 노트가 보전되어 이 강의록이 나올 수 있었다. 훗날에 가면 필기 당사자 외에 알아보기 힘든 내용도 있을 것이기에 필기 당사자가 최대한 필기 내용 그대로를 복원하여 싣게 되었다. 특히 박희영의 수강 노트는 녹취록이라

여길 정도로 놀랍도록 자세하다.

　그런데 『파이돈』에 관한 대학원 강의록의 경우는 이정호 교수가 2021년 작고한 동기생 이화여대 이규성 교수의 유품을 정리하다 해당 노트를 발견해 내용 그대로를 복원한 것이다. 졸업 후 동양철학을 전공한 이규성 교수는 학부 시절 그리스어도 익혀 소은 선생의 대학원 『파이돈』 강의를 열심히 청강했다.

　비록 이 강의록 모두는 당시 학생 수준에서 자기 방식으로 선취된 기록이라 소은 선생의 당시 강의 내용을 온전히 담고 있지는 않겠지만 소은 선생의 강의를 현장에서 듣고 기록한 자료라는 점에서, 그리고 관련 자료가 거의 남아 있지 않은 선생의 제논과 중세 철학, 파이돈, 데카르트 관련 강의 내용을 포함하고 있다는 점에서 귀중한 자료라 아니할 수 없다.

　소은 선생이 남긴 진정한 유산으로서 선생의 철학을 계승하고 심화·발전시키기 위한 소은 철학 자체에 대한 연구는 아직도 시작 단계에 머물러 있다. 이제 후학들에게는 선생이 강조한 엄격한 고전어 독해 훈련은 물론, 진일보한 수준에서 선생이 남긴 철학 사상에 대한 보다 심층적이면서도 지속적인 연구가 매우 중요한 과제로 던져져 있다. 소은 선생이 돌아가신 지도 어언 30년이 다가오고 전집이 처음 나온 지도 그만큼 지났지만, 아직까지 대학에서 소은 철학을 다루는 강좌 하나 제대로 개설된 적도 없고 소은 철학 관련 학위논문 하나 없다는 것이 제자들로서 참으로 부끄러운 일이 아닐 수 없다. 그런 점에서도 최화 교수의『박홍규의 철학』(이화여자대학교출판부 2011)에 이어 이정우 교수가『소은 박홍규와 서구 존재론사』를 펴낸 것은 참으로 박수받아 마땅한 일이다. 이정우 교수의 그간의 노력과 정진에 존경과 찬사를 보낸다. 그리고 정암학당이 소은 철학 연구를 위한 전집 강독 정례 강좌를 기획하고 있는 것은 만시지탄이나 다행스러운 일이다.

제자들 가운데 연장자는 어느덧 선생께서 살아오신 일흔네 해를 넘겼고 나머지 제자들도 그에 다가가거나 예순을 넘겼다. 선생이 돌아가시기 직전까지 고전 연구에 대한 열정을 하나같이 견지해 오셨음을 깊이 마음에 새기고 다시 한번 스스로를 되돌아보면서 우리도 끝까지 분발하지 않으면 안 될 것이다. sapere aude. ── 아는 데 용감하라 ──

2023년 가을
박홍규전집간행위원회

차례

강연문

1. 소은 박홍규의 고전에 대한 생각

이태수

소은(素隱) 박홍규(朴洪奎)의 탄신 100주년인 2019년 '한국서양고전
학회'는 상반기 학술대회에서 선생의 학덕을 기리고자 특별한 세션을
마련했습니다. 고맙게 제게도 이 세션에서 선생의 삶과 사색의 일단(一
端)을 조명해 보여 드릴 수 있는 기회가 주어졌습니다. 저는 세션의 취지
에 맞추어 먼저 학회가 출범했던 30여 년 전 당시를 기억에 떠올리면서
이야기를 시작하겠습니다. 그리고 그 이야기를 서양 고전 연구가 우리나
라에서 뿌리를 내릴 수 있게끔 지반을 조성한 선생의 기여에 관한 좀 더
자세한 이야기로 이어가도록 하겠습니다.

소은 선생[1]은 우리 고전학회의 창립자 중 한 분이었습니다. 학회가 창

---

1 '素隱'이라는 호는 윤명로(尹明老) 교수가 지어준 것으로 알려져 있다. 이 글에서 스승
박홍규 선생님을 지칭하기 위해서는 호를 쓰는 것이 가장 적절한 것 같다. 학술적인 글
에서 일상적인 높임말을 그대로 옮겨 쓰면 문투(文套)가 자칫 지나치게 번거로운 느낌
을 줄 수 있지만, 호를 쓰면 그 번거로움에서 벗어날 수 있으며 동시에 경어법의 격조
를 유지할 수도 있는 장점이 있다.

설된 것은 1987년인데, 소은 선생은 당시 고전학계의 1세대에 속하는 몇몇 분과 함께 우리 고전학회의 출범을 이끌었던 발기인의 역할을 맡으셨습니다. 제 기억이 정확하다면 첫 발기인 모임에 참석했던 학계의 1세대 분들은 소은 선생 외에 양병우, 조요한, 지동식, 김진경 교수였습니다. 이분들 가운데 해방 전 일본 대학에서 서양 고전을 공부했던 소은 선생과 양병우 선생은 윗대 스승으로 일본인들이 있었지만 그 학통과는 상관없이 우리 대학에서 고전의 교육과 연구 활동의 전통을 새롭게 시작했기 때문에 우리 학계의 1세대 선구자라고 할 수 있습니다. 학계의 1세대로는 두 분보다 더 원로로 연세대에서 서양고대사를 가르친 바 있는 조의설 교수와 고려대에서 서양 고대 철학을 가르쳤던 손명현 교수가 있었으나, 그때는 이미 두 분 모두 작고하신 지 꽤 오랜 세월이 지났습니다. 조요한, 지동식, 김진경 세 선생은 일제에서 해방된 후 고전 분야의 교수진이 없었던 우리 대학의 초창기에 독학으로 고전 공부를 하고 제자를 가르치기 시작했으니까 확실한 학계의 1세대로 모셔야 마땅한 분들입니다.

발기인 모임이 몇 차례나 있었는지는 정확하게 기억이 나지 않습니다. 어쨌든 확실한 것은 첫 번째 모임에서 학회 구성안에 대해 대체로 모두의 합의가 이루어졌고 곧 학회 창립의 실무적인 준비를 맡는 소위원회가 꾸려졌습니다. 소위원회에는 1세대 제자인 허승일, 김남두 그리고 제가 실무적인 일을 처리할 구성원이 되었습니다. 그리고 소위원회의 일을 총괄하는 책임은 발기인 회의에서 창설될 학회의 초대 회장으로 내정된 양병우 선생이 맡았습니다. 원래 초대 회장으로는 소은 선생을 추대한다는 것이 묵언 중에 합의되어 있다고 할 수 있었습니다. 소은 선생이 발기인 중 가장 연치가 높았고 또 연구자들의 모임을 결성하자는 제안이 실은 소은 선생에게서 나온 것이었기에 모두가 그렇게 하는 것을 아주 자연스러운 것으로 생각했습니다. 그러나 '회장'이라는 말이 나오자마자 소은 선생은 마치 못 들을 말이라도 들은 것처럼 눈길을 창밖으로 돌리면서 거부 의사를 너무나 단호하게 표시했기 때문에 그다음 연장자인 양병우 선생이 떠맡을 수밖에 없었습니다. 제가 알기로는 양병우 선생도 은둔자 형에 가까운 성격이지만 선생까지 그 자리를 거절하면 원로들이 모임 자체를 거부하는 것처럼 보이니 선생으로서는 어쩔 수 없는 상황이었던 것 같습니다.

양병우 선생은 그 자리에서 회장 자리를 떠맡는 바람에 그 뒤 곧 고전학회가 한국학술협의회에 회원단체로 가입하면서 그 협의회의 이사장직까지도 맡게 되었습니다. 한국학술협의회는 대우재단의 학술지원사업을 직접 담당하는 창구와 같은 기능을 하는 조직으로서 대우재단으로부터 교부받은 재원을 회원단체인 여러 학회에 재정보조금으로 배분하는 것을 주업무로 수행했습니다. 당시 고전학회를 비롯해 학회 운영에 재정적 어려움이 있을 수밖에 없는 여러 소규모의 순수학문 분야의 학회를 대표하는 분들이 모여 협의회를 결성하는 자리에서도 아마 양병우 선생은 그 모임을 대표할 원로로 추대된 것 같습니다. 어쨌든 그 덕택에 고전학회는 설립 첫해부터 그 이후 학술협의회가 해체될 때까지 30년 동안 대우재단에서 재정적 지원을 받았습니다. 제가 기억하고 있는 이런 일은 학술 활동 자체에 관한 것은 아니니까 학회 역사에 공식적인 기록으로 자리하기에는 적당하지 않을 수 있습니다. 학회 홈페이지에도 학회 연혁란에 학술협의회의 존재에 대해서는 언급되어 있지만, 이름 이상의 자세한 사항은 일체 기록되어 있지 않습니다. 그러나 제가 기억하고 있는 것을 그냥 이면사에 속하는 일화일 뿐이어서 세월과 함께 그냥 망각 속에 묻히게끔 내버려두는 것은 좀 무심한 것 같기에 이 글을 통해서라도 기록으로 남기고자 합니다.

또 하나 기록에 남기고 싶은 것은 학회 명칭을 정할 때의 경위입니다. '서양고전학회'라는 명칭으로 하자는 데에는 이견이 있을 수 없었습니다. 그런데 그 우리말 명칭을 영어 명칭으로 옮기는 문제를 놓고는 토론이 좀 있었습니다. 특히 지동식 선생이 강력히 권고하여 국제고전학회에 회원으로 가입 신청을 한다는 데에 합의했기에 영어 명칭을 정하는 데에는 특별히 신경이 쓰였습니다. 우선 '고전'이라는 말을 'Western

Classics'으로 옮기자는 안을 검토했습니다. 그런데 이 영어 표현에 대해서는 이의 제기가 있었습니다. 누구보다도 소은 선생이 문제를 삼았습니다. 선생은 'Classics'란 개념에 서양 문명의 모태인 고대 그리스, 로마의 문화적 성취라는 뜻이 이미 들어 있다는 점을 지적했습니다. 사실 '고전'과 'Classics'가 같은 개념은 아닙니다. '고전'은 예부터 오랫동안 문화 활동의 전범(典範)으로 인정되어 온 문화적 성취라고 투명하게 그 뜻을 풀이할 수 있습니다. 여기에는 어느 특정 문명권이나 문화 전통을 지시하는 고유명사적 요소는 들어 있지 않습니다. 순전한 일반명사라고 할 수 있습니다. 반면 서양에서 'Classics'라는 개념은 그 외연이 오랫동안 고대 그리스, 로마의 문화적 성취로 정해진 것처럼 쓰여왔기 때문에 그것이 그냥 개념의 뜻을 이루는 요소처럼 되었습니다. 물론 서양에서도 그 말을 넓은 뜻으로 느슨하게 쓰면 —특히 형용사형을 쓸 때는— 고유명사적 요소 없이 일반적인 뜻으로만 이해되어 '고전'의 뜻과 별 차이가 없어 보입니다. 그러나 아직도 학문 영역의 이름처럼 전문적인 말로 쓰이면 고대 그리스, 로마의 문화적 성취나 그것을 연구하는 분야를 뜻하는 말로 통용됩니다. 그 점은 'Classical Study', 'Classical Philology', 'Classical Archeology'의 예에서 볼 수 있듯이 형용사형에서도 마찬가지입니다.[2]

소은 선생의 발언이 있은 뒤 'Western Classics'라는 표현을 사용한 명칭은 더 이상 고려 대상이 되지 못했습니다. 만일 이 표현이 그냥 받아들여져 —물론 그럴 리는 없었겠지만— 학회의 이름이 영어로 정해졌다면, 그 이름을 처음 듣는 미국 사람은 존 웨인(John Wayne)이 주연을 맡은 옛날 서부활극을 좋아하는 동호인 모임이 한국에도 있구나 하는 생각을 했을지도 모를 일이죠. 그런데 문제의 그 표현을 제쳐 놓고 나니,

---

2 영어의 표준적인 사전인 『옥스퍼드 영어사전』(Oxford dictionary of English)의 정의에 따르면 'classical'은 일차적인 뜻이 그리스, 로마 문명에 관련된 것이고 이차적으로 일반적인 전범의 뜻으로 쓰인다(단 'classical music'과 같이 예외적인 경우가 없지는 않다). 반면 'classic'은 일반적인 뜻으로 쓰인다.

'서양'과 '고전'의 개념을 묶어 전달할 수 있는 영어 표현이 얼른 떠오르지 않았습니다. 'Classics' 안에 이미 두 개념이 모두 들어 있다는 점을 지적한 소은 선생은 더 이상 다른 말을 덧붙일 것 없이 그 표현을 그대로 쓰자고 제안하셨습니다.[3] 하지만 당시 모임에서는 아마 그런 식의 명명법이 고전을 서양이 독점한다는 인상을 줄 수 있다는 우려 때문인지 좀 망설이다 결국 'Greco-Roman Studies'라는 명칭에 합의했습니다. 소은 선생도 다수의 의견을 따랐지만, 그 명칭이 못마땅하다는 기색은 감추지 않았습니다. 고전학도라면 누구라도 선생과 마찬가지로 그 명칭이 흡족하지는 않았을 것입니다. 'Greco-Roman'이라는 표현은 고전 연구의 최소한만을 명시하고 있습니다. 즉 연구 대상이 어떤 것인지를 지역 또는 시대를 특정하는 선에서만 표시하고 있습니다. '고전'이나 'Classics'가 — 둘 사이의 미묘한 차이에도 불구하고 — 공통적으로 표현하고 있는 연구 대상 특유의 규범적 효력에 대한 권리 주장을 포기 또는 적어도 유보한 명칭입니다.

결과적으로 대내용 우리말 명칭이 내세운 '고전'이 대외용 영어 명칭의 간판에서는 흔적도 없이 지워져버리고 만 셈이 되었습니다. 이것을 저는 속으로 우리 서양고전 연구가 서구중심주의와 거리를 취하고 있다는 표시라고 긍정적으로 해석했습니다.

서양에서 고전학은 인문주의(humanism) 이념의 전통과 떼어 생각할 수 없는 역사적 배경을 가지고 있습니다. 기원전 3세기 고전학을 시작한 알렉산드리아도서관의 사서나 르네상스 시기에 다시 고전 텍스트 읽기에 열중한 인문주의자나 자신들이 연구하는 텍스트가 인간다움의 정수를 내용으로 담고 있다고 굳게 믿었고 그 믿음은 아직까지 유지되고 있습니다. 하지만 서양 문명권 밖에서 서양의 고전을 접하면서 그 믿음도

---

3 당시 같은 동양권에 속한 중국이나 일본의 경우 어떤 학회 명칭을 사용하는지는 알아보지 못했다. 나중에 확인을 했는데, 일본 서양고전학회의 영어 명칭은 'The Classical Society of Japan'이었다. 중국에 서양 고전 연구자들의 학회가 있는지 아직까지 확인하지 못했다.

그대로 받아들여야 하는 것은 아닙니다. 그 믿음은 상대화되고 동시에 그 믿음을 동반해 왔던 규범적 효력도 약화될 수 있습니다. 사실 고전 텍스트 연구에 있어 학문적 인식의 부분과 서양의 전통적인 인문주의 이념의 부분은 원칙적으로 절대 서로 떨어질 수 없는 것은 아닙니다. 서양에서도 서양의 고전이 다른 문명권에 본격적으로 알려지기 전에 이미 그 둘 사이의 연결이 흔들릴 수 있다는 조짐이 보였습니다. 인문주의가 인간 만들기(Bildung zum Menschen)라는 교육이념으로 좀 더 구체화되고 그 이념을 실현하는 프로그램이 교육제도의 근간으로 자리 잡게 된 19세기 독일에서는 시간이 지나가면서 전통적인 인문주의 이념에 대한 피로감도 생기기 시작했습니다. 당시 독일어권에서 최연소 고전문헌학 교수였던 프리드리히 니체(Friedrich Nietzsche)는 전통적으로 고전적 가치로 인정받은 데 대한 반감을 확실하게 표현하면서 새로운 시대의 도래를 예고했습니다. 학계에서 니체를 질책하는 데 가장 앞장선 젊은 울리히 빌라모비츠-묄렌도르프(Ulrich Wilamowitz Moellendorff)는 인문주의 이념을 옹호하는 것은 아예 착안사항이 아니었습니다. 그보다는 니체가 학문적 엄밀성의 임무를 저버린 잘못만을 집중적으로 문제 삼았습니다. 그가 예고하고 싶은 새로운 시대는 학문적 엄밀성을 숭상하는 시대였을 것입니다. 어쨌든 당시 두 사람은 20세기 서양에서 고전학이 겪게 될 상황을 부분적으로 다 맞게 예고했습니다. 한 사람이 기대했듯이 고전학은 엄밀한 학문 분야로 아카데미의 반석 위에 자리를 잡고 있습니다. 그러나 그 자리는 다른 많은 전문 분야, 특히 좀 더 엄밀한 과학 분야 사이에서 아주 조그맣게 줄어들었습니다. 그리고 또 다른 한 사람이 기대했듯이 인문주의의 이념은 효력이 거의 정지되었습니다. 그래서 고전학에는 한때 인문주의가 확보해 준 교육의 넓은 영토가 그냥 실지(失地)가 되고 말았습니다. 그 결과로 고전학은 대학의 전문가를 위한 조그만 자리 안에 갇혀 있을 뿐입니다.

소은 선생은 평소 그리스 고전 연구의 의의에 관한 이야기를 자주 했는데, 그 이야기의 초점이 주로 어디에 맞춰져 있는지 상기하게 됩니다. 소은 선생은 보통 인문주의자들이 생각하는 것과는 좀 다른 쪽에 시선을 주고 있는데, 가령 제3인문주의의 주창자인 베르너 예거(Werner Jaeger)의 명저 『파이데이아』(*Paideia*)를 언급한 적이 있기는 하나 아주 높은 평가를 하지는 않았던 것으로 기억합니다. 소은 선생에게 그리스, 로마의 고전이 고전으로서 대접받아야 하는 이유를 한마디로 짚어내라면 다른 그 어떤 것보다 학문의 탁월성일 것입니다. 오늘날 고대 그리스, 로마 문명을 계승한 서구 문명이 인류 문명을 대표하는 위치를 차지하게 된 데에는 여러 이유가 있겠지만, 그중 가장 큰 이유로 학문의 역량, 특히 실증과학의 역량을 들어야 합니다. 넓은 의미의 학문은 다른 문명권에도 있지만, 실증과학은 서구에만 유일합니다. 하지만 실증과학을 수입한 다른 문명권은 그것을 문화제국주의나 서구중심주의 등의 문제와 연결하지 않습니다. 어느 곳에서나 차세대가 물리학과 수학을 공부하는 것을 서구 문화에 의해 세뇌당하는 것이라고 보지 않습니다. 소은 선생은 진리 인식을 목표로 하는 학문과 인생관 또는 세계관을 구별합니다. 물리학과 수학을 가르치는 것은 서구적 인생관과 세계관을 주입하는 것이 아니라 진리를 알게 하는 것입니다. 이 평범한 구별은 상식으로 통용되고 있다고 해도 좋습니다. 가끔 서구적인 학문의 객관성을 의심하면서 그 역시 주관적인 세계 해석, 즉 여러 세계관 중 하나라고 이야기하는 사람도 없지는 않으나, 그런 이야기를 하는 사람들도 내심 정말 그런 확신을 가지고 있는 것 같지는 않습니다. 대부분은 말은 그렇게 해도 과학을 신뢰하는 행동을 합니다. 실증과학은 서구 문명을 넘어 인류 문명의 확실한 공유 재산이 된 것입니다.

소은 선생은 실증적인 학문의 형이상학적 토대를 마련해 준 학문이 고대 그리스의 철학이라고 보았습니다. 그런 점에서 철학을 가장 탁월한 학문이라고도 합니다. 선생에게는 그리스 고전 텍스트를 연구하는 것은 가장 탁월한 학문과 접하는 것과 같은 의의를 지니고 있습니다. '왜 고전 텍스트를 읽는가'라는 질문에 선생은 앞서 언급한 인문주의의 이념을 답으로 심각하게 고려한 적은 없는 것 같습니다. 서양의 전통적인 인문주의 이념이 파기되거나 변화되거나 간에 그것은 서양인의 인생관이나 세계관과 관련한 사정이고 인류사적인 관점에서 보면 그 때문에 학문의 비중이 달라지지 않는 한 소은 선생은 거기에 특별히 관심을 보이지 않았을 것입니다. 포스트모더니즘도 — 좀 과한 비유이겠지만 — 바지통이 넓어졌다, 좁아졌다고 하는 유행의 정도로 여겼을 것입니다. 이런 것들이 세계의 모든 학교에서 물리학 대신 뉴기니의 한 부족의 결혼 풍습을 배우는 것이 대세가 되게끔 하여 인류 문명의 역사를 바꿀 정도의 힘을 발휘하지 못하는 한 선생의 관심을 끌지는 못했을 것입니다.

그러면 이제 소은 선생이 실증적 학문의 토대를 마련하는 일을 어떻게 이해하고 있는지 그 대강을 스케치하면서 고전 연구의 의의에 대한 우리의 생각을 선생의 시각을 통해 다시 한번 정리해 보는 기회를 갖도록 하겠습니다. 학문의 토대는 소은 철학의 중심 주제입니다. 소은 선생의 유고 거의 모든 곳에 우리는 그에 관한 사색을 추수(追隨)할 수 있는 단초가 들어 있습니다만, 여기서는 선생이 비교적 체계적으로 자신의 생각을 글로 정리해 발표한 『희랍 철학 소고』를 중심으로 이야기를 시작하겠습니다. 이 글에서는 우선 'physis'와 'nomos'의 구별을 소개합니다. 이에 소은 선생은 'physis'의 개념에 관한 좀 더 상세한 주제적인 강의를 하지만, 이 글에서는 인위의 개입으로 허구적인 것이 섞여 있는 것이 아니라 원래 자기 그대로라는 뜻으로 이해된 'physis'를 놓고 그것을 인식 대상으로 삼아 탐구 활동을 하는 것이 학문이라는 규정을 먼저 해놓고 본론으로 들어가는 모양새를 취합니다. 그 규정은 당연하여 기본적인 상식으로 보이나, 사실 기원전 6세기부터 'physis'를 인식 대상으로 함을 명시적인 과제로 설정한 것은 제가 알기로 그리스인들이 유일합니다.

그것은 어쨌든 정작 이 글에서 특별히 흥미 있는 것은 그다음 학문적 인식이 어떻게 성립하는지 최소한의 간명한 모델을 동원하여 설명하는 대목입니다. 그 모델도 얼핏 보면 일반적인 상식에 맞춰진 것처럼 인식 대상과 주체의 관계를 내용으로 하는 것입니다. 그런데 그 둘이 마치 한 공간 내에 두 개의 사물이 서로 관계를 맺는 것처럼 설명하고 있습니다.

인식의 주관과 객관이 서로 떨어져 있으면 둘 사이 아무 일도 생기지 않습니다. 그러니 인식이 있으려면 그 둘은 필히 서로 접촉을 해야 한다는 것입니다. 그리고 둘 사이에 접촉이라는 관계가 생긴다는 것은 둘의 경계선이 서로 닿아 있고 그 사이에 제3자가 끼어들지 않았다는 것이지요. 그래서 소은 선생은 그렇게 성립하는 최초의 인식을 직관이라고 부릅니다. 그때 인식을 통해 포착되는 것은 대상이 주관과 닿는 면, 즉 경계선이 이루고 있는 대상의 윤곽, 즉 외모(eidos)입니다.[4]

이 접촉에서 중요한 것은 경계선을 넘어서지 않는다는 것입니다. A와 B가 닿으면서 서로 상대의 가장 끝면인 경계선을 넘어서 속까지 들어가면 A는 이미 A가 아닌 다른 것이 되고 B도 더 이상 B일 수 없습니다. A와 B가 섞인 부분은 A도 B도 아니니까요. 그렇게 섞이면 A와 B 사이에 인식이라는 관계가 성립할 수 없습니다. A가 B를 인식했다면 인식이 이루어지는 동안 A는 A로, B는 B로 그대로 남아 있어야 합니다. 인식을 하면서 인식 주체나 대상이 섞임의 결과로 각각 다른 것이 되면 애당초 인식 주체 노릇을 하려던 것도 없어지고 인식 대상도 없어져 버린 셈이니까요. 앞서 소은 선생은 학문적 인식과 인생관이 세계관을 구별했다고 보았는데, 선생은 인생관이니 세계관이니 하는 것이 바로 애당초 인식하려던 것과 다른 것이 주관 내부에 들어와 자리 잡은 것이라고 설명합니다. 다시 말해 인식 주관 A의 내부에 들어와 자리 잡은 것은 순수한 B가 아니라 A와 B가 섞여 있다는 것이지요. 그러니까 자기 것을 밖의 대상에 집어넣어 섞어 놓고 그것을 밖의 것으로 생각하는 것입니다. 인위적 허구인 'nomos'를 'physis'라고 보는 것이지요.

소은 선생은 인생관이나 세계관은 주입되는 것이라고 합니다. 아마 주관이 제대로 따져보지도 않고 자기 내부에 받아들여 한번 내부에 자리

---

4 인식을 일단 두 존재의 접촉, 즉 둘이 서로 닿는다는 일이라고 표현한 것은 그냥 은유(metaphor)라고만 생각하고 지나치면 안 된다. 소은 선생의 이 설명은 플라톤이 인식 활동을 가끔 '닿다' 또는 '접촉하다'의 뜻을 지닌 'haptesthai' 또는 'ephaptesthai'라는 동사로 표현하곤 한 것을 상기시킨다.

잡고 나면 뿌리를 내리고 잘 떠나려 들지 않는다는 점을 염두에 두고 그렇게 불렀을 것입니다. 독특한 것은 주입과는 다르게 대상은 그 'eidos'를 인식하는 주관을 '다만 스쳐갈 따름'이라는 기술입니다. 사물의 외모를 직관하는 자체는 그 내부에 대한 무심이기도 합니다. 그러니까 마치 대상과 주관은 서로 접촉은 하되 서로의 존재를 변화시키지는 않으려는 것처럼 보이는 것이 직관입니다. 그런 식으로 스쳐 지나가기 때문에 주관은 항시 새로운 대상과 접촉할 수 있습니다. 그와는 달리 주입된 것은 '인식 주관을 포로로 삼고 망각되기를 거부'함으로써 새로움이 아닌 친숙함이 되려고 합니다. 친숙함은 우리를 안심시키는 효과가 있습니다. 우리에게 일정한 인생관이나 세계관을 갖고자 하는 경향이 있는 것은 바로 그 안심 효과 때문입니다. 물론 안심해서는 안 될 상황에서도 그것에 기대려는 것이 문제이겠지만 말입니다. 어쨌든 그런 친숙한 것이 아닌 새로운 것은 때로 아니 대체로 망각됩니다. 그래서 직관만으로는 학문적 지식이 되지 않습니다. 직관된 것이 망각되지 않고 내부에 저장, 축적되어야 지식이 되지요.

이 대목에서 소은 선생의 설명 모델은 약점을 드러냅니다. 직관된 것이 스쳐 지나가지 않고 어떻게 주관의 내부에 기억될 수 있는지 잘 설명되지 않는 것입니다. 기억의 문제는 간단하지 않습니다. A가 B를 직관적으로 인식할 때와 달리 A가 B를 기억하는 것은 B 자신은 이미 스쳐 지나갔지만 B가 A 속에 남아 있는 것입니다. 그럼에도 A 내부에 있는 B는 A의 영향을 받아 변형되지 않고 자기 동일성을 지켜야 합니다. B가 변형되어 다른 것이 되면 B를 기억하는 것이 아니라 다른 것을 B로 잘못 기억하는 것입니다. 모든 기억이 다 잘못된 기억이라는 말이 안 되는 말을 하기 전에는 제대로 된 기억이 어떻게 가능한지 설명해야 합니다. 소은 선생은 자신이 동원한 설명 모델이 기억을 제대로 설명하지 못한다는 점을 잘 알고 있습니다. 그리고 그 까닭을 설명하기 위해 동원한 모델도 기본적으로 공간적 관계를 설명하기에 적합한 것이었기 때문에 한계가 있을 수밖에 없다는 점을 명확하게 짚어냅니다. 소은 철학에서 아주 중요한 이 문제는 최화가 『박홍규의 철학』에서 자세하게 논의합니다. 그가 논의한 대로 문제는 베르그송의 철학에 대한 소은 선생의 해석을 같이 살펴보아야 하는 것이어서 이 자리에서는 그냥 문제가 있다는 점만 언급하는 선에서 만족하도록 하겠습니다. 어쨌든 그리스철학의 문제 접근 방식만을 다룬 『희랍 철학 소고』의 설명은 미흡하기는 해도 기본이 잘못된 것은 아니기 때문에 그 설명에 기반해서 논의를 더 진전시키는 것이 곧 오류의 길로 들어서는 것은 아닙니다.

소은 선생은 어떤 방식으로든 기억으로 저장된 것이 지식이 되지만, 그것이 허구가 아닌 실재하는 세계에 대한 인식을 통해 획득되었다는 것이 입증되어야 실증적인 지식으로 인정될 수 있다고 보았습니다. 그리고 그 입증은 세 가지 방식으로 이루어지는데, 이미 고대 그리스인들이 그 방식에 따른 입증 노력을 했다고 합니다.

그 첫째로 소은 선생은 고대 그리스인들이 'historia'라고 불렀던 방식을 꼽습니다. 본래 이오니아 지방에서 유래한 이 말은 현장에서 일어나는 일을 직접 목격하는 방식으로 지식 정보를 획득하는 탐구 활동을 뜻했습니다. 아리스토텔레스의 저술 중 동물지(動物誌)에 해당하는 책의 제목 'peri ta zōa historiaï' 그리고 카이킬리우스 플리니우스(Caecilius Plinius)가 지은 책 제목 'naturalis historiae' 등에서 확인할 수 있듯이, 이 말은 그리스 고전기에서 로마제정기까지 일반적으로 우리 인간을 둘러싼 자연 세계에 대한 특별한 탐구 방식의 명칭으로 두루 쓰였습니다. 물론 오늘날 이 방법은 '자연사 박물관'과 같이 드문 예에서나 흔적이 희미하게 발견될 뿐이고 말의 뜻 자체가 인간사 범위에 국한된 이제는 누구에게나 익숙한 '역사'로 고정되었습니다. 그러나 말의 뜻과 그 용법의 변화가 어떠하든 당시 'historia'의 탐구 방식은 실증과학의 특징으로 그 요체가 그대로 계승되어 있습니다. 실증과학을 그 방법론적 특징을 부각하여 부를 때는 보통 '경험과학'이라고 하는데, 이 경우 경험은 탐구 대상을 직접 관찰한다는 뜻으로 이해됩니다.[5] 이런 점에서 실증적 지식의 자격을 입증하려는 고대 그리스인들의 노력이 현대의 실증과학으로 이어져 있다고 할 수 있겠습니다.

소은 선생이 두 번째로 언급한 입증 방식은 기술입니다. 인간에게는 다양한 지적 능력이 있습니다만, 그중 인간 삶의 실제에 가장 직접적으로 적용되는 것이 기술입니다. 어떤 지식이든 그것이 기술로 응용되어 실제 삶의 문제를 처리하는 데에 효력을 보인다면 그 지식이 허구가 아닌 우리 삶의 터인 실재하는 세계에 대한 것이라는 확신을 줄 수 있습니다. 실재하는 세계가 아닌 허구에 대한 상상에 불과한 거짓 지식이 그런 효력을 발휘할 기술의 기반이 될 수 없습니다. 이와 관련해 소은 선생은 고대 그리스어 'epistēmē'의 뜻에서 지식과 기술의 연결 관계를 읽어낼 소지가 있다는 점을 짚어냅니다. 일상어법으로 'epistēmē'의 동사형 'epistamai'는 부정사와 더불어 쓰여 '할 줄 안다'는 뜻으로 쓰입니다. 플라톤이 'epistēmē'를 참된 지식을 뜻하는 말로 쓴다고 알고 있는 사람 중에는 이 대목에서 잠깐 의아하다는 생각이 들 수도 있겠습니다. 참된 지식은 기술과는 거리가 아주 먼 사변적인 형이상학일 수도 있기 때문입니다. 그러나 사실은 이데아 이론이 반기술적인 이론이 아닙니다.[6] 저는 가령 기술공학의 성립 근거를 철학적으로 설명하라면 이데아의 존재에 조회하는 것이 가장 설득력이 있을 것이라고 생각합니다. 물론 과학과 기술의 접목은 산업혁명 이후에 본격화되었고 플라톤 시대에는 자연에 관한 탐구를 포함해 학문적인 성과 일반을 기술로 응용하려는 의식적인

---

5 현대 실증과학은 관찰에 더해 실험을 지식 탐구 방식의 특징으로 가진다. 그런데 실험도 사실은 관찰 범위를 좀 더 확장하고 좀 더 정교하고 정확하게 관찰할 수 있는 방안으로 구상된 것이다. 그러니까 실험은 본질적으로 관찰의 연장이라고 할 수 있겠다.

6 소은 선생은 이 대목을 『희랍 철학 소고』에서 더 이상 자세히 다루지는 않았다. 그런데 참된 지식의 가장 궁극적인 지점에 모든 종류의 앎의 최종적인 성립 근거가 되는 '좋음'의 이데아가 자리하고 있다는 점을 생각하면 오히려 기술과 이른바 이데아 이론의 연결을 당연한 것으로 수긍할 수 있을 것이다. 나는 스승 소은 선생의 철학을 이야기하는 이 자리에서 나의 또 한 분의 지도교수였던 빌란트(W. Wieland) 교수가 플라톤이 논의한 모든 지식 형태 중 'Gebrauchswissen', 즉 '사용할 줄 앎'의 중요성을 가장 강조했던 기억을 떠올린다(*Platon und die Formen des Wissens*, Göttingen, 1999).

노력이 있었다고 할 수는 없습니다. 그럼에도 이론적인 지식을 '할 줄 안다'는 말로 표현되는 기술적 지식과 완전히 분리하기보다는 연결해 생각하려 든 것을 소은 선생은 놓치지 않았습니다.

끝으로 선생은 논증을 꼽습니다. 사실은 실증적 지식만이 아니라 우리의 지식은 어떤 형태의 지식이든 단편적인 지식 정보로 서로 아무 연계 없이 흩어져 있는 것이 아닙니다. 그것들은 어떤 방식으로든 서로 연결되어 체계를 이룰 수 있는 부분으로 존재합니다. 모든 지식 정보가 다 통합되는 하나의 체계가 성립할 수 있는지는 모릅니다. 그러나 우리는 되도록 서로 연관된 지식 정보의 내용을 영역별로 구분하여 적어도 각각의 영역에 대한 지식은 일관된 체계를 이루어야 한다고 생각합니다. 일관된 체계라고 하는 것은 무엇보다 체계를 구성하는 부분 사이에 모순이 없다는 것을 말합니다. 고대 그리스인들은 이와 같은 무모순적인 체계의 뼈대를 제공해 주는 추상적인 원리에 관한 학문을 구상해 냈습니다. 논리학과 수학과 같은 형식과학이 바로 그것입니다. 그리고 그 지식의 전부는 아니어도 중요한 일부인 연역 추리 부분과 기하학은 그 지식 내용 자체를 일관적인 증명체계 형태로 정리해서 체계적 학문의 모범으로 만들어놓았습니다. 오늘날 실증학문은 자신의 탐구 영역 내에 논리에 어긋나거나 수학법칙을 초월하는 요소가 침투하는 것을 일체 용납하지 않습니다. 학문마다 증명 없이 채택하는 원리의 부분을 제외하면 나머지는 모두 논증을 통해 모순을 일으키지 않은 것으로 인증되어야 확실한 지식으로 취급합니다. 이 점이 앞에 든 다른 특징 못지않게 실증학문의 두드러진 특징입니다. 이 특징 역시 고대 그리스인들이 만들어낸 형식과학의 덕택으로 확보할 수 있었습니다.

저는 소은 선생이 논한 세 가지 입증 방식 중 논증적 지식이 특별히 그리스적인 것이라고 생각합니다. 직접 관찰을 통해 획득한 지식이나 기술적 지식은 다른 문명권에도 있습니다. 어느 곳에서든 내가 직접 보아서 아는 것을 그냥 들어서 아는 것이나 짐작을 통해 아는 것보다는 더 평가해 줍니다. 기술도 수준 차이는 있지만 문명이 시작되기 전부터 인류가 모두 가지고 있던 것입니다. 중국은 한때 서구에 뒤지지 않거나 능가하는 수준의 기술을 보유하고 있었습니다. 그러나 어느 곳에서도 고대 그리스인처럼 논증적 지식에 관심을 가지고 그 체계까지 구축하려는 시도는 없었습니다. 소은 선생은 자주 유클리드 기하학을 고대 그리스인의 성취 중 가장 돋보이는 것으로 언급했습니다. 나아가 그와 같은 학문의 성립 근거까지 규명하려는 시도까지 마다하지 않습니다. 저 역시 유클리드 기하학을 비상한 상상력을 지닌 고대 그리스인이 지성의 모험을 통해 얻어낸 결실이라고 찬탄하고 있었지만, 속으로 그와 같은 시도는 엄두를 낼 일이 아니라는 생각을 하고 있었습니다. 사실은 그렇게 깊은 지점까지 철학적 사색의 길을 어떻게 낼 수 있을지 아니 도대체 낼 수 있는지부터 막막하게 여겼습니다. 그러나 선생은 그 지점까지 캐고 들어가야 실증학문의 토대를 확실히 이해할 수 있게 된다고 생각했습니다. 이제 우리는 선생의 사색의 길을 잠깐 따라가 보면서 소은 철학의 가장 난해한 부분 중의 하나를 만나게 될 것입니다. 선생의 사색은 기본적으로 고대 그리스철학의 해석에 기반하고 있지만 전체적으로 보면 선생 자신의 독창적인 생각의 결에 의해 그 내용이 채워져 있다고 할 수 있습니다. 고전학회가 마련해 준 이 자리에서 발표의 의의는 소은 선생의 철학만을 설명하는 것에 있는 것은 아니겠으니, 여기서는 가능한 한 고대 그리스의 연구라는 틀을 벗어나지 않는 한도 내에서만 그의 생각을 요약·해설하는 선에서 만족하겠습니다.

우선 실증적 학문의 토대에 관한 철학적 사색이라고 할 때 이른바 철학적 사색은 다른 학문적 연구와 무엇이 달라서 그런 대단한 과제를 맡겠다고 나설 수 있는지 생각해 보도록 하겠습니다. 소은 선생은 강의 '플라톤과 전쟁'에서 분과 과학은 그것에 배당된 연구 대상의 본질(essential)과 아울러 그것의 현존(existential)도 다룬다고 합니다. 그런데 분과 과학이 현존을 다룰 때는 그 현존을 또 다른 선행하는 현존에서부터 끄집어낸다고 합니다. 즉 현존의 문제에 관한 한 다른 분과 학문에 의지한다는 것이지요. 그와 달리 철학은 본질과 아울러 현존을 다루면서 현존의 문제를 다른 학문에 미루지 않고 '처음부터 있을 수 있는 것이 현존하려면 어떤 원인이 성립하는가'를 다룬다고 합니다. 다시 말해 하나의 현존을 다른 현존에 미루지 않고 현존의 논리적인 처음을 질문한다는 것이지요.

소은 선생은 파르메니데스(Parmenides)가 그 질문에 대한 답의 실마리를 제공했다고 생각합니다. 파르메니데스는 존재하는 것을 총체적 입장에서 보고 그 형이상학적 근거를 규명하기 위해 존재를 다른 존재가 아니라 정말 존재가 아닌 것, 즉 무와 대립시켜 보았습니다. 파르메니데스가 정립한 형이상학의 출발점은 존재와 무의 모순율입니다. 그것은 이 세계에서 우리가 경험할 수 있는 대립 가운데 가장 철저한 대립, 즉 그것을 넘어서는 대립을 생각할 수 없는 극한에서 성립합니다. 존재는 철저히 무를 배척하고 무는 철저히 존재를 배척하는 철저한 단절이 둘 사이를 가르고 있습니다. 이 단계에서 학문은 무가 아닌 존재의 길을 택합니다. 선생은 이 단계에서 무를 선택하는 입장의 가능성도 생각해 봅니다. 그것이 선생이 『플라톤과 허무주의 극복』에서 고르기아스의 허무주의라고 명명한 입장입니다. 허무주의의 입장에서는 학문의 성립 자체를 부정할 수밖에 없습니다. 하지만 파르메니데스를 따라 존재의 길을 택하면 존재의 특성으로 일자성을 확보할 수 있고 그것이 곧 논증적 지식의 출발점이 됩니다. 논증적 지식의 대표격인 유클리드 기하학은 다 알다시피 공리와 정리로 구성된 연역적 증명체계인데, 그 출발점으로는 공리보다 먼저 정의가 주어져야 합니다. 유클리드 공간 안에는 여러 삼각형이 위치할 수 있는데, 그 모두가 하나의 정의, 즉 하나의 본질을 가지고 있습니다. 철학적으로는 그 사실부터 문제 삼아야 합니다. 왜 그 여러 삼각형이 하나의 정의를 가지고 있는지, 여럿을 관통하는 일자성이 정말 가능한지 물어야 합니다. 파르메니데스의 모순율이 바로 무를 배척한 존재가 하나의 정의를 가질 수 있는 근거로서 일자성을 확보해 주는 것입니다.

그런데 좀 더 자세히 따져보면 그 일자성은 타자와 관계를 맺지 않고 홀로 있는 것으로서 일단 자체성(kath' hauto)이라고 해야 하는 것입니다.

자체성은 타자의 존재를 고려하지 않고 성립하는 것입니다. 선생은 일자(一者)가 자체적인 것을 넘어 자기 동일자로 성립되는 것을 '일자가 타자와 관계를 맺고 있으나 타자에서 분명히 일자로서 구별되어 있을 때, 곧 타자와 접촉하고 있을 때 가능하다'라고 풀어 설명합니다. 그럴 경우 타자와 접촉하는 정도를 넘어서 아예 타자와 엉키기까지 하면 그것이 운동이라는 것인데, 그럴 때 자기 동일성은 사라지고 그저 비슷함만이 남게 될 뿐이라고 합니다. 그러니까 '자체성, 자기 동일성, 운동 과정은 타자성의 연속적인 증가'의 정도에 따른 구별입니다. 이 구별과 동시에 기하학의 예를 들면서 이야기했던 본질과 현존의 좀 더 정확한 철학적 개념 규정도 가능해집니다. 본질은 자기 동일성의 내용입니다. 일자가 타자와의 관계에서 자기 동일성을 확보하려는 측면이 곧 현존입니다. 본질은 '일자의 고유한 내용으로 하나밖에 없으나, 현존은 무수히 많은 것과 관계를 맺을 수 있는 것입니다. 순수한 논증적 지식체계인 기하학에서 어떤 삼각형이든 자기 동일성을 지킴으로써 하나의 정의를 가지며 다른 삼각형 또는 다른 원, 사각형과 같이 한 공간 내에서 관계를 맺으며 현존합니다. 그 관계는 논증을 통해 삼각형의 본질에서부터 도출될 수 있습니다. 그런 점에서 기하학이라는 논증적 지식체계 안에서 존재자는 본질과 현존이 모두 포착될 수 있습니다. 뉴턴 물리학의 예에서 확인할 수 있듯이 운동 변화하는 자연 세계의 대상에 대해서도 논증적 지식이 가능합니다. 그러나 그 경우에는 자기 동일성은 비슷함으로 희미해지고 타자와의 관계도 뚜렷하게 규명하기 어려워집니다. 존재자의 본질과 현존이 그만큼 논증적 지식으로 명확하게 포착되지 못하는 것입니다. 즉 지금 인식 대상이 된 것이 정말 그런 것인지, 얼마나 그런 것인지, 그것이 정말 그것으로 현존하는지도 완전히 명료하지 않을 수 있습니다. 그러나 그런 것은 논증을 통해 정리될 수 있는 만큼 그것에 대한 지식이 실증적 학문으로서 성립할 수 있는 것입니다.

이제 소은 선생을 따라 실증적 학문의 토대에 관한 철학이라는 것이 어떤 것인지 그 윤곽을 주마간산 식으로 살펴보았습니다. 그 내용을 좀 더 자세히 알아보는 것은 다음 기회로 미루겠습니다. 저는 이제 그 형이상학적인 내용이 아닌 소은 사상의 또 다른 측면을 이야기하면서 발표를 마무리하겠습니다. 앞서 언급한 바 있는 강의 '플라톤과 전쟁'에서 소은 선생은 그리스철학이 왜 실증적 학문의 토대를 마련하는 과제를 수행하게 되었는지 그 배경을 고대 그리스인들의 삶의 태도를 조명함으로써 설명하고자 합니다. 그 설명은 철학적 분석이 아니라 인간의 삶과 역사에 대한 깊은 통찰에서 우러나온 인류학적 탐구 가설에 가깝습니다. 게다가 그 설명에는 선생 자신의 독특한 시대적 체험이 생생하게 표현되어 있기도 합니다. 그러니까 엄밀한 학문은 아니어도 넓은 의미로 소은 철학의 독특한 한 부분이라고 해도 좋을 것 같습니다.

소은 선생은 생전에 두 차례의 큰 전쟁을 겪었습니다. 태평양 전쟁과 한국전쟁입니다. 전쟁을 직접 겪는다는 것은 평생의 트라우마가 될 수 있습니다. 선생에게도 전쟁은 마음속에 지울 수 없는 충격을 주었고 선생의 사색에도 무시할 수 없는 영향을 끼쳤던 것 같습니다. 선생은 평소 제자들에게 개인사에 관한 이야기는 별로 하지 않았지만, 그래도 전쟁 체험은 몇 차례 들려주었습니다. 여기서는 선생의 체험담에서 '딱딱 끊어진다'는 표현이 쓰인 것을 특별히 기억에 불러내고자 합니다. 선생은 우선 전쟁 상황에서 오늘과 내일이 끊어진다는 것에서부터 부부 관계, 부모 자식 관계 등 인간관계가 그 사이를 이어주는 힘이 작동하지 않아서 끊어지는 현상을 인상적으로 부각했습니다. 가장 구상적인, 즉 피부로 느끼는 아니 온몸으로 실감하는 그런 유대가 없어지는 충격을 먼저 이야기하고 그다음으로 인간관계의 기본인 의사소통이 성립하지 않는 것, 사회적 관계가 무너지고 개인으로 절연되는 현상을 언급했습니다. 같은 사회의 구성원인 타인을 믿을 수 없게 되는 것은 좀 더 일반적인 차원의 문제인데, 선생은 그런 상황에 처한 인간을 아무것도 예기(豫期)하지 못해서 파블로프의 개처럼 조건반사 수준의 대응도 하지 못하는 처지로 묘사합니다. 예컨대 사회윤리의 기본이라고 할 수 있는 정의(正義)가 지켜지려면 주고받음이라는 거래가 성립해야 하는데, 받을 것을 기대하지 못하니 주지 않는 것이지요. 상대방을 믿지 못해서이기도 하지만, 그 이전에 거래하는 당자나 상대방이 내일 살아 있으리라는 보장이 없기 때문이겠습니다.

이 이야기를 하면서 소은 선생은 정의의 성립조건을 철학적으로 좀 더 깊이 조명합니다. 선생은 무엇보다도 정의가 인간의 행동을 수량적으로 계산할 수 있다는 전제 아래 성립된다는 점을 짚어냅니다. 그런데 그 전제는 인간이 신체적 조건을 가지고 있다는 것을 뜻하는 것입니다. 선생은 법정에서 피고에게 너는 이러저러한 범행을 저질렀으니 5년 징역형에 처한다는 판결을 하는 경우를 들어, 인간의 마음에 또는 도덕심에 5년이고 10년이고가 어디 있느냐고 반문합니다. 신체적 입장에서만 보니 5년이니 10년이니 하는 것이 의미가 있습니다. 실제로 감옥은 일차적으로 신체를 가두기 위한 장치이지, 마음을 가두겠다고 만든 장소는 아니지요. 플라톤 철학을 좀 공부한 사람은 플라톤에 관한 강의 중에 정의의 성립조건으로 인간의 몸이 가장 기본적인 것이라는 생각을 듣게 되리라고 예상하지는 못했을 것입니다. 저 역시 플라톤 철학이 논의되는 맥락에서 인간의 몸이 언급되면 거의 반자동적으로 몸과 정신 또는 영혼과의 대척 관계부터 머리에 떠올립니다. 나아가 몸의 생물학적 특징으로 감각 기능을 수행하는 오관과 고통과 쾌락을 아울러 생각합니다. 그런데 선생이 든 예를 들면서 저는 그 5년 형이라는 것이 언도하는 판사의 마음에는 그저 5개월로 여겨질 수 있고 언도를 받는 죄수의 마음에는 50년으로 여겨질 수도 있는 것인데, 그것을 엄정하게 더도 덜도 아닌 5년이라고 할 수 있는 근거를 좀 더 깊게 캐고 들어갈 수 있겠다는 생각을 하게 되었습니다. 그리고 그 근거가 두 사람의 마음은 어떠하든 간에 그 이전에 우선 몸이 하나의 시, 공간 내에 자리 잡고 있다는 조건이라는 것을 수긍할 수 있었습니다. 선생이 부각하고자 하는 바는 모든 세상사가 성립되는 근저에서 문제가 되는 가장 기본적인 것입니다.

그런데 몸이 한 시공간 내에 있다는 기본적인 이어짐의 가능성마저 사라지는 것이 죽음입니다. 전쟁의 상황에서 가족이 서로 멀리 떨어져 있게 되거나 시민들 사이에 인륜이 유린되어 정상적인 사회적 관계가 끊어진 경우에도 어쨌든 모두의 몸이 한 시공간 내에 자리하고 있으면 언제이든 서로 이어질 가능성이 있습니다. 그러나 하나의 몸이 그 자리를 완전히 떠나버리면 끊어짐은 회복될 여지가 없는 완전한 것이 되고 맙니다. 소은 선생은 평소 '최대치'라는 표현을 즐겨 사용했는데, 그 표현을 빌리면 죽음은 그야말로 이어질 여지가 일체 남아 있지 않은 끊어짐의 최대치라 할 수 있겠습니다. 그리고 그 끊어짐의 최대치를 또 다르게 기술하면 존재와 무 사이에서 도달된 것이라고도 할 수 있습니다. 그러니까 죽는 것이란 다름 아닌 존재와 무의 모순율을 논리가 아닌 현실로 겪게 되는 것입니다.

소은 선생은 전쟁이 거의 일상이었던 고대 그리스인은 죽음의 모순율을 현실로 느끼며 살았을 것이라고 합니다. 자신이 (그리고 자신이 아끼는 사람이) 일거에 없어지거나 계속 존재하게 될지 곧 결판나리라는 것을 의식하면서 싸움터에 나서기를 일상처럼 체험하는 것이 고대 그리스인의 삶이라는 것이지요. 이런 삶을 살았던 사람들의 사상을 이해할 수 있는 길을 선생은 '전쟁의 인간'(homo bellicus)은 곧 '죽음의 인간'(homo mortalis)이라는 말로 제시합니다. 우선 전쟁의 체험 덕에 아무 문제없이 화평해 보이는 삶은 표면이고 그 안쪽 근저에는 죽음이 제시하는 절대 모순의 선택지가 도사리고 있음을 항시 의식하고 있는 사람의 정신세계를 이해해야 고대 그리스인들의 철학에 제대로 접근할 수 있다는 것이 선생의 생각입니다.

저는 무엇보다 호메로스(Homeros)의 서사시가 고대 그리스에서 거의 경전에 버금갈 정도의 무게를 지닌 민족 서사시로 널리 낭송되었다는 사실을 그 생각을 지지해 주는 중요한 증거로 제시하겠습니다. 호메로스의 서사시 중 특히 『일리아스』(Ilias)는 죽음을 주조(主調)로 하는 작품입니다. 전쟁터에서 일어난 사건을 소재로 한 이 작품에서 죽음의 이야기가 빠질 수 없는 것은 당연합니다. 일단 서사시에서 수많은 영웅이 죽임을 당했다고 운을 뗀 뒤 끊임없이 전사들이 죽어나가는 이야기가 이

어집니다. 그런데 수많은 죽음을 넘쳐나게 이야기했다고 해서 곧 이야기의 주조가 죽음인 것은 아닙니다. 이 점은 우리나라에서 널리 읽히는 중국의 사대기서(四大奇書) 중 하나인 나관중(羅貫中)의 『삼국지연의』(三國志演義)와 비교하면 이해가 될 것입니다. 이 작품도 전쟁을 주 소재로 하고 있기 때문에 질리도록 죽음의 이야기를 많이 합니다. 살육의 규모로는 『일리아스』는 거기에 비하면 그저 동네 싸움 이야기로 여겨질 정도이지요. 그렇지만 이 작품에서 죽음 자체는 사실상 무시됩니다. 이 작품에서 죽음은 일단 전쟁을 지휘하는 군왕의 관점에서만 포착됩니다. 그래서 병력의 약화가 죽음이 의미하는 바의 거의 전부입니다. 적벽대전에서 수십만의 졸개가 죽임을 당해도 독자의 눈길은 그 장면보다는 우선적으로 전쟁을 일으킨 군왕의 명분과 책사의 전략에 주어집니다. 이것이 이 작품을 대하는 정통적인 독법입니다. 이와 달리 『일리아스』의 전쟁 이야기는 때 이른 죽을 운명을 지니고 태어난 한 인간 아킬레우스(Achilleus)가 죽음과 사투하는 경주를 축으로 진행됩니다. 이야기는 죽음이 주인공의 덜미를 곧 낚아챌 것이 확실해지는 결말에 도달하면서 마무리되는데, 이야기의 진행 과정 중에 작가는 기회가 될 때마다 전쟁터의 참혹한 죽음을 정성껏 생생하게 그려 보여 줍니다. 마치 아킬레우스가 맞게 될 죽음의 참혹함은 그 어떤 명분이나 사후에 주어지는 명예 같은 것으로 미화해서 덮어버릴 수 없는 현실이라는 메시지를 전하려는 것 같습니다. 실제로 호메로스는 어떤 방식으로든 호도(糊塗)되지 않은 죽음의 정체를 직시하려는 자세로 죽음을 이야기했습니다. 그래서 자연스럽게 죽음의 색조가 작품 곳곳에 스며들어 전체적인 색조를 결정지어 놓을 수 있었던 것입니다. 이것이 제가 『일리아스』의 주조를 죽음이라고 한 근거입니다. 이 점을 확인했으면 이제 호메로스의 죽음에 대한 생각과 고대 그리스 정신세계에 대한 소은 선생의 진단을 관련지어 볼 수 있겠습니다.

『일리아스』에서 죽음은 모두 급사입니다. 전쟁터에서의 죽음은 모두 때 이른 죽음입니다. 전사자 모두는 때 이른 죽음을 맞아야 하는 운명의 아킬레우스처럼 삶의 활력이 넘치는 한창나이의 젊은이들로서 사실은 아직 죽을 때가 멀었는데 돌연히 죽음을 맞게 되는 것입니다. 마치 새 엔진이 힘차게 돌아가다가 순식간에 파손되는 것인데, 그것이 오히려 정상적인 죽음의 방식으로 정해진 것이 전쟁터입니다. 호메로스는 이런 죽음을 '가파른' 또는 '깎아지른 듯'이라는 뜻의 형용사인 'aipus'라는 말로 묘사합니다. 그러니까 죽음을 가리켜 'aipus olethros'라고 표현하면 듣는 사람은 높은 절벽에서 급작스럽게 추락하는 것과 같은 사건이 죽음이라는 느낌을 갖게 될 것입니다. 호메로스는 이 느낌이 죽음의 정체를 정확히 전달하는 것이라고 생각했던 것이 틀림없습니다. 즉 죽음은 존재와 무 사이의 급격한 단절이기 때문입니다. 죽기 전까지는 존재이고 죽음이 있고 난 후에는 무입니다. 둘 사이를 연결하는 길은 없습니다. 소은 선생이 말한 '딱 끊어져 있음'이 호메로스의 'aipus'와 같은 것입니다. 둘다 존재와 무의 모순율의 궁극의 엄정함을 구상적으로 표현하고 있습니다.

그 엄정함에 직면하는 것은 사실 두려운 일입니다. 전쟁터의 돌연한 죽음은 평화로운 자연사보다 우리에게 훨씬 더 큰 공포를 불러일으킵니다. 죽음 뒤에 자리한 무 자체가 무서운 것은 물론이고 존재와 무를 가르는 심연은 정말 무섭습니다. 그래서 사람들은 종종 죽음이 한낮이 황혼으로, 황혼이 차츰 어둠으로 바뀌어가는 과정의 끝점과 같다고 비유합니다. 그러니까 죽는 것은 활짝 깨어 있다가 차츰 졸음이 오고 그 졸음이 깊어져 스르르 잠에 빠져드는 것에 다름 아니라고 생각하겠다는 것이지요. 그러면 죽음과 삶의 단절은 정도 차의 연속으로 완화되어 죽음은 단절의 순간이 없는 연속된 평화로운 과정의 끝점이 되어 큰 공포감을 주지 않을 수 있습니다. 존재와 무의 모순 관계를 말하자면 반대 관계로 바꿔보는 처방으로서 죽음의 공포를 완화하는 가장 쉽고 편한 방법입니다. 또 다른 처방은 아예 사후에도 다른 세상에서 삶이 계속된다는 믿음을 갖는 것입니다. 이렇게 믿으면 죽음은 한 삶에 또 다른 삶이 이어지는 부분에 위치한 마디에 해당하는 것으로 보일 터이니, 죽음의 두려움을 확실하게 해소할 수 있을 것입니다. 또 죽음으로 자신의 존재가 사라진다고 생각하면서도 조국, 인류, 당 이념 등의 대의명분이나 불멸의 명예가 죽음을 가치 있는 것으로 만들어준다는 생각으로 공포감을 극복하는 방안도 있습니다. 이 모든 처방은 인간 개개인이 맞닥뜨리는 죽음을 실존적 사건으로 이해하는 『일리아스』의 관점에서 보면 죽음을 직시하지 않으려는 짓일 뿐입니다. 소은 선생도 죽음의 정체를 호도하는 방안을 강구하려는 노력을 언급하면서, 고대 그리스철학은 출발점에서부터 그들의 죽음 자체를 정면으로 마주 대하는 삶의 방식을 반영한 사색을 했다는 점을 강조했습니다.

소은 선생이 파르메니데스가 생각한 엄정한 모순율을 플라톤 철학을 포함해 그리스철학 전체의 가장 중요한 원천으로 평가한다는 것은 제자들 사이에서 이미 잘 알려진 사실입니다. 저는 이 자리에서 선생이 그 원천의 바닥까지 탐사하려고 시도했다는 것을 확인해 드릴 수 있을 것 같습니다. 저는 선생이 시도한 일을 호메로스의 서사시를 동원해서 지지하려는 저의 노력을 고전학회가 가장 잘 이해하고 평가해 주리라고 기대합니다. 고전학회는 고대 그리스의 문학작품과 고대 그리스철학의 연구를 아우르며 고전의 가치가 어떤 것인지 계속 확실하게 밝혀 주는 과제를 수행해야 하기 때문입니다. 이제 철학자 소은 선생이 또한 우리 고전연구의 진정한 선구자였음을 새삼 확신한다는 말씀을 다시 한번 드리며 마무리하겠습니다.

2. 박홍규와 형이상학[1]

1. 발표 제목이 왜 "박홍규의 형이상학"이 아니고 "박홍규와 형이상학"이냐고 의문을 가질 분이 계실 것입니다. 그렇게 생각하시는 분들은 아마 '박홍규의 형이상학'이 따로 있다고 생각하시기 때문일 것입니다. 그러나 사실 박홍규 선생은 자신의 독창적인 형이상학을 말씀하시기보다는 형이상학 자체가 무엇인지를 학생들에게 들려주고 싶으셨던 것 같습니다. 형이상학은 아무나 누구의 형이상학이라고 이름 붙일 수 있는 것이 아닙니다. 그것은 누구나 마음대로 만들어 내놓을 수 있는 것이 아니라 하나의 학문 이름입니다. 주지하시는 바와 같이, 학문을 의미하는 희랍어는 'epistēmē'입니다. 그것은 참된 앎을 의미합니다. 형이상학도 하나의 참된 앎이지 누구의 생각, 즉 'doxa'가 아닙니다. 형이상학은 수

---

[1] 이 글은 2019년 6월 1일 서울시립대에서 열린 서양고전학회에서 발표한 박홍규 선생 탄신 100주년 기념 강연문이다. 최화, 『서양고전학연구』제58권 제2호, 한국서양고전학회, 2019 가을, 317~28쪽 참조.

학과 같은 학문입니다. 물론 누구의 수학은 가능하지만 아무도 자신이 기존의 수학과 다른 수학을 만든다고는 생각하지 않습니다. 형이상학도 마찬가지입니다. 그것이, 학문인 한 누구의 형이상학이라고 따로 이름 붙일 형이상학이 존재하는 것이 아니라 다만 그중에서 어떤 부분을 강조하거나 어떤 문제를 중심으로 논의한 내용이 있을 뿐입니다. 그런데 오늘날 '형이상학의 극복'이라는 유행어가 마치 유령처럼 돌아다니고 있습니다. 그것은 왜일까요?

2. '형이상학의 극복'을 처음 외친 사람은 니체로 알려져 있습니다.[2] 저는 우선 그를 비판하려고 합니다. 이렇게 말하면 아마도 네가 뭔데 니체를 비판하느냐고 생각하시는 분들이 계실 것입니다. 그러나 건방지기로 따지면 니체가 훨씬 더한 사람입니다. 그는 건방지기가 짝이 없는 사람인데, 소크라테스(Socrates)는 물론 예수까지 비판합니다. 그럴 수 있으려면 예수보다 더 나은 어떤 도덕적 생각이나 행동이 나와야 합니다. 턱도 없는 소리입니다. 그가 내놓은 것은 기껏해야 예술을 강조한 정도입니다. 예수님은 그 찢어지는 가난 속에서도 어떻게 살아야 할 것인지를 말씀하신 분입니다. 물론 예술이 인간의 삶에 중요하지 않은 것은 아니지만 예술을 가지고 가난한 사람들이 먹고살 수 있습니까? 인간에 대한 전면적인 진실을 말씀하신 분을 그 얄팍한 "신은 죽었다!"[3]라는 한마디로 깰 수 있을까요? 인간에게 양심이라는 것이 있는 이상 신은 그리 쉽게 죽지 않습니다. 또 소크라테스에 대해서도 마찬가지입니다. 니체는 철학자가 낙타, 사자, 어린이의 단계를 거친다고 이야기합니다.[4] 이것은

---

2 특히 하이데거에 의해(박찬국 옮김, 『니체 I』, 도서출판 길 2010, 179쪽). 니체가 쓴 정확한 용어는 "전도된 플라톤주의"이다(프리드리히 니체, 최상욱 옮김, 『유고 (1869년 가을~1872년 가을)』(니체 전집 4), 책세상 2005, 257쪽).

3 프리드리히 니체, 안성찬·홍사현 옮김, 『즐거운 학문』(니체 전집 12), 책세상 2005, 197~99쪽.

4 프리드리히 니체, 정동호 옮김, 「세 단계의 변화에 대하여」, 『짜라투스트라는 이렇게 말했다』(니체 전집 13), 책세상 2002, 39~41쪽.

그의 철학적 태도를 그대로 보여 줍니다. 무거운 짐을 진 낙타처럼 여러 사실(문헌)에 대해 탐구하다가 어느 날 사자처럼 그것들을 다 무너뜨리는 날이 온다는 것입니다. 아마도 그가 생각하듯이 세상에는 강한 자와 약한 자가 있다는 지레짐작(이것이 그의 형이상학의 근본 범주입니다)에 빠져드는 날이 온다는 것이겠지요. 그러면 이제 세상을 모두 그런 눈으로 바라보게 되고 소크라테스든 예수든 아무나 비판할 수 있는 관점이 생긴다는 것이겠지요. 이제부터는 어린아이처럼 자유롭게 자기가 하고 싶은 이야기를 할 날이 온다는 것입니다. 그래서 『차라투스트라는 이렇게 말했다』를 단 며칠 만에 썼다는 것 아닙니까. 젊은이들이여, 이 말을 믿지 마시길 바랍니다. 그것은 일단 자신의 '관점'이 생기면 자기 마음대로 이야기하겠다는 소리밖에 아무것도 아닙니다. 젊은이들에게야 매력적으로 들리겠지만, 아닙니다. 그래 가지고는 자기 사상밖에 나오지 않습니다. 그런 자기 사상을 형이상학은 'doxa'라 부릅니다. 그런 'doxa'는 우리가 그것을 아나 마나 하등 상관이 없습니다. 자기 생각이니 자기가 마음대로 하든 어찌하든 다른 사람에게는 아무 관계가 없습니다. 수학을 모르면 모르는 사람이 손해겠지만 그런 'doxa'는 몰라도 아무 관계가 없습니다. "신은 죽었다!"는 것은 몰라도 아무 상관이 없지만(사실 동양에는 죽을 신도 없었습니다), "네 양심에 가장 충실하게 살아라!"는 모르면 곤란합니다. 잘살 수가, 아니 살 수조차 없습니다. 그러므로 베르그송은 철학자를 밭을 가는 황소에 비겼습니다.[5] 철학자는 낙타보다 못한 쟁기를 진 소라는 것입니다. 밭이랑 한 줄 한 줄을 빼놓지 않고 다 갈아야 합니다. 이 고통스러운 작업이 젊은이들에게는 아무 매력이 없겠지요. 그러나 그렇게 하지 않을 수 없는 데야 어떻게 하겠습니까? "형이상학을 극복하겠다!"라는 뻥은 항상 매력적입니다. 그러나 그렇게 해서는 철학자로서의 인생은 무로 돌아간다는 것이 진실입니다. 당신은 어느 쪽에 내기를 걸겠습니까?

---

5 Henri Bergson, *L'évolution créatrice*, PUF 2007, pp. 192~93.

3. '형이상학'이란 말을 하면 아마도 아리스토텔레스(Aristoteles)를 떠올리실 텐데, 그 말은 주지하다시피 아리스토텔레스가 모르던 말이었습니다. 내용적으로도 그의 학문 분류에 나오는 'theologia'와 'mataphysica'가 중세를 넘어 현대에 이르기까지 비슷한 말이 아니냐는 생각이 지배했습니다. 프랑스에서 저의 선생이었던 피에르 오방크(Pierre Aubenque)에 따르면 중세 이래로 'metaphysica generalis'(일반 형이상학)와 'metaphysica specialis'(특수 형이상학)가 구별되었는데, 일반 형이상학은 존재 일반에 관한 논의로 지금의『형이상학』에 나오는 이야기이고, 특수 형이상학은 신, 영혼, 우주 등의 특수한 존재에 관한 논의라고 이해되었다고 합니다. 그러나 오방크는 거꾸로 신의 존재가 첫 번째이므로 가장 일반적이고("le plus général parce que le premier") 지상의 존재는 분열된 존재에 불과하다고 합니다. 그리하여 'theologia'가 원래 형이상학이 추구하려던 내용이고 아리스토텔레스는 지상의 존재부터 신의 존재까지 올라가려 했으나 범주라는 최고류까지 가고는 더 이상 올라갈 수 없어 중간에 머물고 말았으며, 그 결과가 지금 남아 있는『형이상학』이라는 책이라는 것입니다. 결국 'theologia'가 'metaphysica generalis'이고, 현재의『형이상학』이라는 책의 내용은 지상의 분열된 존재, 즉 특수한 존재에 대한 'metaphysica specialis'라는 것입니다.[6] 그 문제는 어찌 됐건 이런 사정은 형이상학이 뭔가 내용이 정해지지 않은 것이 아닌가 하는 인상을 주게 되었습니다. 그와 더불어 형이상학에는 정해진 원리나 내용이 없다는 생각이 널리 퍼지고, 그리하여 형이상학은 아무나 자기가 이야기하고 싶은 대로 할 수 있는 것처럼 생각하는 경향도 생긴 것 같습니다. 그러나 그렇지 않습니다.

4. 형이상학의 기본 내용은 플라톤(Platon)에서 확립되었다고 해야 합니다. 그것을 밝힌 것이 박홍규 선생의 업적입니다. 물론 플라톤이나 아

---

6 Pierre Aubenque, *Le problème de l'être chez Aristote*, PUF 1983, pp. 415~18.

리스토텔레스나 모두 형이상학이라는 말은 몰랐지만 철학하는 방법 자체를 확립했다는 것이 중요합니다. 제일 먼저 박홍규 선생은 우선 형이상학은 학문, 즉 'epistēmē'라는 것을 강조했습니다. 아무나 아무 소리나 할 수 있는 것이 아닙니다. 그렇기 때문에 박홍규의 데이터(data)에 대한 강조가 나온 것입니다. 데이터에 기반을 둔 이야기를 해야 한다는 것은 그가 누누이, 쉼 없이 강조하던 것입니다. 저는 『박홍규의 철학』이라는 책에서 형이상학이 학문이기 때문에 참된 앎이어야 하고 그렇기 때문에 데이터에 기반을 둔 것이어야 한다고, 형이상학이 학문이라는 사실과 데이터의 강조의 연관성에 주목했는데,[7] 아무도 아무 반응도 보이지 않았습니다. 그래서 저는 아, 이건 선배들이 당연히 아시던 것이었구나 하고 생각하게 되었습니다.

5. 박홍규 선생이 다음으로 강조하시던 것이 "모순율이 최고야!"[8]라는 말이었습니다. 학문을 하는 한, 아무도 모순율을 부인할 수 없기 때문입니다. 그것은 한 사물이 동시에 동일한 관점에서 그것이면서 그것 아닐 수가 없다는 원리입니다. 그 원리의 확립을 위해 필수적인 것이 이데아 이론입니다. 한 사물이 동시에 동일한 관점에서 그것이면서 그것 아닐 수가 없다는 것은 한 사물에 대해 동시에 동일한 관점에서 존재와 무를 충돌시키지 말라는 것입니다. 모든 것에 대해 언제 어디서든 어떠한 방식으로든 절대로 존재와 무가 충돌하지 않는 것은 이데아밖에 없습니다. 플라톤이 이데아를 강조한 것으로 보이는 것은 바로 그런 이유 때문입니다. "그것이 무엇이냐?"라고 물을 수 있는 모든 사물에 대해 학문이

---

7 최화, 「에피스테메와 독사」, 『박홍규의 철학: 형이상학이란 무엇인가』, 이화여자대학교출판부 2011, 53∼79쪽. 박홍규, 「고별 강연」, 『형이상학 강의 1』(박홍규 전집 2), 민음사 1995, 7∼55쪽 참조.
8 지금 남아 있는 기록에서 이 말을 찾을 수 있는 곳은 「고별 강연 검토(3)」, 『형이상학 강의 1』(박홍규 전집 2), 민음사 1995, 496쪽에서이다(전집을 모두 찾아보지는 못했다). 그러나 박홍규 선생은 이 말을 수없이 여러 차례 반복하셨다.

성립하고, 그 각 학문에 대해 이데아를 안다면 그 사물에 대해 모순을 범하지 않는 앎을 가질 수 있다는 보증이자 근거를 가지게 됩니다. 그렇기 때문에 학문을 하는 자는 이데아를 파악해야 된다는 것입니다.[9] 제가 플라톤에 대해 연구도 하고 강의도 하다 보니 플라톤이 과연 이데아를 파악했냐고 묻는 사람들이 많았습니다. 특히 선(善)의 이데아를 파악했냐고요. 플라톤이 만약 선의 이데아를 파악했다면 그는 선 자체를 안다는 이야기인데, 그렇다면 그는 성인(聖人)이 되었을 것입니다. 그러나 우리는 플라톤이 성인이었다는 이야기는 어디서도 들어보지 못했습니다. 그렇다면 뭐냐? 그는 각 학문에 대해서도, 선에 대해서도 그것에 대한 학문이 있다면 그 조건은 이데아라고 밝힌 것뿐입니다. 하여간 각 사물에 대한 학문이 추구하는 궁극 목표는 그 사물의 이데아라는 것입니다. 한 사물에 대해 모순되는 이야기를 하면 아직 그 사물이 다 밝혀진 것이 아니니까요. 물론 이것은 모순적인 존재자가 없다는 말이 아닙니다. 과거에도 세상에는 모순적인 일이 많이 벌어졌으려니와 현대에 오면 모순율에 어긋나는 존재자조차 밝혀집니다. 가령 마르틴 하이데거(Martin Heidegger)에 의하면 인간은 자기 자신이면서 동시에 자기 자신을 넘어서 있는 존재자입니다.[10] 어떻게 한 존재자가 자기 자신이면서 동시에 자기 자신이 아닐 수가 있을까요? 이 불가능한 존재 방식이 단지 인간만이 아니라 생명 전체에도 적용됩니다. 생명의 존재 방식에 대해서는 조금 있다가 다시 말씀드리지요. 하여간 그런 모순적인 존재자도 그러한 모순적인 존재자로서 모순율의 지배를 받아야 합니다. 그뿐 아니라 동일률의 지배도 받아야 합니다. 이것은 또 무슨 말일까요?

6. 현대의 포스트-모더니스트들은 '차이의 존재론'[11]을 이야기합니다.

9 박홍규, 「파르메니데스 편 강의」, 『플라톤 후기 철학 강의』(박홍규 전집 4), 민음사 2004, 172~213쪽.

10 Martin Heidegger, *Sein und Zeit*, Max Niemeyer 1972, p. 192.

11 여기에 대해서는 최화, 「지속과 '차이의 존재론': 베르그송과 들뢰즈(II)」, 『철학사상』

니체와 마찬가지로 이들 역시 형이상학의 극복을 모토로 내걸고 있는데, 그들은 형이상학의 극복을 위해 종래의 동일률을 모두 부정하고 대신 차이를 내세웁니다. 존재는 모두 차이라는 것입니다. 종래의 형이상학이 동일률을 내세우고 있는데, 동일성을 뒤집으면 차이가 나지 않는다는 것이니 이번에는 차이를 중심으로 모든 것은 차이고 동일성은 결국 차이의 없음으로 볼 수 있지 않겠느냐는 것입니다. 동일률을 단순히 뒤집은 것이니 이것도 마찬가지로 타당하지 않겠느냐고 아주 단순하게 생각한 것 같습니다. 이들에게 해주고 싶은 이야기는 우선 차이의 존재론을 이야기하려면 동일률과 마찬가지로 '차이율'이라는 것이 나와야 한다는 것입니다. 그러나 그런 원리가 어디 있습니까? 한 사물이 자기 자신과 동일하다는 것이 동일률이라면 '차이율'은 한 사물이 다른 것과 다르다는 것일까요? 아니면 구조주의자들처럼 한 사물이 한 사물로 드러나는 것은 다른 것과의 관계 아래에서만 그러하다고 할까요? 소가 풀을 뜯는 것은 풀을 뜯는 것이지 풀 아닌 다른 모든 것이 아님을 뜯는 것이 아닙니다.[12] 그 "다른 모든 것이 아님"이 바로 풀이고 소는 그 풀을 뜯는 것입니다. 철학은 이런 말 바꾸기가 아닙니다. 그러나 그것이 좋다면 그렇게 하라지요. 우리는 그렇게 복잡하게 생각할 것 없이 단순하게 동일률로 만족하겠습니다. 결국 내용은 마찬가지니까요. 사실 동일률이라는 것은 모순율을 확립하는 과정에서 그 기반이 마련되는 것입니다. 굳이 전문적으로 말하자면 『파르메니데스』 제2부의 제2가정에 나오는 '있는 하나' (hen-on)에서입니다.[13] 그것은 관계 속에 들어온 즉자(auto kath' hauto)를 말합니다. 이것도 모르고 동일률에 반대되는 '차이율'을 말해 봐야(사실 '차이율'을 말한 사람은 없습니다. 있을 턱이 없지요) 한낱 헛된 이야기에 불과합니다. 형이상학의 극복을 외치는 자들은 항상 마지막 끝이 부족하니

61, 2016, 339~62쪽 참조.

12 이 점에 대해서는 베르그송의 *L'évolution créatrice*, PUF 2007의 제4장에 나오는 "존재와 무" 부분(pp. 272~98) 참조.

13 Platon, *Parménide*, 142b-155d(Bude판, Les Belles Lettres 1974).

다. 상당히 형이상학적인 이야기를 떠벌리다가 끝에 가면 흐지부지 꼬리를 감춥니다. 그러나 우리는 늑대와 개를 구별할 줄 알아야 합니다. 모순율과 동일률은 지금은 논리학의 법칙으로서만 이해되고 있지만, 사실은 그 논리의 법칙은 존재의 법칙으로부터 나온 것입니다. 플라톤도 이데아를 이야기할 때에는 '자체적인 것'(auto kath' hauto)이라거나 '항상 동일하다'(to aei kata tauta echon)거나 항상 두 가지로 말합니다.[14] 이것은 그가 모순율과 동일률 둘 다 존재의 기본 성격으로 생각하고 있었다는 것을 뜻합니다.

7. 그다음이 아페이론입니다. 이것은 박홍규 선생이 "존재도 무도 아닌 것"이라 누누이 강조하셨습니다. 이것은 사실 파르메니데스를 극복하기 위해 플라톤이 내놓은 기가 막힌 원리입니다. 이데아가 무에 대립된 존재 자체(무는 완전히 사라지고 존재 자체만 남는 것이니까)라면, 그러한 존재와 무의 대립을 끊는 것이 바로 아페이론입니다. 여기서 '끊는다'고 했다고 해서 헷갈리면 안 됩니다. 존재와 무의 대립에서 존재만 두드러지게 된 것을 『필레보스』에서는 페라스라 부르는데,[15] 페라스는 말 그대로 모든 사물을 하나하나 구별해 주는 한계, 경계, 울타리의 역할을 하는 것이고, 반대로 아페이론은 그런 페라스의 구별을 허물어 세상 만물을 연결해 주는 관계, 연결, 연속의 원리입니다. 아페이론이 들어가면 모든 것이 연결됩니다. 이 세상이 모두 연결되어 있는 것은 아페이론 때문입니다.[16] 이 원리의 확보를 통해 플라톤은 운동의 가능성을 열게 됩니다. 제논(Zenon)의 역설에서 가령 날아가는 화살은 어느 한 지점에 있지만, 동시에 있지 않게 됩니다. "존재도 무도 아닌 것"이므로 있는 것이라고도, 있지 않는 것이라고도 할 수 없게 되는 것입니다. 그러므로 아페이론

---

14 가령 Platon, *Hippias Majeur*, 299c 8과 *Timée*, 28a 2 등 도처에서 보인다.
15 Platon, *Philèbe*, 23b-26d(Bude판, Les Belles Lettres 1966).
16 박홍규 도처에서, 특히 「방황하는 원인」, 『형이상학 강의 1』(박홍규 전집 2), 민음사 1995, 262쪽에서 보인다.

의 지배를 받는, 운동 상태의 화살은 날아갈 수 있게 됩니다. 그리고 좀 전에 말했던 이데아는 서로 무에 의해 단절되어 있으므로 어떤 것이 다른 것의 존재를 방해할 수 없게 되어 있습니다. 그러므로 각 이데아는 다른 것의 방해를 받지 않고 무감동적으로 존재하며, 존재는 따라서 존재하는 개수만큼 모조리 다 존재하게 됩니다. 이데아가 무수하다는 것이지요. 이제 무수히 많은 다수인 이데아와 운동을 가능하게 하는 조건인 아페이론의 확보로 "다(多)와 운동을 부정"하던 엘레아학파를 극복할 수 있는 길이 열리게 됩니다. 이것으로 다 된 것일까요? 아닙니다.

8. 페라스와 아페이론만 있으면 세상이 설명될 것 같지 않습니까? 안 됩니다. 페라스(존재와 무의 대립)와 아페이론(존재도 무도 아닌 것)은 그 본성이 완전히 반대이기 때문에 가만히 내버려두면 서로 외면할 뿐, 섞일 필요가 없습니다. 이 세상이 그 두 원리가 섞여 이루어진 것이라면 그것을 섞어주는 원리가 필요합니다. 이 세상이 존재한다면 그 두 원리가 섞였다는 것이고, 그렇다면 그 두 원리를 섞어줄 제3의 원리가 작용했음을 의미합니다. 그 원리가 바로 포이운입니다. 포이운은 존재도 무도 아닌 것을 존재로 끌어올리는 원리입니다. 포이운이라는 말이 암시하듯이, 그것은 어떤 능동성입니다. 이 세상에 능동적으로 움직이는 것이 있다면 그것은 생명이나 영혼 같은 것일 것입니다. 그래서 플라톤은 『파이드로스』[17]에서 영혼의 운동 방식에 대해 논하는데, 거기서 그는 'heauton kinoun'(자기 자신을 움직이는 것)은 'ouk heauton apoleipōn'(자기 자신을 버리지 않는)하는 운동이라고 말합니다.[18] 모든 운동하는 것은 자신을 허물어 자기 자신을 버려야 하는데(타자화해야 하는데, 즉 변해야 하는데), 능동적 운동은 그 자기 자신을 버리지 않고 운동한다는 것입니다. 그러려

17 Platon, *Phèdre*, 245a~246a(Bude판, Les Belles Lettres 1978).
18 박홍규, 「자기 운동(I), (II)」, 『형이상학 강의 1』(박홍규 전집 2), 민음사 1995, 94~164쪽.

면 그것은 타자화하는 운동을 매순간 거꾸로 거슬러 올라가는 운동, 즉 동일화(타자화의 반대)하는 운동이어야 한다는 것입니다. 좀 전에 생명의 존재 방식에 대해 나중에 논하겠다고 했는데, 그것을 이야기할 때가 왔습니다. 방금 설명했듯이 운동했음에도 불구하고 자기 자신을 버리지 않는다는 것은 모순적 운동을 한다는 것입니다. 그러니까 하이데거를 동원하지 않고도 이미 플라톤 시대에 모순적 존재를 이야기했던 것입니다. 생명의 자발적 운동은 베르그송이 계승하여 생명 일반의 특징인 기억 현상으로 드러나게 됩니다. 이러한 플라톤 해석 전체가 박홍규가 읽어낸 플라톤이며, 그것을 베르그송에 적용한 것까지도 그의 업적이라 할 수 있습니다.

9. 페라스, 아페이론, 포이운, 이 세 가지만 알면 형이상학이 다 된 것일까요? 그렇지는 않습니다. 박홍규 선생은 항상 철학은 외어야 소용이 없고 분석력이 중요하다고 강조하셨습니다. 분석력을 위해서는 변증법을 훈련해야겠지요. 베르그송이 항상 논리학보다 변증법을 이야기하는 것도 그런 뜻이라 이해하고 있습니다.[19] 그러니 앞의 세 원리만 안다고 형이상학을 다 아는 것이 아니고 변증법도 훈련하고, 또 할 것이 많을 것입니다(특히 데이터의 연구). 그러나 페라스, 아페이론, 포이운, 이 세 원리가 최소한의 기본입니다. 박홍규 선생은 이 세 원리를 찾아낸 것이 플라톤의 업적이며, 그것은 누가 해도 마찬가지라고 여러 번 말씀하셨습니다. 그 세 원리를 찾아낸 것은 플라톤이지만, 그것을 그렇게 이해하고 분석해 낸 것이 박홍규 선생이라면 이제 그를 현대 형이상학의 부활자라 불러도 아무 거리낄 것이 없을 것입니다. 왜냐하면 우리가 알기에 동서양을 막론하고 플라톤을 이렇게 형이상학의 '챔피언'으로 해석한 사람이 없기 때문입니다. 그렇기에 서양철학자들 중에 형이상학에 가장 가깝다는 느낌을 주는 자들도 기껏 주장하는 것이 '형이상학의 극복'이었

---

19 베르그송 도처에서, 특히 *Pensée et le mouvant*, PUF 2009, pp. 88~90에서 보인다.

던 것입니다. 이런 자들이 무슨 플라톤의 후손이라 할 수 있다는 말입니까. 박홍규 선생은 "한 사물을 총체적 관점에서 본다는 것은 모든 사물을 성립시키고 있는 원인에 그것을 환원해야만 전체와의 연관성이 주어진다"[20]라고 말씀하십니다. 그 원인이 바로 위의 세 원인(aitia)입니다. 그 원인들로 환원해 봐야 형이상학이 된다는 말씀입니다.[21] 니체처럼 강자와 약자라는, 밑도 끝도 없는 것을 원인이라 내세워 봐야 소용없다는 것입니다. 베르그송은 『도덕과 종교의 두 원천』에서 강한 자와 약한 자가 따로 있다고 생각한 것이 니체의 난점이라 지적한 적이 있는데,[22] 바로 이 사태를 두고 한 말일 것입니다. 그리고 이 세 원리는 형이상학이 보는 세계의 분류법(classification)이기도 합니다. 오늘날 많은 뇌 연구자가 뇌의 구조에서 정신을 설명하려고 하고 있지만, 그들은 근본적으로 정신과 육체(뇌)를 구별하지 못하고 있습니다. 벌써 20년도 전의 일이 되어버렸지만, 뇌 철학자 대니얼 데닛(Daniel C. Dennett)이 한국에 왔을 때 논평자로 나선 이태수 선생이 지적하신 것도 바로 그 점이었습니다. 또 카를 마르크스(Karl Marx)의 유물론 같은 것은 이 기본을 모르고 생명을 물질로 환원해 버렸습니다. 그러니까 잘못된 이야기가 된 것입니다. 생명이 뭔지를 모르니 생산이 어떻게 이루어지는지를 모르고, 그래서 생산 관계에 대한 그 수많은 논의에도 불구하고 생산은 어떻게 해야 하는지에 대한 논의가 없습니다. 인간의 영혼은 무시되어 버리고 맙니다. 그러니 결국 공산주의 사회는 망하게 됩니다. '형이상학의 극복'을 외치는 자들의 나라도 지금 만신창이가 되어 있습니다. 제 눈에는 철학으로 흥한 이 아름다운 나라(프랑스)가 철학으로 망하고 있는 것으로 보입니다. 박홍규를 낳은 대한민국은 철학으로 흥하는 나라가 되기를 빕니다.

---

20 박홍규, 「철학이란 무엇인가」, 『형이상학 강의 2』(박홍규 전집 3), 민음사 2004, 112쪽.
21 박홍규, 「강독 8」, 『베르그송의 창조적 진화 강독』(박홍규 전집 5), 민음사 2007, 188~89쪽.
22 Henri Bergson, *Les deux sources de la morale et de la religion*, PUF 2008, p. 296.

참고문헌

박홍규, 「고별 강연」, 『형이상학 강의 1』(박홍규 전집 2), 민음사 1995.

＿＿＿, 「고별 강연 검토(3)」, 『형이상학 강의 1』(박홍규 전집 2), 민음사 1995.

＿＿＿, 「자기운동(I), (II)」, 『형이상학 강의 1』(박홍규 전집 2), 민음사 1995.

＿＿＿, 「방황하는 원인」, 『형이상학 강의 1』(박홍규 전집 2), 민음사 1995.

＿＿＿, 「철학이란 무엇인가」, 『형이상학 강의 2』(박홍규 전집 3), 민음사 2004.

＿＿＿, 「파르메니데스 편 강의」, 『플라톤 후기 철학 강의』(박홍규 전집 4), 민음사 2004.

＿＿＿, 「강독 8」, 『베르그송의 창조적 진화 강독』(박홍규 전집 5), 민음사 2007.

니체, 프리드리히, 안성찬 · 홍사현 옮김, 『즐거운 학문』(니체 전집 12), 책세상 2005.

＿＿＿, 정동호 옮김, 『짜라투스트라는 이렇게 말했다』(니체 전집 13), 책세상 2002.

＿＿＿, 최상욱 옮김, 『유고(1869년 가을~1872년 가을)』(니체 전집 4), 책세상 2005.

하이데거, 마르틴, 박찬국 옮김, 『니체 I』, 도서출판 길 2010.

최화, 『박홍규의 철학: 형이상학이란 무엇인가』, 이화여자대학교출판부 2011.

＿＿＿, 「지속과 '차이의 존재론': 베르그송과 들뢰즈 (II)」, 『철학사상』 61, 2016.

Aubenque, Pierre, *Le problème de l'être chez Aristote*, PUF 1983.

Bergson, Henri, *L'évolution créatrice*, PUF 2007.

＿＿＿, *Pensée et le mouvant*, PUF 2009.

＿＿＿, *Les deux sources de la morale et de la religion*, PUF 2008.

Heidegger, Martin, *Sein und Zeit*, Max Niemeyer 1972.

Platon, *Hippias majeur*, Bude판, Les Belles Lettres 1972.

＿＿＿, *Parménide*, Bude판, Les Belles Lettres 1974.

＿＿＿, *Philèbe*, Bude판, Les Belles Lettres 1966.

＿＿＿, *Phèdre*, Bude판, Les Belles Lettres 1978.

＿＿＿, *Timée*, Bude판, Les Belles Lettres 1985.

논단

1. 언어와 존재

윤구병

무엇 때문에 배우는가? 살려고 배운다. 왜 가르치는가? 살려고 가르친다. 적어도 생산 공동체인 시골 마을에서는 그렇다. 말을 배우고 가르치는 걸 돌을 전후해 조기 교육하는 것도 마찬가지이다. 다만 사람은 혼자서는 살아갈 수 없는 생명체이므로, 함께 도우면서 살려면 생각과 느낌을 말로 주고받아야 하므로 일찍부터 말을 배우고 가르친다. (글의 효용성은 따로 있다.) 말 가운데 자주 입에 올리는 말, 빈도수가 가장 큰 말은 '것'이라는 말을 빼면 '있다', '없다', '한다', '된다', '이다', '아니다'(않다) 같은 말이다. 모두 열 손가락 안에 드는 말이다.

서구 언어에는 그리스·로마를 거쳐 영어, 프랑스어, 독일어에 이르기까지 '있음'과 '안 있음'(to on 〈-〉 to mēon, esse〈-〉 ne esse, being〈-〉 non being, être〈-〉neant, sein〈-〉 nicht sein), '임'과 '안 임'이 맞서 있고, '있음'과 '임'이 가려 쓰이지도 않는다. 그러나 우리말에서는 '있음'〈-〉'없음', '임'〈-〉'아님'이 맞서면서 함께 반대말을 이루고 이어져 있으면서도 가려진다. 우리말에서는 있는 것도 있고 없는 것도 있다. '있는 것이 있다'

51

는 말이나 '없는 것이 있다'는 둘 다 자연스러운 우리말이다. 있는 것은 두말할 나위 없이 있고, 없는 것도 빠진 곳으로 있다. 다시 말해 '없는 것'은 '결핍 존재'로 있다.

여기서 잠깐 '있다'와 '없다'의 어원(말뿌리)을 찾아볼 필요가 있다. 지금도 제주도에서는 '있다'를 '이시다'로, '없다'를 '어시다'로 발음하고 있다. (옛 우리말 발음법이 고스란히 그대로 간직되고 있다.) 우리말 어원을 찾아나선 국어학자들 가운데는 따로 소리낼 수 있는 모음을 빼고는 자음과 모음이 합해서 하나의 소리 단위를 이루고 극소수의 유음(흐름소리)을 빼면 받침으로 쓰이는 말이 없었다고 한다.

이 말을 그대로 받아들이면 '이시다'는 '이+시+다' → '이+ㅅ+다'(모음 ㅣ 탈락) → '있다'로 바뀌고 '어시다'라는 말은 '어+시+다'→ '어+ㅅ+다'(모음 ㅣ 탈락) → '없다'(엇과 같다. 발음할 때는 '없다'가 된다. 우리말에서 'ㅂ다', '브다'는 같다, 닮았다, 비슷하다는 뜻을 지닌 '어미'(말끝)다. '밉다', '이쁘다' 같은 말을 참조)로 바뀐다.

이때 '이시다'에서 '이'는 무엇을 가리키고, '어시다'에서 '어'는 또 무엇을 가리키는가? '이제'는 한자어 '현재'를 가리키는 우리말이다. '어제'는 '과거', '아제'는 '미래'를 가리키는 말이다. (고려시대 송나라 사신 서긍이 쓴 『선화봉사 고려도경』에 덧붙인 『계림유사』에는 '아제'라는 말이 있었으니 지금은 없어지고, '아직'이라는 말로 그 흔적만 남아 있다.) '어 다르고 아 다르다'는 속담이 있듯이, 그리고 중세어에서 '어이'가 먼저 난이(부모)를 가리키고, 현대어에도 '언니'(어+ㅅ+이)가 살아남아 있듯이(요즘에는 주로 여자 형제 가운데 앞서 태어난 사람을 뒤에 태어난 피붙이가 쓰는 말이 되었지만, 얼마 전까지만 해도 서울과 경기 지역 사람들은 남자 형제 가운데 형을 언니라고 불렀다), 또 '아이'라는 말이 아직도 스스럼없이 쓰이고 있듯이, '어'와 '이' 그리고 '아'는 뜻으로도 엄연히 구분되는 말이다. '어'는 앞섰다, '이'는 '이시다'에서 '있다'로 굳어지고, '어시다'가 '없다'(어와 같다. 지난 것 같다. 사라졌다, 빠졌다)로 탈바꿈한 것으로 보면 존재론에서 쓰이는 우리말에서 네 가지 바탕이 되는 말꼴(어형)의 뜻이 밝혀질 수 있다.

1. 있는 것이 있다.

2. 있는 것이 없다. → '하나'도 없다.

3. 없는 것이 있다. → '빠진 것'이 있다.

4. 없는 것이 없다. → '다' 있다.

(이 기본 말꼴에서는 참과 거짓이 밝혀지지 않는다. 참과 거짓이 밝혀지려면 '있는 것', '없는 것', '있다', '없다' 사이에 '이다'와 '아니다'가 들어서서 판단 형식이 갖추어져야 한다.)

이 네 마디 말을 플라톤 시대 그리스어로 직역해 보자.

1. to on einai

2. to on mē einai

3. to mēon einai

4. to mēon mē einai

(일상어법에 어긋나지만 고대 그리스인, 그리고 그들의 뒤를 이은 이른바 인도·유럽어족의 사유 구조와 그에 따르는 논리 구조를 드러내는 데 알맞다고 여겨 일부러 'esti' 대신에 원형인 'einai'를 썼다.)

그리스어로 옮긴 이 네 마디 말은 우리말로 다시 이렇게 옮길 수 있다.

1. 있는 것이 있다.

2. 있는 것이 안 있다.

3. 안 있는 것이 있다.

4. 안 있는 것이 안 있다.

(이 가운데 2와 3은 동일률과 모순율에 어긋나므로 그리스와 인도·유럽어족

의 사유 구조에서는 배제된다.)

또는

가. (무엇)인 것이 (무엇)이다.
나. (무엇)인 것이 (무엇이) 안 이다.
다. (무엇) 안 인 것이 (무엇)이다.
라. (무엇) 안 인 것이 (무엇) 안 이다.
(마찬가지 이유로 '나'와 '다'는 배제된다.)

또는

a. 있는 것이 (무엇)이다.
b. 있는 것이 (무엇) 안 이다.
c. 안 있는 것이 (무엇)이다.
d. 안 있는 것이 (무엇) 안 이다.
(b, c 배제)

또는

ㄱ. (무엇)인 것이 있다.
ㄴ. (무엇)인 것이 안 있다.
ㄷ. (무엇) 안 인 것이 있다.
ㄹ. (무엇) 안 인 것이 안 있다.
(ㄴ, ㄷ 배제)

이렇게 16개의 '문장'(?)으로 번역될 수 있는데, 이 가운데 그리스인들
(더 나아가 라틴어, 영어, 프랑스어, 독일어와 그들과 유사한 언어 구조와 사유

구조를 지닌 어족들)에게는 2, 3, 나, 다, b, c, ㄴ, ㄷ은 배제될 수밖에 없으므로 8개의 '문장'(진술, 판단)이 남는다. 그리고 그들의 사유 구조와 논리 구조에서는 이 8개의 '문장'만이 참이다.

다시 말해

1. 있는 것이 있다.
4. 안 있는 것이 안 있다.

가. (무엇)인 것이 (무엇)이다.
라. (무엇) 안 인 것이 (무엇) 안 이다.

a. 있는 것이 (무엇)이다.
d. 안 있는 것이 안 이다.

ㄱ. (무엇)인 것이 있다.
ㄹ. (무엇) 안 인 것이 안 있다.

위의 것들만 남고, 이 8개의 '문장'은 모두 동일률과 모순율과 배중률을 뒷받침한다. (그리고 이들 문장은 나중에 헤겔의 논리학에서 이른바 '변증법'을 뒷받침하기도 한다.)
이들 '문장'은 '아닌 게 아니라 없는 것이 없다'라는 말을 자연스럽게 받아들이는 우리(Korean 어족)에게는 귀에 설다(이렇게 번역된 말들이 귀에 설다는 것은 우리의 사유 구조와 논리 구조에 맞지 않은 구석이 있다는 말이다).

다시 우리말로 돌아와서

가. (어제) 있던 것이 (이제도) 있다.
나. (어제) 있던 것이 (이제는) 없다.
다. (어제) 없던 것이 (이제) 있다.
라. (어제) 없던 것이 (이제도) 없다.

이 네 마디 말은 모두 말이 된다. 이와는 달리

ㄱ. (아제) 있을 것이 (이제) 있다.
ㄴ. (아제) 있을 것이 (이제) 없다.
ㄷ. (아제) 없을 것이 (이제) 있다.
ㄹ. (아제) 없을 것이 (이제) 없다.

이 네 마디 말은 말이 되는가? 될 수도 있고 안 될 수도 있다. '있을 것'은 '있음직한 것'을 가리키는 말이기도 하지만 '있어야 할 것'을 가리키는 말이기도 하다. ('없을 것'도 마찬가지로 '없음직한 것', '없어야 할 것'을 동시에 가리킨다.) 아직 현실화하지 않은 것을 단정적으로 '있다', '없다'라고 할 수 없다는 점에서, 그리고 미래를 앞당길 수 없다는 점에서 '미래'는 '가능성'이나 '소망'의 영역에 머물러 있다(여기에서 이루어지는 '언표'는 현실판단이 아니라 가치판단이거나 단순한 추측에 그친다).

이제, '있는 것', '없는 것'을 참과 거짓이 가려질 수 있는 '판단 형식' 안에 집어넣어 보자.

하나. 있는 것이 있는 것이다.
둘. 있는 것이 없는 것이다.
셋. 없는 것이 있는 것이다.
넷. 없는 것이 없는 것이다.

이 네 마디 말 가운데 '둘'과 '셋'은 거짓말이고 '하나'와 '넷'만이 참이다. 이렇듯 '판단 형식'을 갖추지 않으면, 우리는 어떤 말이 참인지 거짓인지 가려보기 힘들다. 서구 언어와 서구인들의 사유 방식에서 혼선이 나타나는 까닭은 그들이 가장 자주 쓰는 말에서 '있음'과 '임', '안 있음'과 '안 임'이 갈라서지 않고, '없음'은 '있음'의 부정인 '안 있음'('아님'이 '임'의 부정으로 쓰이는 것과 마찬가지로)으로만 여겨진다는 것이다.

서구 언어에서 극단의 대립을 이루는 있음과 안 있음과는 달리, 우리말 있음과 없음은 생성과 소멸을 드러내는 말로도 쓰이고 이 기억과 관련된 말로도 쓰인다.

'하나'(1. 꽉 찬 것, 참)를 '있는 것'으로 놓으면 '빔'(0, 텅 빈 것, 하나도 없는 것, 겉만 있는 것, 거짓)을 '없는 것'으로 놓을 수 있으나, 1도 0도 숫자 모습을 띠고 '있는 것'이고, '없는 것'도 '있는 것'이 가득 찬 것으로 있는 것과 마찬가지로 텅 빈 것으로 있다. 다시 말해 0,0000……∞……1에서 0에 이르는 길도 열려 있고, 0.999……∞……9에서 1에 이르는 길도 열려 있되, 0에 이르는 길은 0에서, 1에 이르는 길은 1에서 끝난다. 우리가 '둘'(2)이라고 부르는 것은 '있는 것'+'없는 것'을 이르는 말이고, '셋'(3)이라고 부르는 것은 '있는 것'도 아니고 '없는 것'도 아닌(1도, 0도 아닌), 그 사이에 있으면서 '있는 것'과 '없는 것'을 갈라 세우는 무엇을 가리키는 숫자 표현인데, 이 '셋'이 나타나는 순간(neither 1 nor 0) 온갖 것들이 빠짐(privatio)의 크기(양, quantity)와 됨됨이(질, quality)에 따라 저마다 달리 드러난다. 우리는 이것을 뭉뚱그려 '끝없음'(무한)이라고 부르고 '∞'이라는 '기호'로 나타낸다.

'있는 것이 없다'는 말은 '하나도 없다'는 말과 같다는 말은 이미 했다. 하나(1)가 없다는 말은 다른 말로 이 한뉘(우주, universe)로 보이는 것이 '여럿'으로 이루어져 있다는 말이고, '여럿'의 최소 단위는 '둘'(2)이므로, 그런데 '하나'(1)와 다른 것은 '빔'(0)밖에 없으므로 이 한뉘는 거의 가득한 것에 가까운 것에서 거의 비어 있음에 가까운 것에 이르기까지 정도 차이는 있으나 양과 질에서 헤아리거나 가늠할 수 없는(그래서

'제3의 것'으로 두리뭉실 말할 수밖에 없는) 것으로 겹겹이 둘러싸여 있다는 말이다. 따라서 이 한뉘(1이 테두리를 이루고 있는 구슬 꼴의 우주) 안에서는 결을 이루는 걷잡을 수 없는 흐름이 휘돌고 감돌고 맴돌면서, 때로는 마디로 꼬이고, 때로는 실타래처럼 풀리면서 이어져 있으므로 아리스토텔레스 식의 동일률도 모순율도 배중률도 찾아볼 수 없다(이 말을 한 걸음 더 밀고 나가면 이 한뉘 안에서는 인과의 법칙이 필연이나 그에 따르는 논리의 일관성을 찾아볼 수 없다는 말과 같다). 우주 안에 '있다'고 여겨지는 것은 어슷비슷하거나 서로 다른 것뿐이다. '상수'로 볼 수 있는 것은 이 우주 내부에는 없다. 이 우주 안에서 '특이점'이라고 불리는 가상의 중심을 빼면 한결같은 것은 없기 때문이다(無常). 우리가 '상수'(constant)로 놓을 수 있는 정지점은 1과 0인데, 이 '멈춤'은 한뉘 안에는 없다. 우리의 의식은 바뀌지 않는 어떤 것, 부동의 닻을 바란다. 그래야 믿고 기댈 데가 생기기 때문이다. 모든 것이 하나같이 흐름 속에 몸을 담고 있다면(諸行無常) 어디에 닻을 내릴 수 있겠는가?

선택지는 둘 가운데 하나다. '있는 것'(1)에 닻을 내리거나 '없는 것'(0)에 닻을 내리거나. 그러나 이것은 믿음(종교)의 영역이지 '아롬 사랑'(철학)이 기댈 곳은 아니다.

물리학이 가장 작은 톨(particle)이나 가장 큰 톨을 찾아 헤매는 것은 바뀌지 않는 무엇이 그 안에 깃들어 있다고 믿기 때문이다(양자역학이나 천체물리학의 변천 과정을 살펴보면, '톨'이나 '것' ti에 대한 집착이 얼마나 큰지를 가늠할 수 있다).

부정, 부정의 부정(긍정)이 서구 존재론의 역사다. 논리가 현실을 집어삼킨다. 의식이 존재를 규정한다. 한마디로 이제까지의 서구 존재론은 서구 언어에 기댄 관념의 유희에 가깝다. 심지어 물리학뿐만 아니라 화학, 생물학, 우주론에 이르기까지 두뇌 회로에서 파생된 이 관념의 틀에서 벗어나려 들지 않는다.

'없는 것이 있다'는 우리말(Korean language)은 이들의 귀에는 '있지 않은 것'(안 있는 것)이 '있다'로 들리거나 '(무엇) 안 인 것이 (무엇)이다'

로 들린다. 그러니 이런 비논리적(?) '언표'를 이들이 어찌 참아낼 수 있 겠는가? 이 말이 '있는 것이 없다'는 말이, '하나도 없다'는 말, 또 '없는 것이 없다'는 말이 '다 있다'는 말과 같은 뜻을 지니고 있는 것과 마찬가 지로 '빠진 것이 있다'는 말과 다름없는 말이라고, 그리고 이 '빠진 것' 에는 '이미 사라진 것'도 있고, '아직 오지 않은 것'도 포함되며, '기억' 나지 않은 것이나 '소망'의 영역도 아우르는 말임을 밝혀도 'absurdum' 이라고 고개를 저을 것이다. 그들은 '공집합도 집합이다'나 이른바 엄 밀 과학(Strenge Wissenschaft)이라고 일컬어지는 수학에서 '통계'나 '확 률 이론'을 받아들이는 것까지는 용인한다. 그러나 그들의 언어권에서 벗어나는 언어에서 전혀 다른 존재론의 전개가 가능하다는 것은 한사코 받아들이려고 하지 않는다. 어리석은 생각이다(한마디로 이들은 '동어반 복'밖에 받아들이려 하지 않는 것으로 보인다). 쩝쩝.

2. 박홍규의 (아리스토텔레스의)
『범주론』 읽기 방식

양문흠

1

강의 시작 부분[1]에서 박홍규 선생은 '아리스토텔레스의 개체 이론'에 대해 이야기하려 한다면서 그의 사상 중에서 "중요한 것 하나가 개체에 대한 이론"이라고 말한다(11쪽). 그러면서 아리스토텔레스의 『범주론』이나 『형이상학』을 읽어봐도 자기 사상의 결과만을 얘기하지, 왜 그렇게 되어야 하는지에 대한 자세하고 풍부한 설명이 없는 것 같아. 그러니까 지금부터 내가 얘기하려는 것은 그것에 대한 나의 생각이야"라고 말한다. 이어서 박홍규 선생은 자신 앞에 놓인 카세트테이프가 개체의 전형적 예가 될 수 있다고 여기면서 이런 개체에 대해 아리스토텔레스가 사용하는 "tode ti", "atomon", "hen arithmo" 등의 표현은 문제의 개체가

---

1 박홍규, 「아리스토텔레스의 우시아」, 『형이상학 강의 2』(박홍규 전집 3), 민음사 2004. 본문의 인용 쪽수는 모두 이 책이다.

"통일된" 것임을 말해 주고 있다고 말한다(12쪽). 박홍규 선생은 이어 아리스토텔레스의 개체론과 관련해 자신의 강의 주제를 다음처럼 밝힌다.

"그런데 여기에 있는 이 통일된 것을 ousia(존재, 실체)라고 해.[2] 통일된 전체인 이것을 『범주론』에서는 prote ousia라고 해. 제1존재. 가장 으뜸된(kuriotata) 의미에서의 존재란 뜻이야. 여기에서의 통일의 계기를 eidos(형상), to ti en einai(본질)라고 해. 그리고 유개념을 deutera ousia(제2존재)라고 불러. 그런데 『형이상학』에서는 형상이나 본질을 제1존재라고 해. 따라서 왜 제1존재가 두 개 있느냐 하는 문제가 생겨. 이해하기 힘들지. 애매하다고 넘겨버리면 그만이지만, 그러나 생각해 봐야해. 어째서 한편에서는 전체인 개체를 ousia라 하고, 그리고 이것이 가장 으뜸되고 또한 제1차적인 존재라 하고, 다른 한편에서는 형상을 제1존재라고 하느냐? 내가 지금 그것에 대한 나의 견해, 그것이 성립하기 위한 조건을 밝히려는 거야. 이 문제에 답하기 위해서는 ousia란 것이 무엇이냐부터 설명해야 돼. ousia라는 것은 라틴어로 substantia(실체)라고 번역하는데, 이것은 나중에 아리스토텔레스 철학의 내용에 근거해서 번역된 것이지. Substantia는 사실상 희랍어로는 hypostasis(기층)에 해당해. Ousia가 substantia로 즉시 번역되는 것이 아니야. Ousia에 맞는 번역은 라틴어에도 근대어에도 없어"(12~13쪽).

박홍규 선생이 보는 아리스토텔레스에 의하면, 사물을 "해체시키는" 플라톤의 형상 이론과 달리, "존재한다는 것은 다(多)가 하나로 뭉친다는 것"을 의미한다(45쪽). 박홍규 선생은 『범주론』에 등장하는 "개체"(atomon) 등의 낱말에 주목하면서(46쪽), 이들은 특히 파르메니데스 철학의 관점에서 『범주론』을 읽을 것을 요구한다고 생각한다. 선생은 다음과 같이 말한다. "존재란 것은 파르메니데스가 말한 것처럼 하나가 되어야 돼. 문제는 거기에 있어. 다(多)가 존재한다는 것은 하나가 되어야 한

---

2 이 '통일된 것'으로써 문맥상 박홍규는 자신 앞에 놓여 있는 카세트테이프를 가리키고 있다.

다. 하나가 되지 않은 것이 어디에 있느냐? 예를 들어 사람을 살펴보면, 간, 콩팥, 심장 등 모두 합쳐서 하나가 되어야지. 그것들이 떨어져 있으면 사람이 아니지. 이 테이프도 따로따로 분열되어 있으면 하나가 되냐? 그 하나가 되는 방식, 즉 그 하나에 접근하는 방식이 범주(category)야. 여러 부분으로 되어 있으니까 서로 맞춰져야 될 것 아냐? 조화(harmony) 사상이야. 요컨대, 범주 사상은 조화 사상이야. 어떻게 해서 하나 속에 다가 공존할 수 있느냐? 다가 공존하면서도 거기서 하나가 나올 때 그것을 조화라고 해. 어떻게 부분들이 서로 조화되어서 하나가 될 수 있느냐의 문제야"(56쪽). 요컨대, 박홍규 선생에 의하면, 사람의 경우에 "간, 콩팥, 심장" 같은 신체의 "부분들"이 "조화"로운 것이 되는 방식, 일반적으로 말하면 "하나" 속에 그 "부분들"인 "다"(多)가 공존할 수 있는 방식에 관한 것이 "조화 사상"이고, 곧 "범주 사상"이다.

박홍규 선생이 아리스토텔레스의 "범주 사상" 내지 "조화 사상"을 언급할 때, 나는 아리스토텔레스의 『범주론』에서 다루어진 '범주'들에 관한 것으로 이해한다. 달리 이해할 수 없을 것이다. 나는 박홍규 선생이 말하는 "범주 사상" 내지 "조화 사상"이 『범주론』에서 발견되는 '범주들'의 분류에 근거하거나 직접 연관된 것인지 궁금했다. 그러나 나는 타당한 근거도 없고, 직접적 연관성도 없음을 보이고자 할 것이다. 이것은 이른바 "범주 사상" 내지 "조화 사상"이 아리스토텔레스의 것이라는 박홍규의 주장이 설득력 없음을 의미한다. 나아가 나는 문제의 "범주 사상" 내지 "조화 사상"을 아리스토텔레스의 목적론과 짝을 이루는 것으로 보려는 박홍규 선생의 의도도 의심스러운 것이라고 보일 것이다. 이 모든 것을 위해 필요한 것은 결국 『범주론』에서 '범주'로써 아리스토텔레스가 무엇을 의미하려 했는지 정확히 파악하는 것이다.

2

앞에서 박홍규 선생은 자신의 강의의 중심 주제가 아리스토텔레스의
초기작인 『범주론』에서 처음 취급된 '제1존재'와 '제2존재'의 구분과 연
관된 것임을 밝힌다. 고전학계에서는 대체로 이 구분 대신에 '제1실체'
(substance)와 '제2실체'라는 명칭을 사용하며, 나 역시 편의상 이 관례를
따르고자 한다. 『범주론』에 의하면 제1실체의 가장 전형적 예는 '이 사
람', '이 말(馬)' 같은 구체적 개체이며, 사람들의 공통적 본질과 말들의
공통적 본질은 각각 제2실체가 된다. 더 나아가기 전에 우선적으로 전제
할 것은 『범주론』에서 '범주'(kategoria)의 의미는 '술어'(predicate)이며,[3]
술어들의 기체(hypokeimenon)는 '이 사람', '이 말(馬)' 같은 개체라는 점
이다. 그리고 '술어들의 기체'라고 할 때, 예컨대 '소크라테스는 (피부
가) 희다'가 참인 명제인 경우에 두 항, 즉 '소크라테스'(기체, 제1실체)와
'흼'(술어) 각각은 '존재하는 것'(존재자)으로 여겨지고 있다. 아리스토텔
레스 연구자들에 의하면, 아리스토텔레스가 『범주론』에서 제1실체에 관
한 술어들을 10개 '범주들'[4]로 분류할 때, 그는 술어들에 의해 표현되는
'존재하는 것들'(존재자들)을 분류하고 있었다.

『범주론』의 범주들의 이해를 위해 가장 강조해야 할 주제는 방금 시
사한 대로 제1실체들과 술어들의 관계이다. 이에 관한 논의를 『범주론』
제2장의 "기체에 관해 서술됨"과 "기체 안에 존재함" 사이의 대조에 관
한 것부터 시작하겠다. 아리스토텔레스는 (보편자) '사람'은 (기체들인) 이
사람, 저 사람에 '관해 서술될' 수는 있지만, 어느 기체 '안에 존재하는'

---

3 우리말 '(관해) 서술되다'에 대응하는 그리스어 동사적 표현은 'legetai'와 'kategoreitai'
이다. 후자와 관련된 명사적 표현이 kategoria임을 감안하면, (기체에 관해 서술되는)
'술어'와 '범주'가 같은 의미임을 알 수 있다. 이 점에 유의하면, 박홍규가 언급한 "조
화 사상"을 비판적으로 접근하는 이 논문을 이해하는 데 큰 도움이 될 것이다.
4 문제의 술어들이 10개로 분류되는 경우, 오랜 전통에 따라 10개 '술어들'이라 하지 않
고 '범주들'이라 불리고 있다. 나도 이 전통을 따른다.

것은 아니라고 말한다. 이와 대조적으로 그는 어떤 사람 특유의 하양은 기체 '안에 존재'하지만, 기체에 '관해 서술될' 수는 없다고 말한다. 이 대조를 얼마간 검토해 보자. '사람'이 기체들인 이 사람, 저 사람에 관해 서술된다고 할 때, '사람'은 보편자이다. 주목할 점은 보편자 '사람'이 기체로서가 아니라 술어로서 다루어지고 있다는 것이다. 술어로서 다루어진다는 것은 보편자 '사람'이 존재의 차원에서 어떤 방식으로는 제1실체들(이 사람, 저 사람)에 의존함을 의미한다. 여기서 우리는 플라톤의 형상들에 대한 아리스토텔레스의 강한 비판을 읽을 수 있다. '독립적' 존재로서 진정한 의미에서 실체가 될 수 있는 것은 '이 사람, 저 사람' 등 개별자이며, 따라서 '사람' 같은 보편자는 종(種)으로서 제2실체가 될 따름이다. 아리스토텔레스는 이번에는 기체들에 "관해 서술되는" 보편자 '사람'과 대조적으로 어떤 사람 특유의 피부색 '하양'을 예로 들면서 이것이 "기체 안에 존재함"은 "기체로부터 분리(독립)해서(choris) 존재할 수 없음"을 의미한다고 말하고 있다. 즉 그에 의하면, 어떤 사람 특유의 피부색 같은 것은 바로 그 사람의 신체를 떠나서는 존재하거나 발견될 수 없는 개별적인(particular) 것으로서[5] 보편자 '사람'과 달리, 어떤 것에 관해 서술될 수 없다.

 '기체에 관해 서술됨'과 '기체 안에 존재함'을 대조하면서 아리스토텔레스가 부각하고 싶은 것이 있다. 그것은, "이 사람, 이 말(馬)" 같은 제1실

---

5 특유의 '하양'이 어떤 사람 안에 존재하는 경우, 아리스토텔레스는 그것의 기체를 '신체' (soma)라고 말한다. 이와는 별도로 우리는 "기체 안에 존재함"과 관련해 아리스토텔레스가 매우 흥미로운 언급을 하고 있음을 발견하게 된다. 그것은 "기체 안에 존재함" 은 "(전체의) 부분(meros)"으로서 그렇게 존재함을 의미하지 않는다는 언급이다. 당연히 저 '하양'은 신체의 "부분"이 아니다. 문제의 '하양'이 어느 신체 (안)에서 발견된다고 해서 그것이 신체의 "부분"이 되는 것도 아니며, 신체에서 더 이상 발견되지 않는다 해서 신체의 "부분"이 사라지는 것도 아닐 것이다. 내가 여기서 기체 "안에 존재함"이 "(전체의) 부분"으로 존재함을 의미하지 않는다는 언급에 주목하는 이유는 따로 있다. 그것은 (박홍규가 언급하는) "간, 콩팥, 심장" 같은 신체의 "부분들"이 기체 "안에 존재함"의 사례로 다루어질 가능성 자체가 부정되고 있지 않기 때문이다. 그러나 이 가능성을 『범주론』에서 확인하는 것은 결국 불가능할 것이다.

체들은 (어떤 특유의 '하양'처럼) 어떤 "기체 안에" 존재하거나 그 "안에서" 발견될 수 있는 것도 아니며, ('사람' 같은 보편자처럼) 다른 어떤 것에 관해 "서술되는" 것도 아니라는 점이다. 바로 이 문맥에서 아리스토텔레스는 앞의 제1실체들을 "개체들(atoma)이고, (수적으로) 단일한(hen arithmo) 것들"이라고 말한다(제2장, 1b6). 이에 근거해 아리스토텔레스는 다음과 같이 결론적으로 말한다. "(우리가 제1실체라고 부르는 것들을 제외한) 여타 모든 것은 기체들인 제1실체들의 술어들이거나 기체들인 그들 안에 존재하는 것들이다. 그러므로 제1실체들이 존재하지 않으면 여타 어떤 것들도 존재할 수 없다"(제5장, 2b5-6). "제1실체들이 존재하지 않으면 여타 어떤 것들도 존재할 수 없다"라는 주장은 논란을 일으킬 수도 있는 매우 강력한 주장이지만, 어쨌든 강조해야 할 점은 모든 술어의 궁극적 "기체"(hypokeimenon)는 제1실체들이라는 것이다. 박홍규 선생이 놓친 것은 바로 이 연관성, 즉 술어들과 제1실체들 사이의 연관성이다. 물론 그는 플라톤과 아리스토텔레스의 사상을 비교하면서 후자와 관련해 감각적으로 파악되는 제1실체들의 중요성을 강조한다. 그러나 그는 『범주론』에서 제1실체들이 다름 아닌 술어들의 궁극적 기체로서 다루어지고 있음을 놓쳤다. 바로 이것이 『범주론』 읽기에서 박홍규 선생이 범한 결정적 실수라고 나는 생각한다. 이 점을 놓친 선생은 대신에 'atomon'과 'hen arithmo'의 의미 분석에 집중한다. 선생은 다음과 같이 말한다. "이 사물은 따로따로 떨어져 있는 것이 아니라 뭉쳐 있지 않느냐, 하나로 되어 있지 않느냐, 존재라는 것은 하나로 되어 있다는 것이란 말이야. 'atomon'으로서, 수적으로 하나로 있어야만 존재하는 것이지, 그렇지 않으면, 존재가 아니라는 말이야"(46쪽). "다(多)가 존재한다는 것은 하나가 되어야 한다. 하나가 되지 않은 것이 어디에 있느냐? 예를 들어 살펴보면, 간, 콩팥, 심장 등 모두 합쳐서 하나가 되어야지. …… 그 하나가 되는 방식, 즉 그 하나에 접근하는 방식이 범주야"(56쪽). 문제는 이 주장들이 이미 지적한 것처럼 술어들과 제1실체들 사이의 연관성에 기초해 범주들을 분류하려는 아리스토텔레스의 의도와 일치할 수 있느냐 하는 것이다. 박홍규 선생은 『범주론』에서 범주들이 일정한 방식으로 분류되고 있다는 사실에 크게 주목하지 않는 것 같다. 따라서 그가 언급하는 "간, 콩팥, 심장" 등이 분류된 범주 가운데 어디에 속할 수 있는지에도 크게 관심을 가진 것 같지 않다.

이제부터 『범주론』에서 박홍규 선생이 읽은 "범주 사상" 내지 "조화 사상"을 비판적으로 자세히 검토하기로 한다. 제기해야 할 물음은 정확히 이것이다. 『범주론』의 10개 범주 속에 특별히 ("간, 콩팥, 심장" 같은) 신체의 "부분들"에 관한 것이 있는가? 박홍규 선생이 『범주론』에서 "조화 사상"을 읽으면서 이를 입증 또는 시사하는 근거를 정확히 제시하지 않았으므로 그 근거를 10개 범주에 관한 아리스토텔레스의 논의에서 직접 확인할 필요가 있겠다. 만일 10개 범주가 신체의 "부분들"과 전혀 관계없는 것으로 드러나면, 박홍규 선생이 『범주론』에서 읽은 "조화 사상"의 문헌적 근거는 의심받지 않을 수 없을 것이다. 『범주론』 제4장에서 아리스토텔레스는 범주 10개를 (괄호 속의) 예와 함께 소개한다.

> 실체(사람, 말)
>
> 양(2큐빗 길이, 3큐빗 길이)
>
> 질(흼, 문법적임)
>
> 관계(두 배, 반, 보다 큼)
>
> 장소(학당 안에, 시장 안에)
>
> 시간(어제, 작년)
>
> 자세(누워 있음, 앉아 있음)
>
> 상태(구두 신었음, 무장했음)
>
> 행위(자름, 태움)
>
> 영향받음(잘림, 태워짐)

아리스토텔레스가 어떤 방식으로 10개 '범주'를 도출했는지에 대해서는 정확히 알려진 것이 없다. 그러나 설득력 있어 보이는 추측에 의하면, 그는 어떤 사람에 관해 던질 수 있는 물음을 토대로 저 10개를 작성

했다. 우리가 소크라테스에 관해 "그는 무엇인가?"라고 물으면 '사람'이라고 대답할 것이며, 다시 "사람은 무엇인가?"라고 물으면 '동물'이라고 대답할 것이고, "동물은 무엇인가?"라는 물음에 대해서는 마침내 '실체'라는 대답이 뒤따르게 될 것이다. "소크라테스는 무엇인가?"라는 물음에 대한 궁극적 대답, 즉 '실체'가 범주이다. 만일 '흼'에 관해 앞에서처럼 "그것은 무엇인가?"라고 물으면 우리는 '색'이라고 대답할 것이며, 다시 "색은 무엇인가"라고 물으면 궁극적으로 '질'(質, poion)이라고 대답할 것이다. 여타 범주에 대한 논의도 같은 방식으로 이해할 수 있을 것이다. 술어들, 즉 '존재하는 것들(존재자들)'을 표현하는 술어들을 10개 '범주'로 분류할 때, 각 범주는 그것에 속한 존재자들이 근본적으로 어떤 종류의 것인지 규정한다. 예컨대, '실체'라는 범주는 여기에 포함된 제1실체들을 '실체들'이라고 규정할 것이다. 그러나 이때 실체들은, 물론 범주 '실체'와 구분되어야 한다.

　이제 박홍규 선생의 『범주론』 읽기의 문제점을 보다 정확히 진단해 보자. 앞의 10개 범주 가운데 '전체-부분'을 위한 범주가 없음은 쉽게 확인할 수 있다. 앞의 범주 목록에 제1실체들인 사람들이 갖고 있을 ("간, 콩팥, 심장" 같은) 신체의 "부분들"과 관련됨 직한 '범주'의 이름도 없으며, 그 "부분들"에 해당하는 것이라고 여길 수 있는 어떤 내용도 앞의 목록 어느 괄호 안에서도 찾을 수 없다. 예컨대, '양'과 '질'이라는 범주들에 속한 예들을 살펴보자. 이들이 신체의 특정 "부분들"일 수 있는가? 전혀 그렇지 않다. 그리고 '관계', '자세', '상태' 등을 비롯한 여타 범주들에 속하는 예들을 보아도 이들이 신체의 (특정) 부분일 수 없음을 금방 확인할 수 있다. 결국 ('실체'라는 범주를 제외한) 9개 범주에 속한 예들은 모두 의존적인 것들, 정확히 말하면 제1실체들에 의존한 존재자들로 드러난다.[6] 바로 이런 의존적 존재자들이 앞서 시사된 대로 명제 속에서 술어로

6　앞서 인용한 "제1실체들이 존재하지 않으면, 여타 어떤 것들도 존재할 수 없다"라는 아리스토텔레스의 언명은 이 경우에 정확히 적용될 수 있을 것이다.

표현되는 것들이다. 따라서 『범주론』의 범주들은 박홍규 선생이 주장하는 (신체를 구성하는) "부분들" 사이의 "조화 사상"과 전적으로 무관한 것으로 밝혀진다. 나아가 여기서 꼭 지적하고 싶은 것은 박홍규 선생이 강조하는 (사람들을 포함한) 제1실체들의 (신체적) "부분들"에 관심을 갖는 분야는 논리학이 아니라 자연학이라는 사실이다. 아리스토텔레스는 『자연학』 제2권 제1장을 시작하면서 "자연적으로" 존재하는 것들이 있다고 말하면서 그중에 포함된 것으로 "동물들과 그 부분들"을 언급하고 있다. 그리고 이 언급과 함께 주목할 점은, 그에 의하면 자연적으로 존재하는 것들은 그렇지 않은 것들과 달리 "자신 안에 운동과 정지의 원리"를 가지고 있다는 사실이다. 앞의 범주 목록에서 (사람들을 포함한) 제1실체들을 구성하고 있는 (특정) "부분들"뿐만 아니라 저 실체들의 자연적 "운동과 정지"에 관한 것도 전혀 발견할 수 없다는 사실은 아리스토텔레스가 『범주론』과 『자연학』을 주제에서 엄격히 구분하고 있었다는 명백한 증거가 될 것이다. 따라서 신체적 "부분들"이나 "운동"을 아리스토텔레스의 '범주' 개념과 연관된 것으로 본다면 그것은 명백한 오류이다. 이 점에서 『범주론』의 '범주'를 '운동'과 (필연적으로) 연관된 것으로 보는 박홍규 선생의 다음 주장은 매우 의심스럽다.

다와 운동이 있으면, 그것에서 상반된 결과가 나와서 서로 모순이 되더라 하는 것이 제논 아냐? 그런데 아리스토텔레스는 거꾸로 가. 조화 사상이거든. 여러 가지 것이 동시에 하나로 향하더라. 조화롭게 되더라. 그러니까 무슨 모순이 나오느냐는 얘기야. 아리스토텔레스의 범주가 그런 이야기 아냐? 꼭 파르메니데스의 일자와 제논의 모순 이론을 머리에 넣고 읽어야 돼. 목적론은 그 두 사람의 이론과 반대야(57~58쪽).

아리스토텔레스의 중심 사상 가운데 하나인 목적론은 '변화' 내지 '운동'을 포함한다. 그런데 박홍규 선생의 앞의 인용문에 의하면, 아리스토텔레스의 『범주론』의 '범주' 개념은 목적론과 긴밀히 연관된 것이다. 이로써 박홍규 선생은 '범주' 개념을 매개로 아리스토텔레스의 목적론과 (지금까지 비판적으로 다루어진) "조화 사상"을 결합하고 있다. 박홍규 선생은 앞의 인용문에서 "아리스토텔레스의 범주가 그런 이야기 아냐?"라는 물음을 던지면서 아리스토텔레스가 말하는 '범주'의 의미가 그의 목적론의 문맥에서 명료하게 드러날 수 있는 것처럼 말하고 있지만, 이는 의심스럽다. 내가 아는 범위에서 말한다면, 술어들의 분류 문맥에서 이해되는 『범주론』의 논리적 개념 '범주'와 저 목적론 사이의 관계를 시사하는 문헌적 근거를 아리스토텔레스의 저서 속에서 찾을 수 없다. 아울러 아리스토텔레스가 『범주론』의 '범주들'이 어떻게 사용되어야 하는지에 관해 뚜렷한 방향을 제시한 것이 없다고 알려져 있다.

아리스토텔레스의 목적론은 그의 '4원인론'과 연관된 주제이며, 이중 셋(작용인, 목적인, 형상인)은 개념적으로 구분되지만 일치할 수 있다. 이것은 형상이 운동 또는 변화의 원인이 될 수 있음을 의미하며, 아리스토텔레스의 문헌 속에서 전혀 의심될 수 없는 사실로 보편적으로 받아들여지고 있다. 세 원인들 사이의 일치에 관해 가장 잘 알려진 곳은 "사람이 사람을 낳는다"라는 것이 다루어지는 『자연학』 198a24 이하이다. 그럼에도 불구하고 박홍규 선생은 아리스토텔레스의 사상 속에서 형상을 작용인으로 읽는 것은 부당하다고 강력히 주장한다(69쪽). 여기서 드러나는 매우 흥미로운 사실은 박홍규 선생이 이 부당성의 근거를 아리스토텔레스의 저서 속에서 찾지 않고 플라톤 사상에서 찾고 있다는 것이다. "형상은 플라톤에서 절대로 운동을 하지 않는 것이니까, 가만히 정지해 있지"(69쪽). 형상들의 경우에 "자체적이라는 것은 절대로 작용주가 안 된다는 뜻이야"(69쪽).

지금까지의 모든 비판적 논의를 떠나 말하고 싶은 것이 있다. 그것은 박홍규 선생이 우리에게 깊이 고찰할 필요가 있는 주제를 제시하고 있다는 것이다. 그 주제는 형상이 어떤 방식으로 작용인의 역할을 한다는 주장을 겨냥하고 있는 박홍규 선생의 날카로운 근본적 비판이다. "형상은 가만히 있어. 가만히 있지 않으면, 형상이라고 하지 않아"(68쪽).

참고문헌

박홍규, 「아리스토텔레스의 우시아」, 『형이상학 강의 2』(박홍규 전집 3), 민음사 2004.

Guthrie, W. K. C., *A History of Greek Philosophy*, Vol. VI, Cambridge: Cambridge
 University Press 1981.
Ross, D., *Aristotle*, Methuen & Co. Ltd. 1971.

3. 소은 철학의 단편(斷片)을 징검다리로

손동현

> 그의 사색은 고도(孤島)에서 외롭게 이루어졌는데
> 그 수준이 고도(高度)에 이르러 많은 철학도들이 그 영향을 받으니,
> 이제 그의 사색은 외롭지 않게 되었다.

학창 시절, 나는 소은 선생의 가르침을 충실히 받지 못했다. 희랍 고전 철학을 전공하지 않은 것이 그 주된 이유이기도 했지만, 학부 시절 내 아둔한 머리로는 그의 말을 이해할 수가 없어 그에게서 가르침 받기를 반은 스스로 포기했기 때문이기도 했다. 말을 알아들어야 가르침을 받을 게 아닌가. 그의 단속적인 외마디를 잘 꿰어 이어가면서 문맥을 구성하고 그 내용을 이해하는 일이 정말이지 내게는 역부족이었던 것이다. 나만 그런 것은 아니었는지 선생은 "자네들하고 얘기하려면 답답해!"라는 탄식을 심심찮게 내뱉고는 하셨다.

내가 소은 선생에게 배워 깨달은 철학적 식견은 바록 단편적인 것이었지만, 기실 나의 학문적 탐구에서 길잡이 역할을 한 것은 사실이다. 소은 선생에게 배워 깨친 몇 가지 통찰마저 없었더라면 나는 학부 시절 철학에 대해 아무것도 배운 것이 없다고 해야 정직한 말이 될 것이다. (열심히 가르친 교수님들을 생각하면 내가 물려받은 철학적 자산이 빈 헛간 같기만 해 나의 천학비재(淺學菲才)가 그저 부끄러울 뿐이다.) 그렇다고 지금 내가 그

73

의 철학 사상을 체계적으로 정리할 수 있을 만큼 그 후에라도 소은 철학을 연구한 것도 아니기에 그에 관해 어떤 체계적인 논변을 펴는 것은 가당한 일이 아니다. 다만 선생에게서 받은 몇 가지 긴요한 통찰을 반추해 보고 싶다. 그 통찰 가운데 뚜렷한 몇 가지를 적는다. 가급적 나의 기억에 각인된 그의 언어를 그대로 사용해 본다. 그리고 이들을 '징검다리' 삼아 작성한 논문 한 편을 선보이고 싶다. 이 논문은 여기에 내가 불비하게 실토해 놓는 소은 철학의 단편 몇 가지를 그야말로 소은 선생의 생각 그대로를 옮긴 것이라고 나는 생각한다. 말하자면 술이부작(述而不作)이다. 다만 그의 사상을 좀 더 돋보이게 하기 위해 엉뚱하게도(?) 칼 포퍼(Karl Popper)를 희생양으로 삼았을 뿐이다.

1. "있는 것은 있고 없는 것은 없다"

있고 없음의 구별은 곧 임과 아님의 구별의 근거가 된다. 어떤 사물이 무엇이려면, 그것은 그 무엇임을 지속적으로 견지하면서 존속해야 한다. 없어지지 않고 있어야 한다. 아무것도 아닌 사물이란 있을 수 없다. 있는 것은 모두 무엇이다. 그러니 어떤 사물이 있다는 것은 그것이 곧 무엇으로서 있다는 것이고, 그게 무엇이라는 것은 이미 그게 있다는 것을 뜻한다. 그러니 있음과 임은 불가분의 것으로 사물의 가장 근본적인 모습이다. (한국어에서는 '있다'와 '이다'가 이렇게 말부터 다르지만, 희랍어를 비롯해 서양말에서는 'εἶναι', 'esse', 'be', 'sein', 'être' 등 하나의 말로 이 둘을 나타내니 이 둘이 구별이 안 된다.)

있고 없음, 이고 아니고의 이 분별은 사고 형식 중 가장 기본적이다. 따라서 모든 지적 활동의 근본이요 학문 탐구의 근본이다. 어떤 사물이 다른 게 아니라 바로 그것임을 아는 것은 그것을 다른 사물과 구별하는 것으로 이어지고, 결국 세상의 무수히 많은 다양한 모습을 선명히 구별하고 분간하는 것의 출발점이다. 그러니 있고 없음을 따지는 존재론이 모든 학문의 근본이요 기반(基盤)이 되는 이유가 바로 여기에 있다. 존재론에 기반을 둔 논리적 사고의 원리에 맞지 않는 것은 학문의 대상이 될 수 없다. 있고 없음의 구별을 기반으로 하는 존재의 원리와 임과 아님의 구별을 기반으로 하는 사고의 원리가 교합(交合)하는 범위 안에서만 학적 탐구는 이루어진다.

존재와 무를 선명히 구별하지 않고 이 둘을 그저 연속되는 것으로, 즉 있고 없음, 생과 사가 둘이 아니고 하나라고 믿고자 하는 불교에서는 학문이 나올 수 없다.

2. "존재란 우리가 어쩔 수 없는 것이다"

존재란 거역할 수 없는, 우리에게 철벽같이 저항하는, 그 자체가 견고한 힘을 갖는 것이다. 무엇을 그런 견고하고도 강고한 최강의 힘을 지니는 존재로 보느냐, 즉 다른 전문 용어를 쓰자면 무엇을 '실체'로 보느냐에 따라 철학적인 근본 입장이 달라지는데, 그에 따라 몇 가지 유형의 형이상학이 등장한다. (철학 사상이 수없이 다양하고 많은 것 같지만 근본적으로는 이 몇 가지 유형의 형이상학으로 귀착한다.) 물질을 그것이라고 보면 물질주의(＝유물론) 철학이 나오고, 생명이 그것이라고 보면 생명주의 철학이 나온다. 그리고 눈에 잘 보이지는 않지만, 혼백 같은 것이 있어 이것이 인간과 세계를 움직이는 근원적 힘이라고 보면 이른바 심령주의 철학이 나온다. 마지막으로 인간에게서 가장 잘 드러나지만, 정신이 바로 그런 존재라고 보면 정신주의 철학이 나온다.[1] 데모크리토스

---

1 마르크스 등이 자신들의 철학을 유물론(Materialismus)이라 칭하고 이에 대립되는 철학을 관념론(Idealismus)이라 칭한 것은 오해를 불러일으켰다. 존재론의 차원에서는 물질주의와 정신주의(Spiritualismus)를 대립시켜야 한다. 관념론의 대립항은 실재론(Realismus)으로, 이 구분은 인식론의 차원에서 인식의 대상이 궁극적으로 무엇이냐는 물음에 대한 대답의 차이에서 온다. 인식의 대상이 주관 밖에 존재라는 사물 자체라

(Democritos)와 루크레티우스(Lucretius)에서 연유해 마르크스까지 이어지는 형이상학이 첫째 것이고, 베르그송의 생철학이 둘째 것이고, 마이스터 에크하르트(Meister Eckhart)의 신비주의나 어쩌면 지그문트 프로이트(Sigmund Freud)가 전제하는 것, 그리고 아마도 몽골족의 세계상에 반영되어 있는 샤머니즘이 셋째 것이고, 기독교 사상이 전제하는 것, 그리고 그것을 철학적으로 각색한 헤겔의 이념 철학이 넷째 것이다.

3. "세계를 규정하는 원리 같은 것이 있는데, 이것도 존재이다"

실제로 구체적 현실 속에서 만나는, 앞서 말한 이러한 실질적 존재 외에도 이 세계를 지배하는 원리 같은 것이 있는데, 수준 높은 사유에서나 인지되는 이것도 분명 존재이다. 우리에게 저항하는 힘이 앞서 말한 것보다 더욱 강하다. 이것이 이법적 존재인데, 이것을 'ideal Being'이라고 하니까 인간이 머릿속에서 생각해 낸 관념(idea)이라고 오해하는 현대 철학자들도 많다. 인간의 사유나 의지로 도저히 이겨낼 수 없는 이 이법적 존재야말로 그 보편성을 무기 삼아 세계를 지배하는 강력한 힘을 갖는다. 근대 서양의 힘은 사실 과학에 토대를 둔 기술의 힘인데, 그 과학의 힘은 바로 이 이법적 존재를 수학적 정식에서 가져온 것이고, 이 수학적 정식이 그토록 강력한 힘을 갖는 이유는 그게 바로 이런 이법적 존재이기 때문이다. 이 세상의 어떤 실질적 존재도 이 수학적 존재의 엄격한 질서에 대항하지 못한다.

이 이법적 존재의 강력한 힘이 발휘되는 것은 기술 영역에서만이 아니다. 사회적 규범의 영역에서도 그러하다. 로마제국이 위대한 것은 다양

고 답하는 입장은 실재론이고, 주관 내부의 사유내용이라고 답하는 입장은 관념론이다. 실증과학이 성립하려면, 전자의 입장에서 세계를 탐구해야 한다. 동아시아에 과학다운 학문이 없었던 것은 이 태도가 미약했기 때문이다.

한 상대 문화권을 보편적 법률로 통치한 데 있었는데, 바로 '법'의 근거가 이러한 이법적 존재라는 것을 당대 지도층이 알았기 때문이다. 현실의 다양한 상황을 초월하는 보편법으로서 광대한 지역의 이민족을 통치한 로마의 이 '법치'(法治) 이념은 지도자 한 사람 한 사람의 주체적 품성인 '덕'(德)을 중시해 '덕치'(德治)로 '인정'(仁政)을 베풀고자 한 동아시아 유교권의 정치와는 차원이 다른 것이다.

4. "Data가 없으면 망상에 빠지기 쉽다"

모든 탐구는 종국에 가서는 그 자체로 있는 것, 즉 아리스토텔레스가 『형이상학』에서 말하듯이, 존재자 그 자체 혹은 존재로서의 존재로 향한다. 이렇게 해야 세계에 대한 객관적 지식을 얻을 수 있다. 주관 밖에 그 자체로 있는 대상을 소홀히 하고 주관의 마음속에서 무언가를 찾는다는 것은 괴로움을 덜어 심리적 평안을 찾으려는 의도라면 몰라도 학문적 탐구를 하겠다는 것은 아니다. 동아시아에 학문다운 학문이 없었던 이유가 여기에 있다. 그러니까 'Data'가 중요하다. 'Data' 없이 탐구하겠다는 것은 자기기만이나 마찬가지이다. 실증과학이 진정한 학문의 모범이다. 세상을 움직이는 힘은 거기서 나온다. 근세 이래 서양 문명의 힘에 동아시아가 압도당한 이유가 바로 여기에 있다.

5. 동아시아에는 학문, 과학이 없다

아시아에는 수학적 연산이 용이한 수 체계가 없어 자연에 관한 탐구 결과를 수학적 공식으로 정립하는 실증적 지식체계가 없었다. 서양에서 자연에 관한 경험 내용을 귀납적 추론 방식을 통해 원리의 관계로 체계화하고 이를 수학적 공식으로 정식화함으로써, 현실 가운데서 오류 없이 활용할 수 있는 실증적 지식을 누적한 것과 대조적이다. 화약을 발명하고 그것을 다루는 기술이 중국에서는 폭죽놀이에 활용된 반면, 서양에서는 같은 원리를 이용해 로켓을 제작하는 데까지 나아간 것은 바로 이 수학적으로 정식화한 과학적 지식에 힘입은 것이다. 이런 점에서 동아시아에는 손재주의 연장선 위에서 암묵지와 결합된 고도의 기술이 있었지만, '과학화'된 기술이 없었기에 그 실용적 성과에서 서양의 기술에 뒤졌던 것이다.

동아시아의 자연에 관한 지적 직관의 산물은 오히려 인간의 공동 생활에 필수적인 규범체계의 정당화에 결정적 기여를 했다. 물과 불의 속성을 통치의 지혜로 삼는다거나, 자연 생태계의 질서를 공동체의 신분적 위계질서의 본으로 삼는다거나, 심지어는 가뭄이나 홍수의 피해를 군왕의 부덕(不德)으로 해석하는 것에 익숙했다. 한마디로 자연의 이치는 인간의 공동 생활에서 규범의 전형이 되어야 한다고 본 것이다.

6. 헤겔은 아둔해('dunkel') 자기도 무슨 말을 하는지 잘 모른다. 그런 책을 자꾸 읽으면 우리도 머리가 아둔해진다

르네 데카르트(René Descartes)가 강조했듯이, 우리는 명석·판명하게 (clar et distinct) 사고해야 한다. 우리의 사고 활동은 애매모호(曖昧模糊)한 개념을 사용하면 사고 자체의 질서가 무너지고 사고 내용이 어둡고 흐려진다. 의미(내포)가 명확-명료하고 그 적용 범위(외연)가 명확-분명한 개념을 가지고 사고해야 사물에 대한 확실한 지식을 얻을 수 있다. 그리고 그 확실성은 우리 모두가 의심 없이 자명한 것으로 받아들이는 상식과 객관적 타당성이 실증적으로 입증된 과학적 지식을 토대로, 또한 자료로 하는 사고 활동에서만 얻어질 수 있다. 그런데 헤겔의 관념 철학은 실증적 자료나 토대 없이 머릿속에서 구축한 상상의 체계 속에서 관념 사이의 관계를 설정하고 다만 그 체계의 일관성과 정합성만을 추구한다. 그런 관념의 세계에 한번 빠지면 그것은 사고 활동의 자기 정당화 및 자기보존의 속성에 휘말려 빠져나오기가 쉽지 않다. 그러니까 그런 주관적 관념의 자기 강화를 유도하는 책을 자꾸 읽으면 독자도 그렇게 되기 쉽다. 한마디로 말해 머리 나쁜 사람이 쓴 책에 열중하다 보면 우리도 머리가 나빠진다.[2]

---

2 소은 선생은 내가 석사 과정을 마칠 무렵 「헤겔의 존재론」이라는 어마어마한 제목 아래, 그의 「대논리학」 첫 부분에 나오는 '질과 양의 변증법적 이행'에 관해 논문을 써 보겠다고 끙끙거릴 때, 사정없이 이런 말씀을 하심으로써 나를 참담한 심정에 빠지도록 하셨다. 나는 선생이 당신의 젊은 시절 세상을 떠들썩하게 했던 에드문트 후설(Edmund Husserl)이나 하이데거에 대해 무시하는 태도로 눈길을 주지 않은 것은 이런 맥락에서 그리하셨다고 본다. 유독 니콜라이 하르트만(Nicolai Hartmann)만은 우리와 강독을 하실 만큼 철학자로 인정하신 까닭을 나는 독일에서 공부하면서 비로소 이해하게 되었다. 하르트만이 하이데거의 『존재와 시간』을 한번 읽고 나서 그 후로는 하이데거의 저술을 일체 거들떠보지 않은 것과 너무나 닮아 있다.

'이법적 존재'의 학문사적 의의

하르트만의 '이법적 존재'와
포퍼의 '세계 3'에 대한 비교 검토를 토대로

1. 존재론적 탐구의 시원(始原)
- 존재론이 실증과학의 기초가 되는 배경 1 -

인간이 세계를 인식하고 그 안에서 삶을 기획하기에 앞서, 시간적으로든 원리적으로든 간에 세계가 먼저 존재한다고 생각하는 것이 평범하면서도 당연한 우리의 상식이다. 이른바 '주관 독립적'인 존재가 인간의 정신 저편에 자체적으로 있다고 믿는 것이다. 이런 상식에 따르면, 먼저 세계를 아는 것이 잘살기 위한 노력의 첫걸음이 된다. 지성의 자율적 독자성을 처음 자각한 그리스인들이 세계가 무엇인지를 묻는 것으로 철학적 성찰을 시작한 것은 이런 점에서 볼 때 자연스러운 일이었다. 서양철학에서 아리스토텔레스로부터 스콜라철학에 이르기까지의 '고전' 철학이 존재론을 '으뜸 철학'(prote philosophia)이자 '최종 철학'(philosophia ultima)으로 여기고 있는 것이 이를 말해 주고 있다.

아리스토텔레스는 인간이 본성적으로 지식을 추구한다는 말로 그의 유명한 『형이상학』을 시작하고 있다. 지식의 실용성과 무관하게 행동이 없는 데서도 인간은 지식 그 자체를 위해 지식을 추구한다는 것이다. 이는 인식 주관의 실용적인 이해관계를 떠난 지식 자체의 성립을 전제하는 것이요, 이는 그 지식의 내용이 역시 주관과 무관한 사물 자체의 독자적인 형상을 반영하고 있음을 전제한다.[1]

하지만 이것이 과연 자명한 것일까? 꼭 그렇지만은 않다. 좀 더 근원적인 문제로 내려가 보자. 지적 탐구의 최종 단계에서 전개되는 철학적인 문제 영역의 배후에는 어디에나 형이상학적인 문제가 도사리고 있기 마련이다. 그렇다면 이 형이상학적 문제들에 대해 사람들은 어떤 태도를 취하는가? 과학적 탐구의 한계에서 인간의 지적 활동의 정점에서 만나게 되는 난문(難問, aporia)을 우리는 어떻게 다루어야 할까? 이지적 탐구의 태도는 더 이상 유효하지 않으니 포기해야 할까? 종교적 신앙이나 예술적 정서의 영역으로 들어가야 할까? 여전히 지적 탐구의 태도를 견지한다면 어떤 길을 가야 할까? 그리스철학은, 그리고 거기서 기원한 서양철학의 주류는 이 문제에 대해 존재론적 탐구로 대응하는 태도를 취하는데, 이런 입장에서 볼 때 앞서 말한 '주관 독립적' 세계의 존재가 자명한 상식이 된다.

달리 말하자면, 존재론은 형이상학적 물음에 대한 그리스철학적인, 즉 서양철학적인 응답이다. 인간과 세계의 근원과 종국에 대한 물음, 인간의 운명에 대한 물음, 세계의 존재 및 인간 삶의 의의에 대한 물음, 자연의 변화를 지배하는 원리와 인간의 행동이 따라야 할 원리에 대한 물음, 이러한 궁극적 난문 앞에서 고대 그리스의 식자들이 취한 태도는 신

---

1 그렇다고 해서 이것이 인간이 인식하는 주관 자신에 대해서는 반성적 지식을 갖지 않거나 추구하지 않는다는 것을 뜻하진 않는다. 인식 주관 자신에 대한 반성적 지식을 추구할 때에도 자신에 대해 냉정한 자세를 취하여 자신의 모습을 있는 그대로 인식하고자 하는 지적 노력이 자연스럽기도 하고 또한 바람직하기도 하다는 것이다. 그런 만큼, 있는 그대로의 대상, 즉 주관 독립적 존재를 상정하고 이를 탐구하는 것은 어느 경우에나 탐구의 전제가 된다고 하겠다.

화적 사고에서 벗어나 역시 이지적 탐구의 길을 더 밀고 나아가는 것이었다.

그리스철학은 우선 주어진 자료에 대한 이론적 인식에서부터 출발한다. 자료 없이 형성되는 사유는 비록 철학적이고자 한다 해도 여전히 신화적 사고에서 아직 덜 벗어난 단순한 세계관에 머물기 쉽다. 물론 이 이론적 인식은 '모든 것'을 자료로 삼는 존재론에서 그 정점에 이른다. 따라서 이러한 그리스철학적인 이지적 태도를 전승하는 한, 서양철학에서 형이상학은 존재론을 기초로 한다. '모든 것'을 자료로 삼는다는 것은, 존재론이 모든 존재자를 다만 존재자로 다룸으로써 사물의 존재 자체를 탐구한다는 언명의 실질적 내용이다.

형이상학적 문제에 대한 서양철학의 이러한 지적 대응을 처음으로 명료하게 정리한 사람은 물론 아리스토텔레스이다. 그는 이미 '으뜸가는 철학'(prote philosophia)이 다루어야 할 주제로서 '궁극적(제1의) 원리들', '존재로서의 존재', 그리고 '최고의 존재'를 제시함으로써, 존재론적 논구를 벗어나는 형이상학적 문제는 이 '으뜸가는 철학'의 내용이 될 수 없다고 암시한다. 실로 서양철학 내부에서는 형이상학과 존재론이 내용적으로 동일시되거나 적어도 크게 중첩되는 것으로 이해할 만큼 존재론은 형이상학적 사유의 중심에 놓여 있다.

그러나 형이상학이 곧 존재론인 것도 아니요, 형이상학적 문제에 대한 탐구가 반드시 존재론적인 것이어야 할 필연적인 이유가 있는 것도 아니다. 형이상학적 물음에 대응하는 지적 탐구는 다른 방향으로 나아갈 수도 있다. 우주의 본성(性)에 따라 인간이 마땅히 걸어야 할 길(道)을 궁구해 이를 실행에 옮길 개인적·사회적 방도(禮)를 모색함으로써 이러한 난문에 대응할 수도 있고, 사물의 실체라는 것이 실은 공허한 것이요(諸法無我), 우주의 생멸 과정이라는 것도 일정치 않음(諸行無常)을 깨달아 (覺) 외부로부터 다가오는 고통을 뛰어넘을 수 있는 정일(靜逸)한 내면적 마음가짐을 얻는(涅槃寂靜) 방도를 모색함으로써 이러한 난문에 대응할 수도 있다.

철학적 탐구의 근본 문제를 이렇듯 유교 철학이 행동의 원리와 이의 실천에서 찾고 불교 철학이 주관의 내면적 의식과 이의 정화(淨化)에서 찾았다면, 서양철학은 세계의 인식, 그것도 총체로서의 세계 인식을 겨냥한 '존재론'에서 찾은 셈이다. 서양철학은 동양적인 접근법과는 달리, 직접적인 실천적 연관에서 벗어나 순수하게 이론적인 접근로를 택한 것이며, 거기서 모든 것을 포괄하는 가장 일반적이고 보편적인 문제 연관으로서 '존재'를 이론적 인식의 총괄체로 문제 삼은 것이다. '존재'는 세계 전체를 남김없이 포괄한다. 존재 아닌 것은 곧 무(無)요, 무란 없는 것이기 때문이다. '존재'란 세계를 그 자체 있는 그대로 대하되, 모든 실질적인 내용은 남김없이 사상(捨象)하고 오직 그 가장 형식적인 면만 문제 삼고자 할 때 우리에게 드러나는 것이다. 이를 거점으로 우리는 특정한 제약에서 벗어나 보다 일반적인 것, 보다 보편적인 것으로 사유를 확장해 나아갈 수 있다. 이 사유의 길은 곧 구체적인 것을 점진적으로 버려 나아가는 추상화의 길이기도 하다. 그리고 존재란 이 확장적·추상적 사유의 길의 종국에서 비로소 열리는 세계의 평면도이다.

형이상학적 문제를 지적으로 다루는 데 있어 존재론적인 탐구가 적절한 것으로 택해졌던 까닭은 무엇이었을까? 서양철학이 '존재'의 인식을 문제 삼은 데에는 우선 인간의 삶이 인간 자신의 내면적인 희망과 욕구와 태도보다는 인간 외부에 있는 객관적 현실에 의해 더 크게 좌우된다는 각성이 배경이 되었다고 생각된다. 그리스의 철학적 사고가 그 풍부했던 신화적 사고를 마감하며 등장했던 지성사적 사실이 이를 뒷받침한다. 이러한 지적 풍토에서 출현한 철학적 사고는 세계 그 자체에 관한 신뢰할 만한 지식의 근원으로 '존재자로서의 존재자', '존재 그 자체'에까지 진입해 들어간 것이다. 신뢰할 수 있는 지식이란 언제 어디서나 누구에게나 타당한 지식이어야 한다. 그리고 세계에 대해 보편 타당한 지식을 얻기 위해서는 이 세계를 그 독자적·객관적 측면에서, 즉 그 존재 자체에서 파악해야 한다.

존재에 관한 탐구가 세계의 인식에서 가장 근본적인 까닭은 무엇인가? 세계의 인식에서 제일 먼저 문제되는 것은 인식의 주체도, 인식의 대상도 자기 동일성을 갖는 불변자이어야 한다는 점이다. 인식 주관의 자기 동일성은 자명한 것으로 전제된다 하더라도, 인식 대상의 자기 동일성은 그저 단적으로 주어지는 것이 아니고 인식 주관이 정립해야 하는 것이다. 이 대상의 자기 동일성이 어떤 차원에서 어떤 내용의 것으로 확보되느냐에 따라 여러 다른 학문이 성립한다.[2] 존재론이란 이 모든 차원에서 사물의 자기 동일성이 성립하는 근본적인 기초를 마련해 주는 논구요, 따라서 가장 높은 단계의 추상적 사고에서 이루어지는 것이다.[3]

이런 맥락에서 존재론은 보편적이면서 불변하는 하나의 원리를 탐색하고자 한다. 세계 내의 사물들은 우리의 일상적 경험에 '서로 다른 모습으로'〔差異性, 差別相〕, '여럿으로'〔多數性, 複數性〕, '임의적이고 우연적인 것으로'〔偶然性〕 '변화하면서'〔可變性〕 '특수한 개개의 것으로'〔特殊性, 個體性〕 '나타날'〔現象〕 뿐이다. 세계의 이러한 모습만을 자료로 해서는 세계에 대한 보편 타당한 지식을 얻을 수 없다. 사물들의 이러한 피상적인 모습 뒤에 '한결같은'〔同一性〕, '여럿을 하나로 통합해 주는'〔統一性, 一者性〕, '필연적인'〔必然性〕, '불변하는'〔不變性〕 '보편적인'〔普遍性〕 모습이 감추어져 있다면, 이것이야말로 사물들의 '진정한 모습'〔實在〕이 아니겠는가? 그리고 그것에 대한 지식만이 보편적으로 타당하고 신뢰할 만한 것이 아니겠는가?

그렇다면 그것을 탐구하는 것은 세계에 관한 다른 지식들의 기초가 되는 것으로서 가장 근본적인 보편적 탐구가 될 것이다. 존재론은 이렇듯 그 형식적 탐구를 통해 그 추상화의 정점에서 존재의 동일성, 보편성, 불변성, 필연성 등의 개념을 구명하고, 또한 존재의 계기와 구조, 방식, 양상 등을 밝힌다. 그리하여 다른 분과 학문들이 각기 그 탐구 영역에서 탐

---

2 이를테면 그 자기 동일성의 내용이 물리적 실체성이냐, 생명적 개체성이냐, 아니면 단순한 공간적 양적 단위냐 등에 따라 물리학, 생물학, 기하학 등이 학문이 성립한다.
3 박홍규, 「고별 강연」, 『형이상학 강의 1』(박홍규 전집 2), 민음사 1995, 16쪽 이하 참조.

구 대상이 되는 사물의 자기 동일성을 확보해 사물들을 선명히 구분하고, 또한 이를 토대로 사물들의 관계를 밝히고 나아가 그 세계의 질서를 구명할 수 있는 기초를 마련한다.

　존재론은 이렇듯 주관 독립적인 세계의 존재 자체를 문제 삼고 이 세계의 보편적 존재 기초 및 존재 원리를 탐구한다. 즉 존재론적 탐구는 사유 주관의 자기 투사(投射)이거나 자기 반성이 아니라 주관 독립적인 사유 밖의 세계를 지향하는 직지향적(直指向的, intentio recta) 탐구이다. 이런 점에서 존재론은 세계에 대한 긍정적이고 적극적인 지적 태도를 드러낸다. 존재론을 수행하는 이러한 지적 태도는 인간과 세계, 삶과 현실에 대한 이지적 태도를 반영하는 것으로 서양의 주지주의적·합리주의적 전통의 원천이 된다. 또한 존재론은 세계를 총체적으로 그 근본에 있어 문제 삼는다는 점에서는 물론 철학적 탐구이지만, 그 탐구는 심정적·종합적·직관적·주관적 지식을 추구하지 않고 오히려 논리적·분석적·설명적·객관적 지식을 추구한다. 이러한 점들에 비추어볼 때, 존재론은 근대 실증과학의 기초뿐만 아니라 방법적 선구(先驅)가 된다. 그리고 이러한 점에서 그리스철학이 존재론으로 발단하고 서양철학이 전반적으로 이 전통을 계승한 것은 근대 이래 실증과학이 등장하게 된, 필연적 배경은 아니라 하더라도 충분한 배경은 되었다고 할 수 있다.

2. 실증과학을 정초하는 철학적 사유 내용
- 존재론이 실증과학의 기초가 되는 배경 2 -

　실증과학의 출현으로 이어지는 사유의 길이 고전적 존재론에서부터 출발했다고 해서 고전적 존재론이 실증과학의 성립에 요구되는 요건을 모두 제공했다고 볼 수는 없다. 실증과학이란 1) 개별적 사실을 관찰·측정해, 2) 이를 토대로 그로부터 귀납적으로 그 사실에 대한 일반 명제를 하나의 가설로 이끌어내고, 3) 이 일반 명제로부터 연역적으로 추론해 낼 수 있는 어떤 결과를 예측한 다음, 4) 그 예측한 내용이 실제적으로 사실 세계 속에서 나타나는지를 검증하는 탐구[4]라고 보겠는데, 고전적 존재론에는 특히 경험적 사실에 대한 관찰과 실험이 갖는 인식적 중요성이 간과되어 있다. 그렇다면 좀 더 적극적인 의미에서 실증과학의 정초에 기여한 철학적 요소에는 어떤 것들이 있을까? 그 요소들 가운데 세계가 주관 독립적으로 존재한다는 '세계실재주의'가 주요한 토대로 들어 있는가? 들어 있다는 것이 실증과학의 성립에 합당하게 정합하는가? 우리는 이 사정을 좀 더 구체적으로 밝혀야 한다.

주관 독립적 세계의 인식에 대한 신뢰는 어떤 의미에서든지 인식 주관과 인식 대상과의 합치를 전제로 한다. 존재론이 전통적으로 문제 삼는 '존재'에는 주관 독립적 대상 자체가 현존한다는 계기(있음, existentia, Dasein)뿐만 아니라 그것이 무엇이라는 계기(임, essentia, Sosein)가 함께 내포되어 있다. 모든 존재하는 사물은 반드시 그 무엇이며, 그러한 무엇인 것은 그것이 무엇인 한 존재하지 않고 없을 수는 없는 일이다. 그런데 후자, 즉 사물의 '무엇임'은 술어적 사유를 떠나서는 우리에게 파악될 수 없는 것으로 바로 여기에 존재와 사유의 '공유지'가 있다고 보아야 할 것이다. 만일 이러한 공동의 지반이 전혀 없다면, 인식 주체의 사유에 인식 대상의 존재가 인식된다는 것은 불가능한 일일 것이다. 세계가 존재하는 원리와 인간이 사유하는 원리가 동일하지 않고서는 사물의 인식은 불가능하다. 세계에 대한 경험과 논리적 사유가 결합해야만 과학적 탐구도 비로소 가능하다.

사실 사유와 존재의 동일성에 대한 이러한 전제는 아리스토텔레스가 사물에 대한 서술 방식으로서 '범주들'을 제시하면서 이를 동시에 사물들이 존재하는 방식으로 파악한 이래, 오랫동안 서양철학의 유산이 되어

---

4 박이문, 『과학철학이란 무엇인가』, 민음사 1993, 26쪽에서 원용. 자연과학만이 실증과학이라고 말할 수는 없다. 자연현상이 아닌 인간의 문화적 삶의 현상에 대해서도 실증과학적 탐구는 존재한다. 다만 그 전형이 수학적 자연과학이라고 보아 아래에서는 이를 염두에 두고 논술을 진행한다.

왔다. 존재와 사유를 동일시하는 이 전통은 스콜라철학에서도 '지성과 사물의 합치'(adequatio intellectus et rei)라는 명제로 견지되었고, 이마누엘 칸트(Immanuel Kant)에게서도 시간과 공간이라는 세계 경험의 '선험적 감성 형식'들이 '선험적 관념성'과 동시에 '경험적 실재성'을 갖는다고 보는 데서 그 족적을 엿보게 된다.

세계는 주관의 인식 활동과 무관하게 그 자체로 존재하며, 인간 정신은 세계 자체를 있는 그대로 인식할 수 있는 능력이 있다고 보는 이러한 견해는 실은 상식적 태도에 암암리에 전제되어 있는 것이기도 하다. 그리고 세계와 지식에 대한 이러한 상식적 견해는 진리에 관해서도 상식적인 견해를 동반하고 있는데, 이른바 '진리 대응설'이라는 것이 그것이다. 세계의 인식은 세계의 모습을 있는 그대로 모사, 재현, 표상할 때 참된 것이 되고, 그렇지 못할 때에는 거짓된 것이 된다는 생각이 그 핵심이다.

그러나 이러한 전통적인 지식관과 진리관은 오늘날 적잖이 교정되어 있다. 그 자체 논리적인 난점을 지니고 있기도 하고, 또한 근대 이후 실증과학적 탐구의 다양한 발전과 더불어 과학적 지식의 주관 의존적 성격이 드러나게 되었기 때문이다. 먼저 사유와 존재의 동일성에 관한 믿음이 교정받아야 했다. 사유 범주와 존재 범주가 완전히 동일하다면 인간 정신은 이 세계에 관해 모르는 것이 없어야 한다. 그러나 여러 형이상학적인 난문이 웅변해 주듯이, 인간의 인식 능력은 극도로 제한되어 있음이 확실하다. 사유 범주에 들어오지 않는 존재 방식이 얼마나 광대한 영역을 차지하고 있는지 우리는 알지 못한다. 거꾸로 인간의 사유 범주에 따르면, 가능한 것이 실제로 세계에서는 존재하지 않거나 존재할 수 없는 것도 있다.[5] 따라서 우리는 기껏해야 존재 범주와 사유 범주의 부분

---

5 이를테면 원주율 같은 것은 실제로는 존재하지만 도저히 합리적으로 사유해 낼 수 없는 수이고, '제곱해서 -2가 되는 수'라는 사유는 가능하지만, 그 수의 존재는 불가능하다. 그래서 우리는 그런 수들을 각기 '무리수'(無理數), '허수'(虛數)라고 부르지 않는가.

적 합치만을 말할 수 있을 뿐이다.[6]

인식 대상의 존재 범주와 인식 주관의 사유 범주가 부분적으로 동일해 그 합치를 통해 인식이 성립한다고 하더라도, 여기에는 근본적으로 의식과 사물, 사유와 존재 사이의 간격을 어떻게 메꿀 수 있느냐는 난제가 대두한다. 데카르트의 '회의'가 보여 주듯이, 우리의 의식에 자명하고 확실한 것은 오직 의식 자체 내부의 활동과 그 결과일 뿐, 외부 세계의 존재 그 자체는 모두 의심스럽다는 것이다. 이로부터 인간 의식에 직접 주어지는 것은 표상과 관념뿐이지 사물의 존재 자체는 아니라는 것, 따라서 인식의 대상은 사물에 대한 표상이나 관념일 뿐이지 사물 자체는 아니라는 것, 궁극적으로 사물 자체에 접근할 수 있는 길은 인간 정신에 주어져 있지 않다는 것 등을 핵심 내용으로 하는 이른바 관념주의적 견해가 성립한다. 데카르트로부터 발단하는 근대 철학은 기본적으로 이러한 경향을 띠고 있다.

인식현상에 대한 이해가 이렇게 달라지면 자연히 인식의 진리성에 대한 견해도 바뀔 수밖에 없다. 인식 대상으로 설정되었던 세계 자체가 더 이상 독자적 실재가 아니므로 진리 대응설에 따라 실재 세계와 그에 대한 표상과의 합치·일치를 인식의 진리성의 기준으로 삼을 수 없게 된다. 인식의 대상 자리에 놓여야 할 것은 이제 의식 내부의 표상과 관념밖에 없으므로 인식의 참됨과 거짓됨은 이제 이 표상과 관념 사이의 어긋나지 않는 관계, 즉 이들 사이의 '정합성'(整合性, coherence) 여부에 달려 있게 된다. '진리 정합설'이란 것이 바로 그것이다.

사실 근대과학의 학문적 기초를 놓으려 했던 칸트가 '물자체'의 인식이 불가능함을 주장하고 인식의 영역을 현상계에 국한한 이래, 과학적 탐구 대상의 '즉자적 실재성'은 더 이상 자명한 것으로 여겨지지 않게 되었다. 상식과 과학은 실재주의 위에 서 왔지만, 오히려 철학은 이렇듯

---

6 N. Hartmann, *Grundzüge einer Metaphysik der Erkenntnis*, 3. Aufl. Berlin 1965 (=MdE), 48, Kap. 참조.

관념주의로 기울어지는 경향을 보여 왔다. 특히 상대성 이론이나 불확정성 원리가 현대 물리학의 새로운 지평을 연 이후, 현대 과학철학에서는 과학적 지식 및 그의 대상에 대한 종래의 '소박한' 실재주의를 반박하는 이론이 주류를 이루었다고 해야 할 것이다. 토머스 쿤(Thomas Kuhn)이 『과학혁명의 구조』에서 보여 주는 과학사 해석은 이에 획기적 전기(轉機)가 되었다. 사실 모든 사물은 인식의 대상이 되는 순간 인식 주관의 사유 활동과 무관할 수 없게 되고, 인식되기 이전의 사물 '자체'에 대한 논급은 논리적으로 불합리하다. 이런 점에서 인식론적 관념주의는 타당한 견해이다.

이러한 인식론적·방법론적 반성과 더불어 종래의 '소박한' 실재주의적 견해가 크게 흔들린 것은 사실이지만, 그렇다고 해서 실증과학의 기초가 달라졌다고 볼 수는 없다. 인식 주관에 속하는 관념이나 언어적 구조를 실재하는 세계라 할 수 없거니와 실증과학을 단순히 의식 작용에 대한 분석이나 언어적 서술의 구조에 대한 탐구로 볼 수도 없기 때문이다. 도대체 인식 작용 또는 그 결과 얻어지는 관념이라는 개념 자체가 인식 주관의 의식적 활동과 이로부터 독립되어 있는 대상, 즉 객관적 존재를 필수 요건으로 전제한다. 인식 주관에 직접적으로 주어지는 것은 오직 표상일 따름이라 해도 그 표상이 세계 자체를 근원으로 하는 객관적 대상임은 부인하기 어려울 것이다. 만일 인식 주관의 사유 형식 및 서술적 언어 형식과는 무관하게 자체적으로 존립하는 세계 자체와 그 존재 방식 및 구조를 전제하지 않는다면, 과학적 지식이 예측하는 현상이나 사건이 실제로 인식 주관의 외부에서 일어난다는 사실을 설명할 길이 없을 것이다. 과학적 지식을 토대로 하는 인간의 기술적 활동이 자연을 변화시킨다는 엄연한 현실이 이를 웅변하고 있다. 과학적 탐구가 소설적 상상과 다른 점은 바로 그것이 주관이 임의적으로 처리할 수 없는 실재 세계를 대상으로 하고 있기 때문이다.

이렇게 볼 때, 인식론적으로 관념주의를 취한다고 해서 존재론적으로도 관념주의를 지지해야 할 논리적 필연성은 없는 것이요, 오히려 존재론적으로는 여전히 실재주의를 견지하는 것이 타당한 견해이다. 그리고 근대 이래의 실증과학적 탐구에도 이 같은 철학적 견해가 기초해 있다고 보는 것이 온당할 것이다.[7] 세계는 그 자체 실재하지만, 인간 정신은 그것에 대해 제약된 지식을 가질 수 있을 뿐이다. 독단적 과학주의자나 비합리적 신비주의자가 아니라면, 다만 그 지식 중 현대의 서양 문화가 의존하고 있는 가장 강력한 것이 바로 실증과학적 지식이라는 견해를 거부하지 않을 것이다.

3. 이법적 존재와 실질적 존재

실증과학의 정초에 특히 결정적 역할을 하는 것은 '주관 독립적 즉자성'을 갖는 '이법적 존재'이다. 모든 학적 이론은 사실 감각적 지각 경험의 내용 그 자체에 관한 것이 아니라 이들을 추상해 내면서 포섭하는 '본질'과 '원리'에 관한 것이기 때문이다. 만일 본질이나 원리가 단지 사유의 산물이라면, 세계의 존재가 우리의 사유에 의해 결정되는 것이요, 그렇다면 세계에 대한 탐구는 결국 우리의 사유에 대한 탐구요, 그렇게 얻은 지식에 의거해 기획한 우리의 삶은 세계가 잘 받아들이지 않을 것이다.

존재를 어느 경우에나 주관 독립적인 '즉자 존재'(Ansichsein)로 이해하는 니콜라이 하르트만은 존재 일반을 존재 방식(Seinsweise)의 차이에 따라 이법적 존재(ideales Sein)와 실질적 존재(reales Sein)의 두 영역으로 구분한다.[8] 이법적 존재는 그 존재 방식이 초시간적이고 비개체적이며,

---

7 박이문, 앞의 책, 1993, 4절 「과학과 존재」 참조.

8 'ideal'과 'real'의 번역어로 여기선 종전과 달리 '이법적', '실질적'이란 표현을 택해 본다. 나는 하기락의 번역어 '이법적'(理法的)과 '실사적'(實事的) 가운데서 앞의 것은 받아들이고 뒤의 것은 다소 작위적인 느낌이 들어 '실질적'(實質的)이라고 달리 시역(試譯)해 본다. 흔히 하는 대로 'ideal'을 '관념적' 또는 '이념적'이라 하고 'real'을 '실

실질적 존재는 그 존재 방식이 시간적이고 개체적이다.[9] 시간의 흐름 속에서 변화를 겪으며 개별적으로 존립하는 복수적 존재가 실질적 존재라면, 이법적 존재란 시간을 타지 않고 그 흐름에서 벗어나 불변의 모습을 견지하면서 개체 아닌 보편자로서 존립하는 단일한 존재이다. 하르트만의 현상학적 통찰에 따르면, 실질적인 존재는 물질, 생명, 심성, 정신의 네 가지 존재 층으로 성층(成層)지워져 있으며, 이법적인 존재에는 수학적 대상, 논리적 법칙, 사물의 본질, 가치 등 네 가지 존재가 귀속한다. 물론 이법과 실질이라는 이 두 존재 영역은 결합해 있으며, 이 결합 관계를 통해 이법적 존재는 실질적 존재 속에서 구현된다.

이 분수 쌍에 대한 정확한 이해를 돕기 위해 하르트만은 종래의 전통적인 견해에서 잘못된 점을 지적한다. 이법적 존재와 실질적 존재의 이 구별을 종래처럼 본질(essentia)과 현존(existentia)의 구별과 동일시해서는 안 된다는 것이다. 이법적 존재는 단순히 본상(Sosein) 혹은 본질(Wesenheit, essentia)이 아니라 그 순수한 본질에 특유한 현존(Dasein), 즉 실질적 현존(reales Dasein) 방식과는 전혀 다른 특이한 현존을 보인다. 인간 정신에는 이 이법적 대상을 인식하는 능력이 있는데, 추론적인 사유에 의존하지 않는 직접적인 통찰력, 즉 직관 능력이 그것이다. 일반화해 말하자면, 본상(Sosein)과 현존(Dasein)은 모든 존재에 두루 깃들어 있는 존재의 두 계기(Seinsmomente)이지, 둘 중 어떤 것은 이법적 존재에만, 어

재적'이라 하면, 그 본래의 뜻이 곡해되기 쉽다. 'ideal'은 단순히 사고나 표상의 내용인 '관념'의 본성이나 정치 사회적 '이념, 이데올로기'의 성격을 지시하는 것이 아니며, 'real'은 여기서 단순히 현상이나 가상에 대립되는 참된 존재라는 넓은 의미의 '실재'를 가리키는 말이 아니기 때문이다. 'ideal'한 존재든 'real'한 존재든 모두 현상이나 가상이나 소여와는 다른 즉자적인 참존재이다. 다만 존재 방식에 있어 서로 상이할 따름이다. 이런 점에서 차라리 '이법적', '실질적'이라는 번역어가 곡해를 덜 야기하리라고 본다.

9 시간성과 개체성 가운데서도 이 두 존재 영역을 구분하는 근원적인 범주는 시간성이라고 본다. 시간성의 규정을 받는다는 것은 곧 변화 아래 놓인다는 것이고, 변화 과정 속에는 보편자가 아닌 개체만이 들어갈 수 있다고 생각되기 때문이다.

떤 것은 실질적 존재에만 깃들어 있는 그런 배타적인 것이 아니다. 좀 더 면밀히 보자면, 존재 방식에 따른 이법적 존재와 실질적 존재의 이 구별은 존재의 현존(Dasein, 있음)에서 생기는 것이지 존재의 본상(Sosein, 임)에서 생기는 것이 아니다.

이와 같은 맥락을 전체적으로 일별할 수 있도록 도표화하면 다음과 같다.[10]

존재 계기+존재 방식+인식 가능성의 연관 관계

1. 현존은 오직 후천적으로만 인식 가능하다.
2. 선천적으로는 오직 본상만 인식 가능하다.
3. 선천적 인식은 이법적 존재에 대해서도 있고, 실질적 존재에 대해서도 있다.
4. 실질적 존재에 대해서는 선천적 인식도 후천적 인식도 가능하나, 이법적 존재에 대해서는 오직 선천적 인식만 가능하다.

선천적 인식		후천적 인식
이법적 존재	실질적 존재	
본상		현존

종합적으로 보면,

1. 선천적 인식은 이법적 본상과 이법적 현존, 그리고 실질적 본상, 이렇게 세 권역에 긍한다. 오직 실질적 현존만 배제된다.
2. 후천적 인식은 실질적 본상과 실질적 현존, 두 권역에 긍한다. 이법적 존재의 두 권역은 배제된다.
3. 선천적 인식과 후천적 인식이 공유하는 권역은 네 권역 중 오직 하나, 실질적 본상의 권역뿐이다.

---

10 N. Hartmann, *Zur Grundlegung der Ontologie*, Berlin 1935(=GdO), pp. 147 이하.

4. 실질적 현존은 오직 후천적 인식으로만 접근 가능하다.
5. 이법적 존재는 본상이든 현존이든 간에, 선천적 인식으로만 접근
가능하다.

선천적 인식

| 이법적 본상 | 이법적 현존 |
| 실질적 본상 | 실질적 현존 |

후천적 인식

  이렇듯 이법적 존재는 우선 감각적 지각의 대상이 되지 않는다는 점에
서 소박한 일상의 상식 차원에서는 그 실재성을 확인받기가 어렵다. 그
것은 감각적으로 지각되지 않는 대신에 오직 사유의 대상이 될 뿐이다.
그러나 그렇다고 해서 그것이 단순한 관념적 존재, 즉 인식 주관의 사유
의 추상적 산물에 그치는 존재는 물론 아니다. 그것은 비실질적(irreal) 존
재이기는 하지만, 그렇다고 의식의 지향적 대상에 그치는 존재가 아니
요, 오히려 의식 초월적인 즉자 존재다. 또 그것은 현실적 작용력을 갖지
않는 가능적 존재도 아니다. 과연 이런 존재를 어떻게 독립적 실재로서
확인할 수 있을까? 그리고 이 주관 독립적 '이법'을 인정하는 것과 이를
부인하는 것 사이에는 철학적으로 어떤 큰 차이가 있을까?

그런데 현대 철학에서는, 특히 영어권의 경험주의적·자연주의적 전통을 이어받고 있는 이른바 '분석철학'에서는 실질적 존재 가운데 심성이나 정신의 존재충도 그 실재성이 문제되겠지만, 더욱이 이들과는 세계를 달리하는 이법적 존재에 대해서는 과연 그 즉자적 실재성이 수용될 수 있을지 사뭇 의심스럽다. 물질적 사물의 세계만을 실재로 인정하는, 흔히 '물리주의'(Physicalism)로 명명되는 세계관만이 모든 존재론적 논의의 대전제로 받아들여지고 있기 때문이다. 사실 이법적 존재는 '학적 인식'에 대해 비로소 존재자로 드러난다. 일상적인 자연적 의식에 정서적 초월 작용을 불러일으키는 실질적 존재가 아니라서 그렇다.

4. 이법적 존재들

하르트만은 이법적 존재로서 수학적 대상, 논리적 법칙, 사물의 본질, 가치의 네 가지를 제시한다. 여기서는 그 가운데 한 가지, 즉 수학적 존재에 대해서만 그 기조를 언급해 보자.[11]

수학적 인식/지식에서 우리는 "……라고 생각하는 것"을 다루지 않고 "……인 것"을 다룬다. 즉 사유에 의해 형성된 것을 다루지 않는다. 기하학에서 보자면, "개념은 이를테면 각을 갖지 않는다. 도대체 공간을 차지하지 않는다. 다각형의 개념은 바뀔 수 있지만, 그 본상 자체는 바뀔 수 없다."[12] "…… 기하학의 대상은 실은 인식에 의존돼 있는 게 아니라 인식에 대해 독립해 있는 것이다. 인식 대상이란 것이 이미 그 초대상성,

---

11 소은 선생은 다민족 다문화의 로마제국이 법치 위에 구축될 수 있었던 것은 로마인들이 '보편적 법리'를 '즉자적으로 존립하는 이법적 존재'로 수용했기 때문임을 강조했다. 또한 근대 이후의 자연과학도 수학적 원리를 바로 이 '즉자적으로 존립하는 이법적 존재'로서 전제하고 이를 기초로 그 위에 구축되었기에 엄청난 문명적 힘을 행사할 수 있었다고 역설했다. 이 글에서 전개한 나의 주장은 대학 시절 소은 선생에게서 얻은 통찰을 그 이론적 출발점으로 하고 있음을 밝힌다.

12 GdO, p. 248.

즉 즉자성을 말해 주고 있다."[13]

그러나 수학적 주관주의는 이에 동의하지 않는다. 이에 따르면, 수학의 세계는 합목적적으로 설정된 정의와 공리 위에 모순율에 따라 구축된 사유체계일 뿐이다. 정의나 공리가 선택될 수 있는 것이 아니라 일차적으로 주어진 소여라고 보고, 이 소여를 존재 자체로 보지 않고 명증적 성격을 지니는 의식현상으로 보는 것은 잘못이라고 주장하는 점에서 수학적 직관주의는 좀 덜 극단적이다.

그러나 하르트만이 보기에 이들은 '대상의 파악, 즉 인식'과 '의식 내용을 가짐'을 혼동하고 있다. 후자는 의식 내재적 작용인 데 반해 전자는 의식 초월적 작용임을 분간하지 못하고 있다는 것이다. 의식은 날조, 구성, 상상, 가정, 편견 등 무엇이든지 할 수 있지만, 이는 학적 인식 활동과는 전혀 다르다. 수학적 명제가 간주관적 보편성을 근거로 모든 사람에게 필연적인 것으로 이해된다는 점이 이를 말해 주는 증거이다. 수학적 인식이 후천적·사실적인 것이 아니라 선천적·필연적인 것이기 때문에 더욱 그러하다. 그것은 사유의 산물이 아니라 오히려 사유를 강제한다. 이는 그 자체로 존재하는 어떤 본상이 있을 때 가능하다.

5. 포퍼의 '세계 3'과 비교

이법적 존재의 즉자성을 전면 부인하는 포퍼와 비교해 보면, 문제점이 더욱 선명히 부각될 것이다. 이 문제와 관련해 포퍼가 제시하는 이른바 '세계 3'[14]은 본래 과학적 탐구가 목표로 하는 '객관적 지식'의 근거로서 제시된 인식론적인 개념 틀이기 때문이다.

---

13 GdO, p. 267.
14 초기에는 '제3세계'(the third world)라고 명명하다가 후에는 이 용어를 선호했다. Autobiography: P. A. Schilpp(ed.), *The Philosophy of Karl Popper*, La Salle 1974 (=PhKP), p. 144 참조.

1) '세계 3'의 창발

포퍼에 따르면, 이 '세계 3'은 다른 두 존재 영역, 즉 '세계 1'과 '세계 2'로부터 진화되어 나온 세계이다. 여기서 '세계 1'이란 물질적 사물과 생명체로 이루어지는 '자연'을 가리키며, '세계 2'는 인간과 동물의 심적·정신적 상태나 활동 자체의 영역을 가리킨다.[15] '세계 1, 2, 3'은 이렇게 서로 다른 특성을 지닌 독립적인 세계이다. 그렇다고 이 세 세계가 각기 유리되어 존재한다고 볼 수는 없다. 이들이 어떻게 하나의 총체적 세계를 이루는지, 이 근본 문제를 다룸에 있어 포퍼는 이들 세 세계가 발생론적으로 연결되어 있음에 주목한다. 즉 그는 '세계 1'에서 '세계 2'가 발생했고, '세계 3'은 '세계 2'에 의해 산출된다는 근원적 사실에서 출발한다.

포퍼는 이 진화 과정을 창조적(creative) 내지 창발적(emergent) 과정으로 이해한다. '진화'(evolution)라는 말은 본래 축자적으로는 "이미 있는 것이 펼쳐지는 과정"[16]을 가리킨다. 그러나 포퍼가 보기에 이 우주는 실제로 창조적이기를 멈추지 않는 것이요, 지구상의 진화는 '전혀 새로운 것'을 산출하는 것이니만큼 이 진화는 창조적 진화요, 혹은 창발적 진화이다.

그는 인간 정신이 이야기, 서사적 신화, 도구, 예술작품, 과학작품을 산출하는 것도 이 진화의 도상 위에서 이루어지는 것으로 이해한다. 즉

---

15 여기서 우리는 두 가지 점에 유의하자. 첫째, 포퍼는 생명의 출현을 '하나의 기적(奇蹟)'이라고 하면서도 이 세계 구분에 있어서는 물질의 영역과 생명의 영역을 별개의 독자적인 존재 영역으로 구분하지 않고 하나의 세계에 귀속시키고 있다. 이는 암암리에 현대 생물학의 전제가 되고 있듯, 생명현상을 물리현상으로 환원할 수 있는 가능성을 시인하는 것으로 보인다. 둘째, 그는 심적 존재와 정신적 존재를 굳이 구별하지 않는다. 이는, '정신'이라고 일상적으로 일컬어지는 것의 기능과 활동은 '심(리)적인' 기능과 활동 중 그 정도에 있어 더 세련된 것에 불과하다고 보는 견해의 표출이라고 생각된다. 이 점은 포퍼에게서만 독특한 것이 아니라 대체로 영어권 철학에서는 일반적이다.

16 K. Popper and John C. Eccles, *The Self and its Brain*, Berlin/Heidelberg/London/N.Y. 1977(=SB), p. 14.

"······ 아주 저급한 형식의 생명현상에서 이미 '문제해결'이라는 현상이 이 우주에 나타난 것"[17] 못지 않게 "고등한 생명체와 더불어서는 의도적으로 추구되는 '목적'이라는 것이 이 우주에 등장했다"[18]라는 점을 포퍼는 주목한다. 우주의 진화를 물질주의자처럼 단순히 생명체의 진화에 국한하지 않는 것이다. "왜냐하면 인간의 등장과 더불어 ······ 신화, 이야기, 과학 이론, 시와 미술과 음악 등 ······ 새로운 객관적 세계가 창조되었기 때문이다."[19]

인간의 정신적 활동이 단순히 각자의 주관적 영역에 머물지 않고 객관적 영역을 창출한다는 사실은 이렇게 바로 그의 언어 활동을 통해 확인된다. 이 객관적 영역은 비록 개별적 주관의 심적 활동에 의해 창출되기는 하지만, 일단 창출되면 더 이상 그 주관에 의존하지 않고 독자적으로 자립한다는 데에 큰 의의가 있다. 이것이 바로 또 하나의 다른 세계, 즉 '세계 3'을 형성하기 때문이다. '세계 3'은 이렇게 정신 활동의 출현과 함께 등장하는 세계이다.

2) '세계 3'의 실재성

포퍼는 '세계 1, 2, 3'을 똑같이 독자성을 갖고 실재하는 존재로 인정하는 다원론자이다. 그런데 과연 그렇게 '창발적으로' 출현한 '세계 3'은 실재적인 존재인가, 아니면 다만 존재처럼 보이는 사유의 산물인가?

'세계 2'가 '세계 3'에 작용한다는 것은 설명이 필요 없는 사실이다. '세계 3' 자체가 넓은 의미에서 인간 정신 활동의 산물이기 때문이다. '세계 3'을 좁은 의미로 보아 학적인 여러 이론이나 문제에 국한한다 해도, 또는 관점을 좀 더 넓혀 이미 창출되어 고정화한 문화 세계로 이해한

---

17 SB, p. 14.

18 SB, p. 14.

19 SB, p. 15. 포퍼는 '창조적'이라는 말의 의미를 자크 모노(Jacques Monod)의 논구에서 찾는다. 그에 따르면 이 말은 '(그 등장을) 예견할 수 없는'이라는 뜻을 갖는다. SB, p. 16 참조.

다 해도 마찬가지이다.[20]

문제가 된다면 오히려 '세계 3'이 '세계 2'에 작용한다는 사실을 입증하는 일일 것이다.

우리는 여기서 방금 구분한 두 가지 성격의 '세계 3'을 각각 별도로 고찰하는 것이 좋겠다. 포퍼 자신은 이 구분을 별로 의식하지 않는다. 하지만 학적 이론이나 문제 등 '객관적 지식'의 영역과 그 밖의 일반적인 정신적 산물은 존재론적으로 그 성격이 다르다.

전자로서의 '세계 3'은 고유한 자율성을 갖고 '세계 2'인 인간 정신에 강제력을 갖고 작용한다. 포퍼에 따르면, 인간 정신은 학적 이론이나 문젯거리 등을 산출하기는 하지만, 일단 이렇게 산출된 이론이나 문제 속에는 인간 정신 스스로도 주관적으로 바꾸거나 없애거나 할 수 없는 '객관적' 연관 관계가 성립한다.[21] 따라서 이 객관적 연관 관계는 인간의 정신 활동을 규제함으로써 영향을 준다. 후자로서의 '세계 3'도 역사적·사회적 중량을 갖고 '세계 2'인 인간 정신에 다가온다. 인간 정신의 산물인 다양한 문화유산 자체가 삶의 여건을 구성하면서 거꾸로 인간 정신의 활동을 조건지우고 규제하며, 경우에 따라서는 구속하기까지 한다는 것을 우리는 어렵지 않게 알 수 있다.

'세계 3'의 '세계 1'에 대한 인과적 작용은 이렇게 어떤 물리학적 이론에 따라 물리적 세계가 재구성되거나 변형되는 현상에서 드러난다. 즉 '세계 3'에 속하는 수학적·과학적 이론이 물리적 사물로 이루어진 '세

---

20 포퍼가 제시하는 세계 3 중 문제와 이론에 관해서도 이런 주장을 단적으로 할 수 있는지는 문제다. III부에서 비판적으로 고찰하겠지만, 포퍼의 '세계 3'은 이렇게 두 가지의 상이한 성격을 갖는 존재 영역이 함께 병속(幷屬)되어 있어 혼란을 빚는 것으로 보인다.

21 포퍼가 이 '객관적인 세계'를 객관적 지식의 이론적 영역을 넘어서서 예술적 창작을 통해 드러나는 일종의 객관적 미적 가치 등을 포함하는 것으로 이해하는 대목도 눈에 띄긴 하나, 학적 이론의 영역을 넘어서는 세계에 대한 상세한 논변은 발견되지 않는다. K. Popper, *Knowledge and the Body-Mind Problem*, London/New York 1994 (=KnBM), p. 32 참조.

계 1'에 엄청난 작용을 가할 수 있음이 확인된다. 포퍼는 아주 구체적으로 불도저를 이용해 토목공사를 하는 것을 예로 들어, '세계 3'에 속하는 어떤 공학 이론이 물리적 영역인 '세계 1'에 작용하는 것을 설명한다.[22]

3) '세계 3'의 독자성

그러나 과연 '세계 3'은 진정 독자적인 영역인가? 그것은 결국 '세계 1'이나 '세계 2'에 귀속되는 존재가 아닌가?

포퍼에 의하면, 인간의 지식이나 사고에는 두 가지가 있어 서로 구별된다. "정신 상태, 의식 또는 행동하거나 반응하려는 성향 등으로 이루어지는 주관적 의미의 지식이나 사고"가 그 하나이며, "문제, 이론, 논변 등으로 이루어지는 객관적 의미의 지식이나 사고"[23]가 다른 하나이다. 포퍼가 보기에 전통적으로 철학자들이 문제 삼았던 지식이나 사고는 전자인데, 진정한 의미에서 철학적 인식론이 문제 삼아야 할 과학적 지식은 전자가 아니라 후자이다. 과학적 지식은 객관적 문제, 객관적 이론, 객관적 논변으로 이루어지는 것이지, 어느 한 개인의 안다는 주장이나 믿음이나 시인하거나 주장하거나 행동하려는 경향 등과는 상관이 없다. 여기서 우리에게 중요한 것은 이 지식의 구별 자체가 아니라 이 두 가지 지식이 속하는 세계가 다르다는 사실이다. 전자, 즉 주관적 지식이 속하는 세계는 '세계 2'이고 후자, 즉 객관적 지식이 속하는 세계는 '세계 3'이라는 사실이다. 따라서 주관적 지식과 객관적 지식의 구별이 타당하다면, '세계 2'와 '세계 3'의 구별도 타당하고, 이와 더불어 '세계 3'의 독자성도 확인된다.

포퍼는 이 '세계 3'의 자립성을 납득시키기 위해 하나의 '사유 실험'을 제안한다.[24] 지상의 모든 기계와 도구가 다 파괴되었다고 가정해 보

---

22 K. Popper, *The Open Universe*, Totowa: Rowman & Littlefield 1982(= OU).
23 K. Popper, *The Objective Knowledge*, Oxford: The Clarendon Press 1972(= OKn).
24 OKn, pp. 107~08 참조.

자. 이와 더불어 그것을 사용할 줄 아는 모든 주관적 지식도 사라졌다고 가정해 보자. 그러나 요행히 도서관에 그것에 관한 책이 남아 있고 그로부터 배울 수 있는 능력이 인간에게 남아 있다고 가정해 보자. 고생 끝에 우리의 문명 세계는 회복될 것이고 더 발전해 나아갈 것이다. 그러나 도서관도 철저히 파괴되어 그로부터 배울 수 있는 인간의 능력도 무용지물이 되었다고 가정해 보자. 여기서 우리는 아무것도 기대할 수 없을 것이다. 이 사유 실험을 통해 우리가 알 수 있는 것은, 포퍼에 따르면, 도서관에 남아 있는 책들이 주관적 심적 상태로부터 독립해 있는 객관적 지식, 즉 '주관 없는 지식'을 대변하는 자립적 존재라는 사실이다. '세계 3'의 독자적 자립성은 이로써 명백하다고 포퍼는 생각한다.

'세계 1'이나 '세계 2'에 구현되지 않고도 엄연히 존립하는 '세계 3'의 대상이 있다는 사실이 바로 포퍼가 이 논변을 위해 제시하는 논거이다. 객관적 지식의 대상이 되는 "과학적 수학적 사실들, 문제들, 또 그 해결들"[25]이 곧 그러한 것들이다. 이들은 그것이 참이든 거짓이든 간에, 이에 상관없이 독자적으로 실재성을 갖는다고 생각된다. 이를테면 자연수 속에 등장하는 홀수와 짝수의 관계, 소수(素數)의 관계 등은 어디에 구현되지 않고도 그 자체로 존립하는 존재로 여겨지기[26] 때문이다. 포퍼에 따르면, '세계 3'은 이렇듯, 인간의 정신 활동의 산물이면서도 동시에 그 산출자인 인간을 초월하는 초인간적 존재이다. 왜냐하면 그 내용이 사유의 실제적(actual) 대상이라기보다는 가상적(virtual) 대상이며, 무한한 이 가상적 대상 가운데 오직 유한한 것만이 사유의 실제적 대상이 되기 때문이다.[27]

---

25 SB, p. 41.
26 SB, p. 41.
27 OKn, p. 159, footnote 8 참조.

4) '세계 3'의 자율성

포퍼는 '세계 3'의 존재론적 위상과 관련해 철학자들이 크게 두 진영으로 나뉜다고 보고 있다.[28] 한편에는 플라톤처럼 이 자율적인 세계를 영원한 초인간적·신적 영역으로 받아들이는 철학자들이 있고, 다른 한편에는 존 로크(John Locke)나 존 스튜어트 밀(John Stuart Mill)처럼 언어나 언어가 표현·전달하려는 모든 것은 인간에 의해 만들어진 것으로 보고 모든 언어적인 것은 '세계 1'이나 '세계 2'의 부분이라고 보아 '세계 3'의 존재 자체를 부인하는 철학자들이 있다. 포퍼는 이 두 진영의 중간에서 "세계 3의 실재성 및 자율성을 인정하면서 동시에 그것이 인간의 활동에서 유래한 것임을 수긍하는"[29] 것이 가능함을 입증하려 한다. 근대의 경험주의 철학자들처럼 '세계 3'을 부인하지도 않으면서, 또한 플라톤처럼 '세계 3'을 초경험적인 영역에 올려놓지 않고서도 '세계 3'의 자율성(autonomy)을 어떻게 확보할 수 있을까?

포퍼는 '세계 3'에 속하는 대상들은 인간의 정신 활동의 산물이기는 하지만, 일단 객관적 산물로 출현하고 나면 인간의 정신 활동 자체가 간여할 수 없는 어느 정도의 자율성을 갖는다고 생각함으로써 해결점을 찾는다. 이를테면 제시된 어떤 이론은 그것을 제시한 사람의 의지와는 무관하게 '그 자체의 논리에 따라' 예견치 못한 어떤 귀결을 가져올 수 있으니, 이것이 곧 '세계 3'의 자율성이라는 것이다. 포퍼가 이를 가장 뚜렷이 입증해 주는 표준적인 예로 드는 것이 자연수 이론이다.[30] 포퍼에 따르면, 자연수 계열은 인간이 창안해 낸 구성물이다. 그럼에도 이 계열은 자체적으로 자율적인 문제를 만들어낸다. 앞서 예로 든 홀수와 짝수의 구별, 소수의 순열 등은 우리가 만들어낸 것이 아니지만 자연수 계열에서 불가피하게 등장하는 귀결이다.

---

28 이하 OKn, pp. 158~59 참조.
29 OKn, p. 159.
30 OKn, p. 118. OU, pp. 120 이하 참조.

포퍼는 기하학에서도 같은 예를 든다.[31] 직선, 컴퍼스, 원, 직각 등을 활용해 도형을 생각해 내 기하학을 탄생시킨 것은 인간이지만, 그 체계 안에서의 여러 명제와 정리(定理)는 인간이 의도하지도 않았고 좌우할 수도 없는 자율적 법칙이라는 것이다. 그리고 여기에서도 우리가 생각지 못했던 여러 문제가 제기된다는 것이다. "우리는 이들을 발견하거나 해결하거나 할 수 있을 뿐, 그것을 바꿀 수는 없다."[32]

'세계 3'의 자율성을 지지해 주는 또 다른 예로 포퍼는 정글 속 짐승들이 다니는 길이 어떻게 생겨나는지 설명하고 있다.[33] 어떤 동물이 물 마시는 곳에 도달하기 위해 덤불 숲을 뚫고 지나가면, 어떤 다른 동물이 그 길을 가장 쉬운 길로 알고 지나간다. 이렇게 많이 사용하다 보면 길이 넓혀지고 더 나아지고 하는데, 이는 계획되거나 의도된 것이 아니라 동물들이 쉽고 빠르게 이동하려고 하다 보니까 도달하게 되는 결말이다.

포퍼는 인간의 언어와 제도가 생겨나는 방식도 길이 생겨나는 이러한 방식과 본래 마찬가지라고 본다. 그것들이 출현하기 전에 그것들에 대한 요구가 있었던 것도 아니다. 오히려 그것들이 새로운 욕구를 창출하고 새로운 목표들을 만들어내기도 한다. "인간이나 동물의 목적적 활동 구조(aim-structure)는 '주어진' 것이라기보다는 일종의 피드-백 구조에 의거해 이전의 목표, 이전의 결과로부터 발전되는 것"[34]이다. 이런 식으로 새로운 가능성의 세계가 자율적인 것으로 생겨날 수 있다. "언어, 추측, 이론, 논변 등 객관적 지식의 세계도 …… 인간에 의해 창조되는 세계이면서도 크게 자율적인 세계이다."[35]

---

31 KnBM, pp. 26 이하.

32 OU, p. 121.

33 OKn, p. 117 참조.

34 OKn, p. 117.

35 OKn, p. 118.

6. 포퍼 이론의 결함

1) 즉자적 실재성의 근거: 저항성

세계의 실재성에 관해 하르트만과 포퍼는 거의 같은 견해를 보이고 있다. 두 사람 모두 실재성의 표지(標識)이자 의미로 일종의 '저항성'을 제시한다는 점에서 그렇다. 우리의 의식은, 수동적인 정감과 능동적인 의욕의 작용 가운데에서 세계와 만날 때나 추상적인 사유를 통해 그 세계에 대한 이론적 인식을 할 때나 이미 외부 세계에 우리가 뜻대로 할 수 없는, 독자적으로 존립하는 그 무엇의 '저항'에 부딪쳐 그것의 '견고함'(Härte)을 느끼게 되는데, 이 체험이 바로 세계가 가상(假相)이 아니라 참된 실재임을 확증해 주는 표지라는 것이 그 핵심적 내용이다. '즉자 존재'의 표지로 대상 존재의 '저항'(Widerfahrnis)과 이와 맞물려 있는 의식주관의 '맞닥뜨려 부딪침'(Betroffensein)의 체험을 제시[36]하는 하르트만에게서나 "우리가 무엇인가를 걷어찰 수 있고, 또 원칙적으로 그것이 우리를 되받아 찰 수 있을 때, 그럴 때에만 그 사물이 존재 혹은 실재한다"라고 말하는 포퍼에게서 이 점은 마찬가지이다. 특히 하르트만은 이에 대해 상론하고 있는데, 그에 따르면 이 '저항 체험'(Widerstandserlebnis)이란 우리에게 의식의 '초월적 작용'(transzendente Akte)을 확인해 주는 기본적인 체험으로 우리의 의식이 자기 내재적 활동을 넘어 자기 밖에 독자적으로 존립하는 '실재'에로 향해 나아감을 말해 주는 것이요, 따라서 세계의 '실재성'을 입증해 주는 것이다.

존재의 이 '저항'은 물리적 사물에 대한 직접적 체험에서만 드러나는 것이 아니다. 하르트만에 따르면, 실재의 저항은 반드시 공간을 차지하는 물질적 존재에만 국한되는 것이 아니라 비물질적이고 비공간적인 심적·정신적 존재에도 깃들어 있는 것이다. 우리가 타인과의 심리적 갈등을 체험하는 것이나 하나의 문화 공동체의 정신적 토양이 개개인의 정

---

36 GdO, p. 27, p. Kap. 참조.

신적 성장에 후원(後援)과 동시에 제약(制約)이 되는 것을 보면 이를 부인할 수 없다는 것이다. 포퍼도 '세계 2'와 '세계 3'의 실재성을 주장함에는 다름이 없다. 다만 그는 그들이 직접적 저항 체험의 대상인 견고한 물리적 사물과 '인과적 상호작용'을 한다는 사실을 통해 간접적으로 그 실재성을 확인하고자 할 뿐이다. '세계 2'나 '세계 3'이 자립적 저항력을 갖는 실재적 존재가 아니라면, 실재적 존재임이 분명한 물리적 사물의 세계에 인과적 작용을 가하는 것이 불가능하다는 것이다.

하르트만은 여기서 한걸음 더 나아가 이런 의미의 실재성이 실질적 존재뿐만 아니라 이법적 존재에도 있음을 주장한다. 이법적 존재는 실질적 존재처럼 일상적 의식 작용에서는 직접적인 저항 체험을 야기하지 않기 때문에 그 실재성이 잘 드러나지 않는다. 오직 사물의 내면을 파악하는 훈련된 학적 사유에 대해서만 그 대상으로 드러난다. 그러나 이법적 존재는, 흔히 오해하듯이 의식 내재적(immanent) · 지향적(intentional) 인식 대상에 그치는 것이 아니다. 그 자체 비실질적(irreal)이기는 하지만 의식 작용 너머에 초월해 있는(trans- zendent) 즉자적 존재이다.[37] 즉 정신적 주관이 임의로 조형할 수 있는 주관 의존적 형성물이 아니라 주관이 그 '이법'에 맞게 사유하지 않으면 이에 강력히 저항해 오는 실재이다. 하르트만에 따르면, 이법적 존재의 실재성이 가장 잘 드러나는 것은 수학적 인식의 대상에서이다. 수학적 판단은 단순히 사유 내용을 서술하는 것이 아니라 어떤 존재하는 것 자체를 서술하는 것이다. 수학적 판단에 오류가 생길 수 있고 또한 이 오류가 교정된다는 사실은, 그 판단의 대상이 단순한 사유의 산물이 아니라 그 이상의 것임을 입증해 준다는 것이다. 수학적 법칙은 수학적 사유를 하는 의식 작용의 법칙이 아니다. 한마디로 말해 수학적 인식의 대상은 수학적 인식 작용으로부터 독립해 존재하는 즉자적인 실재로서의 이법적 존재이다.[38]

---

37 GdO, p. 38, Kap. 참조.
38 GdO, p. 38, Kap. 이하 참조.

그런데 포퍼는 한편으로는 이렇게 '세계 3'을 실재로 보고 그 실재성을 입증하면서도, 다른 한편으로는 '세계 3'을 규정함에 있어 이를 원리적으로 부정하는 내용을 말하고 있어 혼란을 자아낸다. '세계 3'이 '세계 2', 즉 인간의 정신적 활동의 산물이라는 규정이 바로 그것이다. 방금 지적했듯이, 어떤 대상의 실재성은 인식이나 실천을 통해 그것을 경험하는 주관 혹은 주체에 저항하는 독자적 자립성을 전제로 한다. 만일 한 대상이 그 존립을 주관 혹은 주체의 활동에 의존하고 있거나 이의 영향을 받아 상대적으로 변하는 것이라면, 그 대상은 자립적 실재라고 보기 어려울 것이다. 이때 주관 혹은 주체가 되는 것은 말할 나위 없이 인간의 정신이다. 따라서 만일 포퍼가 규정하듯이 '세계 3'이 전적으로 인간 정신의 활동의 산물이라면, 그러한 '세계 3'은 결코 자립적 실재라고 볼 수 없을 것이다.

포퍼가 이렇게 자가당착으로 보이는 주장을 하는 배경에는 실은 객관적 지식의 진리성에 관한 플라톤적 초월주의와 경험론적 자연주의를 종합하려는 의도가 깔려 있다. 포퍼가 '세계 3'의 존재론적 위상에 관련해 철학자들을 이렇게 두 진영으로 나눈 것은 앞서 언급한 대로이다. 포퍼는 이 두 진영 중간에서 "세계 3의 실재성과 자율성을 인정하면서 동시에 그것이 인간의 활동에서 유래한 것임을 수용하는" 일이 가능함을 입증하려 한 것이다. 즉 그는 근대 경험론자들처럼 '세계 3'의 자립적 실재성을 부인하지도 않고, 또 플라톤처럼 그것을 초경험적인 영역으로 올려놓지도 않으면서 '세계 3'의 자립적 실재성을 확보하고자 했던 것이다. 사실 이러한 시도는 세계상의 핵심과 관련되는 의미심장한 것인데 과연 이것이 성공적인 것인지, 아니면 무원칙한 절충에 불과한 것인지는 검토해야 한다. 그리고 이는 그가 '세계 3'에 귀속시키는 대상에 대한 면밀한 존재론적인 분석을 통해 수행될 것이다.

2) 포퍼의 '두루뭉수리'

우리가 보기에 먼저 포퍼에게서 문제가 되는 것은, 하르트만이 '이법

적 존재'라고 부른 것이 명목상으로는 인정되고 있지 않지만, 실질적으
로는 왜곡된 모습으로 불분명하게 '세계 3'에 포함되어 있다는 점이다.
그가 '객관적 대상'이라고 부르는 것에는, 실은 '이법적 존재'에 해당하
는 것이 있다고 여겨진다. 사실 그는 이 표현을 씀으로써 이법적 존재의
'이법성'을 희석하고, 그것을 말하자면 부당하게 '실질화'하고 있는 셈
이다. 그렇게 되니까 이법적 존재가 다른 실질적 존재와 함께 '세계 3'에
귀속하는 것으로 취급된 것이다. 다시 말하면 객관적 지식의 내용이 되
는 과학적·이론적 대상과 그 밖의 일반적인 의미에서의 문화재가 정신
활동의 산물이라는 이유로 정밀하지 못하게 동질시되어 '세계 3'이라는
문화 세계 안에 무차별적으로 혼재하게 된 것이다.

포퍼가 '세계 3'을 제시한 것은, 이미 언급했듯이 객관적 인식의 근거
를 마련하려는 인식론적인 동기에서였다. 주관적 인식 작용과 객관적 인
식 내용을 구분하고 학적 인식의 정초를 위해 인식의 객관적 대상 영역
을 확보하려는 포퍼의 의도는 전적으로 합당하다고 본다. 그러나 그가
이를 위해 '세계 3'을 하나의 실재로 제시하면서도 이 '세계 3'을 인간의
정신적 활동의 산물 속에 귀속시키고 있는 것은 문제라고 본다. 여기서
우리는 포퍼가 '세계 3'에 대해 정의적(定義的)으로 언급한 내용에 따라
구분해 열거해 보고, 그 내용 가운데 존재론적 성격의 상이성 때문에 서
로 명백히 구분해야 한다고 생각되는 것들을 분간해 보기로 하자.

〈가〉 세계 3은 "사유의 객관적 내용, 특히 과학적 사유, 시적(詩的) 사
유의 객관적 내용의 세계이며 예술작품의 세계"[39]이다.

"세계 3의 성원(成員)에는 특히 이론체계가 속하며, 문젯거리나 문
제 상황도 중요한 성원이다. …… 그리고 무엇보다도 중요한 성원은 비판
적 논변이다. 물론 잡지, 도서, 장서의 내용도 이에 속한다."[40] "과학적 이

39 OKn, p. 106.
40 OKn, p. 107.

론이 속하는" 세계, 즉 "객관적 이론, 객관적 문제, 객관적 논변의 세계"가 곧 세계 3이다.[41]

세계 3은 "거미줄에 비유되는, 인간이라는 동물의 자연적 산물"이다.[42]

세계 3은 "인간 정신의 산물의 세계"를 뜻한다. 거기에는 "예술작품, 윤리적 가치, 사회적 제도 등도 속하지만, 나는 주로 과학적 문헌, 과학적 문제, 과학적 이론(잘못된 이론을 포함해)에 국한해 논의하겠다."[43]

〈나〉 "이론은 인간 사유의 산물이지만, 그 자체 어느 정도의 자율성을 지닌다. 그래서 누구도 생각지 못했던 귀결을 객관적으로 가져오기도 한다. …… 그것은 미지의 동식물이 발견되듯 그런 의미로 …… 고안된다 기보다는 …… 발견되는 것이다.[44]

"세계 3은 그 기원에 있어서만 인위적인 것이지, 일단 존재하게 되면 그 자체의 생명을 지니게 되어 처음에는 예견치 못했던 결과를 낳는다."[45]

〈다〉 "세계 3은 …… 이야기, 신화, 도구, 과학 이론(진위를 불문하고), 과학적 문제, 사회제도, 예술작품 같은 인간 정신의 산물로 이루어지는 세계를 가리킨다. 대부분의 세계 3 대상은 물질적 사물의 형태로 존재하므로 세계 1에도 속한다. …… 세계 3에 속하는 것은 그 내용이다."[46]

"책이나 잡지 등은 …… 물리적 대상으로서 세계 1에 속하지만, …… 그 내용은 세계 3에 속한다."[47]

"모든 구체적인 물리적인 사물은 세계 1에 속하지만, …… 문제나 이론이나 논변 같은 추상적인 것은 세계 3에 속한다."[48]

"햄릿 같은 연극이나 슈베르트의 미완성 교향곡 같은 교향악도 ……

---

41 OKn, p. 108.
42 OKn, p. 112.
43 OU, p. 114.
44 SB, p. 40.
45 SB, p. 40.
46 SB, pp. 38~39.
47 OU, p. 115.
48 OU, p. 115.

일련의 물리적 사건의 복합체로서 그 개별적인 공연이나 연주는 세계 1에 속하지만, 그 내용이나 메시지나 의미는 세계 3에 속한다."[49]

〈라〉 "…… 대부분의 세계 3 대상들은 세계 1 대상 속에 구현되어 있다. 그러나 그 어떤 것은 (악보나 녹음 등에서처럼) 다만 코드 형태로 존재한다. 그리고 어떤 것은 기억과 같은 세계 2의 대상으로 존재하기도 한다."[50]

"(세계 1이나 세계 2에) 구체화되지 않은 세계 3 대상도 있을까? …… 그렇다, 그런 대상도 있다."[51]

"구체화되지 않은 세계 3 대상이 있다면, 그에 대한 우리의 파악과 이해가 물질적 구현물과의 감각적 접촉에 달려 있다는 주장은 참이 아니다."[52]

〈가〉에서 우리는 '인간 정신의 산물'이라는 이유로 객관적 지식의 대상이 되는 과학적 '사유의 내용'과 그 외의 시적 상상의 산물이나 도덕적 가치 등이 동일한 존재 영역에 속하는 것으로 간주되고 있음을 보게 되는데, 우선 여기에 문제가 있다고 본다. 객관적 지식의 대상이 되는 사유의 내용은 인간의 정신 활동이 산출해 낸 것이라기보다는 인간의 정신 활동으로부터 독립되어 그 자체 존립하는 존재로 보아야 할 것이며, 그렇다면 예술작품이나 사회제도 등 진정 인간 정신의 산물인 다른 존재와는 존재론적으로 전혀 다른 영역에 속하는 것으로 구별되어야 할 것이다.[53]

그러나 포퍼는 〈나〉에서 보듯이, '세계 3'이 그 기원에서는 인간 정신의 산물이지만 일단 산출되고 나면 독자성을 갖는다고 주장함으로써 이 문제를 해결하고자 한다. 인간 정신의 활동의 산물도 일단 그것을 산출

49 OU, p. 115.
50 SB, p. 41.
51 SB, p. 41.
52 SB, pp. 42~43.
53 포퍼 자신도 예술작품을 따로 구분해 '세계 4'라고 명명할 수 있음을 암시는 하고 있다. OU, p. 115 참조.

한 개별적 주관을 떠나 어떤 물질적 사물에 정착하고 나면, 더 이상 그 주관에 의존하지 않고 객관성을 지니게 된다는 점은 사실이다. 하르트만은 이 점에 주목해 문화와 역사의 기초를 이해하기도 한다. 그러나 이렇게 성립한 객관성이 과학적 지식의 객관적 타당성을 보장해 주는 것이라고 생각함은 영역을 혼동하는 데서 오는 잘못이다. 과학적 지식의 객관적 타당성을 보장해 주는 것은 인간 정신에 의해 이러저러한 형태로 빚어진 문화적 산물이 아니라 이와는 무관하게 그 자체 독립적으로 존재하는 것이다. 포퍼는, 자연수의 체계는 인간이 산출해 낸 것이지만 그 체계 내의 여러 수적 연관은 '객관적'인 것이라고 말함으로써 결국 수학적 인식의 객관적 타당성의 근거를 인간 정신의 활동 내용에서 확보하고자 한다. 그러나 과연 자연수의 체계가 인간 정신의 활동에 의해 임의로 산출된 것일까? 자연수의 체계뿐만 아니라 모든 객관적인 과학적 지식의 내용이 근거하고 있는 대상은, 포퍼 자신도 불분명하게 암시하듯이,[54] '고안된 것이 아니라 다만 발견된 것'이라고 보아야 할 것이다.

이 점은 포퍼가 '세계 3'의 자율성을 강조하는 것을 통해서도 확인된다. 그는 인간 정신이 고안해 낸 과학적 이론이 뜻하지 않은 귀결을 낳기도 하지만, 또한 뜻하지 않은 문제를 자아내기도 하는 점을 지적함으로써 과학적 이론의 자율성을 주장한다. 그렇다면 이것은 그가 암암리에 과학적 탐구의 대상이 인간의 정신 활동 자체로부터 독립되어 실재하는 존재임을 시인(是認)하는 것이라고 생각된다. 실질적으로는 과학적 지식의 대상이 되는 독자적인 존재 영역을 인정하면서도 포퍼가 그것을 인간의 정신 활동 자체로부터 독립된 존재 영역으로 파악하지 않고 있는 이유는 무엇일까?

명시적 언급은 없지만 우리가 생각할 수 있는 첫째 이유는 역시 그의 존재론적인 구도 전체와 연관되어 있는 것으로 생각된다. 즉 그러한 독

---

54 그는 "고안되었다기보다는 발견된 것", "고안(혹은 발견?)"(SB, p. 41) 등의 애매한 표현을 쓰고 있다.

립적 존재 영역을 설정한다면, 그것은—스스로 비교하듯이 플라톤의 이데아의 세계나 또는 아주 적절하게 하르트만의 이법적 존재에 해당하는데—그가 제시하고 있는 세계의 창발적 진화 과정에 포함할 수 없기 때문이 아닌가 생각된다. 그의 창발적 진화 이론은 물리적 세계의 존재만을 자명한 형이상학적 전제로 수용하고 있으며, 이에 따라 다른 존재는 모두 이로부터 진화되어 출현하는 것으로 설명되어야 한다. 그렇기 때문에 '이법적 존재' 같이 이러한 과정을 벗어나 즉자적으로 실재하는 존재는 이러한 존재론적 구도 안에 자리할 수 없다.

이러한 맥락에서 포퍼가 〈라〉에서처럼 말하는 것은, 그러나 오히려 그 자신이 '이법적 존재'의 불가피성을 말해 주는 것으로 여겨진다('악보'나 '녹음' 등은 이에 대한 합당한 예라고 생각되지 않는다). '구체화'되지(embodied) 않는다는 것은 실제에 있어 그것이 시공적(時空的) 세계에 들어오지 않는다는 것이요, 그렇다면 이는 '실질적'(real) 존재가 아니라 '이법적'(ideal) 존재라는 말과 다를 바 없기 때문이다. '세계 1'이나 '세계 2'에 구체화되어 있지 않은 '세계 3' 대상을 인정하고, 나아가 이 존재에 대한 인식이 감각적 지각에 의존하지 않는다고까지 말함으로써, 포퍼는 그것이 결국 비실질적(irreal)·이법적 존재일 수밖에 없다는 우리의 이 비판적 견해를 더욱 뒷받침해 주고 있다.

요약하면, 포퍼로서는 '세계 3'을 그의 말대로 인간의 정신적 활동의 산물로 구성되는 독자적 세계로 수용한다면, 객관적인 과학적 지식의 대상이 되는 세계는 이와는 별도로 설정해야 자가당착에서 벗어날 것이다. 즉 후자는—하르트만이 '이법적 존재'라고 부른—시공을 벗어나는 별도의 세계로 설정하는 것이 더 정합적이라고 생각된다. 인간의 정신적 활동의 산물이 '객관성'을 가짐은 사실이지만, 이는 학적 진리의 보편 타당성을 정초하는 '보편성'의 근거가 될 만큼 필연성을 지니는 것은 아니기 때문이다.

3) '이법적 존재'의 문제

포퍼의 '세계 3' 개념을 비판해 그것이 포함하고 있는 두 가지 이질적 존재 영역을 이렇게 구분하고 나면, 문제로 남는 것은 실질적 세계를 벗어나 즉자적으로 존립하는 것으로 설정되는 이른바 '이법적 존재'(ideales Sein)를 존재론적으로 어떻게 처리하느냐 하는 것이다. 즉 첫째, 그것에 대한 객관적 인식 가능성을 어떻게 확보하느냐 하는 문제와, 둘째, 그것이 세계 전체 안에서 어떤 위상을 차지하느냐라는 문제에 대해 답해야 하는 과제가 남는 것이다. 첫째 문제가 인식론적·방법론적 문제라면, 둘째 문제는 존재론적 핵심 문제로서 그 '이법적 존재'가 '실질적 존재'와 어떻게 관계 맺고 있느냐 하는 전통적 문제인 것이다. 그리고 이 문제에 대해 답변할 책임은 이를 명백히 독자적 존재 영역으로 제시한 하르트만에게 불가피하게 주어지는 셈이다.

하르트만이 이 '이법적 존재'(ideales Sein)를 (경험론자들이 흔히 생각하듯이) 사유의 관념적 산물(ideas)이 아니라 즉자적 실재(Ansichsein)라고 주장하는 데 동원하는 논거에는, 앞서 언급했듯이 크게 두 가지가 있다. 되풀이하면, 하나는 그것에 대한 인식에 정오(正誤)가 있으며 나아가 잘못된 인식에 대한 교정(矯正)이 있다는 사실, 다른 하나는 이 첫째 입론의 근거가 되기도 하는데, 그것이 강제력을 갖고 인간의 정신 활동에 저항한다는 사실이다. 수학적 원리를 비롯해 모든 이법적 존재는 비록 그것이 인간 정신의 사유 활동에 의해 발견되고 인식되는 것은 사실이지만, 그 내용 자체는 인간 정신의 그 어떤 활동에 의해서도 변경되거나 변질되지 않는 것임에 틀림없다.

'존재'란, 그것에 대해 인식 주관의 감각적 지각이든 오성적 사유이든 아무런 영향을 끼치지 못하는 바로 그것이다. '존재'를 이렇게 확정한다면 이법적 존재가 존재임에는 틀림없다. 하르트만의 존재론적 사유는 여기까지 아주 건실해 보인다. 그러나 바로 이 대목에서 하르트만은 두 가지 근본적인 철학적 문제에 부딪힌다. 하나는 이러한 이법적 존재와 실질적 존재가 통합되어 통일적 세계를 이루는 것에 대해 설명해야 하는 존재론적 과제이고, 다른 하나는 이 이법적 존재에 대한 보편 타당한 인식의 성립을 정초해야 하는 인식론적 과제이다.

먼저 인식론적 문제부터 보도록 하자.[55] 앞에서도 논의했듯이, '이법적' 존재는 감각적 지각의 대상이 아니다. 그리하여 그것을 인식하고 확정하는 인간의 인식론적 기능에는 '객관적으로 실증'되는 감각적 지각 능력을 주역으로 포함할 수 없다. 그리하여 이와는 다른 기능, 즉 지적 직관의 기능을 그 주역으로 인정할 수밖에 없다면 여기에 방법론적인 어려운 문제가 제기된다. 즉 이 지적 직관은 '객관적으로 실증'되지 않는 것으로 주관마다 서로 다른 것을 그 직관 내용으로 제시할 수 있으며, 이때 이들의 편차 내지 불합치를 정리해 줄 수 있는 제3의 능력이 인간 정신에는 따로 없다는 점이 문제이다.

플라톤 이래의 이 해묵은 문제에 대해 하르트만이 어떤 획기적인 새로운 빛을 던져 주고 있는 것 같지는 않다. 그는 기본적으로 인간 정신의 이성적 사유 능력에 대한 전통적인 낙관적 태도를 견지하고 있는 듯하다. 다만 그가 이 지적 직관의 '객관성'을 입증해 주는 간접 통로로 제시하는 것은 한 가지가 있다. 감각적 지각을 토대로 하는 인식과 합치하는지 여부를 검토하는 길이 그것이다. 감각적 경험을 통해 확인할 때, 지적 직관은 객관적으로 정당화될 수 있다는 것이다. 다행히 인간의 인식에는 선천적인 것과 후천적인 것이 있는데, 그 두 길을 통해 얻은 인식이 합치한다면 그런 한에서 그 인식 내용은 타당한 것으로 볼 수 있다는 것이다.[56]

물론 그는 전통적으로 수용되어 온 '존재와 이성의 합치'(adequatio

---

55 이법적 대상의 인식에 관한 상세한 이론은 N. Hartmann, *Grundzüge einer Metaphysik der Erkenntnis*, Berlin 1965(1921)〔=MdE〕, pp. 61~63, Kap.을 참조할 것. 다만 여기에서는 그 기조만을 언급한다.

56 궁극적으로 인식론적 불가지론(不可知論, Agnotizismus)을 수용하는 하르트만은 이 점에 있어 포퍼의 이른바 '반증 이론'(反證理論, Theory of Falcification)과 발상의 근본이 같다고 생각된다.

intellectus et rei)라는 명제에 '부분적'이라는 단서를 붙임으로써 독단적인 인식론적 완전주의를 경계하고 있다. 그러나 부분적으로나마 존재의 원리(존재 범주)에 합치하는 '인식의 원리'(인식 범주)가 있다는 사실을 직관적으로 받아들임으로써, 가능한 자연주의적 경험론의 공격을 단적으로 우회하는 길을 택하고 있다고 본다. 이런 점에서 그의 이론은 방법론적 관점에서 볼 때 적극성을 띤다고 보기 어렵다. 물론 그는 당대 등장했던 현상학적 방법에 대해 긍정적 평가를 함으로써 이른바 '현상 기술-문제 분석-이론 구성'(Phänomenologie-Aporetik-Theorien-bildung)이라는 탐구 과정을 유한한 인간 지성이 취할 수 있는 최선의 길임을 조심스럽게 제시하는데, 이만큼은 그의 방법론적 의식이 진지함을 말해 주는 것이라고 본다.

이법적 존재의 인식에 관한 것보다도 더 근원적인 문제는 이 이법적 존재와 실질적 존재의 통합에 관한 존재론적 해명에 있다. 이법적 존재에 관한 하르트만의 상론 가운데 우리의 논의와 관련해 주목할 만한 명제는 주로 다음 세 가지라고 생각한다.

1) 이법적 존재는 인식 작용 자체로부터 독립해 즉자적으로 실재한다. 즉 이법적 존재는 그 존재 방식의 특이성 때문에 감각적 지각이 아닌 오성적 사유에 의해 인식되므로 사유의 추상물로 오인(誤認)되기 쉬우나, 그런 것이 아니고 그 자체로 존재하는 실재이다.[57]

2) 같은 이법적 존재라도 실질적 존재와의 관계에 있어 '자유로운' 것과 '부착적인'(anhangende) 것으로 구별되어 보이기도 하지만, 이 구별은 실은 그것이 인식되는 방식에 따라 이루어진다. 즉 실질적 존재의 매개 없이 직접 인식될 수 있는 수학적 존재, 논리적 법칙, 가치 등은 '자유로운'(frei) 이법적 존재요, 실질적 존재를 통해서만 인식되는 사물의 본질은 '부착적인' 이법적 존재이다.[58]

---

57 GdO, p. 42, Kap. 참조.
58 MdE, p. 62, Kap. pp. 481 이하 및 GdO, p. 46, Kap. c 참조.

3) 인식되는 방식뿐만 아니라 그것이 실질적 존재와 결합되는 방식에도 그 '결정력'에 있어 차이가 있다. 이를테면 '가치'는 인간 정신의 활동에 의해 비로소 실질적 존재에 구현되는, '덜 강제적인' 이법성을 갖는다는 점에서 특이하다.[59]

그러나 이들 명제는 이법적 존재가 실질적 존재와 어떻게 '하나의' 세계로 통합되어 있는지를 설명해 주는 것은 아니다. 하르트만 자신이 강조하듯이, "세계는 하나이고 …… 존재 영역은 서로 분리될 수 없는"[60] 것들인데, 존재 방식이 전혀 다른 이 두 존재 영역은 서로 무관하면서도(indifferent) 어떻게 하나의 세계로 통합되어(verbunden) 있을까? 존재 영역을 둘로 설정하는 한, 이 문제는 그저 하나의 '근본 현상'(Grundphänomen)으로 받아들여 더 이상 문제 삼지 않거나 ── 결국 같은 말이지만 ── 하나의 아포리아로 남겨놓을 수밖에 없다고 본다. 하르트만이 안게 되는 이 난점을 확인함으로써 우리는, 포퍼가 다른 난점에도 불구하고 이 이법적 존재를 '세계 1'과 '세계 2'로부터 진화해 나온 또 하나의 동질적인 실질적 세계인 '세계 3'에 귀속시키고자 한 이유가 어디에 있었는지 명료히 알 수 있다.

7. 존재론적 탐구의 길

1) 존재론적─인식론적 순환 구조

주관의 개입 없이 세계 그 자체를 있는 그대로 밝히는 것이 존재론의 과제라고는 하지만 과연 그것이 가능한지, 가능하다면 어디까지 가능한지, 그리고 그렇게 밝혀진 세계 그 자체라는 것이 진정 세계의 참모습인지 아닌지 등의 문제가 우리에게는 남는다. 그리고 이러한 문제를 다

---

59 GdO, p. 49, Kap. 참조.
60 GdO, p. 279.

시 검토하기 위해서는 그렇게 세계의 존재를 탐구하는 인식 주관의 탐구 자체를 검토하는 일이 요구된다. 이는 곧 인식론적 문제로서, 여기서 우리는 세계에 관한 존재론적 탐구에도 이미 인식론적 문제가 개입되어 있음을 보게 된다. 이 관점을 더 강화한다면 인간의 인식 능력 및 그 활동에 대해 인식론적 탐구 성과가 먼저 주어져야만 존재론적 탐구도 그 튼튼한 기초를 얻는다고 말할 수 있다. 인식론이 존재론에 선행한다는 것이다.

과연 그런가? 세계를 그 전체에 있어, 그 근본 원리에 관해 구명하고자 하는 존재론적 탐구도 종국적으로는 인간의 삶에 그 시원을 갖는다는 각성에서부터 우리는 출발했다. 따라서 존재론도 인간을 알기 위해, 인간의 세계 안에서의 위상과 인간 삶의 의미와 목적과 방향을 알기 위해, 그리고 인간의 숙명과 한계에 관해 알기 위해 시작된 일이었다. 따라서 세계와 인간에 관한 이러한 존재론적 탐구의 성과가 토대로서 주어져야만, 그 위에서 인간의 실천적 행위의 규범적 원리에 관한 윤리학적 탐구도, 인간의 지적인 사유 능력 및 인식 능력에 대한 인식론적 탐구도 가능하다고 볼 수 있다. 인식 활동도 인간과 세계 사이의 일종의 존재 연관이므로 이런 존재론적인 관점이 타당함을 부인하기는 어렵다. 존재론이 인식론에 선행한다는 것이다.

여기서 우리는 존재론적 탐구와 인식론적 탐구가 서로 꼬리를 물고 얽혀 있음을 보게 된다. 논리적으로 볼 때, 이는 가히 존재론적-인식론적 선결 문제 요구의 순환 구조라 할 수 있다. 그러나 이러한 논리적 난국 때문에 탐구 자체가 정지될 수는 없는 일이요, 더욱이 불가능하다고 할 수는 없는 일이다. 어떤 관점에서든 탐구는 수행되어야 한다. 인식론을 우선시할 수도, 존재론을 우선시할 수도 있다. 문제는 어느 관점을 택하든 간에, 순서에 상관없이 이 탐구 과정 전체를 수행하지 않은 채 중도에 머물러 다른 관점을 비판하려는 데에 있다고 본다. 문제 연관 전체를 탐구한다면, 존재론적-인식론적 순환 구조가 되었든 인식론적-존재론적 순환 구조가 되었든 간에, 그 우선순위에 상관없이 사태는 밝혀질 것이요,

이를 토대로 형이상학적 문제를 다루는 데에 기초적 기여를 할 것이다.

2) 미시 존재론과 거시 존재론

존재론적 탐구는 그 구체적인 탐구 내용을 두고 볼 때 크게 두 부문으로 구분한다. 형식적 존재론과 실질적 존재론이 그것이다. 존재 탐구의 과정에서 보편적으로 등장하는 존재 일반의 근본적인 문제를 논리적·개념적·의미론적 차원에서 분석하고 석명(釋明)하는 작업이 전자라면, 다양하게 현상하는 세계의 실질적 존재 내용을 어떤 원리에 따라 일관되게 그리고 정합적으로 설명해 내는 작업은 후자라 하겠다. 존재와 무, 존재와 변화(혹은 생성), 실재와 현상, 본질과 현존, 보편자와 개체, 실체와 속성, 현실성-필연성-가능성 등의 개념 쌍들로 표현되는 존재 일반의 근본 구조에 대한 논구가 전자의 주요 내용이 될 것이다. 아울러 물질과 생명, 그리고 심성과 정신으로 드러나는 세계의 실질적 존재 내용을 두고 이들을 다양하게 통합·환원함으로써 제시되는 세계상을 정립(물질주의, 정신주의, 생명주의, 심령주의 등의 일원주의적 세계상을 제시하거나 물질-정신의 실체성을 공히 인정하는 이원주의 혹은 모든 사물의 실체성을 주장하는 다원론 등)하고 나아가 이를 토대로 자연과 문화의 관계, 자연 속에서의 인간의 위상 등을 주장하려는 논구가 후자에 속한다고 할 수 있다. 존재론적 탐구가 스스로 어느 수위(水位)에 자리 잡고 어떤 작업을 자임하느냐에 따라 이러한 구별이 가능할 것이다.

특히 후자, 즉 실질적 존재론에 있어 세계 전체에 관한 세계상의 정립에 몰두하는 존재론이 있다면, 이는 분명 우리가 앞에서 경계의 대상으로 언급했던 '형이상학적' 존재론이 되기 쉬울 것이다. 이와는 달리, 총체적인 세계상의 제시는 단념한 채 다만 세계의 부분에 관한 과학적 탐구의 방법을 제시하거나 그것을 정당화하는 작업을 하는 존재론이 있다면, 이는 '과학적 존재론'이라 부름 직한 존재론이 될 것이다. 참된 존재론은 과학적 탐구 성과를 전폭 참조하되 거기 머무르지 않고 세계 전체에 관해 그 근본 원리를 밝히고 이를 기초로 통일적이고도 총체적인 세계상의 모색으로 나아가는 길을 밟아가야 할 것이다. 과학을 넘어서되 섣부른 사변에 빠지지 않는 세계 파악이 존재론의 정도이기 때문이다.

형식적 존재론의 부문에서도 존재론적 탐구를 모든 문제군(群)에 걸쳐 유기적으로 수행한다면, 이는 그중 어느 한 문제에만 국한해 탐구하는 것과는 크게 다를 것이다. 이를 각각 거시 존재론과 미시 존재론이라 지칭해 본다면, 이 구분은 실질적 존재론에서도 형이상학적 존재론과 과학적 존재론의 구분에 대응할 수 있을 것이다.

4. 플라톤과 전쟁

―소은의 강연을 중심으로[1]

강상진

0. 3세대 연구자

내가 박홍규 선생을 처음 뵈었던 것은 1987년 6월 대학원의 첫 학기를 마칠 무렵 그의 자택에서 열린 「방황하는 원인」 강의를 수강하러 갔을 때였다. 그리 넓지 않았던 자택 거실에는 같이 수업을 듣는 석·박사 과정의 선배뿐만 아니라 지방의 대학에서 교수직을 수행하면서 박사 과정을 밟고 있어 평소에 뵙기 어려웠던 선배들, 고대 철학을 가르치고 있는 현직 교수들이 모두 모여 한 학기에 한 번씩 치르는 큰 행사 같은 분위기였던 것으로 기억한다. 3시간 남짓 진행된 강의가 끝난 후 귀갓길에 소감을 묻는 한 선배에게 망치로 맞은 것 같은 기분이 든다고 했더니,

---

1 이 글은 2020년 9월 『서양고전학연구』 제59권 제2호에 게재된 「플라톤과 전쟁: 전쟁에 대한 형이상학적 논의」라는 제목의 논문을 문집 성격에 맞게 불필요한 각주나 참고문헌은 덜어내고 논문에서 미처 하지 못했던 말을 조금 덧붙이는 방식으로 고친 것이다.

다른 수업 한 학기 수강보다 이 강의 3시간의 임팩트가 더 크다는 답변을 들었다. 강의를 듣다가 깨닫게 된 윤회와 부활의 차이는 지금까지 논리적으로는 양립 불가능하지만 반성 없이 마음속에서는 함께 가는 예로 동원되곤 한다.

얼마 지나지 않아 고대 철학을 전공하는 대학원생들은 강의 하나에 해당하는 카세트테이프 세트를 맡아 필사하는 작업을 시작했다. 연필로 먼저 들리는 말들을 노트에 써둔 다음, 테이프를 여러 차례 돌리면서 그리스어를 말씀하신 것이라 가정하고 들어보고, 안 되면 라틴어, 또 안 되면 독일어를 말씀하신 것이라 가정하고 들어보는 방식으로 필사를 했더랬다. 그렇게 겨우 완성이 되었다 싶으면 노트에 정서해 카세트테이프와 같이 제출했던 기억이 난다. 한참 후에 이른바 디지털화가 진행되어 컴퓨터상에서 여러 사람이 동시에 들으면서 작업 속도가 빨라졌다는 말을 들었다.

세월이 더 흘러 테이프에 저장된 육성을 필사하던 대학원생은 3세대 연구자로 박홍규 철학을 연구하기 시작했고, 직접 들었던 강연 중 「플라톤과 전쟁」을 주제로 글을 쓰게 되었다. 강연을 들을 당시에는 미처 깨닫지 못했던 통찰의 깊이와 차원을 이제 어느 정도 남들에게 말해 줄 수 있는 지경에 이른 것 같다. 대학원생 시절, 그리고 그 이후로도 한동안 가장 어려웠던 사안 중 하나는 박홍규 철학에 무언가 대단한 것이 있다는 느낌은 있으되, 다른 사람들도 이해할 수 있도록 말로 정리할 수 없었다는 것이었는데 연구를 진행하면서 조금씩 길이 보이는 것 같았다. 연구를 진행하면서 전쟁에 관한 기존 논의에서 빠진 것이 무엇이었는지, 박홍규 식 접근의 고유한 면모가 무엇인지를 조금씩 알아가는 기분이다. 전쟁을 경험하지 못한 3세대 학자로서 큰 전쟁을 두 차례나 체험한 1세대 학자의 플라톤 연구가 어떻게 전쟁이라는 주제를 소화해 내는지에 큰 감명을 받았다는 점을 미리 말해 두고 싶다. 전쟁의 경험 속에서 이전에 공부한 내용이 힘을 잃는 철학도 있었으나, 전쟁을 형이상학적으로 사유하는 방식으로 소화하는 것이 플라톤 철학 혹은 박홍규 철학의 독특하고도 고유한 면모로 보인다.

1. 들어가는 말

플라톤 철학, 보다 넓게는 그리스 문명 전체에 전쟁의 짙은 그림자가 깔려 있다는 관찰은 아주 많은 연구자는 아니라 하더라도 이 분야의 연구자들에게 일단 출발점으로 삼을 만한 단초라 할 수 있다. "전쟁은 모든 것의 아버지"[2]라는 헤라클레이토스(Heracleitos)의 말을 거론하지 않더라도 그리스 문명의 정체성을 형성하는 사건이 마라톤 평야의 전투(기원전 490)나 살라미스 해전(기원전 80)과 같은 페르시아 전쟁이라는 점, 서양 최초의 서사시로 평가받는 『일리아스』와 『오디세이아』가 트로이 전쟁을 소재로 무수히 많은 전투와 거기에 얽힌 신과 인간의 이야기를 다루고 있다는 점은 그런 출발점을 지지할 만한 사실이다. 플라톤 자신도 펠레폰네소스 전쟁의 여파에 직간접적으로 연루되었던바, 그가 성장한 문명적 배경이나 그가 속한 아테네의 국제정치적 환경을 배경으로 놓으면 전쟁 주제가 직접적인 사유의 대상은 아니라 할지라도 적어도 간접적인 방식으로 그의 철학체계에 영향력을 행사했을 가능성은 충분히 개연적이다.[3]

연구자들은 이런 관점에서 전쟁 주제가 플라톤 철학에서 소화되는 방식에 주목해 왔다. 소크라테스 식의 전몰자 추도 연설이 주제라 할 수 있을 『메넥세노스』,[4] 전쟁과 평화에 관련된 일을 조언하는 정치 지도자로서 나아가기 전에 자신을 돌보는 법을 배워야 한다는 얘기를 통해 정치적 앎과 철학적 앎의 관계를 다루는 『알키비아데스』, 수호자 계급, 전쟁

---

2 DK22B53; 김인곤 외, 『소크라테스 이전 철학자들의 단편 선집』, 아카넷 2005, 249쪽.
3 박홍규, 「앎의 개념」, 『형이상학 강의 1』(박홍규 전집 2), 민음사 1995, 325쪽 참조.
4 플라톤, 이정호 옮김, 「작품해설」, 『메넥세노스』, 이제이북스 2008.

의 기원[5]에 관한 논의를 담고 있는『국가』,[6] 선포되지 않은 전쟁[7]에 관한 언급을 담고 있는『법률』등에 이르기까지 대화편 곳곳에서 다양한 방식으로 전쟁에 관한 언급이 등장한다. 연구자들은 보통 플라톤의 정의론을 출발점 삼아 전쟁에 관한 그의 사유를 추적하는 방법을 사용하곤 하는데, 이런 문제의식에서는 대체로 다음과 같은 연구 주제[8]가 등장한다.

1) 플라톤의 정의론은 국제정치적 맥락 속에서 일관성 있게 적용할 수 있는가?
2) 전쟁의 기원에 관한 플라톤의 생각은 무엇이었으며, 그러한 기원의 분석으로부터 유추할 수 있는 취급 방식은 무엇인가?
3) 플라톤 철학으로부터 전쟁의 정당화가 가능한가, 가능하다면 이른 바 정의로운 전쟁 이론(just war theory)의 단초라고 부를 만한 이론

---

5 *Rep.* 373d7-e7: "우리가 목축하고 경작하기에 넉넉한 땅을 가지려 할 경우에는 우리로서는 이웃 나라 사람들의 땅을 일부분 떼어내야만 되겠고, 다시 그들은 그들대로 만약에 그들 역시 필요불가결한 것들의 한도를 벗어나, 재화의 끝없는 소유에 자신들을 내맡겨 버리게 될 때는, 역시 우리 땅을 떼어 가져야만 되지 않겠는가? …… 그다음에는 우리가 전쟁을 하게 되겠지. …… 전쟁이 나쁜 결과를 빚는지 아니면 좋은 결과를 빚는지에 대해서는 아직은 우리가 아무 말도 하지 않도록 하세나만, 이 정도만큼은 즉 우리가 전쟁의 기원 또한 발견했다는 것은 말해 두도록 하세나"(플라톤, 박종현 역주, 『국가·政體』, 서광사 1997, 157쪽). 이 대목에 대한 토론으로 다음을 참조. 서영식, 「플라톤의 전쟁론」, 『동서철학연구』, 한국동서철학회 2015, 350쪽; 박성우, 「플라톤의 〈국가〉에 나타난 국제정치사상: 정의의 국제정치적 확장가능성」, 『세계정치』 25, 2016, 96쪽.
6 수호자 계급의 존재 자체가 다른 폴리스의 침략 가능성과 같은 국제정치적 상황을 고려하지 않고서는 설명될 수 없다는 지적은 박성우의 글(2016)에 빚진 것이다.
7 *Nomoi* 626a2-b4: "대다수의 사람들이 평화라 일컫는 것, 그것은 이름일 뿐이지, 실제로는 모든 나라에 모든 나라를 상대로 한 선포되지 않은 전쟁이 늘 있는 게 자연스럽기 때문이죠. …… 실상 어느 나라가 전쟁을 이기지 못하게 될 경우에는, 그 밖의 것들은, 소유물들이든 하고 있는 일들이든, 그 어느 것도 전혀 이득이 되지 못하고, 패배자들의 좋은 것들은 모두가 전승자들의 것들로 된다고 해서죠"(플라톤, 박종현 역주, 『법률』, 서광사 2009, 64~65쪽).
8 지금까지 내가 접한 연구에 국한해 정리한 것이다. 후속 연구가 더 좋은 조망을 제공해 주기를 희망한다.

적 계기들이 발견되는가?

각각의 문제는 그 자체로 흥미 있는 주제들이고 그런 문제를 산출한 이론적 배경과 전제도 논의의 대상이 될 수 있겠지만, 지금 연구의 초점은 아니다. 이 연구의 관심은 플라톤이 대화편을 통해 명시적으로 제기한 전쟁에 관한 언급과 논의 배후에 있다고 가정할 만한 사유가 무엇인지에 관한 탐구이다. 이 탐구는 내가 아는 한 박홍규 선생의 1990년 6월의 강의 「플라톤과 전쟁」에서 시도되었다. 강의를 처음 접했을 때의 생경함, 깊이를 알 수 없는 통찰이 감지되지만 말로 정리할 수 없었던 안타까움은 이 연구를 수행하면서 조금씩 숨이 트이기 시작했다. 이 연구는 플라톤과 전쟁이라는 주제 전체에 관한 어떤 내용적 기여를 의도하지 않는다. 다만 아주 멀리 떨어져 있어 기존의 연구 관점이나 주제와 연결점을 찾기 어려웠던 박홍규 선생의 이 주제에 관한 이해에 연구사[9]에서의 위치를 잡아주는 일, 그리고 기존 연구와의 접점 내지 근본적 차이점[10]을

---

9 국제정치의 관점에서 전쟁에 관한 사유와 이론을 다루는 작품으로 역사적 접근은 Th. Pangle and P. J. Ahrensdorf, *Justice among nations. On the Moral basis of power and peace*, Lawrence: University Press of Cansas 1999를, 체계적 접근은 케네스 월츠, 정성훈 옮김, 『인간, 국가, 전쟁』, 아카넷 2007을 추천한다. 지금까지 공부한 바에 따르면, 박홍규 선생의 사유는 20세기의 영향력 있는 현실주의자, Hans Joachim Morgenthau, *Scientific Man Versus Power Politics*, London: Latimer House Ltd. 1947(한스 모겐소, 김태현 옮김, 『과학적 인간과 권력 정치』, 나남출판 2010)의 입장과 친연적이다. 소은 선생은 강연(박홍규, 「무제」, 『형이상학 강의 2』(박홍규 전집 3), 민음사 2004, 411쪽)에서 독일의 경제학자 프리드리히 고틀(Friedrich Gottl, 1868~1958)을 언급하는데, 그는 1904년 독일에서 태어난 유대인으로 나치 정권을 피해 1937년 미국으로 건너간 모겐소의 분석과 비판에 대해 친연성을 보이는 것은 추후 연구를 통해 확인할 만한 사항으로 보인다. 모겐소에 대해서는 Th. Pangle and P. J. Ahrensdorf, 앞의 책, 1999, pp. 218~38을, 고틀에 대해서는 2001년 간행된 일본인 학자의 연구서(Morikawa, *Handeln, Welt und Wissenschaft: Zur Logik, Erkenntniskritik und Wissenschaftstheorie für Kulturwissenschaften bei Friedrich Gottl und Max Weber*, Wiesbaden: Deutscher Universitätsverlag 2001)를 통해 확인할 수 있었다. 아마도 연구서 서론에서 언급되는 일본 학자 가운데 한 명이 '고토르'에게 배워 박홍규를 가르쳤던 교수였거나 그에게 배웠던 사람이었을 가능성이 있다.

지적함으로써 접근 불가능한 섬 같았던 사유에 다가갈 수 있는 몇 가지 다리를 놓는 시도를 할 것이다. 나는 일단 소은 선생의 이해를 일차적으로 전쟁에 관한 '형이상학적' 논의로 일컫는 것이 적당하다고 판단한다. 전쟁은 도덕적 관점에서 혹은 종교적 관점에서 접근할 수도 있고 국제 정치를 포함하는 정치적 관점 또는 법적 관점에서 접근할 수도 있겠지만, 생물학적 몸의 필연성과 최고의 탁월성을 지향하는 영혼의 자발적 운동이라는 구도에서 접근하는 그의 전쟁 이해는 일단 '형이상학'적이라고 해야 마땅할 것이다. 이 과정에서 박홍규 철학을 특징짓는 '형이상학'의 의미가 구체적 적용 사례를 통해 보다 정확히 이해될 수 있기를 희망한다. 운이 좋다면 이 과정에서 주제에 관한 향후 연구가 주목해야 할 몇 가지 하위 연구 주제들을 발굴할 수도 있을 것이고, 더 운이 좋다면 플라톤과 20세기 한국의 플라톤 연구자 사이의 미묘한 거리도 발견할 수 있을 것이다.

논의는 이렇게 진행된다. 먼저 (2.1) 전쟁이라는 위기가 플라톤에서 어떻게 이해되고 있는지, 어떤 주제들과 연결되는지 살핀 후에, (2.2) 신체라는 구제책의 관점에서 개인과 국가, 사회적 정의의 주제가 어떻게 동원되는지 고찰하고, (2.3) 영혼이라는 구제책의 관점에서 전쟁의 위기가 소화되는 방식을 탐구할 것이다. 이어서 (2.4) 이러한 이해의 함의를 음미한 후 결론부에서 남는 문제와 논문의 한계, 향후 연구해야 할 과제를 밝힐 것이다.

---

10 플라톤 정치철학에 대한 존재론적 분석에 대한 평가로는 이정호, 「박홍규의 존재론적 사유에 담긴 플라톤의 정치철학」, 이태수 외, 『박홍규 형이상학의 세계』, 도서출판 길 2015, 154~55쪽 참조.

2. 몸 말

전쟁의 이미지[11]는 워낙 강렬하고 광범위하게 쓰이는 것이기에 미리 이야기해 두지 않으면 논의에 혼란을 불러일으킬 수 있을 것이다. 토머스 홉스(Thomas Hobbes)가 자연 상태의 개인을 묘사하면서 썼던 '만인의 만인에 대한 전쟁'(war of all against all) 같이 깊게 각인되는 말이나 '범죄와의 전쟁' 혹은 '전쟁과의 전쟁'[12] 같은 말은 전쟁에 동반되는 이미지 중 전면전 혹은 총력전(total war) 같이 모든 것을 거는 성격[13]으로부터 유래했다고 이해할 수 있겠지만, 지금의 논의에서는 전쟁을 국가 (혹은 국가에 준하는 정치 공동체) 간의 분쟁 해결의 최후 수단으로 동원되는 무장 충돌로 이해하고[14] 이에 국한해 논의를 전개하고자 한다. 고유한 의미에서의 전쟁 수행의 주체가 국가일 수밖에 없는 이유는 논의를 통해 차차 밝혀질 것이다.

2.1 전쟁과 허무주의

소은 선생에 따르면, 플라톤은 전쟁을 근본적으로 현존을 확보하려는 생물의 본성에 기인[15]하는 것으로 본다. "고대 사회에서 역사적인 존재

---

11 유발 하라리, 김희주 옮김, 『극한의 경험』, 옥당 2017, 475쪽. "전쟁과 진실의 연관성이 근대 후기 서양 문화의 깊은 곳으로 거듭거듭 주입되었다. 근대 후기 전쟁의 거대 서사는 모두, 인간이 나약해서 감히 진리와 대면할 엄두를 내지 못하지만 전쟁이 영원한 진리를 드러낸다는 데 동의한다."

12 케네스 월츠, 앞의 책, 2007, 160쪽.

13 카를 폰 클라우제비츠(Karl von Clausewitz)의 전쟁론에서 강조되는 '무제한성' 개념에 대해서는 마이클 월저, 권영근 외 옮김, 『마르스의 두 얼굴: 정당한 전쟁·부당한 전쟁』, 연경문화사 2007, 98쪽 참조.

14 박홍규 선생 자신도 전쟁의 넓은 외연에 대해 인정하기도 한다. "지금은 총 가지고 안 싸운다 뿐이지 경제 전쟁, 무역 전쟁, 두뇌 전쟁, 이데올로기 전쟁 등 많잖아"(박홍규, 「고별 강연 검토(I)」, 『형이상학 강의 1』(박홍규 전집 2), 민음사 1995, 371~72쪽).

15 박홍규, 「플라톤과 전쟁」, 『형이상학 강의 2』(박홍규 전집 3), 민음사 2004, 172쪽; 박홍규, 「플라톤과 허무주의 극복」, 『형이상학 강의 2』(박홍규 전집 3), 민음사 2004, 156~57쪽. 1990년의 「플라톤과 전쟁」 강연은 1989년 「플라톤과 허무주의 극복」의

로서의 자신들의 생존(existence)을 확보해 주는 가장 탁월한 방식"[16]으로서의 정복과 지배는 동시에 전쟁에서 승리한 나라마저 피할 수 없는 역기능을 가지고 있다. 소은 선생은 이 역기능을 '허무주의'[17]라는 개념으로 압축하는데, 개인에게는 삶과 죽음의 경계에서 원상회복이 불가능함을 마주했을 때 발생하는 전인적 위기로, 사회적 차원에서는 더 이상 지탱할 수 없는 법(nomos), 담보될 수 없는 인식적 토대의 위기 문제[18]로 정리한다.

존재와 무의 입장에서 보면 죽음이란 것이 무엇이냐? 아무리 잘한 사람이나 못한 사람이나 죽으면 모두 허무로 돌아간다는 것은 똑같은 것이며, 부정은 모든 것에 대해서 똑같아. 다 없어지고 죽어버리면 그만이야. 죽음은 모든 사람에 대해서 똑같아.[19]

소은 선생의 도쿄 유학 시절 태평양 전쟁과 문리대 교수 시절 한국전쟁의 체험이 가장 강하게 침윤하고 있는 이 실존적 위기는 그의 형이상학의 중심 주제인 존재와 무의 모순이라는 문제틀 속에 놓이면서 형이상학적 고찰[20]로 인도된다. 이 모순을 해결하는 두 가지 방식인 윤회와

연속 강연이다. 연속 강연의 성격에 보다 부응하는 방식으로 포괄적인 논의를 해야 하지만, 능력과 지면의 한계로 일단 1990년 강의에 집중하겠다.

16 박홍규, 「플라톤과 전쟁」, 『형이상학 강의 2』(박홍규 전집 3), 민음사 2004, 172쪽.

17 고르기아스 같은 완전한 허무주의는 보통 학문이 취급할 수 없고 오직 철학만이 취급할 수 있으며, 그런 한에서 철학이 가장 탁월한 지식이라는 설명이 강의 초반에 나온다. "다른 학문은 데이터가 있고 취급하는 사람이 있어야 하는데, 고르기아스는 처음부터 그런 것을 다 부정해. 아무것도 없다는 거야. 그러니까 완전한 허무주의는 보통 학문이 취급을 못해. 그러나 철학은 그런 문제도 다룬다, 그 말이야"(박홍규, 「플라톤과 전쟁」, 『형이상학 강의 2』(박홍규 전집 3), 민음사 2004, 169쪽). 전쟁과 허무주의의 연결에 대해서는 박홍규, 「플라톤과 허무주의 극복」, 『형이상학 강의 2』(박홍규 전집 3), 민음사 2004, 155~56쪽 참조.

18 박홍규, 「플라톤과 전쟁」, 『형이상학 강의 2』(박홍규 전집 3), 민음사 2004, 192쪽.

19 박홍규, 「플라톤과 전쟁」, 『형이상학 강의 2』(박홍규 전집 3), 민음사 2004, 189쪽.

20 박홍규 철학의 '형이상학'이 무엇인지에 대한 일반적인 설명은 최화, 『박홍규의 철

부활의 대비[21]는 다른 강연에서도 자주 언급되는 주제이나 지금은 자세히 논의하지 않겠다. 이 고찰은 또한 죽음의 문제를 합리적으로 취급 데 있어 한계가 어디인가에 관한 반성으로 이어지는데, 이것은 삶과 죽음의 경계가 한번 건너가면 다시는 원상으로 회복할 수 없는 단절의 세계라는 것과 관련이 있다. 이것은 다시 신앙과 학문의 경계라는 주제[22]로 이어진다.

원상복귀한다는 데 허무주의고 뭐고 없어. 그런데 그것이 학문의 세계에서 성립하나? 성립하지 않아. 그래서 그것은 신앙의 세계라는 거야 ……. 개인이 가지고 있는 허무주의가 플라톤의 그런 죽음의 문제에 만족하지 않는 사람은 기독교 신앙으로 가 …… 타자에 대비해서 보면 사물은 전부 분석되고 기능이 나누어져. 그런데 존재와 무의 관계에서 본 존재라는 것은 일자야. 분석이 안 돼. 나누어지지 않아. 사람도 나누어지지 않은 상태에서 전인적으로 어떤 위기에 빠졌을 때, 다시 말해 죽는다는 것은 그 사람의 일부분이 죽고 일부분이 사는 것은 아니잖아? 죽으면 다 죽지 ……. 전인적으로 그런 위기에 빠졌을 때 종교로 가는 거야.[23]

소은 선생이 '플라톤과 전쟁'이라는 주제로부터 끌어내는 소주제 하나하나를 그 맥락에 맞게 대화편 하나하나와 대조해 가면서 풍성하게 만드는 것은 일단 후속 연구를 기다려야 할 문제이다. 여기서는 먼저 몇 가지만 확인하면서 전쟁을 형이상학적으로 논의한다는 것이 무엇인지에 대한 대략적인 인상만을 확보하도록 시도할 것이다. 첫 번째는 전쟁

학』, 이화여자대학출판부 2011 참조.
21 박홍규, 「플라톤과 전쟁」, 『형이상학 강의 2』(박홍규 전집 3), 민음사 2004, 188~90쪽.
22 박홍규, 「플라톤과 허무주의 극복」, 『형이상학 강의 2』(박홍규 전집 3), 민음사 2004, 153쪽; 박홍규, 「『필레보스』 편 강의(I)」, 『플라톤 후기 철학 강의』(박홍규 전집 4), 민음사 2004, 227쪽; 박홍규, 「고르기아스의 비존재 강의 후 질문」, 『형이상학 강의 2』(박홍규 전집 3), 민음사 2004, 465쪽.
23 박홍규, 「플라톤과 전쟁」, 『형이상학 강의 2』(박홍규 전집 3), 민음사 2004, 190~91쪽.

의 역기능이 패전국뿐만 아니라 승전국[24]에도 적용되는 보편적인 것이라는 점이다. 전쟁에 관한 논의가 지는 것이 최악이라는 가정에서부터 어떻게 하면 이길 것인가, 계략과 속임수와 같은 것이 허용되는가, 예방적 선제공격이 가능한가 같은 정당화의 문제로 넘어가고 있다면 소은 선생의 이해는 역사적 존재의 현존을 보장하는 탁월한 방식의 이면에 전쟁 자체에 내재하고 있는 역기능의 문제에 집중한다. 이 역기능을 어떻게 소화하느냐에 따라 국가의 지속성이 결정된다는 것이다. 두 번째로 지적하고 싶은 것은 전쟁에서 가장 극명하게 드러나는 삶과 죽음의 문제가 허무주의 주제로 소화되고 있다는 점이다. 전쟁에서 직면하는 실존적이고 전인적인 위기를 생각하면 허무주의와의 연결이 어렵지 않아 보이지만, 진정으로 형이상학적인 것은 이 허무주의 주제로부터 플라톤 철학의 주요 모티프를 도출해 내고, 종교와 구별되는 학문적 한계 내의 해결책을 모색하는 대목이다. 여기서는 전쟁 주제로부터 어떻게 플라톤 철학 안에서 대화와 산파술 주제가 도출되는지만 간단히 언급하겠다. 평화시에는 관습과 법이 객관성을 가지고 있지만 이긴 군대든 진 군대든 내일이 없는 전쟁에서, 옆에 있던 사람이 내일이면 죽고, 나도 언제 죽을지 모르는[25] 전쟁 상황에서는 객관적인 것이 무너지고 인간의 능력과 힘을 조절해 주는 법이 그 기능을 수행할 수 없게 된다. 평화시에 가능하던 객관성이 없어질 때는 각자의 생각만, 즉 주관적인 견해(doxa)만 남게 되

---

24 승전국과 패전국의 차이점 혹은 일치점에 대해서는 다음을 참조. "아테네는 전쟁에서 이겼어. 요컨대 먹는 문제는 해결되었어. 플라톤을 읽으면 배고파 죽겠다는 사람들은 안 나와. 그러나 성서를 읽으면 기적을 일으켜 빵을 먹이고 고기를 먹였다는 이야기가 적지 않게 나오거든. 병들어 죽어가는 사람들을 살려내고 말이야. 성서에는 패전국의 아무런 희망 없는 사람, 약탈당하는 사람, 먹을 것 없고 병든 사람, 몸 파는 여자들이 나와. 희랍에서는 그런 것 없어. 그러니까 여기서는 법(nomos)만 설정하면 되지만 성서가 그리는 세계는 법이고 뭐고 없고, 법 이전의 세계야. 우선 먹고 나야 법이 생기지. 법이 완전히 없다는 거야. 물론 플라톤의 작품에서도 법이 필요한 것으로 묘사되고 있어. 그러니까 법이 없다는 점에서는 같아"(박홍규, 「앎의 개념」, 『형이상학 강의 1』(박홍규 전집 2), 민음사 1995, 316쪽).
25 박홍규, 「플라톤과 전쟁」, 『형이상학 강의 2』(박홍규 전집 3), 민음사 2004, 186쪽.

고, 주관적인 것만 있으니까, 토론하게 된다는 것이다. 플라톤에서 대화하고 토론하는 근거는 여기에 있다.[26] 산파술 역시 이러한 주관성의 상황에서 기인한다. 주관적인 견해만이 있는 상황에서는 신체에서 벗어난 영혼으로 가야 진리의 인식이 가능해지는데, 영혼 속의 고립된 자아가 될수록 다른 사람의 자아와 합치하는 점을 확보할 수 없게 된다. 산파술은 각자는 각자 나름대로 상기하고 자신 속에서 진리를 파악해야 할 뿐, 타인의 말을 그저 믿는 것으로는 되지 않는다는 것이다.[27]

법이 제기능을 하지 못하는 도덕적 허무주의, 주관성의 충돌 속에서 인식적 토대를 확보하기 어려운 위기 상황은 결국 개인의 내면에서 분열을 낳는다.

> 지금 개인 개인이 절반쯤 분열되어 있어. 완전히 분열된 것이 아니라, 절반쯤. 그 차원에서만이 대화가 성립해. 완전히 믿어버리면 대화할 필요가 없지. 그렇다고 해서 완전히 저 사람을 못 믿으면 또 대화가 성립하지 않아. 저 사람 견해를 내가 받아들이는데, 상기할 가능성이 있다, 그 말이야. 그럴 때만 대화가 성립해. 그런데 그렇게 내면적인 세계가 신체와 영혼으로 분리되어 있다는 것이 중요해. 전쟁의 시대에는 사회에서 개인이 분리될 뿐만 아니라, 인간 자신이 내면적으로 화해가 되어 있지 않아. 인간 내부에서 신체와 영혼의 기능이 화해되어 있는 것이 아니라, 속에서 분리되어서 싸워. 이것이 플라톤이 절실히 느낀 것이야.[28]

소은 선생은 전쟁이 초래한 전인적 위기가 사회적 차원에서만 분열을 낳는 것이 아니라 각 개인의 내면에서도 분열을 낳는다고 진단한다. 신체와 영혼의 기능이 화해되어 있지 않고 분리되어 싸운다는 것이다. 이

26 박홍규,「플라톤과 전쟁」,『형이상학 강의 2』(박홍규 전집 3), 민음사 2004, 192쪽.
27 박홍규,「플라톤과 전쟁」,『형이상학 강의 2』(박홍규 전집 3), 민음사 2004, 194쪽.
28 박홍규,「플라톤과 전쟁」,『형이상학 강의 2』(박홍규 전집 3), 민음사 2004, 194~95쪽.

새로운 관점은 우리에게 전쟁이 야기한 실존적 위기에 대해 두 차원, 즉 신체 차원과 영혼 차원에서 구제책이 가능하다는 사유로 인도한다.

2.2 신체라는 구제책

2.2.1 전쟁과 국가

소은 선생의 관찰에 따르면, 아테네 폴리스가 이러한 타격을 심하게 받은 것은 전쟁의 충격을 개인이 받아서 자기가 해소하는 것을 요구하는 민주 사회였다는 것[29]과 관련이 있다. 그런데 문제는 전쟁 수행의 주체는 역사 속에서 실존하는 집단이지 개인이 아니라는 데 있다. 집단 혹은 집단 구성원에게 준수를 요구하는 법은 개인적인 것이 아니라 사회의 객관적인 질서라 개인이 마음대로 할 수 있는 것이 아니라 오히려 그에 따를 뿐이다.[30] 집단이 하는 데서 나타나는 문제를 개인이 다 해소할 수 없다는 관찰이 전쟁과 관련된 개인의 실존적 위기와 충격 문제에 보호막(phylax)[31]으로서 국가가 등장하는 이유이다. 그러니까 국가는 역사적인 존재로서의 자신들의 생존을 확보해 주는 가장 탁월한 방식으로서의 전쟁을 수행하는 주체이면서 동시에 전쟁의 역기능으로부터 개인들을 보호해 주는 역할도 수행해야 한다.[32] 아마도 국가의 이러한 역할을

---

29 박홍규,「플라톤과 전쟁」,『형이상학 강의 2』(박홍규 전집 3), 민음사 2004, 201쪽.

30 박홍규,「플라톤과 전쟁」,『형이상학 강의 2』(박홍규 전집 3), 민음사 2004, 201쪽.

31 *Rep.* 463a-b: ⟨국민(demos)은 지배자를 뭐라고 말해야 합니까?⟩ 하고 물으니까, ⟨우리를 구제(sozein)해 주고, 보존해 주고, 보호해 주고 도와주는 사람이다⟩라고 말해. ⟨phylax(수호자)⟩, 보호자라고 말해. 국가는 국민을 보호해 주는 기구야." 박홍규,「플라톤과 전쟁」,『형이상학 강의 2』(박홍규 전집 3), 민음사 2004, 201~02쪽; 이정호,「박홍규의 존재론적 사유에 담긴 플라톤의 정치철학」, 이태수 외,『박홍규 형이상학의 세계』, 도서출판 길 2015, 129쪽.

32 미국에서 베트남 전쟁 참전 군인들의 '외상 후 스트레스 장애'(PTSD) 치료를 담당하던 한 정신과 의사는 베테랑의 전쟁 체험과 호메로스의『일리아스』에서 묘사되는 아킬레우스 사이의 유사성을 발견하고 충격을 받는다. 그의 결론은 베트남 참전용사 각자가 개인적으로 전쟁의 상처를 감내하게 만들 수는 없고 그들에게도 호메로스 같은 서사시 ─ 지금 문맥에 따라 해석하면 사회적 차원의 기제 ─ 가 필요하다는 것이다. J. Shay, *Achilles in Vietnam: Combat Trauma and the Undoing of Character*, New York

소은 선생 자신은 언급하지 않지만, 고전 정치철학 내에서 국가의 멸망이 생물학적 개인과 다른 의미를 부여받았던 이유인 것으로 보인다. 아우구스티누스(Augustinus)는 국가의 소멸이 '세상 전부가 망하고 무너지는 것'(omnis hic mundus intereat et concidat)에 흡사하다고 지적한다.[33]

그런데 이 보호막은 단순한 보호 이상의 의미와 기능을 가지고 있다. 그 안에서 인간의 정상적인 활동이 가능하며, 인간의 본성이 그 안에서 충분히 발현될 수 있는 것이어야 한다. 전쟁시에 자기 혼자 죽어야 하는 상황을 목도하면서 '개인의 확립'이 시작되고, 믿을 사람은 자기밖에 없어 사회에 묶여 있던 개인이 사회로부터 이탈할 가능성이 가장 높아지기도 하지만, 개인의 보호막으로서의 사회는 전쟁에서의 죽음에 의미를 부여하는 방식[34]으로 전쟁의 역기능을 소화하는 것으로 보인다.[35]

하지만 다른 한편으로 사회는 개인에게 일방적인 희생을 요구할 수 없는 것으로 보인다. 바로 사회의 구성원리인 정의 때문이다. 이제 이때 개

1995.

33 *De Civitate Dei* 22.6.2: 아우구스티누스, 성염 역주, 『신국론』, 분도출판사 2004, 2583-2585; Cicero, *De republica* 3.41도 참조. 관련된 토론은 J. E. G. Zetzel, "Natural Law and Poetic Justice: A Carneadean Debate in Cicero and Virgil", *Classical Philology* 91(4), 1996, p. 316 참조.

34 EN 제3권 제9장, 1117b7-15. 아리스토텔레스는 유덕한 사람일수록 전쟁에서 용기를 통해 희생되는 많은 좋은 것들의 가치를 알지만, 그럼에도 이 모든 좋은 것들 대신 고귀한 것을 선택할 것이라고 지적한다.

35 박홍규, 「플라톤과 전쟁」, 『형이상학 강의 2』(박홍규 전집 3), 민음사 2004, 204~05쪽. 실제 강연에서는 내 정리처럼 이 계기가 적극적으로 개진되지는 않는다. 나는 여기서 사회라는 보호막을 요구했던 이론적 계기와 사회의 성립 자체가 위험에 처하는 전쟁 상황 사이에 이론적 긴장을 감지한다. 현재로서는 전쟁에 관한 개인적 체험과 플라톤 식의 설명과 대비되는 기독교적 대안에 더 많은 무게를 두어 얘기하시는 바람에 적극적인 얘기는 상당히 약하게 드러난 것으로 이해하고 있다. '정상적인 때에도' 이기심만 있으면 사회가 성립할 수 없다는 지적을 하나의 증거로, 전쟁에서의 개인의 죽음이 사회를 위한 죽음이었다는 것으로 만족할 수 없는 기독교적 대안으로 가려면, 국가가 당신의 죽음은 헛된 것이 아니라는 방식의 해결책을 제시했다는 것을 전제해야 한다는 생각을 또 하나의 근거로 현재의 해석적 입장을 유지할 수 있을 것이라 판단한다.

진되는 정의의 성격이 무엇인지 살펴보면 플라톤적 해결책이 어떤 종류의 전제와 동행하고 있는지, 대안으로 제시되는 것과의 비교를 통해 더욱 분명하게 이해할 수 있다.

2.2.2 신체와 사회적 정의

소은 선생은 사회가 성립하려면 구성원들이 공동으로 다 같이 존재하기 위한 행동을 해야 한다고 지적한다. 이것은 물질적인 상호 부조(give and take)로 인해 가능해지는데 내일을 보장할 수 없는 전쟁에서는 온전히 성립하지 않는다.[36] 그럼에도 불구하고 이 토대가 개인의 보호막으로서의 사회의 핵심 원리인 것은 변하지 않는다. 받지 않고 주기만 하는 일 혹은 상대방의 배신에도 불구하고 또 믿어주는 일은 플라톤 입장에서 불공평한 일이며 정의에 어긋나는 일이다. 그런데 이 사회적 정의는 개인의 신체에 근거한 것이며 공통의 수량화된 시간과 공간을 전제하는 것이다.

정의라는 것은 인간의 행동을 수량적으로 계산할 수 있을 때 나와. 우리 인간이 신체적인 조건을 가지고 있을 때만. 우리 인간이 공통적인 수량화된 시간, 공간 속에 살 때만 계산할 수 있어. 법정에서 뭐라고 하느냐 하면, 〈어디서 이러이러한 행동을 했으니까 법이 정한 것에 의해서 감옥에 3년 살아라〉라고 해. 꼭 물질 취급하듯이. 〈너는 5년 살아라〉. 우리 마음속에 5년이 어디 있고, 10년이 어디 있어? 도덕심에는 10년이 어디 있고, 5년이 어디 있냔 말이야. 신체적인 입장에서 보니까 10년이고 5년이고 있지. 〈네가 어느 때 어디에 가 있었지 않았느냐〉 하는 것은 다 신체적인 알리바이 아니냔 말이야. 그렇게 되면 이제 조직 속으로 들어가. 거기서만 모든 사람들이 균형을 이뤄. 조화로워져. 그것이 정의란 말이야.[37]

36 박홍규, 「플라톤과 전쟁」, 『형이상학 강의 2』(박홍규 전집 3), 민음사 2004, 204~05쪽.
37 박홍규, 「플라톤과 전쟁」, 『형이상학 강의 2』(박홍규 전집 3), 민음사 2004, 205쪽.

사회를 구성하는 원리인 정의가 인간의 신체에 토대를 둔 것이라는 이
지적이 개인의 보호막으로서 전쟁의 역기능을 극복해야 하는 사회의 이
해에 어떤 도움을 주고 있는지는 아직 불분명하다. 평화시에는 잘 작동
하지만 전쟁 상황에서는 작동을 보장할 수 없는, 하지만 그래도 지켜야
하는 원리[38]라는 쪽으로 연결할 생각이셨는지, 아니면 더 이상 이런 방식
으로 신체적이지는 않은 정의를 토대로 구성되는 사회에서는 다른 해결
책이 있음을 강조하기 위함이셨는지 짐작하기 어렵다. 어쨌든 개인의 죽
음에 의미를 부여하는 사회와 그 사회를 구성하는 신체적 정의의 토대
는 다음과 같은 반론에 직면해 다른 대안으로 이어진다. 개인의 죽음은
그것이 끝이 아니라 인간의 생존이 회복될 수 있는 어떤 계기가 마련되
어야 의미를 가질 수 있다. 하지만 인간의 원상태의 회복은 실상 죽어야
했던 그 개인에게는 적어도 달성할 수 없는 것이라 학문에서는 이유가
없다는 것이다.

소은 선생은 여기서 지금까지 살펴왔던 플라톤적 해법과 다른 길을 가
는 대안을 기독교의 부활과 신앙에서 보고, 이 체계의 사회 구성원리가
플라톤의 사회적 정의와는 다른 것이라는 점을 강조하는 것으로 보인다.
'서로 믿고 상대방에게 주고 또 주고 해서' 성립하는 사회는 신체에 토
대를 둔 사회적 정의를 통해 개인의 죽음을 소화하지 않고 부활을 통해
소화한다는 점 말이다. 전쟁의 역기능을 소화하는 모델이 윤회와 부활로
나뉘었다면, 그 배후에 있는 정의와 사회 구성원리도 다르기 때문에 그
렇다는 분석으로 보인다. 인간의 사회적 소질과 본성에 근거한 사회는
신체적 토대를 가진 정의의 원칙에 따라 구성되지만, 사랑과 신앙에 근
거한 사회는 형이상학적으로 창조와 부활이라는 존재와 무의 단절에서

---

38 『국가』제1권의 노인 케팔로스는 신화에서처럼 이생에서의 부정의가 사후에 처벌되
는 것은 아닐까 하는 두려움으로 정의에 관한 논의를 시작한다. 만약 제10권의 윤회
에 관한 이야기가 이 신화적 판본의 영혼론적 혹은 우주론적 완성이라면 정의와 사
후 세계의 문제는 당대의 의심에도 불구하고 중요하게 작동하고 있다고 보아야 할 것
이다.

성립하고 일단 초월적 정의라 부를 수 있을, 아마도 더 이상 신체적이지 않은 정의를 통해 플라톤 입장에서는 불가능했을 죄인의 구원과 같은 일이 가능한 사회[39]일지도 모르겠다.

2.3 영혼이라는 구제책

2.3.1 고도의 역동성

나는 앞에서 전쟁이라는 위기가 개인과 사회의 분열뿐만 아니라 개인 안에서 영혼과 신체의 일정한 분리까지 낳는다는 지적을 소개했다. '전쟁과 광기'라고 이름 붙일 만한 대목에서 소은 선생은 역사의 종말을 동반하는 전쟁에서 과거의 평화적인 관습이 무너지기 때문에 거기서 벗어나 새로운 관습이나 법을 만드는 광란이 있기 마련[40]이라고 지적한다. 기독교에서는 존재와 무의 관계에서 순교라고 부르는, '이 세상에서 저 세상으로 가는 극도의 역동성'[41]이 있다는 것이다.

개인의 보호막으로 전쟁의 역기능을 극복하는 사회적이고 신체적인 차원에 비하자면, 이것은 영혼의 자발성에서 성립하는 고도의 노력에서 성립하는 차원이라 부를 만하다.

---

39 후반부는 물론 소은 선생이 명시적으로 말하지는 않았지만, 내가 논의를 위해 채워 넣은 추측이다. 이 모델을 계속 발전시키면 사회적 정의가 아니라 신적·섭리적 정의, 신체적 정의가 아니라 마음의 정의와 같은 것이 보다 강조되고 플라톤에서 국가가 수행한 역할이 사라지거나 급격히 축소될 것이라 전망한다. 아우구스티누스가 신국(civitas Dei)에서 완성된다고 생각했던 정의는 물론 그 전제로 지금 플라톤이 사유하고 있는 정의를 현실 세계에서 나름 기능하기는 하지만 불완전한 정의라고 생각한다. O. Höffe, "Positivismus plus Moralismus: zu Augustinus' eschatologischer Staatstheorie", Ch. Horn(ed.), *Augustinus, De civitate Dei*, Berlin: Akademie Verlag 1997, p. 269. 인간적 정의보다 높은 정의의 형태가 있다는 생각도 비슷한 관점에 서 있다. E. L. Fortin, "Justice as the Foundation of the Political Community: Augustine and his Pagan Models", Ch. Horn(ed.), *Augustinus, De civitate Dei*, Berlin: Akademie Verlag 1997, pp. 48~49.

40 박홍규, 「플라톤과 전쟁」, 『형이상학 강의 2』(박홍규 전집 3), 민음사 2004, 195~96쪽.

41 박홍규, 「플라톤과 전쟁」, 『형이상학 강의 2』(박홍규 전집 3), 민음사 2004, 196쪽.

분열된 자아 속에서 자기 자신의 영혼에 역기능하는 기능을 넘고 가려면, 동적인 입장에서 보면, 영혼은 고도의 노력이 필요해.『파이드로스』편에서 그것은 상승과 하강 같은 것으로 표현되어 있어. 그 분열을 극복하기 위해서는 고도의 에너지가 필요한데, 그것을 그 사람은 〈격동한다〉느니, 〈흔들린다〉느니 하는 말을 써 …… 그러니까 신체적인 기능을 모조리 넘어서려는 투쟁이지. 그런 신체적인 것은 〈mania〉, 즉 광기야. 광기를 두 개로 나눴어. 인간이 가지고 있는 병에 의해서 이루어지는 광기가 있고, 또 하나는 〈eis to ton nomimon〉, 즉 〈관습적인 것, 법적으로 확립된 것에서〉 벗어나기 위한, 또는 완전히 변화시키기 위한 관습이 있다는 거야……. 요컨대 관습적인 것, 사회의 객관적인 것을 넘어서기 위한 것, 혹은 완전히 변화시키기 위한 것이라는 거야. 그러면 형상(idea)의 세계, 진정한 세계에 도달한다는 얘기야.[42]

「플라톤과 전쟁」이라는 강연 안에서는 이러한 고도로 노력한 내용이 무엇인지에 대한 언급이 많지 않지만, 기술과 영혼의 자발성을 다루는 다른 강연에서 상당히 자세히 다루어지고 있다. 일단 향후 연구를 위한 이정표 정도로 작은 가능성 하나만 언급하고자 한다.『국가』제1권의 폴레마르코스(Polemarchos)의 정의관을 검토하는 과정에서 이전 시대의 사회에서 당연하게 받아들여지던 친구와 적의 구별, 적에게는 해를 가하는 것이 정의라는 생각이 쉽게 받아들여질 수 없는 것임이 드러난다. 나의 해석적 제안은 매우 차분하고 정연한 이러한 검토를 지금 '광기'라는 말로 포착하고 있는 노력의 일환으로 보자는 것이다. 물론 이러한 검토를 투키디데스(Thucydides)가 전해 주고 있는 펠로폰네소스 전쟁에서의 체험과 바로 연결할 수는 없겠지만, 큰 틀에서 소은 선생이 체험했던 전쟁의 역기능을 지적으로 넘어서고 있는 노력의 관점에서 이해하려고 시도할 수는 있을 것이다. 선의 이데아의 발견과 세계시민주의적 사유가 동

---

42 박홍규,「플라톤과 전쟁」,『형이상학 강의 2』(박홍규 전집 3), 민음사 2004, 195쪽.

시에 생겨난 것은 아니지만, 플라톤이 『국가』나 『법률』에서 제시한 혁신적인 사유의 모험이 없었다면 이후의 사상가들에게 자신이 속한 정치적 공동체 이상으로 사유하는 일도 쉽지는 않았을 것이다.

2.3.2 우주의 자족성을 모방하는 정치술

내가 보기에 지금까지 다루어진 전쟁 혹은 국제정치적 정의 문제에 관해 마지막으로 돌아가야 할 대화편은 플라톤의 『정치가』이다. 이미 연구자들은 플라톤에서 전쟁과 정의 문제의 연속성을 지적하고, 정의 문제는 개인의 영혼에서부터 국가를 거쳐 우주적 차원까지 전개되는 것임을 인지했다.[43] 나도 이 우주적 차원까지 나아가야 혼의 정의, 국가 내적 정의와 국가 간 정의 혹은 국제정치적 정의의 문제를 제대로 조망할 수 있을 것이라 생각하지만, 현재로서는 「『정치가』 편 강의」를 비롯한 보다 넓은 강연에 기초해야 「플라톤과 전쟁」에서 시작된 논의를 완성할 수 있을 것이라고 전망할 수 있을 뿐이다. 이러한 시도가 어째서 영혼의 구제책인지에 대해서만 짧게 언급하겠다. 소은 선생은 이상적인 도시국가를 모든 사람이 자율성을 가지고 있고, 모든 사람이 우주의 질서를 따라간다는 가정 아래에서 성립하는 단 하나의 사회 구조로 이해한다.[44] 사회에서 독립해 살 수 없는 인간 종에게는 두 가지 살아가는 방식이 있는데, 하나뿐인 우주 질서를 따르는 삶과 자기의 욕심과 동기를 따르는 삶의 두 가지가 있다는 것이다. 자기 동기를 따라가면 지상국가가 되는 것이고, 모든 것이 다 우주 질서를 따라간다고 가정할 때에는 하나의 이상국가가 나온다는 것이다.

여기서 지금 하는 이야기는 인간 존재의 자율성이 개인에게서 성립하지 않고 국가에서 성립한다는 소리야 ……. 자족성이라는 개념이 정치

---

43 박성우, 앞의 글, 2016, 109~10쪽.
44 박홍규, 「『정치가』 편 강의」, 『플라톤 후기 철학 강의』(박홍규 전집 4), 민음사 2004, 42쪽.

가에 들어가는 것은 …… 국가는 인간의 도시국가의 어떤 하나의 능력을 말하는 것이 아니라 전부를 이야기하기 때문이야 …… 지상의 국가는 서로 싸움하고, 당파를 짓고, 소피스트들이고, 사이비 정치가라고 말했잖아? 그런 사람들만 있으면 인간 사회는 서로 충돌해서 몰락할 것 아니야? …… 그런 것들을 전부 빼버리고 모든 것이 조화를 이루고, 질서를 갖추기 위해서는 모든 인간이 다 불변의 우주의 자족성, 자율성을 동시에 전부 모방해야 돼. 그 방식이 무엇이냐는 말이야. 그 방식이 국가에서 이루어진다는 말이야.[45]

나는 이 대목에서 플라톤이 어떤 의미에서 역사적인 아테네 정치 공동체를 지적으로 떠나기 시작했다고 해석한다. 더 이상 지상적이지 않은 국가가 조화와 질서를 바탕으로 하는 자족성의 원형으로 등장하기 때문이다. 근본적으로 앞에서 언급한 영혼의 고도의 역동성이 발휘되는 것이지, 사회적 정의와 구체적 신체가 작동하는 곳은 아닌 것으로 보인다. 기술과 자율의 의미를 좀 더 해명해야 이해하겠지만 일단 이 차원의 마지막을 소은 선생이 어떻게 보고 있는지만 인용해 두도록 하자. 후속 연구를 통해 이 연구에서 시작된 사유를 마무리할 수 있기를 희망한다.

…… 인간의 자족성을 인간 능력을 통해 이루는 것이 정치이지 신이 해주는 것은 정치가 아니라는 것이죠. 그러니까 결국은 정치라고 하는 것이 여기서 보면 인간이 자기 자신을, 자기 자신의 존재와 자족성을 도모하는 최후의 수단 혹은 최후의 자족성이 달성된 최후의 상태라고 볼 수 있습니다. 그런데 이 대화편에서 우리는 어떤 결과를 끄집어낼 수 있느냐 하면 정치가 인간 존재와 자족성을 도모하고 확보해 줄 수 있는 최후의 것은 못 된다는 것입니다. 처음부터 인간의 〈모든 관계(sympases koinonia)〉

---

45 박홍규, 「『정치가』 편 강의」, 『플라톤 후기 철학 강의』(박홍규 전집 4), 민음사 2004, 43~46쪽.

를 도모한다, 취급한다고 했지만 그곳에 붙여진 그 〈모든 것〉이라는 말,
전체적이라는 개념은, 사실 애당초 플라톤의 존재론 자체가 가정적인 것
인 한, 자족으로서 전체적인 존재를 다룬다는 것은 어려운 일입니다 …….
정치는 인간 존재의 자족성을 도모하는 최후의 과제로 제시되고 있지만, 사
실 그것이 불가능하다는 것 또한 이 대화편을 통해 알 수 있는 것이지요.[46]

2.4 정치와 형이상학

지금까지 살펴본 대로 「플라톤과 전쟁」의 논의를 따라가다 보면, 전
쟁에 관한 형이상학적 담론 자체가 전쟁의 역기능을 극복하려는 영혼
의 고도의 능력 발휘라는 생각이 떠오른다. 『정치가』에서 우주의 자족성
을 모방하는 정치술의 씨줄과 날줄을 논의하던 철학자 플라톤은 『메넥
세노스』에서 전몰병사를 가족으로 둔 동료 시민에게 자신의 위로의 말
을 전하는 아테네 시민이기도 했다.[47] 그 폭이 전쟁의 역기능을 소화하는
고도의 역동성을 구성하고 있다고 봐야 할 것이다. 『국가』와 『법률』에서
이상적인 국가와 이상적인 법을 논의함으로써 자신이 살고 있는 기존의
정치체계와 구성원리를 넘어서는 지적 기획을 보여 주었던 것이고 『파
이돈』에서 영혼의 불사에 관해 논하는 것은 소크라테스라는 개인의 죽
음을 넘어 전쟁에서 사라져간 우리 편, 그리고 상대편 시민의 죽음의 의
미에 관한 것이라고 볼 수도 있을 것이다. 이렇게 거대한 체계로 인도하
는 형이상학적 논의에 서면 전쟁에 관한 도덕적 접근이나 정치적 혹은
국제정치적 접근 혹은 국제법적 접근[48] 같은 부분적인 접근의 한계나 국

---

46 박홍규, 「『정치가』 편 강의」, 『플라톤 후기 철학 강의』(박홍규 전집 4), 민음사 2004,
    76~77쪽; 이정호, 「박홍규의 존재론적 사유에 담긴 플라톤의 정치철학」, 이태수 외,
    『박홍규 형이상학의 세계』, 도서출판 길 2015, 129~30쪽.
47 『메넥세노스』를 플라톤의 정치철학적 기획과 관련해 해석한 연구로는 박성우, 「플라
    톤의 메네크세노스와 아테네 제국의 정체성, 그리고 플라톤적 정치적 삶」, 『한국정치
    학회보』 41(4), 2007 참조.
48 국제법적 관점에서 전쟁을 논의한 연구로 Stephen C. Neff, *War and the Law of
    Nations: A General History*, Cambridge: Cambridge University Press 2005 참조. 국제

내적 정의와 국제적 정의 사이의 비일관성에 관해 새로운 시각을 갖게 된다.

　내가 소은 선생의 논의를 재구성하면서 유기적으로 묶여 있는 신체와 영혼의 차원을 나눈 것은 플라톤이 아테네 시민으로서의 정체성과 철학자로서의 정체성 사이에 있는 것처럼 보이는 일종의 간격을 이런 식으로 제시하는 것이 소은 선생의 의도에 부합하리라 믿었기 때문이다. 플라톤이 아테네에서 태어나 국가의 양육을 받으며 성장했다면 아테네 시민이라는 필연성에 묶일 수밖에 없지만, 철학자로서는 그런 필연성이 본성적인 것이 아니라 우연적인 것임을 통찰할 수 있다. 우주의 자족성을 모방하는 최고의 공동체를 사유하고 그 공동체의 일원으로 사유한다는 것은, 나중에 살펴볼 아우구스티누스의 『신국론』의 마지막 단계를 사유하는 것과 같다. 이 공동체의 일원으로 사유한다는 것은 현실적이고 역사적인 아테네 시민이라는 필연성과 어떤 관계가 있을까? 소은 선생은 인간이 다른 사회적 동물과 달리 사회로부터 일정 정도의 거리 두기가 가능한 존재라고 생각한다.

　　개미나 벌은 자기 집단에서 나와 오래 놔두면 죽어버려 …… 사람은 그렇지 않아. 사람은 내가 있는 사회에서, 우선 가정에서 벗어나서, 또 자기 국가도 다 벗어나서 자기 혼자도 살 수가 있어. 그러면 그것이 뭘 뜻하느냐는 거야. 신체를 가지고 있는 한에서만 조직을 이뤄. 사회를 이뤄. 신체에서 벗어난다는 말은 사회에서 벗어날 수가 있다는 말이야. …… 그런데 신체에서 벗어나면 벗어날수록 인간은 ⟨autokinoun(자기 운동)⟩의 기능이 커져. 다시 말하면, 선택의 여유가 많아져. 고급 생물일수록 많아져. 그뿐만 아니라 고급 생물일수록 말도 하고, 그림도 그릴 수 있고, 기술도

법적 접근의 한계에 대한 논의로는 한스 모겐소, 김태현 옮김, 『과학적 인간과 권력 정치』, 나남출판 2010, 154~67쪽 참조.

발달하고, 종교도 나와.[49]

플라톤은 여러 곳에서 신체를 벗어나는, 지금 문맥에서는 아테네 시민으로서의 정체성을 벗어나는, 영혼의 측면 혹은 논의의 차원을 언급한다. 몸만 나라에 자리 잡고 거기에 거주할 뿐이며[50] 이웃이 누구인지 무엇을 하는지는 모르면서 도대체 인간이란 무엇이며, 또 그런 존재의 본성에는 다른 존재와 구별되는 것으로 무엇을 행하거나 겪는 것이 어울리는지를 탐구해, 그런 탐색을 하는 데 애를 쓰는 철학자[51] 혹은 더 유명하기로는 『국가』 제9권 말미에 나오는, 지상의 어디에도 존재하지 않을지도 모르지만 어디에 있든 차이가 없을 본(paradeigma)으로서의 이상국가에서만 정치를 하려는 철학자[52]가 그 예들이다. 한번 몸이 된 이후에는 부인할 수 없는 역사적 현실의 필연성, 아테네 시민이라는 필연성에 거리를 둘 수 있는 이 지성적 거리[53]가 소은 선생이 언급한 다른 동물 공동체에서는 볼 수 없는 개인의 사회로부터의 이격 가능 거리와 대체로 일치한다고 생각한다. 만약 지금까지의 해석이 맞다면, 현실의 역사적 아테네는 존재와 무의 단절과 부활이라는 해법에 의해서가 아니라 연속과 윤회의 형이상학에 의해 지탱되고 있는 셈이다. 역사적 공동체가 존립하기 위해 이런 종류의 형이상학을 배후에 가져야 한다는 것 자체가 형이상학적 통찰이지 않은가? 우리의 영혼과 공동체에 질서지움의 방향을 제시하는, 더 이상 나의 존립 혹은 내가 속한 정치 공동체의 존립이

49 박홍규, 「무제」, 『형이상학 강의 2』(박홍규 전집 3), 민음사 2004, 412~13쪽.
50 Ch. Horn, "Einleitung", Ch. Horn(ed.), *Augustinus, De civitate Dei*, Berlin: Akademie Verlag 1997, pp. 12~13.
51 *Theaitetos*, 173e1-174b6.
52 *Rep.* 592a5-b5.
53 아우구스티누스에게서는 이 거리에 상응하는 것은 현실의 정치 공동체와 이념적으로 지향해야 할 신국(civitas Dei)일 것이다. "조국이 명하는 것 중 신에 반대되는 것은 복종하지 않아야 한다"(*quidquid iusserit patria contra deum, non audiatur:* sermo 62,13)라는 생각이 이에 해당할 것이다. Ch. Horn, 앞의 글, 1997, pp. 14~15 참조.

타인 혹은 적에게 가해지는 해에 의존하지 않는 정치 공동체의 정의 원리는 어떤 것이어야 하는가? 『국가』 제1권에서 폴레마르코스의 정의관을 검토하면서 등장하는 친구와 적의 구별에 대한 논의는 이런 시각에서 다르게 읽힐 수 있지 않은가? 이렇게 이해된 정치 공동체가 수행하는 전쟁에서의 적은 아마도 폴레마르코스의 적과는 다른 '적'을 가지게 될 것 같다.

이러한 형이상학적 논의에 이르러서야 비로소 전쟁은 심오한 차원에서 총체적으로 이해되는 것처럼 보인다. 이렇게 해석할 수 있다면 플라톤은 전쟁에 관한 형이상학적 논의의 한 전형을 보여 준 셈이면서 가장 탁월한 방식으로 전쟁의 역기능을 극복하는 현장을 '보여 주는' 셈이 될 것이다. 같은 논리를 적용한다면 소은 선생의 강연 「플라톤과 전쟁」은 그러한 플라톤의 형이상학을 재현함으로써 자신의 삶에서 겪어야 했던 두 차례의 전쟁 체험의 역기능을 지적으로 소화한 것이었다고 해야 할 것이다. 이 강연은 신체적 필요에 의한 것도 아니었고 사회적 정의가 요구한 것도 아니었다. 선을 지향하는 영혼의 자발적 활동이었기에 전쟁의 역기능을 소화하는 형이상학적 활동의 예로 능히 평가할 수 있다. 플라톤이 전쟁이 초래한 문명적 위기에 직면하여 발휘한 고도의 능력으로 새롭게 개척한 사유의 지평이 서양 지성사를 비옥하게 만들었듯이, 소은 선생의 형이상학도 그의 지적 노력에 걸맞은 합당한 열매를 거두기를 희망할 뿐이다.

3. 나가는 말

「플라톤과 전쟁」에 관한 소은 선생의 강연에서 정확히 무엇이 '형이상학'적인가? 나의 일차적인 답변은 전쟁의 원인과 정치 공동체의 목적과 성격 등에 대한 아우구스티누스의 입장을 '정치신학'[54]적이라고 부를 때 지시하는 것의 거울상이라는 것이다. 원죄로 인해 상처받은 인간 본성이 만든 지상의 공동체는 무질서하고 근본적인 결함을 가진 사랑에 기초한 만큼 참된 정의를 가질 수 없으며, 현실 세계에서는 도저히 달성할 수 없는 진정한 정의와 평화의 국가는 두 도성이 섞인 채로 함께 가야 할 역사의 끝에서 드디어 몸으로도 분리된 모습으로 나타날 천상의 도성에서 완성된다[55]는 이 서사에 등장하는 죽음과 부활, 현세와 내세를 가로지르는 정의, 개인과 공동체의 관계[56]에 마주 놓인 플라톤의 논변은 무엇인가? 나는 앞에서 『국가』 제1권 초반부 케팔로스의 걱정, 즉 죽음 이후의 형벌이라는 '신화'와 제10권의 우주론적 구도 속에서 설명되는 '윤회'의 내용적 유사성을 지적한 바 있다. 노년이 되어 죽음이 가까울수록 그 신화가 참이 아닐까 하는 걱정이 『국가』의 주제인 정의의 문제를 여는 출발점이었다면, 책 전체의 논변을 다 거치고 난 후 윤회가 종착점이 되는 형국이다. 에르의 신화 속에서 전해지는 제10권의 윤회 이야기는 더 이상 신화이지 않고 소은 선생이 설명하듯 '형이상학'적 설명의 틀에 들어온 것인가? 그리스도교의 죽음과 부활이라는 신학적 해법, 아흔아홉 마리의 양보다 잃어버린 한 마리 양이 더 중요한 정의의 원리를 기반으로 하는 공동체에 필적하는 플라톤의 사유는 무엇인가?

현실 정치와 도덕, 정치적 삶과 철학적 삶의 극명한 대비를 보여 주는 플라톤의 대화편 『고르기아스』에서는 이른바 '사후 심판에 관한 설화' 부분에서 죽음을 단절이 아니라 연속으로 보는 것이 어떠한 것인지, 그

---

54 정치신학의 기본 개념과 최근 연구사에 대한 일별로 H. Maier, "Politische Theologie – neu besehen (Augustinus, De civitate Dei VI, 5-12)", *Zeitschrift für Politik* 50, 2003 참조.

55 강상진, 「명저탐방: 아우구스티누스, 『신국론』: 문명의 전환은 어떻게 철학적으로 소화되는가?」, 『철학과 현실』 75, 2007, 241~42쪽.

56 소은 선생이 자주 플라톤의 이론과 대비시키는 그리스도교의 시각과 입장에 대해서는 별도의 연구가 필요해 보인다. 시간과 능력이 허락한다면 소은 선생의 강연에서 단편적으로 나오는 그리스도교의 입장을 하나의 일관된 서술 속에서 정리한 후 플라톤과 대비시키는 연구를 수행하고 싶다.

것의 실천적 함축이 무엇인지가 잘 드러난다. 심판관에게 되도록 가장 건강한 혼을 보여 주기 위해 많은 사람으로부터 얻은 명예와 작별하고, 진리를 연마하며 할 수 있는 한 가장 훌륭한 자로 살고 죽을 때도 그렇게 죽으려고 노력[57]할 것이라고 한다. 나는 여기서 읽을 수 있는 생각 중 하나는 삶과 죽음을 가로지르는 정의에 관한 것이며, 『국가』 제10권에서 제시하는 윤회를 통한 정의의 회복이 더 이상 정치적이지 않은 것과 마찬가지로 정치적이지 않다는 점을 지적하고 싶다. 『국가』 제10권의 이야기는 단순히 인간이 백조나 사자, 독수리 같은 다른 생물학적 종으로 윤회한다는 이야기 때문에 그런 것은 아니다. 원상복귀할 수 없는 개인의 삶을 넘어서는 방식으로 질서 혹은 정의가 회복된다는 생각은 참주의 삶을 자연적 정의로 부르던 정치적 입장에 정면으로 대비된다는 의미에서 비정치적이며, 이 논변이 신화적이거나 신학적이 아니라면 형이상학적이라고 불러야 마땅하다는 것이 내 생각이다.

죽음이 끝이 아니라 다른 형태의 삶의 연속이라는 생각은 존재와 무 사이의 단절에 근거한 부활보다 설득력이 있기에 더 많은 시간과 더 많은 지적 노력이 필요한 생각으로 보인다. 하지만 그럴 가치가 있는 노력이다. 이러한 지적 노력은 종교적이거나 신학적이지 않고 '형이상학'적이라는 것이 소은 선생으로부터 배운 점이고, 정확히 이런 대비를 통해 학문의 한계와 형이상학의 한계도 배울 수 있었다. 이런 일련의 과정을 소은 형이상학의 의미를 보여 주는 구체적 예로 쓰고 싶었는데, 기대했던 역할을 수행했는지는 아직 자신이 없다.

인간에게 국가 같은 정치적 공동체가 필요한 이유 혹은 그러한 공동체 운영의 원리로서 사회적 정의가 필요한 이유는 무엇일까? 그 이유가 무엇이든 전쟁이 필요한 이유도 이것과 무관하게 성립할 수 있을 것 같지 않다. 지금까지의 설명에 따르면, 전쟁이 초래한 전인적 위기의 철학

---

57 *Gorgias*, 526e.

적 소화도 개인의 사유 문제라기보다 공동체가 자신의 현존을 반성하면서 수행해야 할 철학적 과제인 점도 소은 선생의 사유로부터 배울 수 있는 점이다. 전쟁은 공동체적 사유 과정을 통해 소화되고 실천되어야 할 사안이다. 그것이 단순히 친구와 적의 구별과 같은 정치적 수준의 것이든, 원죄로 인해 상처받은 본성의 필연성이라는 형이상학적 수준의 것이든 간에 말이다. 서양은 이 필연성을 소화하는 비탄과 비참의 정서를 기저에 깔면서 정의로운 전쟁이라는 이론적 틀을 통해 이론적 소화의 길도 마련해 왔다. 형이상학적·종교적 해석과 현실 정치적 소화를 동시에 제공하고 있는 셈이다.

후기: 정의로운 전쟁 이론과 소은 선생의 전쟁 이해

이 연구를 준비하면서 전쟁에 관한 기존의 논의를 살펴보고 소은 선생이 제시하는 전쟁에 대한 이해가 '형이상학적'인 것으로 부를 만하다는 결론에 도달했다. 개인적으로 가장 큰 발견이라 한다면 기존 논의에서 전쟁에 관한 서양 고·중세의 사유를 지배했다고 알려진, 이른바 '정의로운 전쟁 이론'이 플라톤까지 갈 수는 없다는 점이다. 두 전통의 차이점을 살피면서 소은 선생이 사유하는 전쟁의 형이상학적 차원이 무엇인지 정리해 보자. 아마도 이 차이가 전통적인 정의로운 전쟁 이론보다 소은 식의 사유가 더 현실감 있게 다가오는 이유를 일부 설명할 수 있을 것이다.

1. 보통 자연법 전통과 결합되는 이 사유는 평화를 설명할 필요가 없는 초기 조건으로 놓고 전쟁이라는 극단적인 수단이 설명되어야 할 필요가 있는 것으로, 전쟁을 정당화할 근거를 제시해야 하는 것으로 이해한다. 이러한 시각에서는 전쟁의 '정당성' 여부가 핵심적 설명 과제가 된다. 반면 소은 선생의 접근은 역사적 현존을 확보하고 싶은 인간 본성에서 전쟁의 뿌리를 보고 있기에, 설명해야 할 것은

전쟁의 정당성이라기보다 전쟁으로부터 발생한 역기능을 해소하는 문제이다.

2. 정의로운 전쟁 이론에서는 정의가 아니라 불의가 승리하는 전쟁에서조차 자연법은 작동을 멈춘 적이 없다. 하지만 소은 선생이 강조하듯이, 승전국 아테네의 경우든 패전국의 무법적 세계든 '법이 없다는 점'에서 같고 결국 법을 어떻게 설정할 것인가가 핵심적 과제이다.

3. 인간의 생존을 위한 노력과 그 역기능으로부터 전쟁을 사유하기 시작하면 평화시 정의가 작동하기 위한 조건을 넘어서는 문제에 부딪히기 시작한다. 소은 선생이 강조하듯이, 전쟁의 집단적 성격은 사회라는 보호막이 과연 죽음을 넘어서까지 개인의 실존과 의미를 부여하는가 하는 문제에 부딪힐 수밖에 없게 된다.

4. 전쟁에서의 승리를 통해 사회는 보존되겠지만 희생되는 개인은 어떻게 되는가? 여기가 존재와 무, 연속이라는 소은 형이상학의 기본적 틀이 본격적으로 작동하는 차원이며, 사회적 정의의 의미와 한계를 이론적으로 취급할 수 있는 철학에서만 전쟁이 가진 모든 심오한 차원이 소화된다는 것이 소은 선생의 고유한 이론적 성취로 보인다.

5. 개인의 죽음을 넘어서는 정의의 실현에 관한 신학적 · 형이상학적 차원이 연결될 수밖에 없고, 이것은 단순히 전쟁에 즉해서만 제기되는 문제가 아니라 서로 다른 형이상학으로부터 서로 다른 공동체 이해와 상이한 사회철학에 연결되는 문제라는 것이다. 소은 선생은 플라톤적 윤회의 형이상학과 부활의 종교인 그리스도교를 대비하고, 상호성에서 성립하는 정의와 상호성을 넘어서는 정의로 두 차이를 정리한다.

6. 전쟁에 대한 소은 선생의 형이상학적 논의의 요체는 결국 무엇인가? 가능한 하나의 답은 아마도 자연법을 전제하는 형이상학의 자리에 우주의 자족성을 모방하는 영혼의 고도의 노력을 대체하면서

가능한 질서를 모색한다는 점에서 주어질 것으로 보인다. 기존의 도덕적·국제법적·정치외교적 관점의 접근과 비교할 때, 소은 선생의 형이상학적 논의는 정치 공동체에 소속된 몸을 넘어서는 차원, 고유하게 형이상학적 차원에 가야 기존 논의의 전제를 넘어서는 차원을 비로소 반성할 수 있다고 보는 것이다.

참고문헌

박홍규 강연

박홍규, 「『정치가』 편 강의」, 1976 / 『플라톤 후기 철학 강의』(박홍규 전집 4), 민음사 2004.

_____, 「『필레보스』 편 강의(I)」, 1981 / 『플라톤 후기 철학 강의』(박홍규 전집 4), 민음사 2004.

_____, 「앎의 개념」, 『형이상학 강의 1』(박홍규 전집 2), 민음사 1995.

_____, 「고별 강연 검토(1)」, 1988 / 『형이상학 강의 1』(박홍규 전집 2), 민음사 1995.

_____, 「플라톤과 허무주의 극복」, 1989a / 『형이상학 강의 2』(박홍규 전집 3), 민음사 2004.

_____, 「고르기아스의 비존재 강의 후 질문」, 1989b / 『형이상학 강의 2』(박홍규 전집 3), 민음사 2004.

_____, 「플라톤과 전쟁」, 1990 / 『형이상학 강의 2』(박홍규 전집 3), 민음사 2004.

_____, 「희랍 철학의 이면」, 1992 / 『형이상학 강의 2』(박홍규 전집 3), 민음사 2004.

_____, 「무제」, 1993 / 『형이상학 강의 2』(박홍규 전집 3), 민음사 2004.

_____, 『형이상학 강의 1』(박홍규 전집 2), 민음사 1995.

_____, 『형이상학 강의 2』(박홍규 전집 3), 민음사 2004.

_____, 『플라톤 후기 철학 강의』(박홍규 전집 4), 민음사 2004.

원전 번역

김인곤 외, 『소크라테스 이전 철학자들의 단편 선집』, 아카넷 2005.

아우구스티누스, 성염 역주, 『신국론』, 분도출판사 2004.

플라톤, 박종현 역주, 『국가·政體』, 서광사 1997.
플라톤, 박종현 역주, 『법률』, 서광사 2009.

연구서 및 연구논문

강상진, 「명저탐방: 아우구스티누스, 『신국론』: 문명의 전환은 어떻게 철학적으로 소화되는가?」, 『철학과 현실』 75, 2007.
박성우, 「플라톤의 메네크세노스와 아테네 제국의 정체성, 그리고 플라톤적 정치적 삶」, 『한국정치학회보』 41(4), 2007.
_____, 「플라톤, 영혼의 정치를 향한 정치철학적 여정」, 전경옥 외, 『서양 고대 중세 정치사상사』, 책세상 2011.
_____, 「플라톤의 〈국가〉에 나타난 국제정치사상: 정의의 국제정치적 확장가능성」, 『세계정치』 25, 2016.
_____, 「플라톤의 정치철학과 아테네 제국」, 박성우 외, 『정치사상사 속 제국』, 서울대학교출판문화원 2019.
월츠, 케네스, 정성훈 옮김, 『인간, 국가, 전쟁』, 아카넷 2007.
이정호, 「박홍규의 존재론적 사유에 담긴 플라톤의 정치철학」, 이태수 외, 『박홍규 형이상학의 세계』, 도서출판 길 2015.
이태수 외, 『박홍규 형이상학의 세계』, 도서출판 길 2015.
최화, 『박홍규의 철학』, 이화여자대학교출판부 2011.
플라톤, 이정호 옮김, 「작품해설」, 『메넥세노스』, 이제이북스 2008.
하라리, 유발, 김희주 옮김, 『극한의 경험』, 옥당 2017.

Fortin, E. L., "Justice as the Foundation of the Political Community: Augustine and his Pagan Models", Ch. Horn(ed.), *Augustinus, De civitate Dei*, Berlin: Akademie Verlag 1997.
Höffe, O., "Positivismus plus Moralismus: zu Augustinus' eschatlolotischer Staatstheorie", Ch. Horn(ed.), *Augustinus, De civitate Dei*, Berlin: Akademie Verlag 1997.
Horn, Ch., "Einleitung", Ch. Horn(ed.), *Augustinus, De civitate Dei*, Berlin: Akademie Verlag 1997.
Maier, H., "Politische Theologie-neu besehen (Augustinus, De civitate Dei VI, 5-12)",

Zeitschrift für Politik 50, 2003.

Morgenthau, Hans Joachim, *Scientific Man Versus Power Politics*, London: Latimer House Ltd. 1947〔모겐소, 한스, 김태현 옮김, 『과학적 인간과 권력 정치』, 나남출판 2010〕.

Neff, Stephen C., *War and the Law of Nations: A General History*, Cambridge: Cambridge University Press 2005.

Pangle, Th. and P. J. Ahrensdorf, *Justice among nations. On the Moral basis of power and peace*, Lawrence: University Press of Cansas 1999.

Russell, F. H., *The Just War in the Middle Ages*, Cambridge: Cambridge University Press 1979.

Walzer, Michael, *Just And Unjust Wars: A Moral Argument With Historical Illustrations*, Cambridge: Basic Books 2006〔월저, 마이클, 권영근 외 옮김, 『마르스의 두 얼굴: 정당한 전쟁·부당한 전쟁』, 연경문화사 2007〕.

Zetzel, J. E. G., "Natural Law and Poetic Justice: A Carnedean Debate in Cicero and Virgil", *Classical Philology* 91 (4), 1996.

5. 소은 박홍규 철학 입문기

—아페이론을 중심으로—

유형수

1

아페이론이 소은 박홍규 철학의 핵심이라는 것은 이미 잘 알려진 사실이다. 그러나 '무한정'이라는 단어의 의미처럼 아페이론을 명확하게 정의하기는 어렵다. 아낙시만드로스(Anaximandros)는 "그것(근원)은 물도아니고, 원소라고 불리는 것들 가운데 다른 어떤 것도 아니며, 물이나 원소들과는 다른 무한정한 어떤 본연의 것(tina physin aperion)"[1]이라고 말하고, 플라톤은 『국가』 제5권에서 "그 뭔가는 '있는'(존재하는, on) 것인가, 아니면 '있지 않은'(존재하지 않는, me on) 것인가?"(476d)라는 물음에이어서 "됐네, 그렇다면 만일에 어떤 것이 이런 상태의 것, 즉 '있으면서'(존재하면서, on) '있지(존재하지) 않기도'(me einai) 하는 그런 상태의 것일 때, 그것은 '순수하게(절대적으로) 있는 것'(to eilikrinōs on)과 '어떤 식

---

1 김인곤 외, 『소크라테스 이전 철학자들의 단편 선집』, 아카넷 2005, 135~36쪽.

으로도 있지 않은 것'(to mēdamē on)과의 '중간에'(사이에, metaxy) 위치하지 않겠는가?"(477a)[2]라고 말하면서 아페이론(apeiron)을 명시적으로 표현하지는 않았다. 그러나 플라톤은 존재(存在)와 무(無) 사이에 무엇인가 있다고 상정하고는 대화편 『티마이오스』에서 아페이론을 수용자(hypodoche)의 개념으로 설명하고 있으며, 『필레보스』에서는 한정되지 않은 것의 본성이 "더하고 덜하게 되거나 강력함과 유약함을 받아들이거나 혹은 지나침이나 이와 같은 모든 것을 받아들이는 것으로 우리에게 보이는 온갖 것"(『필레보스』24e~25a)이라고 말하고 있다. 소은 선생은 아페이론을 '존재도 아니고 무도 아닌 것(mêdeteron)', 즉 '존재도 부정되고 무도 부정되는 것'으로 규정하고 존재와 무의 제3자로서 양자 밖에 있는 것이라고 말한다.[3] 이러한 소은 선생의 언급은 존재와 무, 아페이론의 삼원론을 제시하는 것으로 볼 수 있는데, 그는 존재와 무, 아페이론의 관계에 대해 다음과 같이 말하고 있다.

> 존재와 무가 없으면 무한정자(apeiron)가 안 나와, 왜냐하면 존재도 아니고 동시에 무도 아니니까. 제3자야. 〈neutrum〉〈mêdeteron(이것도 저 것도 아닌 것)〉이란 말이야.[4]

그러니까 소은 선생이 말하는 아페이론의 근거는 존재와 무라고 볼 수 있는데, 이것은 비단 소은 선생뿐만 아니라 파르메니데스 이후 모든 철학자의 사상적 근거라고 해도 과언이 아니다. 그런데 존재와 무는 그 자체로 모순이기 때문에 결국 모순을 극복하기 위한 시도가 서양철학의 역사라 해도 틀린 말이 아닐 것이다. 서양철학에서 '존재'가 무엇인지 규정하기 어려운 이유는 여럿 있겠지만, 나는 존재를 의미하는 동사

---

2 플라톤, 박종현 역주, 『국가·政體』, 서광사 2018, 373쪽.
3 박홍규, 「방황하는 원인」, 『형이상학 강의 1』(박홍규 전집 2), 민음사 1995, 262쪽.
4 박홍규, 「자기 운동(II)」, 『형이상학 강의 1』(박홍규 전집 2), 민음사 1995, 139쪽.

'einai'가 가지고 있는 의미의 다양성이 소은 선생의 아페이론에 담겨 있다는 관점에서 소은의 존재론과 전집 제4권의『티마이오스』,『파르메니데스』,『필레보스』세 편의 강의를 중심으로 내가 이해하는 바를 서술해 보려고 한다.

2

파르메니데스의「단편 2」(fr2)에서 시작된 "있다, 그리고 있지 않을 수 없다"[5]는 서양철학에서 존재와 무에 대한 사유의 길을 열었고 존재론(存在論, ontology)이라는 철학의 바탕을 이루게 된다. 파르메니데스의『단편들』을 해석하는 데 있어서의 난제는 헬라스어 'einai'를 해석하는 입장에 따라 그 의미가 달라지는 것에 있다고 보이는데, 'einai'에 대한 전통적인 해석은 존재적·술어적·진리적 의미를 완전히 분리해 이해하고 그중에서 '있다'로 해석하는 것이 주류의 입장이었다. 그런데 이렇게 '있다'로 해석하는 경우에, 파르메니데스에 따르면, '있다'만 있고 '없다'는 없게 되어 다(多)와 운동으로 이루어지는 물리적 세계가 성립하지 않게 되는 난제가 발생한다. 그러면 현존하는 다와 운동의 존재론적 근거가 필요한데, 소은 선생과 이정호는 다음과 같이 말하고 있다.

파르메니데스의 일자와 같은 자체적 존재는 완전한 일자이지만 반복과 현존을 넘어서 있으므로, 타자에 접촉하면서 불완전하지만 자체적 존재의 일자성을 일정 부분 보존할 수 있는 자기 동일자가 나와야 한다. 그런데 이 자기 동일자의 운동 과정은 자체적 존재가 타자와 관계를 맺은 결과이고 타자성(heteron)은 존재도 무도 아니므로 연속성을 내포하고 있다. 따라서 자체성(kata' hauto), 자기 동일성(tauton), 운동 과정은 연속적으

---

5 김인곤 외, 앞의 책, 2005, 275~76쪽.

로 접촉하고 있으며 자체성은 반드시 자기 동일성을 거쳐서 운동 과정으로 옮겨질 수 있다. 자체성, 자기 동일성, 운동 과정의 순서는 타자성의 연속적인 증가를 뜻한다.[6]

지상세계의 다와 운동이 보존되기 위해서는 요컨대 다를 구성하는 것들의 일자적 자기 동일성과 그것들이 운동을 통해 관계를 맺는 타자성이 동시에 성립하는 세계가 있어야 한다. 그러니까 존재도 아니고 무도 아닌 제3의 것이 나와야 한다.[7]

그렇다면 존재는 무엇이고 무는 무엇인가? 누구도 이 물음에 명확하게 답할 수는 없다. 하지만 우리는 존재와 무를 사태로 생각하거나 그것을 지칭하는 언어 또는 사태나 언어의 개념으로 생각해 구분할 수 있는데, 소은 선생은 존재와 무에 대해,

진정한 하나는 여럿(多)이 되지 않고 언제 어디서나 하나이며, 여럿(多)에 대립되는 것이다. 여럿이 아닌 하나는 여러 하나와 공존하지 않는 배타적 관계만 성립이 가능하며 이러한 배타성의 극치는 모순이고, 모순은 존재와 무가 구별되는 한계선에서 성립한다. 왜냐하면 존재가 존재이며, 무는 없다면, 무는 저절로 없어지므로, 존재와 무의 한계선은 있을 수 없다. 없는 것과 있는 것 사이에 한계가 과연 있을 수 있는가? 없는 것의 한계는 없다. 그것의 한계가 있다면, 무를 존재와 동등하게 취급한 것이다. 모순 속에서는 공존이 불가능하고 단 하나만 남는다는 것이다. 파르메니데스는 존재는 존재이고 무는 무이므로 무는 사라지고 오로지 존재만 남는다고 말하는데 이 일자는 무에 대한 모순 때문에 성립하고 무의 존재성은 바로 존재의 무화(無化)에서 성립하는 것이 존재의 기본적인 특징.[8]

6 박홍규, 「희랍 철학 소고」, 『희랍 철학 논고』(박홍규 전집 1), 민음사 1995, 34쪽.
7 이정호, 「박홍규의 존재론적 사유에 담긴 플라톤의 정치철학」, 이태수 외, 『박홍규 형이상학의 세계』, 도서출판 길 2015, 120쪽.

이라고 말하고 있다. 파르메니데스는 존재의 표지를 '생성되지 않고 소멸되지 않으며, 온전한 한 종류의 것이고 흔들림 없으며 완결된 것(「단편 8」)이라고 말하고, 플라톤은 다양한 언어를 사용해 형상에 대해 언급하는데 '그 자체로 완전한 것'으로 압축해 말할 수 있을 것이다. 소은 선생은 존재를 진상(眞相)이라고 달리 말하기도 하는데, 이것은 단적으로 말하자면 '다른 것을 필요로 하지 않는 배타적인 것'이다. 이와 같이 파르메니데스의 일자(一者)와 플라톤의 형상(刑相), 그리고 소은 선생의 진상(眞相)으로 표시되는 존재에 대한 규정은 그것이 가지고 있는 속성을 말하는 것으로 볼 수 있고, 그러한 속성이 변화하면 존재가 아니라는 것으로 이해할 수 있다. 따라서 존재의 가장 큰 속성은 변화하지 않는 것이라고 달리 말할 수도 있는데, 소은 선생은 "시간, 공간, 관점의 변화에도 영향을 받지 않고 그것으로서 성립하는 극한치인 것"이라고 말하고 "진상은 모든 타자에 대한 관계 맺음을 완전히 단절하고 모든 타자에게 절대(絶對)함으로써 성립하며 그것은 자신에게만 고유한 것이다. 그러므로 본질로서의 진상은 1) 타자 일반, 2) 관계 맺음 일반, 3) 허무 일반에 대비하여 규정되고, 사물의 진상은 다른 모든 사물과 전체적으로나 부분적으로나 교환될 수 없는 그 사물에만 고유한 내용이며, 관계 맺음 일반의 법칙에서 오는 모든 규정을 배제하여 최후로 무가 아니므로 그 자체로 실재한다"[9]라고 말한다. 이와 같이 소은 선생은 파르메니데스의 하나뿐인 존재(一者)가 아닌 플라톤의 여러(하나)를 존재로 인식하고 그것을 규정하고 있다고 보아야 하는데, 무를 존재와 동등하게 취급하면서 무의 존재성은 존재의 무화에서 성립하고 존재와 무의 한계에서 아페이론이 성립한다고 말하고 있다. 이러한 소은 선생의 주장을 윤구병은 다음과 같이 설명하고 있다.

---

8 박홍규, 「『유티데모스』 편에 대한 분석」, 『희랍 철학 논고』(박홍규 전집 1), 민음사 1995, 32, 120쪽.

9 박홍규, 「베르그송에 있어서의 근원적 자유」, 『희랍 철학 논고』(박홍규 전집 1), 민음사 1995, 184쪽.

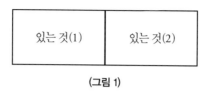

(그림 1)

(그림 1)에서 있는 것(1)과 있는 것(2) 사이의 짙은 선(이하 A)은 (1)과 (2)의 경계이다. 그런데 이 A가 (1)의 경계인지 (2)의 경계인지, 아니면 (1)과 (2)의 공통적인 경계인지 따져 보기로 하자. 여럿의 최소 단위는 둘인데, (1)과 (2)가 서로 다른 것이 되려면 서로 떨어져야 한다. 그러면 (1)과 (2) 사이에 둘을 떼어 놓는 무엇인가가 있어야 한다. 그렇다면 A는 있는 것일까, 없는 것일까? A가 있는 것이라면, 다음과 같은 그림이 된다.

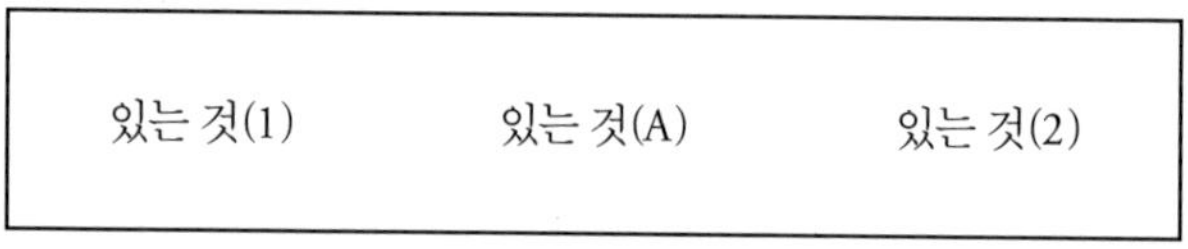

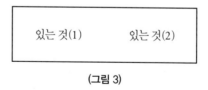

(그림 2)

(그림 2)에서와 같이, A가 있는 것이라면 모두 있는 것이 되어 있는 것은 하나가 되는 것이다. 그렇다면 A가 없는 것이라면 어떻게 될까?

| 있는 것(1) | 있는 것(2) |

(그림 3)

(그림 2)와 (그림 3)에서 보듯이, 경계 A가 있는 것이나 없는 것도 모두 '있다'라는 하나로 귀결된다. 따라서 경계 A는 있는 것도 아니고 없는 것도 아니어야 한다.

(그림 4)

(그림 4)에는 원과 사각형이 있다. 그런데 원이 사각형으로 바뀐다고 생각해 보자. 그렇다면 원은 있는가, 없는가? 원은 저렇게 원일 때에만 원인 것이다. 즉 원의 자체성이 유지되어야 원으로 존재한다. 그렇다면 무(無)는 원이 사라지는 것이기 때문에 무 자체는 원에 있는 것이다. 따라서 존재와 무는 원에 같이 있다고 보아야 하고 이것이 바로 무의 존재성은 존재의 무화(無化), 즉 존재의 자체성을 상실하는 것에서 성립한다는 것이다. 그런데 존재와 무가 동일한 시공간에 같이 있는 것은 모순이다. 그리고 소은 선생은 모순은 존재와 무가 구별되는 한계선에서 생긴다고 했다.

(그림 5)

(그림 5)에도 (그림 1)에서 보았듯이, 존재와 무를 구분하는 짙은 색으로 표시된 경계가 있다. 소은 선생은, 모순은 이 경계에서 생긴다고 했는데 이것은 어떤 의미일까? 앞에서 살펴본 (그림 2)와 (그림 3)의 경우처럼 (그림 5)의 경계가 있는 것이라면 (있는 것, 있는 것, 없는 것)이 되고, 경계가 없는 것이라면 (있는 것, 없는 것, 없는 것)이 되어 존재와 무가 동일한 시공간에 같이 있게 된다. 앞에서도 언급했지만 이것은 모순이다. 따라서 존재와 무가 동일한 시공간에 존재하려면 (그림 5)의 경계는 있는 것이라고 규정할 수도 없고, 없는 것이라고 규정할 수도 없다. 있는 것도

아니고 없는 것도 아니라는 것이다.[10]

존재와 무를 수(數)로 표시하면 존재는 존재의 최소 단위인 1로, 무는
0으로 표시할 수 있다. 그러면 0과 1 사이에 아무것도 없는 것일까?

0, 0.1, 0.2, 0.3, 0.4, 0.5, 0.6, 0.7, 0.8, 0.9, 1

0과 1 사이에 있는 수들을 생각해 보면, 가장 먼저 떠오르는 것이 앞에
표시된 수들일 것이다. 그러면 0과 0.1 사이에 무엇이 있는지 생각해 보자.

0, 0.01, 0.02, 0.03, 0.04, 0.05, 0.06, 0.07, 0.08, 0.09. 0.1

위의 두 수열과 같이 0과 0.1, 0.01, 0.001, 0.0001, 0.00001, 0.000001,
0.0000001 사이의 수들을 계속 생각해 보면, 0.0000……0000……이라
는 수가 등장한다. 그러니까 0 다음의 수는 0.0000……000……이라는
수이고, 1은 0.9999……9999……라는 수의 다음 수라는 것이다. 그런데
앞에서 예로 든 수들은 모두 유리수이다. 그러나 0.129374685…… 또는
0.918432567……과 같은 수많은 무한소수인 무리수들도 분명히 존재한
다. 이렇게 0과 1 사이에 무수한 수들이 있다. 그러니까 존재와 무 사이
의 아페이론에는 한계가 있는 것과 한계가 없는 것이 모두 있는 것으로
볼 수 있다. 그러나 소은 선생은 있는 것도 아니고 없는 것도 아닌 것을
아페이론이라고 말한다.

그러면 0.0000……과 0.9999……는 한계가 있는 것인가, 없는 것인가
생각해 보아야 한다.

0에 가까워지는 0.0000……과 1에 가까워지는 0.9999……, 즉
0.0000……과 0.9999……의 극한을 생각해 보아야 한다는 것이다. 현

10   윤구병, 『윤구병의 존재론 강의: 있음과 없음』, 보리 2003 참조.

대 수학에서는 0.9999……가 1과 같다는 것을 증명하지만 그것은 수학의 영역이고, 철학의 영역에서는 수학의 증명이 아닌 다른 접근이 필요할 것이다. 0.999……의 극한치 0.999……9를 생각해 보자. 0.999……와 0.999……9는 끝이 없다는 것과 있다는 것에서 차이가 있다. 철학의 영역에서는 0.999……=1이 아닌 0.999……9=1인 것이 되어야 한다. 이렇게 한계가 있는 것이 존재하는 것이고, 이렇게 되어야 0.999……9가 1일 때 1=1이라는 것이 성립한다. 앞에서 1을 존재의 최소 단위로 생각했으므로 다시 1을 존재로 표시하면 '존재=존재'라는 등식이 성립한다. 그러면 '같다'라는 등호(=), 이 등호는 무엇을 의미할까? 등호 앞의 존재와 뒤의 존재는 등호 '='으로 구분된다. 하나는 존재 자체이고, 하나는 아페이론에 있는 존재로 위치가 다르다는 것이고, '같다'라는 것은 그 대상이 두 개 이상을 의미하며, 그것 각각이 같지만 그 자체는 아니라는 것이다. 다시 말하면 극한치의 '1'이 '1'이기는 하지만 '1' 자체는 아니라는 것이고, 그것이 있는 위치가 다르다는 것이다. 그러면 이 두 존재의 존재론적 위상은 무엇인가라는 물음이 제기될 수 있다. 1인 존재는 자체성을 가지는 존재 자체를 의미하며 0.999……9는 1과 동일한, 즉 동일성을 가지는 존재로서 아페이론에 위치해 타자와의 관계 맺음에 참여하는 존재론적 위상을 갖고 있기 때문에 동일성은 자체성으로부터 비롯되는 것으로 볼 수 있다. 또한 존재 자체는 일시적이고 불연속적인 것이 아니라 항존적(恒存的)인 것이기에 연속성이 필연적이다. 따라서 동사 'einai'가 가지고 있는 '있다', '~이다', '그러하다(진실로~이다)'라는 다양한 의미에서 소은 철학의 자체성은 '있다'와 동일성은 '그러하다(진실로~이다)', 그리고 연속성은 '~이다'와 대응 관계에 있다고 볼 수 있다.

3

소은 선생은 전집 제4권의 『티마이오스』, 『파르메니데스』, 『필레보스』

편 강의에서 아페이론의 중요한 개념을 설명하는 가운데, 『티마이오스』를 모든 철학적 대상의 근원에 대한 것[11]이라고 말한다.

이 대화편에는 여러 약점이 있지만 파르메니데스의 존재론 이후에 다와 운동을 성립시키는 어떤 존재를 어떻게든 놓아야 학문이 성립하는데, 그것을 성질의 입장에서 최초로 해준 것이 이 대화편이야. 이 대화편의 틀을 갖고 논의를 해야만 다른 철학이 나와. 이것이 다와 운동을 논의할 수 있는 최초의 틀을 제공해 주는 것이고 …… 다른 모든 철학이 전부 이것을 가지고, 이 틀을 갖고 논의해야만 비로소 기본적인 학문이 나와. 기본적인 틀을 제공하고 있는 거야. 이거 지독히 거창한 문제를 갖고 있어.[12]

『티마이오스』에 따르면, 우주는 데미우르고스라는 장인의 노동에 의해 무한정의 터(코라, hypodoche)에 한정이 더해져 만들어졌다. 즉 존재와 생성과 공간이 있고 이 셋은 세 가지로 구별되며, 하늘이 생겨나기 이전부터 있었다(52d)는 것인데, 여기서 말하는 무한정의 터가 아페이론을 의미하는 것으로 볼 수 있다. 그러면 '수용자'인 공간을 우리는 어떻게 인식할 수 있는가? 우리가 공간을 인식할 수 있는 것은 직접적일 수 없다. 우리는 공간에 위치한 다른 사물을 통해 간접적으로 공간을 인식하는데, 감각적으로 인식하는 사물은 형상의 모상일 뿐이다. 그러나 그 모상 또한 정지된 것이 아닌 위치와 질의 변화를 보이고 있는데, 이것을 공간의 축과 시간의 축이 만나는 것으로 볼 수 있다면 아페이론을 시간과 공간의 축이라고 가정할 수 있다.

---

11 티마이오스는 가장 먼저 구별해야 할 것들로 '언제나 있는 반면 생겨나지 않는 것', 그리고 '언제나 생겨나되 결코 있지 않은 것'(27d), 즉 존재와 생성을 논의의 출발점에서 제시하고, 이어서 (48b~e)와 (51b~52d)에서 물질적 요소에 대한 설명의 기초적 원리로서 확인된다.
12 박홍규, 「『티마이오스』 편 강의」, 『플라톤 후기 철학 강의』(박홍규 전집 4), 민음사 2007, 155~56쪽.

무한정자라는 것은 사실 공간 개념이야, 왜냐하면 한정자가 결핍된 것이니까, 사실 공간 개념이지만 논리적으로 생각하면 그것은 동시에 존재로 규정할 수도 없고 무로 규정할 수도 없는 것이지. …… 그렇다고 두 개가 대립(contrast)된 것인데 그것을 존재이면서 동시에 무라고 할 것이냐, 그럴 수도 없는 것 …… 무한정자는 존재에 대해서 비슷한 것이고 무에 대해서도 비슷해. …… 그런데 엄격히 규정할 수는 없지만 그것을 하나의 사태로 생각해서 존재에 대해 긍정적인(positive) 관계를 맺어보자 그럴 때 그것을 〈homoion〉이라고 해.[13]

〈tertium quid(제3의 어떤 것)〉, 존재도 무도 아니니까, 이것은 질적으로 보면 〈제3의 어떤 것〉, 〈mēdeteron(양쪽 다 아닌 것)〉이고 또 속으로 들어가 갈라놓는다고 보면 중간자가 돼.[14]

앞의 인용문에서 소은 선생 또한 아페이론을 공간 개념으로 언급하고 양적 개념이 아닌 질적 개념으로 설명하고 있다. 그러면 아페이론에서 어떻게 생성이 이루어지는가 하는 물음이 제기될 수 있는데, 소은 선생은 그것을 다음과 같이 설명한다.

일자가 들어갈 때 일단 동일성이었다가 비슷해져. 왜냐하면 동일성이라는 것은 타자성이라는 것이 항상 붙어 다니니까. 일자는 타자성(otherness) 그 자체가 없는 것이지만 무한정자와 관계를 맺을 때는, 이를테면, 타자하고 접촉(contact)하는 순간에는 동일성(tauton)이고, 들어가서 무한정자의 성격을 받아들이면 비슷한 것(homoion)이 되는 것이지.[15]

13 박홍규, 「『티마이오스』 편 강의」, 『플라톤 후기 철학 강의』(박홍규 전집 4), 민음사 2007, 82~83쪽.
14 박홍규, 「『필레보스』 편 총정리」, 『플라톤 후기 철학 강의』(박홍규 전집 4), 민음사 2007, 242쪽.
15 박홍규, 「『티마이오스』 편 강의」, 『플라톤 후기 철학 강의』(박홍규 전집 4), 민음사

(그림 6)은 소은 선생의 설명을 도식화한 것이다. 소은 선생은 아페이론에 일자가 들어가면 자체성이 사라지기 시작하는 것으로 말한다. 즉 자체성의 결여가 나타나게 된다는 것인데, 그것은 연속적이고 따라서 과정이 되기 때문에 결여의 극한은 다름(heteron)이 되는 것이다. 나는 앞에서 존재와 무를 1과 0으로 설명했다. 1과 0 사이의 무수한 수들이 수의 양적(量的) 무한성을 말하는 것이라면, 자체성의 결여라는 것은 질(質)의 무한성을 의미하는 것이 되어 아페이론에서는 양과 질의 연속성이 이루어진다는 것이다.

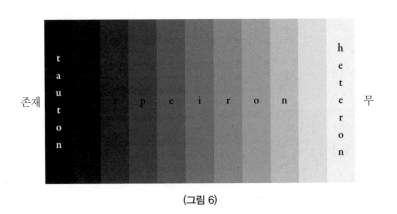

(그림 6)

그런데 소은 선생이 말하는 일자(一者)는 형상계 전체를 의미하는가, 아니면 하나의 형상을 의미하는가라는 의문이 들 수 있다. 이것은 아페이론이 다수의 아페이론인가, 하나의 아페이론인가라는 것과 연관된다고 볼 수 있는데, 이정우는 일자를 형상계 전체로 해석하고 소은 선생과 윤구병은 하나의 형상을 의미하는 것으로 해석하고 있다.[16] 그러나 어느

2007, 86쪽.

16 이정우는 「소은 박홍규의 '아페이론' 이해」, 『철학사상』 39, 2011, 34쪽에서 "소은이 말하는 일자는 형상계 전체를 가리키는 것으로 보아야 한다"라고 말하고, 소은 선생은 "존재론적으로 본다면 모든 무한정자가 서로 통해 있다"(「『티마이오스』 편 강의」, 『플라톤 후기 철학 강의』, 107쪽)라고 말하며, 윤구병 또한 『윤구병의 존재론 강

입장을 취하든 문제가 발생한다. 이정우의 해석에 따르면 존재와 무, 즉 형상과 무 사이에 아페이론이 있다는 소은 선생의 존재론에 반하게 되고, 소은 선생의 입장에 따르면 형상의 수만큼 있게 되는 아페이론이 어떻게 연결되느냐 하는 것이다. 이어서 제기될 수 있는 물음은 형상과 동일성의 문제이다. 이것은 "즉자성(kath' hauto)이 먼저냐, 아니면 동일성(tauton)이 먼저냐 하는 문제인데, 동일성의 입장에서는 즉자성도 존재든 무든 간에 각각 그것이 동일성을 규정하니까 나올 수 있다는 것이고, 즉자성의 입장에서는 즉자성이 있으니까 그것과 동일한 동일성이 나올 수 있다는 것이다." 다음 그림을 보자.

(그림 7)

(그림 7)의 두 도형은 서로 다른 도형이다. A는 원형의 속성을 가지고 존재하고, B는 사각형의 속성을 가지고 존재한다. 이것은 다음과 같이 서술할 수 있을 것이다.

　　　① A가 있다.　　　B가 있다.
　　　② A는 원형이다.　　B는 사각형이다.

의: 있음과 없음』에서 다수의 아페이론을 지지하는 것으로 보인다. 그러나 이정우가 언급하는 내용은 해석하기에 따라 각각의 형상들을 일자로 언명한 것으로 볼 수도 있고, 형상계 전제를 하나로 언명한 것으로 볼 수도 있다. 전자로 해석한다면 다수의 아페이론이 있어야 하고 후자로 해석한다면 하나의 아페이론이 있어야 하는데, 어떤 해석을 따르든 아페이론이 하나인가 다수인가라는 문제는 플라톤이 『필레보스』에서 한 정자를 유와 종으로 구별하고 그것들의 아페이론을 언급할지라도 고려의 대상이 될 수 있다고 본다.

①은 A와 B가 있다는 것을 서술한 것이고, ②는 두 개의 속성을 규정한 것이다. 그런데 ①과 ②는 다음과 같이 달리 서술할 수도 있을 것이다.

③ A는 원형으로 있다. B는 사각형으로 있다.

그러면 ③은 (A=원형, B=사각형)이라는 등식이 성립해 A는 원형과 동일하고 B는 사각형과 동일하다는 해석이 가능하고 동일하다는 것은 그것이 사실이라는 것을 의미한다고 보면, ①은 'einai'의 존재를 표시하는 것이고 ②는 그것이 계속해서 원형이어야 원형으로 존재하기 때문에 연속성을 의미하고 ③은 'einai'가 가지고 있는 진리적 용법이 동일성을 의미한다는 해석이 가능하다.

이렇게 A와 B는 원형과 사각형을 유지해야 원형과 사각형으로 존재하고, 원형과 사각형의 속성이 사라지면 원형과 사각형이 아니게 된다. 즉 자신의 성질을 계속 동일하게 유지해야 그것이 자체로 존재하게 된다는 것이다. 반대로 원형이나 사각형의 성질이 없다면 원형이나 사각형 자체가 없는 것이 되기 때문에 원형이나 사각형이라는 동일성보다 존재 자체가 우선이라고 할 수도 있다. 그런데 이렇게 서로 다른 두 도형의 유일한 공통점은 존재한다는 사실이다. 즉 존재라는 것에 원형이나 사각형이 포함되고 이 존재가 파르메니데스의 일자라고 볼 수 있는데, 소은 선생이 말하는 즉자적인 것과 파르메니데스의 일자가 같은 것인가 생각해 보아야 한다. 소은 선생은 즉자적인 것과 동일한 것을 타자와의 관계 맺음으로 구분하는데, 타자와 관계 맺음이 없이 배타적인 것이 즉자적인 것이고 타자와 관계 맺는 한에 있어서의 일자가 동일한 것이라고 한다. 이것은 결국 모순이 먼저냐, 같음과 다름이 먼저냐 하는 문제로 귀결[17]된다. 파르메니데스는 현상계를 허구라고 하면서 여럿(多)을 인정하지 않

---

17 박홍규, 「방황하는 원인」, 『형이상학 강의 1』(박홍규 전집 2), 민음사 2007, 269~71쪽.

고 존재는 오로지 일자(一者)라고 하지만, 소은 선생은 여럿(多)을 논리의 근간으로 삼았기 때문에 나는 이것을 판단하는 전제 자체가 다르다고 생각한다. 다시 말하면 오로지 하나인 파르메니데스의 일자는 타자와의 관계 맺음이 없기 때문에 자체성과 동일성이 분리되지 않고 어떤 것이 먼저이냐를 따질 수 없다고 보고, 이것은 여럿으로 이루어지는 형상계 또한 마찬가지일 것이다. 그러나 소은 선생의 아페이론에 존재하는, 즉 관계 맺음에 참여하는 일자인 동일성은 형상계가 먼저 존재해야 동일성이 나올 수 있기 때문에 자체성이 우선이라고 볼 수 있다.

나는 동일성이 소은 선생의 아페이론에서 핵심적인 것이라고 생각하는데, 우리는 동일성이라는 것이 물리적 동일성인가 논리적 동일성인가 하는 것에 대해 생각해 보아야 한다. 물론 동일성이라는 것이 형상에서 비롯되는 것이기 때문에 논리적 동일성이라는 것은 쉽게 생각해 낼 수 있지만, 논리적 동일성이라는 추상성이 어떻게 물리적 현상계에 구현되느냐 하는 것이 중요하다는 것이다. 논리적 공간은 동일성이 위치하는 곳이고 동일성은 극한치의 개념이기 때문에 그것이 형상의 영역에 속하냐 아페이론의 영역에 속하냐 하는 것은 의미 없는 물음이 될 수도 있다. 그러나 추상성과 현상계를 분리하지 않고 연결하는 것은 다름 아닌 논리적 공간으로부터 시작된다. 소은 선생은 앞의 인용문에서 "일자가 타자와, 즉 아페이론과 접촉하는 순간은 동일성이고 들어가 아페이론을 받아들이면 비슷한 것이 된다"라고 말한다. 또한 자기 동일성이 성립할 수 있는, 즉 성질만 남는 논리적 공간(logical space)을 말하는데 이것은 형상계와 아페이론 사이에 자리 잡게 된다고 말하고 있다. 그러니까 소은 선생의 주장에 따르면 일자와 논리적 공간, 아페이론의 순서로 자리 잡게 되는데, 그렇다면 존재와 무의 경계에 아페이론이 있고 존재와 아페이론 사이에 또 다른 경계가 있다는 것이다. 이러한 해석은 논리적 공간을 물리적 공간 개념으로 이해하는 데서 비롯된다고 볼 수 있는데, 소은 선생은 "논리적 공간은 무한정자가 가진 하나의 성격"[18]이지만 "어떤 의미에서는 무한정자가 아닌 성격을 가지고 있다"[19]라고 한다. 이렇게 아페이론은 자기 동일성이 성립하지 않고 변해 버리는 물리적 공간이 되어 논리적 공간과 물리적 공간은 연결된다. 그런데 논리적 공간에 대해서는 "그냥 형상을 보고 만들면 되지, 왜 논리적 공간이 필요하냐"라는 의문이 제기되는데, 소은 선생은 물리적 공간에 동일성을 구현하려면 전체와 부분을 다 보기 위한 분석을 해야 하고 그것이 논리적 공간에서 가능하다고 한다. 소은 선생은 이어서 논리적 공간의 난제를 다음과 같이 말한다.

여기서 어려운 문제가 생겨, 모든 성질이 전부 다 자기 동일성을 갖는다고 해보자. 우리가 논리적 공간에서 자기 동일성을 갖는다고 했는데, 사실은 자기 동일성을 가지니까 논리적 공간이 성립하는 것이지. 그러면 자기 동일성은 무엇이 제공하느냐? 일자가 그것을 준다는 것은 논리적 측면이지 …… 여기서는 논리적 사고(logizomai)를 제작자(demiourgos)가 한다고 해. 그러나 그것은 기능적인 것이고 …… 성질 입장에서 보면 제논이 뭐라고 말했냐 하면, 다가 존재한다면 일정한 다 사이에 다른 수가 들어가고 또 그 수와 현재 있는 수 사이에 또 다른 수가 들어가고 그런 식으로 무수히 많은 수가 들어갈 것이다라고 말해 …… 논리적 공간이란 꼭 둘만 받아들이라는 이유가 없으니까. 무수한 수를 받아들일 수 있는 것이 논리적 공간이야. 무한히 분할 가능한 연장성이야.[20]

소은 선생이 이렇게 논리적 공간의 무한 분할에 대해 이야기하는 것은 무슨 이유일까? 단적으로 말한다면, 공간이 일정하다면 다(多)가 성립하

18 박홍규, 「『티마이오스』 편 강의」, 『플라톤 후기 철학 강의』(박홍규 전집 4), 민음사 2007, 113쪽.
19 박홍규, 「『티마이오스』 편 강의」, 『플라톤 후기 철학 강의』(박홍규 전집 4), 민음사 2007, 112쪽.
20 박홍규, 「『티마이오스』 편 강의」, 『플라톤 후기 철학 강의』(박홍규 전집 4), 민음사 2007, 105~06쪽.

지 않게 되고 결국 하나가 되기 때문이다. 다(多)라는 것은 아페이론에서 이루어지는 연속성이 분절되는 불연속을 의미하는 것이고 분절로 인해 단위, 즉 사물의 생성이 이루어진다고 보아야 한다. 이렇게 분절된 공간은 연장성을 갖는데, 그러면 무한정자에서 분절이 이루어지는 것은 무엇에 의한 것인가? 앞에서 무한정자에 형상이 새겨짐으로써 사물이 형성된다고 했다. 무한정자에 새겨진 형상은 분절이 없다면 결국 무에 다다를 수밖에 없는데, 소은 선생은 다가 관계를 맺고 있으면서도 무한정자로, 무질서에 안 빠지게 하는 것이 동일성이 확보된 단위의 기능이고 타자화에 역기능해 동일성을 유지하게 하는 것이 영혼[21]이라고 하며, 영혼의 기능에 대해 언급한다.

이렇게 무한정자 안에서 이루어지는 타자화의 과정을 소은 선생은 운동으로 보고 있고,[22] 플라톤 역시 여러 대화편에서 운동의 종류에 대해 말하고 있다.[23] 플라톤에 따르면, 운동은 크게 공간 운동과 질적 운동으로 나누어지고, 자기 자신이 스스로를 움직이는 자기 운동과 다른 운동에 의해 움직여지고 그 운동을 다른 것에 전달하는 타동 운동으로 구별할 수 있는데, 여기서 소은 선생이 주목하는 것은 자기 운동이다. 플라톤이 사물을 규정하는 방식은 형상을 통한 규정과 운동 방식을 통한 규

---

21 박홍규, 「『티마이오스』 편 강의」, 『플라톤 후기 철학 강의』(박홍규 전집 4), 민음사 2007, 136쪽.

22 박홍규, 「희랍 철학 소고」, 『희랍 철학 논고』(박홍규 전집 1), 민음사 1995, 32~33쪽; 박홍규, 「베르그송에 있어서의 근원적 자유」, 『희랍 철학 논고』(박홍규 전집 1), 민음사 1995, 185쪽; 박홍규, 「자기 운동(I)」, 『형이상학 강의 1』(박홍규 전집 2), 민음사 2007, 115쪽.

23 플라톤은 『테아이테토스』 181c~d에서 운동을 공간 운동과 질적 운동으로 나누고, 공간 운동을 이동과 자전으로 분류한다. 이와 유사한 분류가 『파르메니데스』 138b~c에도 나오는데, 『티마이오스』 40a~b, 43b에서는 전, 후, 좌, 우, 상, 하, 자전의 일곱 가지의 공간 운동을 제시한다. 그러나 가장 자세히 운동의 분류를 언급하는 대화편은 『법률』 제10권(893b~894c)인데, 자전, 공간 이동, 분리, 결합, 성장, 축소, 생성, 소멸, 타동 운동, 자기 운동의 열 가지를 언급하고 있다(최화, 「플라톤의 운동론」, 『시대와 철학』 15(2), 한국철학사상연구회 2004, 37쪽 참조).

정 두 가지이다. 그는 생명의 운동, 즉 영혼에 대해 "스스로 자신을 움직이는 것은 영혼 이외의 다른 것이 아니다"(『파이드로스』 246a), "자전 운동"(『티마이오스』 34a), "영혼은 스스로를 움직일 수 있는 그 자체"(『법률』 896a)라고 영혼의 능동성을 말하고 있다. 그러니까 자기 운동을 하는 영혼이 사물을 규정할 수 있고, 타자화의 과정은 질적 운동이기 때문에 동일성을 상실하는 질적 운동에서 다시 동일성으로 되돌아가려는 기능이 자기 운동, 즉 영혼에 있고 논리적 공간과 연결된 물리적 공간에서 동일성이 확보된 단위가 생성된다는 것이다. 그러면 생성의 원인을 자기 운동 자체인 영혼이라고 할 수 있는가? 『티마이오스』 47e~48b에는 "우주의 생성이 필연과 이성의 결합에 의해 일어난 것"이고 "우주가 어떻게 이런 방식으로 생성되었는지를 진정으로 이야기하고자 한다면, 자신의 고유한 운동을 하는 한에서의 방황하는 원인의 종류를 섞어야 한다"라는 내용이 등장한다.[24] 여기서 필연을 방황하는 원인과 동일하게 보는 것이 여러 연구자들의 해석인데, 그것들이 왜 동일시되는지에 대한 연구자들의 의견은 분분한 상황이다. 소은 선생 또한 『희랍 철학 논고』의 「『티마이오스』 편의 〈필연〉에 대한 아처-하인드의 견해를 음미함」에서 "필연 또는 방황하는 원인은 이성에 의하여 발생한 물질의 힘

---

24 박홍규, 「방황하는 원인」, 『형이상학 강의 1』(박홍규 전집 2), 민음사 2007, 248~49쪽. 그런데 박홍규, 「『티마이오스』 편의 〈필연〉에 대한 아처-하인드의 견해를 음미함」, 『희랍 철학 논고』(박홍규 전집 1), 민음사 1995, 172~73쪽에서는 "우주의 탄생은 필연과 이성이 혼합되어서 이루어졌다", "방황하는 원인의 종류를 그것이 운동을 일으키는 방식대로 섞어야 한다"라고 되어 있다. 그리고 김유석은 해당 부분을 다음과 같이 해석하고 있다. "이 세계의 생성이란 필연과 지성의 결합으로부터 혼합되어 생겨난 것이니까요. 어떻게 이 우주가 실제로 그런 방식에 따라 생겨났는지를 이야기하려 한다면, 방황하는 원인의 종류도 함께 다뤄야 하며 그것이 본래 어떤 식으로 운동을 일으키게 되었는지도 이야기해야 합니다"(47e~48c). 소은 선생과 김유석의 원문 해석의 차이는 '결합에 의한 것'을 '결합으로부터 혼합되어 생겨난 것', 그리고 '자신의 고유한 운동을 하는 한에서'와 '어떤 식으로 운동을 일으키게 되었는지'의 부분이다. 결합과 혼합은 물리적 변화나 질적 변화로 이해될 수 있고 운동은 자기 운동과 타동 운동으로 이해될 수 있기 때문에, 해당 부분에 대한 면밀한 검토가 필요하다고 본다.

(forces of matter originatied by noûs)을 뜻하며, 물질적 우주를 지배하는 물리적 법칙의 전체(the sum total of the physical laws which govern the material universe)"라는 아처-하인드의 견해를 논박하고 『형이상학 강의 1』의 「필연」과 「방황하는 원인」에서 상당한 지면을 할애해 앞의 내용에 대해 설명하고 있는데, 이성과 동등한 우주의 원인인 방황하는 원인이 물질을 그것의 본질로부터 일탈하게 하여 그것의 질이 연속적으로 상실되고 새로운 것을 받아들이는 변천 과정을 포함한다는 것이 주요한 내용이다.[25] 그러니까 앞에서 언급한 바와 같이, 소은 선생은 타자화의 과정을 운동으로 보고, 따라서 방황하는 원인이 운동의 원인이라고 말한다. 그러나 최화는 "아페이론은 운동의 원인이 아니라 조건일 뿐이며, 아페이론을 운동의 원인이라고 하는 것은 중대한 오류"라고 말하면서 다음과 같이 주장하고 있다.

> 연속성 없이는 운동이 불가능하지만, 연속성은 항상 수동적이기 때문에 스스로가 운동을 일으킬 수는 없고, 단지 그것을 전달할 수 있을 뿐이다. …… 아페이론이 원인이라면 그것은 수동적이고 불규칙하며, 혼란스럽고, 무한정적인 원인이다. 그렇기 때문에 그것은 방황하는 원인이라 불린다. 그것은 운동의 원인으로서는 이차적인 것에 불과하다. 그것은 무질서의 원인은 될지언정, 질서의 원인은 될 수 없다. 진정한 원인은 자발적이고 질서를 가져오는 것이어야 한다.[26]

이렇게 아페이론이 운동의 원인인가 아닌가에 대해 소은 선생과 최화 두 사람이 다르게 해석하는 것은 티마이오스를 어떻게 해석하나에 기인할 것이다. 사실 소은 선생도 "무한정자는 자기 운동이 없어, 그런 운동

---

25 상세한 내용은 본문에서 언급한 박홍규, 『희랍 철학 논고』(박홍규 전집 1), 민음사 1995; 박홍규, 『형이상학 강의 1』(박홍규 전집 2) 참조.
26 최화, 「플라톤의 운동론」, 『시대와 철학』 15(2), 한국철학사상연구회 2004, 42~43쪽.

은 자기 운동에서 동일성을 얻어와"[27]라고 아페이론의 운동은 타동 운동임을 밝히고 있다. 그러니까 소은 선생이나 최화나 아페이론을 타동 운동으로 본다는 점에서는 같다고 생각할 수 있는데, 그것이 생성의 원인이냐 보조 원인이냐는 것에서 차이가 있다. 소은 선생은 원인을 철학적인 입장에서 이해한다. "원인은 근원(archê)의 일종이고 그것은 처음(archê), 중간(meson), 끝(telod)의 처음"이라는 것, 그리고 "원인은 그것의 성격을 다른 사물에 부여함으로써만 원인이 된다"라는 소은 선생의 견해에 따르면, 사물이 처음 생성하게 되는 것이 무엇 때문이냐를 생각해야 한다는 것이다.

이미 앞에서 언급했지만 우리는 서양철학이 '존재'로부터 시작되었다는 것을 잘 알고 있다.

파르메니데스의 하나인 일자와 플라톤의 여러 하나가 유클리드의 평면기하학에 존재하는 것이라면 현상계는 비유클리드 기하학의 세계이다. 즉 유클리드의 평면기하학에 존재하는 완벽한 삼각형은 현상계에서는 존재하지 않고 피타고라스(Pythagoras)의 정리 또한 현상계에 구현되지 않는다. 그러나 우리는 완벽한 삼각형을 사유할 수 있고 현상계의 불완전한 삼각형을 완전한 삼각형으로 인식한다. 즉 현상계는 일자가 가지고 있는 규정이 일부 결여된 것이나 그 규정의 일부만 남아 있는 것이 복합체로 구현되는 것이고 일자의 규정을 깨뜨려 타자화하는 것이 아페이론이라고 보면, 소은 선생의 입장이 타당하다고 보아야 한다. 아울러 티마이오스에서 아페이론을 방황하는 원인이라고 표시하는 것도 그것이 하나의 원인으로서만 한정되지 않기 때문으로 이해할 수 있다.

이렇게 끊임없이 생성, 변화, 소멸의 운동을 하는 영역에서 우리에게 나타나는 것들은 결국 모상이기 때문에 그것으로부터 우리가 알게 되는 것은 참된 앎이 아니다. 그러나 모상은 진상을 본으로 삼았기에 일정 정

---

27 박홍규, 「『파르메니데스』 편 강의」, 『플라톤 후기 철학 강의』(박홍규 전집 4), 민음사 2007, 205쪽.

도 진상을 포함하고 있다. 또한 하나의 사물은 아페이론을 통해 다양한 성질을 보유하게 되고, 각각의 사물은 일정한 관계를 지니고 다(多)로 성립하게 되며 그것은 일정한 법칙을 따른다.[28] 따라서 참된 앎은 아니지만 운동 속에서 나타나는 규칙성과 원인을 밝히려는 시도가 있고 그것으로부터 일정한 담론이 형성될 수 있는데, 플라톤은 그것을 '그럴듯한 설명'(eikos logos)이라고 한다.[29]

그러면 진상은 어떻게 탐구해야 하는가? 소은 선생은 "진상을 은폐하는 것을 제거하고 존재의 이유를 그 자체에서 찾아야 한다"라고 말한다. 즉 "그렇게 되거나, 그렇게 나타나거나, 그렇게 사유되는 근거를 찾는 것이 아니라, 그것이 직접적으로 객관적으로 그렇게 성립하는 근거를 찾아야 하는 것"이며,[30] "인간 속에 갖고 있는 모든 불명확성(Dunkelheit), 즉 무한정성을 없애버려야만 사물을 명료하게(clear) 볼 수 있고 …… 백지상태가 나와야 돼. 그래야만 진상 직관(idein)이 가능하고 백지상태가 나올 때 사물의 동일성(sameness)이니 객관적인 실재(reality)를 받아들일 수 있다"[31]라고 한다.

소은 선생은 『파르메니데스』 편 강의를 분석하는 것으로 시작한다. 이어지는 『필레보스』 편 강의뿐만 아니라 거의 모든 강의에서 분석을 강조하는 것으로 보아 플라톤의 변증법처럼 분석은 소은 선생의 철학적 탐구 방법이라고 할 수 있다. 소은 선생은 "『파르메니데스』 편은 형식적인 존재론이고, 존재론이나 형이상학의 문제를 다루려면 분석이라는 개념을 알아야 한다"라고 말하는데, 이것은 분석의 목적과 방법, 그리고 그 대상이 무엇인지 알아야 함을 의미하고 있다. 즉 형상과 개물(個物), 그

28　박홍규, 「베르그송에 있어서의 근원적 자유」, 『희랍 철학 논고』(박홍규 전집 1), 민음사 1995, 120쪽.
29　플라톤, 김유석 옮김, 『티마이오스』, 아카넷 2019, 353쪽.
30　박홍규, 「베르그송에 있어서의 근원적 자유」, 『희랍 철학 논고』(박홍규 전집 1), 민음사 1995, 183쪽.
31　박홍규, 「『정치가』 편 강의」, 『플라톤 후기 철학 강의』(박홍규 전집 4), 민음사 2007, 49쪽.

리고 그것들의 관계를 알려면 전체와 그 각각을 분석해야 한다는 것이다. 그는 분석을 '떼어 놓는 것'으로 규정하는데, 그것은 떼어 놓지 못하는 것이 있다는 것을 함축하고 둘 이상의 관계를 전제로 한다. 이렇게 둘 이상의 관계라는 것을 여럿의 관계를 의미하는 것으로 보면, 소은 선생의 주된 관심사는 여럿(多)으로 이루어지는 현상계를 분석하는 것으로 볼 수 있다. 소은 선생은 먼저 떼어 놓을 수 없는 것을 묻고 그에 대한 대답으로 제시되는 파르메니데스의 일자(一者)에 이어 운동을 제시한다.

> 운동할 때에는 못 떼어 놓는 것이지, A와 B가 관계를 맺으면서도 떼어 놓을 수 있다는 것은 운동 상태에 들어가 있지 않다는 이야기야. A와 B가 정지상태에 있다는 거야. 그러면 A와 B는 그 둘이 관계 맺은 것의 단순 단위(simlple unit)야. 그걸 element(요소), stoicheion(요소)이라고 해, 그러니까 단순 단위가 그것의 어떤 자기 동일성(identity)을 가지고 있을 때에만 …… 그런 기본적인 단위로서 구성되어 있을 때만 떼어 놓을 수 있지.[32]

이 같이 소은 선생은, 분석하면 운동이 없어지니까 운동은 분석할 수 없다고 말한다. 그러면 운동이라는 것은 무엇인가? 흔히 플라톤은 운동을 부정하는 것으로 알려졌다. 그러나 플라톤이 다수의 대화편에서 운동에 대해 언급[33]하는 것을 보면, 그가 배제하려는 것은 형상의 운동이지 개물(個物)의 운동은 아닌 것으로 보인다. 특히 『법률』 제10권에서 운동(kinēsis)의 한 분류로 생성(genēsis)을 말하고 있는 것을 보면, 플라톤이 사물의 운동과 형상의 운동을 구분하고 있는 것은 분명하다. 그러면 소은 선생에게 운동이란 무엇일까? 그는 "일자가 타자와 관계를 맺으나 일자가 타자에 엉켜서 타자성으로 해체되어 무규정화되고, 이러한 무규정

---

32 박홍규, 「『파르메니데스』편 강의」, 『플라톤 후기 철학 강의』(박홍규 전집 4), 민음사 2007, 173쪽.

33 이 글의 주 23 참조.

성에서 성립하는 부동성(浮動性)은 운동의 특징이므로 무규정성은 운동의 원인이며 연속적인 타자화에 있어서 운동이 성립한다"라고 말한다. 그러니까 소은 선생은 운동을 연속적인 타자화로 말한다. 다시 말하면 존재와 무처럼 완전한 단절이 아닌 연속성이 유지되는 상태, 즉 한 상태에서 다른 상태로 전이되는 과정을 말하는 것으로 소은 선생에게서 이 것은 다름 아닌 아페이론이다.[34] 그러면 끊임없이 연속성이 유지되는 자연 세계에서 질적(質的) 다양성을 보유하고 있는 각각의 사물을 어떻게 분석해야 하는가라는 문제가 생기는데, 소은 선생은 자기 동일성을 가지고 있는 기본 단위를 요소(stoicheion)로 정의하면서 이것이 분석의 기본 단위라고 말하고 있다. 요소는 단어의 음절이나 문자를 의미하기도 하는데, 아리스토텔레스에 따르면 (구성체) 속에 들어 있는, 그리고 형태상(eidei) 다른 형태로 분할 불가능한 것으로 이것으로부터(ex hou) (어떤 것이) 구성되는(syngkeitai) 그런 것을 뜻한다. 이를테면 음성의 스토이케이온은 음성이 그것들로 구성되며 분할되어 그것들로 (되돌아가는) 궁극의 것들이다(아리스토텔레스, 『형이상학』 1014a26).[35] 이렇게 더 이상 분할 불가능한 스토이케이온이 분석의 기본 단위라는 것이 소은 선생의 견해인데, 이 단위가 자기 동일성을 가지고 있어야 한다는 것은 어떤 의미일까?

우리가 분석의 대상으로 인식하는 사물은 자연 세계에 존재하고 있다. 자연 세계에 존재하는 것은 시-공간을 가지고 있고, 시-공간을 가지고 있는 것은 크기를 가지게 된다. 그런데 파르메니데스의 제3인 논변(Third man argument)의 무한 소급(regressus infinitus)이나 제논의 무한 분

---

34 박홍규, 「희랍 철학 소고」, 『희랍 철학 논고』(박홍규 전집 1), 민음사 1995, 32~33쪽; 박홍규, 「베르그송에 있어서의 근원적 자유」, 『희랍 철학 논고』(박홍규 전집 1), 민음사 1995, 185쪽; 박홍규, 「자기 운동(I)」, 『형이상학 강의 1』(박홍규 전집 2), 민음사 2007, 115쪽 참조.
35 김인곤, 「아낙시만드로스의 아페이론」, 『시대와 철학』 13(2), 한국철학사상연구회 2002, 13쪽에서 재인용.

할에 따르면, 사물의 분석은 불가능하게 된다. 소은 선생이 대상을 해체하는 환원과 유지하는 분석을 구별하는 것은 이러한 문제를 염두에 둔 것으로 보인다. 이것은 그 대상의 분석이 물리적 분석인지, 논리적 분석인지 또는 물리적 분석을 바탕으로 하는 논리적 분석이거나 그 반대의 경우와 연관된다.

우리가 현상 세계에서 일정한 공간을 차지하는 자신의 얼굴을 도화지에 그린다고 생각해 보자. 얼굴 자체는 3차원 입체이지만 도화지에 그려지는 것은 2차원 평면에 3차원을 구현하려는 것이다. 그리는 사람마다 차이가 있지만, 사람의 얼굴을 그릴 때 '덩어리'라는 것을 기준으로 그리게 된다. 물론 이것은 사람의 얼굴뿐만 아니라 모든 것에 통용되는데, 사람의 얼굴에서 가장 기본적인 것은 눈, 코, 입이다. 이 세 가지를 표현하는 'T'의 형태 외부에 그저 원만 그려 넣어도 사람의 얼굴이라고 느끼게 되는 것을 상상하기는 어렵지 않다. 그런데 눈, 코, 입은 각각 자신의 기능이 있으면서 연결되어 있다. 그것이 얼굴에서는 근육으로 이어지는데 어디서부터 어디까지 눈이고, 코이고, 입인지 구별하기 어렵다. 즉 우리가 눈, 코, 입이라고 지칭하는 부분에는 눈, 코, 입이 아닌 다른 부분이 포함되어 있는데, 이것이 타자적 요소이다. 다른 부분, 여기서는 근육의 입장에서 보면 눈, 코, 입이 타자적 요소가 된다. 이렇게 눈, 코, 입과 근육의 굴곡에 따라 '덩어리'라는 것이 구성되고 각각의 눈, 코, 입을 포함하는 '덩어리'를 구분해 그려야 얼굴을 그릴 수 있다. 다시 말하면 얼굴의 '덩어리'인 각 부분은 질적 차이가 있다는 것인데, 그 차이가 있는 다른 덩어리들이 서로 연결되어야 얼굴로 표시되는 것이다. 그러니까 어떠한 사물은 타자성의 연결에 의해 구성되는데, 이 타자성은 서로에 대해 상대적인 성격을 갖는다. 그러면 얼굴과 얼굴을 그린 그림은 어떤 관계에 있는가? 플라톤은 『티마이오스』에서 이것을 원상(paradeigma)과 모상(eikon)으로 표현하는데, 아무리 자신의 얼굴과 동일하게 잘 그린 그림이라도 그림이 얼굴 자체는 아닌 것이다.[36] 즉 모상이 원상은 아닌 것이다. 그림의 최대치는 원상에 가장 근접한 상태인데, 소은 선생은 이것을 자기 동일성(tauton)이 확보된 상태라고 말한다.

비슷하게 된다는 것의 극한치는 무엇이야? …… 동일성이지 형상 그
자체가 된다는 것은 아니야, 원상이 된다는 것은 아니야, 원상과 같아진다
는 것이지 논리적으로는 원상과 접촉해 있는 것이고.[37]

그러니까 원상과 모상의 관계는 'A = A'로 표현할 수 있는데, 두 A는
등호 '(=)'의 좌우에 위치한다. 이렇게 위치가 다르다는 것은 경계가 있
다는 것이고 원상과 모상이 서로 닿아 있는 것이 모상의 극한치, 즉 자기
동일성이라는 것이다. 소은 선생은 이것을 접촉으로 표현한다. 따라서
자기 얼굴과 가장 가깝게 그린 그림이 가장 동일한 그림이고 자기 얼굴
로부터 가장 멀리 떨어진 그림이 자기와 극한치의 다른(heteron) 그림이
되기 때문에, 얼굴과 가장 동일한 그림을 그리기 위해서는 얼굴을 구성
하는 부분인 눈, 코, 입과 근육 또한 그 원상에 가장 가깝게 그려야 얼굴
전체가 원상에 가장 가까운 그림이 된다는 것이다. 따라서 소은 선생이
자기 동일성을 유지하는 것을 분석의 기본 단위로 상정하는 이유가 여
기에 있다. 즉 얼굴과 동일한 그림을 통해 얼굴을 파악할 수 있듯이 원상
과 동일한 모상을 통해 원상을 파악할 수 있기에, 자기 동일성을 가진 요
소가 분석의 기본 단위이고 운동이 아닌 정지 상태에서만 분석이 가능
하기에 분석의 성격은 경험적 감각을 바탕으로 하는 논리적 분석의 성
격을 가지고 있다고 보아야 한다. 소은 선생 또한 전체와 부분을 유지하
면서 분석하는 것을 논리적 분석이라고 규정하고 있는데, "전체 그리고

---

36 혹자는 사진을 떠올릴 수도 있을 것이다. 그러나 사진은 오히려 그림보다 더 입체감
    이 없다. 사진과 원상은 비율에서는 같을지라도 그 속에서 '덩어리'가 표현되지 않기
    때문에, 우리는 "사진이 더 잘 나왔다" 혹은 "실물보다 더 못 나왔다"라고 말하는 것
    이다.
37 박홍규, 「『티마이오스』 편 강의」, 『플라톤 후기 철학 강의』(박홍규 전집 4), 민음사
    2007, 96쪽.

부분이 공존하려면 해체하고 조립하고 여러 관계를 되풀이한 것에서 개별성과 변화하는 것을 빼버리고 개별적이고 변화하지 않는 차원에서 요소들을 얻어내야 해[38]"라고 말하고 있다. 그런데 앞서와 같이 소은 선생이 말하는 '전체와 부분'을 '하나와 여럿'으로 치환할 수 있는가는 생각해 보아야 한다.

먼저 소은 선생이 말하는 바는 "전체와 부분이 공존하려면 개별성과 변화하는 것을 빼야 한다"라는 것이다. 여기서 개별성은 보편성과 대립하고 변화는 운동이기에 정지와 대립한다. 그러니까 개별성을 빼면 보편성이 되고 운동을 빼면 정지가 되는데, 개별성과 변화가 공존하는 것은 아페이론이기에 결국 아페이론을 제거한다는 것이다. 이렇게 아페이론을 제거한다는 것은 어떤 의미일까? 아페이론 속에 존재하면서 개별성과 변화의 연속성을 가지고 있는 것은 현상계의 사물이며, 보편성과 정지는 형상의 특징이다. 그렇다면 소은 선생은 현상계의 사물로부터 그 사물을 구성하는 개별적이고 변화하는 단위들을 제거하고 형상을 찾아가는 과정을 분석으로 보고 있는 것이다. 이것은 소은 선생이 "(analysis)의 (ana)는 본래 (위로)라는 뜻이 있어, 위로 돌려준다는 거야",[39] "그 기본 의미는 〈풀어서 돌려준다〉 또는 〈자기 본성대로 놓는다〉는 뜻"[40]이라고 말하는 것에서도 잘 나타나 있다. 그런데 『파르메니데스』에서 파르메니데스는 소크라테스에게 일자(一者)인 형상이 전체 혹은 부분으로 개별 사물에 어떻게 관여할 수 있는가를 묻고 있다. 그러니까 소은 선생은 현실 세계로부터 형상을 찾아가고 있는 반면에, 파르메니데스는 형상이 어떻게 현실 세계에 나타나고 있는가를 묻고 있다. 여기에 소은 선생의 철학적 특징이 있다고 보아야 하는데, 그는 "분석을 한다는 것은 이 우주

---

38 박홍규, 「『파르메니데스』 편 강의」, 『플라톤 후기 철학 강의』(박홍규 전집 4), 민음사 2007, 179쪽.
39 박홍규, 「『파르메니데스』 편 강의」, 『플라톤 후기 철학 강의』(박홍규 전집 4), 민음사 2007, 181쪽.
40 박홍규, 「고별 강연」, 『형이상학 강의 1』(박홍규 전집 2), 민음사 2007, 21쪽.

속에 들어 있는 여러 가지 모순 관계, 난관(aporia)을 보는 것이고 이 세계 속에 들어 있는 모순이나 반대적인 것을 보자는 이야기"[41]라고 말한다.

앞에서 언급한 대로 소은 선생이 분석 대상으로 삼는 것은 단위이다. 그것은 다름 아닌 현상계의 사물이 가지고 있는 성질의 분석을 의미한다고 보아야 한다. 그러면 형상이 가지고 있는 성질이 무화 과정을 거치고 있는 아페이론에서 어떻게 질적 차이가 구별되어 여럿이 될 수 있는지의 문제가 제기된다. 하나와 여럿에 대한 문제는 그리스인에게서 아주 오래된 문제였는데, 철학사적으로는 자연철학자들로부터 시작된 문제로 인정받고 있다. 하지만 신화의 세계에서 신과 인간의 관계를 확립한 그리스인의 종교적 전통에서 비롯된 측면도 무시할 수는 없을 것이다. 그러니까 하나와 여럿의 문제는 '하나로부터 발생하는 여러 차이를 어떻게 이해하느냐'라는 문제인데, 소은 선생은 "아페이론이 『티마이오스』에서는 생성의 원인이었고 『파르메니데스』에서는 존재의 분석이었다면, 『필레보스』에서는 섞여 있는 아페이론이 어떤 관점에서, 어떤 측면에서 아페이론인가를 규정해야 한다"라고 말한다. 사실 『티마이오스』나 『파르메니데스』보다 아페이론에 대한 플라톤의 생각이 더 구체적으로 나타나는 것은 『필레보스』인데, 플라톤은 여기서 "존재하는 모든 것은 한정(peras)과 비한정(to apeiron)이 내재되어 있으며 하나와 여럿, 즉 유(類)와 종(種)으로 이루어졌다. 따라서 하나의 형상(mia idea)을 찾아야 하며 그 하나 안에 둘이 있는지 그 이상이 있는지가 검토되어야 하며, 각각의 하위 형상도 같은 식으로 검토하여 처음의 하나가 하나(유적 형상)이면서 여럿(종적 형상)이며 아페이론이라는 것을 밝히고 더 이상 나눌 수 없는 최하위 종에 이를 때까지 그 나눔의 횟수를 정하고 나서야 비로소 여럿을 아페이론으로 간주할 수 있고 각 단계에서의 하나를 각각 아페이론으로 취급할 수 있다. 이런 과정 없이 하나와 여럿을 말하면 곤란

---

41 박홍규, 「『파르메니데스』 편 강의」, 『플라톤 후기 철학 강의』(박홍규 전집 4), 민음사 2007, 196~97쪽.

하며 하나를 나눔의 과정을 거치지 않고 바로 아페이론으로 취급할 때 변증법이 아닌 논쟁술에 몰두하게 된다"(16c~17a)라고 말하면서 "우주 속에 존재하는 모든 것을 비한정자(to apeiron), 한정자(peras), 이 둘로 혼 합된 것(to meikton) 및 혼합의 원인(aitia)"(23b~31a)으로 나누고 있다.

『필레보스』에서의 이러한 구분은 『티마이오스』에서의 구분과 차이를 보이고 있는데, 그 대응 관계를 살펴보면

한정자＝형상,

비한정자＝무한정자,

혼합의 원인＝데미우르고스,

혼합된 것＝?

으로 표시할 수 있다. 이를 통해 『필레보스』에서는 『티마이오스』와 다르 게 '혼합된 것'이 추가되었음을 알 수 있다. 이것은 『필레보스』의 주된 내용이 '혼합된 것'임을 나타내는 것으로 볼 수 있으며, 앞에서 언급한 16c~17a까지의 내용 또한 이를 뒷받침하는 것으로 볼 수 있다. 그러면 비한정자, 한정자, 혼합된 것, 혼합의 원인의 네 가지 중에서 우리는 어 디서부터 출발해야 연속성의 과정에서 혼합된 것을 파악할 수 있는가? 소은 선생은 "사물의 규정〈peras(한정자, 한계, 규정)〉은 차이(diapheron) 에서 출발하고, 차이의 내용이 질(質)이야. 차이라는 것은 비교의 대상 이 있는 경우에 성립하는 것이기 때문에 하나만 있으면 차이가 없게 되 고 질은 여럿의 내용이 되어 양이면서 동시에 질이라는 측면을 갖게 된 다"[42]라고 말한다. 이것은 결국 모든 것이 다르다는 관계에 있다는 것을 의미하는데, 타자화의 원인이 무한정자이고 그 대상이 형상(동일성)이라 는 것을 우리는 앞에서 이미 살펴보았다. 그런데 플라톤은 『필레보스』에

---

42 박홍규, 「『필레보스』 편 강의」, 『플라톤 후기 철학 강의』(박홍규 전집 4), 민음사 2007, 214~16쪽.

서 형상이 아닌 한정자라는 표현을 사용하고 있다. 연구자들은 이것을 플라톤이 형상론을 포기한 것으로 해석하거나 더 구체화한 것으로 해석하고 있는데, 소은 선생은 고유명사와 보통명사의 관계로 형상과 한정자를 다음과 같이 설명한다.

> 형상은 똑같은 것이 되풀이되지 않아, 형상은 고유명사야. 만약에 형상을 보통명사로 취급하면 부류가 되는데 그렇게 되면 무너져버려, 그럼에도 불구하고 그것을 보통명사로 놓았지, 그럴 적에 한정자라는 거야. 또 그것만 가지고 안 되니까 공통적인 것을 놓은 거야. 그러니까 이것은 질 자체가 무엇인지에 대한 규정을 우리는 할 수 없다는 것을 인정하는 거야.[43]

소은 선생의 이러한 설명에 따르면, 형상 자체는 여럿(多)이 될 수 없는 고유한 하나이기 때문에 고유명사이고 형상의 질(규정)의 차이를 보이는 것을 보통명사, 즉 부류(한정자)로 말하는 것으로 이해할 수 있고 다음과 같이 진술할 수 있다고 본다.

(1) A는 ~이다.
(2) ~이 A이다.

그런데 (1)과 (2)의 A를 무엇으로 보느냐에 따라 '개별자에 있어 하나와 여럿의 문제', '형상에 있어 하나와 여럿의 문제'로 볼 수 있다. (1)의 주어 A를 개별자로 본다면 하나의 개별자가 다양한 질을 갖는 것으로 해석되고 형상으로 본다면 형상의 질이 규정된 것으로 해석이 가능하며, (2)의 서술어 A를 형상으로 본다면 개별자들 혹은 형상들 같은 다양한 주어들이 하나의 질로 규정되는 것으로 이해 가능하며 이것이 부류라는

---

43 박홍규, 「『필레보스』 편 강의」, 『플라톤 후기 철학 강의』(박홍규 전집 4), 민음사 2007, 216쪽.

것이 된다. 따라서 유와 종의 부류는 자체에 한정과 비한정이 내재되어 있으며, 형상과 형상의 결합이라는 난제가 해결될 수 있다고 본다. 그렇다면 각각의 질이 타자와 관계 맺는 방식은 무엇인가? 소은 선생은 공간과 시간을 그것으로 보고 있다. 질 자체는 기본적으로 불연속의 공간에 위치하기 때문에 경험의 대상이 아닌 직관의 대상이 되는데, 이것이 인식 대상이 되려면 연속성이 성립하는 아페이론의 공간에서 양화(量化)되어야 한다. 그러나 아페이론은 무화 과정이기 때문에 무화를 억제하는 묶음으로 분절되어야 하고 이러한 분절이 조화를 이룰 때 여럿의 관계 맺음이 가능하다.

4

지금까지 살펴본 아페이론을 그림으로 표시하면 아래와 같다.

| Idea

존재 | logical space

tauton | eikos logos

apeiron
(p r o c e s s)
physical space |

heteron | me on

무 |

소은 선생에 따르면, 아페이론은 인식의 측면에서는 'eikos logos'이다. 아울러 사물의 질적 변화는 연장성으로 나타나고 연장성에서 나타나는 질적 변화의 차이는 단위를 형성하는 근거가 되어 물질의 측면에서는 'physical space'가 된다. 즉 현상계의 사물이 어떻게 생성되고 다양

한 질적 변화의 과정을 거쳐 무에 이르게 되는가를 플라톤 철학으로 설명한 것이 소은 선생의 아페이론이라고 할 수 있는데, 이것은 여러 형상이 현상계의 여럿으로 재현되는 것을 설명하는 것이다. 일자적(一者的) 해석으로는 부동의 존재가 운동하는 여럿으로 구현되는 것 자체가 모순일 뿐만 아니라 타자와의 관계 맺음도 성립할 수 없기 때문에 형상이 현상에 나타날 수 없는 것이다. 그러나 현상계의 운동하는 여럿은 그것이 형상은 아닐지라도 형상의 그림자로 형상의 부동성과 현상의 운동성이라는 모순의 양면을 지니고 있는데, 이렇게 일자적 해석으로는 설명이 안 되는 현상계의 존재론적 문제에 대해 거의 모든 영역을 다룬 소은 철학은 동적 목적론(動的目的論)이라고 할 수 있다. 비록 그것이 본질과 현존의 문제를 해결하는 최종적인 결론은 아닐지라도, 그 이면에는 우리가 어떻게 현실을 바라보아야 하고 어떻게 살아가야 하는지를 보여 주었다고 생각한다. 본질을 탐구하는 것과 그것이 현존에 구현된 것을 인식하는 것은 "전체와 부분을 다 보아야 한다"라는 소은 선생의 말대로 어느 것 하나 소홀히 할 수 없으며, 더욱이 나 같이 소은 철학에 들어가는 문고리를 살짝 잡아본 풋내기에게 '푯대의 철학'이 된 것은 분명하다.

인간 사유가 대상의 진리를 포착할 수 있는지 없는지 하는 물음은 절대 이론이 판단하는 물음이 아니라 실천으로 판단되는 물음이다. 인간은 실천을 통해 자신의 사유가 진리인지, 실제성과 힘을 갖는지 이 세상에 속한 것인지를 입증해야 한다. 사유가 실천에서 유리된다면 사유가 실제적인가 비실제적인가 하는 물음을 놓고 벌이는 논쟁은 순전히 스콜라철학적인 물음에 불과하다.[44]

---

44 카를 마르크스·프리드리히 엥겔스, 이병창 옮김, 『독일 이데올로기』(제1권), 먼빛으로 2019, 26쪽.

참고문헌

박홍규, 「『유티데모스』 편에 대한 분석」, 『희랍 철학 논고』(박홍규 전집 1), 민음사 1995.

_____, 「희랍 철학 소고」, 『희랍 철학 논고』(박홍규 전집 1), 민음사 1995.

_____, 「베르그송에 있어서의 근원적 자유」, 『희랍 철학 논고』(박홍규 전집 1), 민음사 1995.

_____, 「방황하는 원인」, 『형이상학 강의 1』(박홍규 전집 2), 민음사 2007.

_____, 「고별 강연」, 『형이상학 강의 1』(박홍규 전집 2), 민음사 2007.

_____, 「자기 운동(I)」, 『형이상학 강의 1』(박홍규 전집 2), 민음사 2007.

_____, 「자기 운동(II)」, 『형이상학 강의 1』(박홍규 전집 2), 민음사 2007.

_____, 「『정치가』 편 강의」, 『플라톤 후기 철학 강의』(박홍규 전집 4), 민음사 2007.

_____, 「『티마이오스』 편 강의」, 『플라톤 후기 철학 강의』(박홍규 전집 4), 민음사 2007.

_____, 「『파르메니데스』 편 강의」, 『플라톤 후기 철학 강의』(박홍규 전집 4), 민음사 2007.

김인곤, 「아낙시만드로스의 아페이론」, 『시대와 철학』 13(2), 한국철학사상연구회 2002.

김인곤 외, 『소크라테스 이전 철학자들의 단편 선집』, 아카넷 2005.

윤구병, 『윤구병의 존재론 강의: 있음과 없음』, 보리 2003.

이정우, 「소은 박홍규의 '아페이론' 이해」, 『철학사상』 39, 2011.

이정호, 「박홍규의 존재론적 사유에 담긴 플라톤의 정치철학」, 이태수 외, 『박홍규 형이상학의 세계』, 도서출판 길 2015.

최화, 「플라톤의 운동론」, 『시대와 철학』 15(2), 한국철학사상연구회 2004.

카를 마르크스·프리드리히 엥겔스, 이병창 옮김, 『독일이데올로기』(제1권), 먼빛으로 2019.

플라톤, 김유석 옮김, 『티마이오스』, 아카넷 2019.

_____, 박종현 역주, 『국가·政體』, 서광사 2018.

회고와 철학적 단상

1. 소은 박홍규 선생을 추억하며

이창대

 지금부터 거의 60여 년 전, 한국 사회는 지금보다 혼란스럽고 불안정했다. 그래서인지 현실에 비판적인 학생들이 많았다. 이유는 생각나지 않지만 입학 당시에 나를 포함한 많은 학생이 철학 자체에 매력을 품고 철학과를 지망하지 않았나 싶다. 그래서인지는 몰라도 당시 철학과에는 입학 성적이 뛰어난 학생이 많았다. 당시 한국 사회는 가난에 찌들어 있었기 때문에 강의나 대화에서 현실 문제나 현실감에서 떨어져 있으면 학생들의 흥미를 끌지 못했다. 그런 시대적 상황에서 1960년대는 실존주의와 마르크스주의라는 거의 양극화된 사상이 지성계를 좌우하고 있었다. 그래서인지 당시 교수들 강의는 앞의 사상과 연관된 강의가 많았다. 그러나 소은 선생의 강의 시간에는 그런 내용들이 거의 다루어지지 않았다. 그래서인지는 몰라도 현실과는 거리가 멀다고 여겨지는 그리스 철학을 다루는 선생을 처음 뵈었을 때, 이 복잡하고 혼란된 현실에 무심한 스콜라적 훈장으로 생각했다. 그러나 다시 생각해 보면, 소은 선생은 보다 근원적인 문제를 우리에게 제시하고 생각할 것을 요구한 것 같다.

당시는 소은 선생보다 훨씬 더 잘 알려진 박종홍 교수와 조가경 교수 같은 분들이 문리대 학생들의 인기를 독차지하고 있을 때였다. 박종홍 교수는 칠판 가득히 지눌(知訥)의 원문을 명필로 손수 메우면서 동·서양 철학을 넘나들면서 현실과 연관성을 강조하는 명강의로 유명했으며, 조가경 교수는 그 유창한 실존주의 강의로 교실은 항상 만원이었다. 그러나 소은 선생의 강의는 때로는 난해한 선문답(禪問答) 같은 시간일 경우가 많아 당시 학생들에게 별로 환영받지 못했던 것으로 기억된다. 그러나 나는 신들린 사람처럼 열정적으로 수많은 암호 같은 말을 쏟아내곤 하는 선생에게 깊이 매료되곤 했다. 강의 내용을 이해하기 어려워 타과 수강생이 거의 없어 철학과 학생들의 가족 같은 분위기가 오히려 내게는 좋았다. 뿐만 아니라 선생님의 강의 내용에는 무언가 자꾸 되뇌이게 하는 문젯거리가 있어 냉철한 논리로 전개되는 실존주의나 평이한 지눌 사상에 비해 오히려 내게는 철학의 깊은 맛을 더 느끼게 해주었던 것으로 기억된다.

편의상 소은 선생의 일생 동안의 강의는 크게 세 시기로 구분할 수 있을 것이다. 제1기의 대학원 강의는 삼선교 자택 중심의 라틴어와 그리스어 원전 강독으로 기억된다. 학부 시절에 선생의 초청인지, 아니면 내가 자발적으로 간 것인지는 기억이 잘 나지 않으나 선생의 당시 거처인 삼선교 자택에서 매주 일요일 개최된 그리스어 원문 독회에 참석했다. 당시 참석자로는 고려대 김우창 교수, 전북대 철학과 박전규 교수 등이 함께해 강독 시간이 진지했던 것으로 기억된다. 특히 김우창 교수의 현란한 라틴어 강독은 지금 생각해도 잘했다고 여겨지는데, 이때는 철학 원서를 넘어 라틴 문학의 정수인 오비디우스(Ovidius) 작품도 읽어나갔다.

당시 소은 선생은 학부에서 강의보다 강독을 주로 하셨는데, 프리드리히 슐라이어마허(Friedrich Schleiermacher)가 독역(獨譯)한 플라톤 대화편을 같이 읽었다. 선생의 날카로운 문장 분석 덕분에 텍스트 분석력이나 어학 능력이 증진되는 것 같아 나는 소은 선생의 강독을 빼놓지 않고 수강한 것 같다. 그러다 보니 다른 어느 교수님들보다 인간적으로 가까워지지 않았나 생각된다. 당시 박종홍 교수나 조가경 교수 근처에는 따르는 선배가 많았다. 하지만 소은 선생 근처에는, 지금 기억으로는 거의 없었다고 생각된다.

제2기는 서울대 낙산 캠퍼스 이전과 선생의 반포 아파트 이사와 더불어 시작되었다. 이때도 학부에서는 플라톤의 독역 강독, 대학원에서는 그리스어의 원전 강독을 했는데, 이들 강독이 철학 공부에 도움이 된다고 널리 알려지게 됨과 동시에 소은 선생의 강독은 철학과에서 상당히 인기가 높아졌다. 자연스레 선생 강의에 수강생이 제법 많아지게 되었다. 이때는 주로 플라톤의 노년 작품인 『소피스트』나 『티마이오스』를 원전 중심으로 읽어나가다가 문제가 있는 지점에서 격렬하게 논쟁을 벌였던 것으로 기억한다. 당시 수강생은 주로 대학원생들로 윤구병, 양문흠, 손동현, 기종석, 박희영, 이정호 등이 열심히 참석했는데, 이들은 이후에 주요 대학에서 그리스철학 또는 형이상학을 가르쳤다. 소은 선생은 강의에서 일방적으로 결론을 내리지 않고 학생들의 논쟁을 살피다가 정론으로 이끌어주곤 하셨는데, 이는 소크라테스가 제자들을 이끌던 논법 못지않았다고 생각된다.

제3기는 소은 선생이 정년을 맞이해 반포에서 과천으로 이사한 이후의 시기로 판단된다. 이 시기는 내가 대학원을 마치고 잠시 쉬는 중이었기에 선생이 강독을 어떻게 이끌어갔는지는 몇 번 참석한 기억밖에 없다. 이처럼 강의실보다 자택을 중심으로 강의했기에 학생들은 다른 어느 교수보다 선생의 사생활과 그 가족에 관심을 갖게 되었다고 여겨진다. 그래서인지 서양 고대 철학 전공 학생들은 타 전공 학생들과는 달리 선생을 인간적으로 가까이하게 되지 않았나 생각된다.

소은 선생의 강의 방식은 좀 특이하다고 할 수 있다. 한번은 무(無)의 문제를 다루면서 고대 철학에서의 무와 중세 기독교 사상에서의 무를 비교하는 시간이었던 것으로 기억되는데, 이 비교를 소은 선생 고유의 제스처와 인상으로 언어가 전달하지 못하는 '그 무엇'을, 이른바 'etwas'를 선생은 단정적으로 규정짓기보다는 우리로 하여금 스스로 생각하도록 유도한 기억이 생생하다. 논리 정연한 진술로 무를 설명했다면, 과연 지금까지 그 강의 추억이 남아 있을 수 있었을까 하고 회의적으로 자문해 본다. 이처럼 소은 선생 강의는 문제를 명쾌하게 해결해 마치 마침표를 한 것처럼 완성된 내용을 우리에게 강의하기보다는 항상 문제의 여지를 남겨 제자들에게 두고두고 되뇌이게 하는 미완성 강의가 많았다. 마치 소크라테스가 따질 때로 따지다가 마지막에 난문(aporia)임을 고백한 것처럼 문제가 되는 점은 낱낱이 들추시다가도 제자들이 집요하게 질문하면 마지막에는 "아, 그래, 더 생각해 보게"라고 항상 여운을 남기곤 한 것으로 기억한다.

지금 생각하면 선생 만년 시기에는 주로 이데아 사상의 원조인 플라톤, 특히 후기 대화편인 『소피스트』와 『티마이오스』를 중심으로 읽어나가면서 한편으로는 현대 생성론의 대가라고 할 수 있는 베르그송의 『물질과 기억』도 같이 읽고 토론을 즐겼던 것으로 기억한다. 특히 『물질과 기억』을 강독할 때 불문학 전공자가 유창하게 읽어나가 프랑스어 원전의 의미를 파악하는 데에 많은 도움을 준 것으로 알고 있다.

플라톤과 베르그송 이 두 사상가는 철학적으로 그냥은 만날 수 없을 만큼 대립적인 위치에 있다. 그러나 소은 선생은 고대 철학 전문가라는 테두리에 안주하는 데 만족하지 않고, 아무 거리낌 없이 이 두 사상가를 자유자재로 거닐었다. 아마도 소은 선생은 고대 사상과 현대 사상, 이데아와 순수 지속, 존재론과 생성론 등의 궁극적인 종합을 꾀했는지도 모른다. 아니면 우리에게 이 두 극단의 사상을 넘어설 수 있어야 서양 사상을 넘어설 수 있음을 알려 주고 가셨는지도 모른다. 선생은 생전에 우리 사상에 대해 무관심했던 것이 아니라 오히려 서양 사상 전반을 거시적으로 조망하기를 강조하면서 더 큰 차원의 철학을 모색하라고 무언의 암시를 준 것이 아닐까 여겨진다.

소은 선생의 강독은 내가 대학원을 졸업할 때까지 매주 일요일 오후에 계속되었다. 강독은 한 번에 6~7쪽 정도를 읽는데, 그 준비는 보통 목요일부터 시작한 관계로 주말을 주말답게 보낸 적이 있는지 거의 기억나지 않는다. 이런저런 사정으로 여자를 못 사귀어 장가를 못 가고 있는 제자가 무척이나 걱정되셨는지 선생과 사모님이 적극적으로 중매를 서주셨다. 제자에 대해 무심한 것 같으면서도 제자의 앞날을 진정으로 걱정해 주셨던 선생에게 지금도 절실하게 감사할 뿐이다.

2. 내 나이 일흔에 돌아보는 소은 선생과 나

이정호

올해도 제자들은 소은 선생 성묘를 다녀왔다. 1994년 선생이 돌아가신 이래 한번도 성묘를 거르지 않았으니 스물여덟 번째 성묘인 셈이다. 코로나 상황이 심각했던 작년에도 따로따로 가는 방식으로 몇 사람이 다녀왔다. 학계에 이런 사례가 또 있을까 싶다. 제자들 가운데 몇 명은 어언 선생님 생전 연세 일흔넷을 넘겼고 나도 올해로 일흔을 맞았으니 참으로 긴 세월이 흘렀다. 제자들은 어째서 이토록 스승을 잊지 못하고 기리고 있는 것일까? 당연히 선생이 남기신 하늘 같은 학덕 때문이겠지만, 그래도 조금씩은 제자들마다 그럴 만한 저마다의 특별한 이유와 상념이 따로 더 있을 것이다.

돌이켜 보면 내가 소은 선생을 처음 뵌 게 공릉동에서 1학년 교양 과정을 마치고 1972년 문리과대학 동숭동 교정에 와서부터이니까 햇수로 따지자면 선생 생전 22년과 돌아가신 후 28년까지 근 50년이라는 긴 세월을 선생과 연을 쌓아온 셈이다. 그런데 가만히 생각해 보니 소은 선생 생전 22년 동안 학부 때는 물론 대학원 시절 수업 혹은 선생 관련 이런

저런 심부름으로 선생 댁을 수없이 들락거렸음에도 따로 선생과 대화다운 대화를 나눈 기억이 거의 없다. 대학원 시절은 물론 이미 학부 때부터 선생 수업이라면 거의 다 들었으면서도 선생 앞에만 서면 마냥 조신해져 ─ 나와 평소 주담을 나눈 후배들로선 믿기지 않겠지만 ─ 질문 하나 드린 적도 없고 굳이 대화라고 한다면 석사 학위논문 초고 제출 후 조마조마한 마음으로 지도를 받으러 선생 댁을 찾아가 몇 가지 지도 말씀을 듣고 온 것, 선생이 논문을 쓸 요량으로 녹음한 테이프를 받아 녹취한 후 퇴고를 받기 위해 몇 번 선생 댁을 찾아가 지시 말씀을 듣고 온 것(이 논문은 「희랍 철학 소고」란 제목으로 1980년 『인문논총』에 실렸다), 그리고 마지막으로 돌아가시기 전 병고를 앓으시던 서울대병원 병실(지금 어린이 병동이 있는 곳)이 방송대에서 100미터 정도밖에 떨어지지 않은 곳이라 자주 병실을 찾아 선생과 이런저런 대화를 나눈 게 전부였다. 1984년 전후로 박홍규 선생과 양병우, 지동식, 조요한 선생이 의견을 모아 한국서양고전학회 창립을 준비하시던 시절, 내가 김남두, 허승일 선생 밑에서 창립 간사를 맡아 이런저런 심부름과 연락을 드릴 때도 간단히 용건만 수행했고 때로 모임 후 선생을 댁으로 모시고 갈 때조차 아무 말 없이 그저 공손히 모셔다 드리기만 했다.

그럼에도 왜 선생은 내가 철학 공부를 한답시고 살아온 그 긴 세월 동안 늘 그렇게 하나같이 내 마음을 떠나지 않고 마치 크고 푸른 느티나무처럼 굳건히 뿌리를 내리고 서 계신 것일까? 사실 돌아보면 1972년 선생 강의를 처음 접한 그 순간부터 나는 이미 선생에 빠져 있었던 것 같다. 당시에는 이른바 실존주의 철학이 가장 인기 있는 과목이었고[1] 김태길 선생이 미국 안식년을 마치고 돌아와 새롭게 메타윤리학을 소개하면

---

1 당시 조가경 선생의 실존철학 강의는 그야말로 최고의 인기 강좌였다. 그러나 우리가 공릉동에서 교양 과정을 마치고 문리과대학 교정으로 간 1972년 조가경 선생은 미국 뉴욕주립대에 교편을 잡고 학교를 떠났다. 2022년 1월 조가경 선생 부음을 접하고 김남두 선생이 애도하시며 전해 준 회고에 따르면, 그런 조가경 선생도 학과장 시절 "왜 대학원생에 박홍규 선생님 지도 학생이 제일 많지?"라고 의아해했다고 한다.

서부터는 분석윤리학에 관심을 갖는 학생들도 꽤 있었다. 그리고 안타깝게도 사회철학적 관심사에 부응할 만한 교과는 거의 없었고 아예 담당 교수도 없었다. 그 때문에 학생들이 많이 읽었던 책은 실존철학 분야가 주를 이루었고 마르크스주의 관련 서적은 금서로 묶여 있어 사회철학 관련 책이라고 해봐야 고작 프랑크푸르트학파 책 정도로 제한되어 있었다. 그러다 동학이었던 이규성에 이끌려 쇼펜하우어 책들을 접하게 되면서 한동안 그곳에서 헤어나지 못한 적도 있었다. 사실 그때 나를 사로잡았던 인간 삶의 근원적 비참성에 대한 깊은 상념은 아직도 내 의식의 한자리에 깊게 자리하고 있다. 그리고 이규성, 이병창과 함께 박재순 선배를 따라 봉원동 함석헌 선생의 퀘이커 모임집에 다니며 그리스어 성서도 접했는데, 그것이 나의 그리스어 공부의 출발점이 되기도 했다. 그러나 당시 가장 인기를 끌던 실존철학은 실존적 자기 직면성이 갖는 중요성을 일깨워 주기는 했지만, 당시의 정치적 현실에 대한 나의 고민과 괴리가 있었고 메타윤리학 또한 가치 개념에 대한 논리적 분석은 있었지만 실천적 가치 지향에는 무력하거나 아예 도외시하고 있었다. 하긴 1975년 서울대 이전을 앞두고 문리과대학 학생회 교지였던『형성』종간호(1974년 가을)에 '정의' 특집이란 기획 아래 '정의의 개념'이란 제목으로 내게 원고가 의뢰된 적이 있었는데, 철학과 학생답게 정의 개념을 객관적으로 분석해야 한다는 편집진의 요구에 따라 어정쩡하게 분석윤리학적 관점을 끌어들였다가 주변 친구들로부터 정의론이 왜 그리 건조하냐는 비난 섞인 비판을 접하고 크게 자책했던 적도 있었다.

그런 가운데 소은 선생의 강의는 뭔가 알 수 없는 심오함으로 학년이 올라갈수록 점점 더 나를 압도해 왔다. 선생의 강의는 실존철학이 갖는 개인주의적이고 주관주의적 색채와 거리가 멀었을 뿐만 아니라 메타윤리학이 갖는 미시적·탈실천적 성격과도 다른, 내가 평소 생각해 온 그야말로 철학의 총체성을 바탕으로 만유의 진상에 다가가는 뭔가 심오하고도 거시적인 경지를 보여 주었다. 그리고 무엇보다 나에게 시대 현실과의 연관 속에서 철학사를 깊고 넓게 들여다볼 수 있는 자신감과 재미를 안겨 주었다. 실로 철학은 선생 말씀대로 "개방된 만인의 생활 속에서 움트고 그 속에서 영양분을 빨아들이면서 성장하는 것", "모든 사람의 현실적인 생활의 저변에서 제기된 철학의 문제만이 모든 사람을 움직일 수 있는 것"이며, "피와 살을 갖고 있고, 정신을 소유한 인간의 산물이며 그러한 인간은 사회적이며 역사적으로 존재하는 것"[2]이 아닐 수 없다. 게다가 선생의 강의는 그 어느 선생들보다 열정적이고 감동적이었으며 은근히 카리스마가 있었다. 나중에 선배들로부터 1970년도 이전에는 강의 잘 안 하시기로 유명했던 분이 소은 선생이셨다는 말을 들었는데 나로서는 도저히 그 말이 믿기질 않았다. 그야말로 1970년대 초 선생이 왕성하게 강의를 시작하셨을 즈음에 우리가 입학한 것은 정말 천운이었다. 특히 2학년 2학기에 데모로 인해 두 시간밖에 진행되지 않은 중세 철학사 강의는 정말 압권이었다. 그 가운데 중세 문화를 로마 문화와 기독교 사상이 결합한 자기 충족적인 식물 문화로 해석하고, 철학과 기독교 사상의 차이를 모순을 대하는 차이의 관점에서 설파하시던 선생의 모습은 아직도 눈에 선하다.[3] 성서 그리스어 공부에서 그리스철학 공부를 위한 그리스어 공부를 본격적으로 시작한 것도 그때부터였다. 당시 그리스어의 기초 문법 내용을 깨알같이 친필로 적어 기초 그리스어 시간에 교재로 나누어 주셨던 윤명로 선생의 모습도 새삼 그립다.

이런 연유로 나는 군대를 다녀와 1978년 2학기에 대학원에 복학해 소은 선생의 지도 학생이 되었고 대학원 첫 수업에 들어가 플라톤의 『티마이오스』를 만나게 되었다. 그때만 해도 플라톤 철학에서 『티마이오스』가 차지하는 위상이라든지 특히나 소은 선생이 그 대화편을 얼마나 중

---

2 박홍규, 「서양 고중세철학사 개관」, 『희랍 철학 논고』(박홍규 전집 1), 민음사 1995, 203~04쪽.
3 이때의 강의 내용은 이 책 '자료'에 실린 선생의 「중세 철학사 수강 노트」에 아주 간단히 메모 수준으로밖에 남아 있지 않지만, 그때 강의 내용을 일부나마 연상시키는 내용이 박홍규 전집에 실려 있다. 박홍규, 「서양 고중세철학사 개관」, 『희랍 철학 논고』(박홍규 전집 1), 민음사 1995, 259~61쪽.

시하시는지를 전혀 알지 못했다. 게다가 학부 때와 달리 선생 댁에 가서 마냥 어려워만 했던 선생 바로 앞에서 텍스트를 읽어가려니 심장이 두근거렸다. 사실 독해 초기에는 내가 신입임을 감안해 얼마간은 기종석 선배가 읽었지만 논문 쓸 사람이 그 텍스트를 전담해 읽어야 한다고 하여 그 이후부터는 나 혼자 읽기 시작했다. 하지만 당시 내 그리스어 수준으로는 감당하기가 너무나 어려웠던 『티마이오스』를, 그것도 매주 준비해 가는 게 여간 고역이 아니었다. 다른 수강 과목은 아예 신경 쓸 겨를도 없었고 그저 『티마이오스』 수업 준비에만 학기의 거의 모든 시간을 할애해야 했다. 물론 이때에도 나는 질문 하나 없이 그저 준비한 텍스트만 읽어갔고 다 알아들을 수는 없었지만 선생의 강의는 내게 늘 감격으로 다가왔다. 아울러 선생과 선배들과의 토론도 흥미진진해 일단 수업이 시작되면 언제 시간이 지나갔는지 모를 정도로 오후 2시에서 시작한 수업은 저녁 6시가 넘도록 단숨에 지나갔다. 특히 그 첫 학기 수업의 마지막 시간은 따로 독회 없이 일주일 전에 선생이 내준 과제를 중심으로 거의 선생 혼자 강의를 해주셨는데, 그때 그 종강 강의는 『티마이오스』로 논문을 쓰려는 나에게 마치 황금과도 같은 깊은 깨달음을 안겨 준 그야말로 감동적인 강의였다. 그때 나는 자연스레 그 강의를 녹음하는 일을 맡았는데 그 후 선생의 종강 강의는 녹음하는 게 당연시되었고 언제부터인가 선생도 그것이 기록으로 남을 것임을 의식하시는 것 같았다. 이후 선생의 강의 녹음테이프 모두를 어쩌다 내가 보관하고 있었는데, 언젠가 『정치가』 강의 녹음테이프를 잠깐 달라고 해서 전해 드린 후에 다시 받아 왔더니 선생께서 몇 가지 내용을 뒤에 덧붙여 녹음해 놓으신 적도 있었다. 이때 새로 혼자 존댓말 투로 녹음한 내용이 전집에 그대로 실려 있다.

선생의 『티마이오스』 강의는 네 학기를 더해 총 다섯 학기 동안 이어졌다. 나중에 박사 과정 때 『테아이테토스』를 나 혼자 읽었던 적이 또 있었는데, 제법 긴 그 대화편을 한 학기 만에 다 읽었던 것과 비교하면 선생이 『티마이오스』를 얼마나 중요시했는지 충분히 짐작이 가고도 남는다. 나는 석사 과정 네 학기째인 1980년 1학기 당시에 『티마이오스』를 채 다 읽기 전인 데도 일단 석사 논문을 쓰라는 선생의 지시를 받고 한 학기 내내 혼자 나머지 내용을 읽어가면서 석사 논문 작성에 매달렸는데, 다행히 큰 탈 없이 네 학기 만에 석사 논문을 제출할 수 있었다. 사실 선생 지도 아래 석사 논문을 쓸 경우에 철저히 원전 텍스트를 읽어냈는가가 지도의 초점이 되어 자기 주장이나 해석을 함부로 논문에 포함하는 것이 제자들 사이에서는 금기시되어 있었다. 그래서 나도 본문의 경우는 최대한 그 방침에 따라 서술했으나, 내 철학적 관심사에 못 이겨 서론과 결론에 수정 지시가 있을 것을 각오하고 『티마이오스』가 『국가』를 우주론적으로 뒷받침하기 위한 정치철학적 성격의 대화편임을 중점을 두어 크게 강조했다. 더불어 그 정치철학적 함의까지 초고 내용에 포함했다. 그런데 논문 지도를 받으러 선생 댁에 갔을 때 걱정과 달리 그와 관련해서는 아무 언급도 없으셨고, 그 외 본문 내용 가운데 일부 주석가들의 의견을 내 식으로 평가하며 끼워 넣은 몇 군데만 수정 또는 삭제 표시를 해주셔서 내심 놀란 적이 있었다.

  사실 선생 철학의 개요를 조금이라도 알고 있는 사람이라면 누구든 『티마이오스』가 플라톤의 현상 구제 철학의 극치로서, 진상으로서 다 (多)의 세계 내지 다의 진상을 발생론적으로 해명한 대화편임을 수긍하고 있고, 그 플라톤적 해명을 파르메니데스와 허무주의의 극복 차원에서 동·서양의 철학자 가운데 그 누구보다도 탁월하게 고유의 존재론적 성찰로 풀어낸 사람이 소은 선생이었음을 인정할 것이다. 그리스철학사를 돌아보면 신화적 사고를 극복한 이후에 개념적 논리주의가 가져다준 명징함에 압도되어 종국에는 있는 그대로의 다의 진상을 극단적인 일자로 환원한 파르메니데스 사상에까지 이르렀지만, 그러한 사상적 경향은 아테네의 지적 풍토를 일신하기보다는 혼란기 귀족의 출세욕에 영합한 소피스트들에 의해 이용되면서 아테네 사회를 상대주의와 허무주의로 물들게 했다. 이러한 철학사적 국면에서 소은 선생은 그러한 위기 상황을 돌파해 내려는 플라톤의 치열한 고민을 목도했고, 마침내 그 시대의 극복을 위해 플라톤이 이룩한 철학적 성찰을 포착해 나름의 방식으로 학문으로서의 위대한 형이상학의 기본 토대를 구축해 냈던 것이다. 소은 선생의 방식으로 설명하자면 플라톤은 있는 그대로의 현실, 즉 함께 엉켜 있는 고정치, 운동치, 관계치에 각기 정당한 존재론적 지위를 부여하고자 했고, 그 방법 또한 일상의 소박한 감각론이나 원자론적 기계론을 넘어 반복과 보존에 기초해 진상으로서 다의 세계가 갖는 자체성과 동일성을 추상해 내는 한편, 동시에 그 필연적 생성과 변화의 존재론적 기초로서 아페이론 또한 하나의 원인(aitia)으로 구명해 냈던 것이다. 그리고 플라톤은 나아가 다(多)의 진상이 해체가 아닌 공존과 조화의 세계로서 살아 있는 선한 우주임을 천착하고, 연속적이고 의존적이며 불투명한 관계 맺음의 원리로서 '아페이론'에 역행하는 능동적 관계 맺음 내지 자기 운동의 원리, 즉 또 '다른 진상의 영역으로서 영혼'의 존재론적 기초를 확립하려 했다는 것이다. 그러나 동시에 소은 선생은 자기 운동의 기초를 해명함에 있어 플라톤 스스로 부딪친 고민과 한계를 베르그송을 통해 들여다보았고,[4] 동시에 그것을 보완하는 방책 또한 실증과학을 기초로 운동을 실제로 파악한 베르그송의 역동성 입장으로부터 모색될 수 있음을 깨달았다. 그리하여 소은 선생은 공간 좌표와 시간 좌표를 함께 갖고 가려는 플라톤의 고민을 그대로 견지하면서 베르그송 철학을 천착해 들어갔던 것이다.

그런데 1980년 5월 중순경, 내가 소은 선생의 이러한 성찰을 아주 어렴풋이나마 내 수준에서 이해하면서 한창 논문을 마무리하고 있을 때, 전두환 군부 독재에 맞서 광주민주항쟁이 발발했고 마침내 대학도 모두 폐쇄되었다. 그러나 방송대만은 폐쇄를 면해 내가 조교로 있었던 교양학과 사무실에는 매일 대학원생들이 모여 시국을 토론하고 저녁이면 주점

---

4 박홍규, 「자기 운동(I)」, 『형이상학 강의 1』(박홍규 전집 2), 민음사 2007, 105~06, 123~25쪽; 박홍규, 「『정치가』 편 강의」, 『플라톤 후기 철학 강의』(박홍규 전집 4), 민음사 2007, 74~75쪽 참조.

에 모여 걱정 어린 분노를 토해 냈다. 그리고 일부 대학원생들은 광주로 들어가려고 내려갔다가 장성 근처에서 잡혀갔다는 소식도 전해졌다. 그런 가운데에서도 나는 매일 토론으로 어수선했던 사무실 구석머리 책상에 앉아 기한에 맞춰『티마이오스』석사 논문의 초고를 써야 했다. 내 초고 노트에는 당시의 자책이 이렇게 적혀 있다. "발밑에 민중의 피가 흐르는데도 나는 못 본 체 그저 플라톤의 우주만 들여다보고 있다." 결국 그해 5월 말에 광주항쟁은 수많은 사람의 죽음과 열사들의 산화를 뒤로한 채 좌절되었고 나는 8월에 가서야 학위증을 받을 수 있었다. 이후 나는 남산 독일문화원을 다니면서 열심히 독일 유학을 준비하다가 뜻밖에 서울대학교 부설 한국방송통신대학의 마지막 학장이셨던 정한모 선생의 제안과 교양학과 과장이셨던 한전숙 선생의 추천으로 1982년 독립된 대학으로 새로 개교한 한국방송통신대학의 첫 번째 전임 교수로 임용되었다. 이후 나는 후배들이 주축이 되어 추진한 진보적인 학술 단체의 설립 운동에 적극 참여했고 윤구병 선생의 제안으로 이규성, 이훈, 이병창 등 동료 연구자들과 함께 지금의 한국철학사상연구회의 기관지『시대와 철학』의 모태가 된 부정기 무크지『시대와 철학』창간에 참여했다. 소장 진보 철학자들이 주축이 되어 설립한 한국철학사상연구회의 창립에도 발 벗고 동참했다. 사실 그때 나는 서양 고대 철학보다는 본격적으로 사회철학을 공부할까 하는 마음도 있었다. 그러나 나에게 감동을 주었던 사회과학 책도 많았지만 여전히 소은 선생 강의 이상으로 철학적 감격을 안겨 준 경우는 없었다. 그리고 당시 사회철학을 공부하는 후배들의 암묵적인 학습 분위기를 띤 세미나 방식도, 이른바 사회구성체론을 둘러싼 사변적인 논쟁도 내 체질이나 관심과는 맞지 않았다. 그럼에도 나는 당시 변혁 담론의 기본 방향과 시대 모순에 대한 그들의 비판 의식과 저항에 대해서는 적극 지지했고, 우리 모두 변혁 투쟁의 절박한 기로에 서 있기에 차이보다는 같음을 우선해야 한다고 생각했다. 그리고 나는 지금도 그 시절 그들의 열정을 마음에 담고 그 이후 오랜 기간 어려운 학술 환경에서도 하나같이 진보 철학에 몸 담고 있는 후배 연구자들 곁에 기꺼이

서 있다.

앞서 말한 무크지『시대와 철학』(까치, 1987)에 실린 나의 논문「노동과 정치의 형이상학」은 내가 소은 선생으로부터 배운 티마이오스 우주론의 기본 틀, 즉 '다의 진상으로서 우주'를 만든 데미우르고스의 제작 행위가 '서로 다른 계층으로 이루어진 국가'를 형성하는 인간 행위의 이상적 본임을 드러내고 그 행위를 인간의 합목적적 변형 행위인 노동 개념으로 확대 해석한 후 종국적으로 인간 노동의 이념적 지표가 내적 영혼은 물론 서로 다른 성향의 인간 내지 계층의 공존과 조화에 있음을 천명하는 것이었다. 그리고『국가』제8권에서의 이상국가와 영혼의 타락 과정을 다양한 소질과 본성이 물질적 욕망으로 등질화되는 과정으로 파악해 현대 자본주의의 등질화된 물적 욕망이 초래하는 부르주아 민주주의의 형식성과 피폐성을 비판하고 그 극복 방향을 모색해 보는 것이었다. 하지만 내 논문은 고대 철학 연구자들에게도 낯설었고 사회철학 전공 후배들에게도 그저 과학적 세계관과 거리가 먼 관념적 헛소리 정도로 여겨졌다. 실제로 그런 논평도 받았다. 그러나 나는 아직도 그 이상을 버리지 못하고 있다. 그것을 향한 에너지를 여전히 소은 선생으로부터 배운 총체적 사유로서 형이상학의 중요성, 그리고 그 대표적인 철학으로서 플라톤 사상으로부터 부여받고 있다. 아울러 다의 공존과 조화로서 공동체적 삶의 구현과 연결되는 것이라면 그 어떤 정치철학적 사유와도 자유롭게 교섭하고 연대할 수 있다고 생각한다.

여기서 어떤 이는 소은 선생의 형이상학적 사유 어디에 그런 실천철학적 함의가 자리하고 있는지 반문할지도 모른다. 그러나 형이상학적 사유로 가득 찬 선생의 말씀 곳곳에는 존재론적 사유가 근본적으로 서 있는 바탕과 지향이 역사적·사회적 존재로서의 인간 삶의 보전과 삶의 문제에 대한 실천적 해결 능력이라는 관점이 일관되게 표명되고 있다.[5] 물론

---

5 이정호,「소은 박홍규의 존재론적 사유에 담긴 플라톤의 정치철학」, 이태수 외,『박홍규 형이상학의 세계』, 도서출판 길 2015 참조.

그러한 지향을 가진 형이상학적 사유체계 가운데 마르크스의 유물론이나 헤겔의 관념론에 대해 선생은 단호하게 선을 긋고 있고, 특히 경제 결정론이나 목적론 부류의 결정론적 사유체계에 대해서는 철저히 거부감을 피력했다. 그렇다고 소은 선생이 자유주의 사상, 특히 현대 사회를 지배하고 있는 금융자본주의(=신자유주의) 사상을 옹호할 것이라고 생각하는 것 또한 잘못된 생각이다.

소은 선생이 강조하는 진상으로서의 세계는 이미 근본적으로 다의 진상, 즉 서로 다른 여럿의 자기다움이 보존되고 그것들이 함께 공존하고 조화를 이루는 세계이다. 오늘날 금융자본주의는 물질적 욕망을 인간의 본질을 구성하는 욕망으로 전제하고 그에 따라 인간의 능력 또한 물욕을 극대화하기 위한 효율성을 기준으로 획일적으로 평가하고 서열화하고 있다. 그곳에는 데미우르고스의 기술적 세계관이 목표로 하고 있는 우주적 선으로서 '서로 다른 여럿의 공존과 조화'는 자리할 곳이 없고, 또한 다양한 소질과 본성에 입각한 다양한 능력의 자기 고양과 그것에 따른 행복감이 들어설 곳이 없다. 농부가 아무리 곡물 생산의 능력이 뛰어나도, 구두장이가 아무리 구두 제작 능력이 뛰어나도 부와 권력이 없으면 무능력자로 무시되기 일쑤이며, 그들 자신 또한 끝 모를 자괴감과 불행감에 빠져 있는 것이 오늘의 우리 현실이다. 소은 선생이 강조하는 능력은 오늘날 능력지상주의가 지향하는 물질적 효율성 하나만을 위한 획일화된 능력이 아니라 다양한 소질과 능력을 가진 사람들 각자가 자발적이고 능동적인 자기 훈련을 통해 고양되고 형성하는 자신 고유의 능력이다. 오늘날의 다양성은 효율지상주의에 종속되어 획일화된 능력의 고양을 위한 수단의 다양성에 불과하다. 국가의 목적은 약육강식의 시장주의와 극단적 양극화를 방임하는 것이 아니라 다양한 사람의 다양한 능력에 기초한 자기다움의 보존과 조화, 그리고 그것을 통한 개인의 행복감과 자부심을 제도적으로 뒷받침하는 것이다.

사실 마르크스나 헤겔에 대한 선생의 비판은 그들 사상 모두에 걸쳐 있다기보다는 그들이 주장하고 있는 물질주의 또는 정신주의로 획일화된 결정론적 사유체계에 있다고 할 것이다. 사실 선생 말씀마따나 마르크스나 헤겔이 다 틀린 내용만 있는 것도 아니다. 그래도 그들에게는 총체적 사유로서 형이상학이 자리하고 있다. 게다가 자본주의적 세계관에 대한 마르크스의 치열한 비판을 비롯해 역사와 사회, 그리고 이론과 실천의 통일 및 의식의 자기 고양과 관련한 헤겔의 통찰은 여전히 철학사에서는 물론 내게도 깊은 철학적 의미와 감동을 안겨 주고 있다. 아무려나 헤겔과 마르크스의 사상, 특히 그들의 결정론적 사고에 대한 소은 선생의 비판은 아주 신랄하다. 그리고 나도 선생의 그러한 비판에 서려 있는 선생 나름의 일관되고도 확고한 관점을 내 수준에서나마 충분히 이해하고 있다. 선생 말씀에 따르면, 인간에게 비록 목표가 제시될 수는 있을지라도 그 목표는 그것을 지향하는 인간의 능력에 따라 이루어질 수도 있고 실패할 수도 있다. 그러므로 그만큼 인간 각자의 능동적 자기 노력과 당면 문제에 대한 극복 및 해결 능력(dynamis)이 중요하다. 그만큼 영혼의 에너지를 쏟아부어야 한다. 그래서 그러한 영혼의 고양을 위한 교육이 필요하고 그것의 제도적 실행력을 뒷받침하기 위해 국가가 필요하다. 그런 점에서 플라톤 철학은 열린 가능성을 토대로 여럿의 공존과 조화를 지향하는 분투와 극복의 철학이다.

그렇지만 선생은 헤겔과 마르크스의 결정론적 사고를 비판하거나 플라톤 철학을 논하면서도 자신의 정치적 입장을 특정해 명시적으로 표명하신 적은 없다. 굳이 제자들 모두가 동의하는 수준의 정치와 관련한 입장을 들자면, 혼란과 격동, 전쟁과 가난의 시대를 살아오신 선생 자신의 삶을 반영하듯이, 로마적인 질서와 실용, 그리고 빈곤으로부터 해방을 중시하셨다는 점 정도이다. 그러다 보니 제자들은 각자의 정치적 성향에 따라 선생의 생각을 아전인수격으로 해석하는 경향도 없지 않다. 나도 그 가운데 한 사람일 것이다. 실제로 제자들의 정치적 성향 또한 극단적인 우익 단체와 연대해 구체적으로 극우 정치 활동을 하는 사람에서부터 온건 자유주의를 비롯해 진보적인 좌파 사상에 이르기까지 다양한 편차를 가지고 있다. 위대한 철학자의 후계자들이 종종 우파와 좌파로 나뉘듯이, 선생의 철학적 깊이와 크기도 그만큼 깊고 넓은 것이다.

그리고 선생은 마르크스나 헤겔은 물론 현대 영미의 분석철학까지 단호하게 비판하고 있다. 그것은 그들의 철학적 방법론이, 선생의 표현에 기초하면 이른바 '데이터'에 기초하고 있지 않기 때문이다. 데이터는 진상을 은폐하는 주관적 관념이나 습관, 견해, 가치관 등을 철저히 걷어낸 객관적 대상 그 자체이다. 물론 그 대표적인 예로 실증과학적 자료가 자주 거론되지만, 그 실증과학조차 전제를 포함하는 것이라는 점에서 그리고 선생의 데이터 개념에는 텍스트와 담론을 포함해 때론 형이상학적 의미까지 내포되어 있다는 점에서 선생의 데이터 개념이 갖는 정확한 의미가 무엇인지는 여전히 논란거리이다. 그러나 소은 선생의 데이터 개념은 그리스철학적 의미에서 주관에 의해 꾸며지거나 은폐되지 않은 가장 기본적인 철학적 사유의 원초적 대상으로서, 형이상학을 엄밀한 학문으로 근거지으려는 의지가 단적으로 표명된 소은 철학의 핵심 개념 중 하나임은 분명하다. 그러나 영미의 분석철학은 그러한 데이터와 무관한 인식 주관의 언어와 논리로 치장된 가장 주관적이고도 형식적인 철학임에도, 중세 스콜라철학의 사변적 공허함을 이유로 객관 세계와 그것의 총체적 연관을 다루는 형이상학 자체를 부정하고 나섰다. 그러나 형이상학의 부정은 다(多)의 진상으로서 세계 자체를 부정하는 것이다. 물론 스콜라철학류의 극단적 사변성은 극복되어야 마땅하다. 그러나 철학사를 돌아보면 형이상학이라고 해서 모두 다 사변적인 것만은 아니다. 오히려 소은 선생은 일찍이 사변성을 걷어내고 탁월하게 학문적 객관성을 담보한 형이상학이 존재했음을 플라톤에게서 발견했고, 그것에 대한 치열한 사색을 통해 학문으로서의 형이상학의 기본 토대를 구축하고 그 기본 얼개를 해명했다. 그리고 현대에 와서도 존재 세계를 총체적으로 해명하는 형이상학이 얼마든지 실증과학적 토대 위에서 굳건하게 확립될 수 있음을 베르그송 철학을 통해 확인하고 그 기본 얼개를 탁월하게 해명했다.

사실 내가 박사 과정을 다니던 1980년대 철학계는 영미의 분석철학이

풍미했고, 이는 서울대 철학과도 마찬가지였다. 하물며 분석철학을 전공하지 않은 대학원생들은 수업 시간에 형식적인 논리 분석에 압도되어 왕따 취급을 받기도 했다. 그 때문에 토론에 뒤처지지 않으려고 타 전공임에도 분석철학을 열심히 공부하는 학생들도 있었다. 그러나 그들은 그들만의 언어로 공허한 논쟁을 즐겼고 시대적 위기 상황과 관련한 실천철학적 문제에는 아예 눈을 감고 있었다. 그러나 학문적 엄밀성을 토대로 굳건히 형이상학을 재건하고 다의 진상으로서 존재 세계를 총체적으로 해명한 소은 선생에게 그런 분석철학적 조류는 실천성 여부와 관계없이 처음부터 철학으로 평가되지 않았다. 자연 세계에 그들이 매달리고 있는, 이른바 '문장 구조'는 어디에도 없다.[6] 그야말로 그들은 소피스트들처럼 "문제들을 가지고 놀았지만 소크라테스는 실천했다." 소은 선생 말씀대로 "소크라테스 철학의 봉우리가 그의 죽음"이었다면,[7] 그들의 철학의 봉우리는 현실 도피와 무사안일이었다. 헬레니즘 시대의 철학자들도 마찬가지였다. "그들은 적극적으로 공동체의 삶을 개척하는 것이 아니라 공동체에서 벗어나 오직 개인의 내면적인 세계로 들어가 마음의 안정을 찾으려고 하였다. 따라서 그들에게는 현실을 개척하려는 용기보다는 현실을 도피해서 마음의 안정을 찾으려는 경향이 강했고 따라서 위대한 형이상학을 세우려는 기백도 없었다. 위대한 형이상학은 언제나 현실을 긍정하며 재건하려는 욕망의 소산이다. 그들의 철학은 처세술의 철학이 되었다."[8] 내가 보기에 최소한 우리나라에서 분석철학은 그랬다.[9]

---

6 "논리 구조란 문장 구조 아냐? 저 외부 세계에는 문장이 없잖아? 문장 구조가 어디 있어?"(박홍규, 「철학이란 무엇인가?」, 『형이상학 강의 2』(박홍규 전집 3), 민음사 2007, 91쪽).

7 박홍규, 「서양 고중세철학사 개관」, 『희랍 철학 논고』(박홍규 전집 1), 민음사 1995, 232, 235쪽.

8 박홍규, 「대학원에서의 희랍 철학 교과목 편성」, 『희랍 철학 논고』(박홍규 전집 1), 민음사 1995, 306쪽.

9 내가 영국에 체류할 때, 동구권 유학생들과 각자 자기 나라의 철학적 경향에 대해 대화를 나눈 적이 있었다. 그들은 흥미롭게도 동구권에서 진보적인 철학이라면 영미 분석

아무려나 당시 분석철학 담당 교수들도 선생 앞에서는 큰 목소리를 내지 못했다. 내가 석사 학위논문 심사를 받을 때도 앞의 발표자들 모두 분석철학 전공 선생들로부터 혹독한 비판에 시달렸던 터라 나도 은근히 걱정을 했는데, 내 차례가 오자 비로소 소은 선생이 심사에 들어오셨고 그 후 어느 분도 내게 질문다운 질문을 하지 않은 채 심사는 끝났다. 선생도 가만히 앉아 계시다가 내가 자리에서 일어나자 바로 자리를 뜨셨다. 선생의 압도적 권위가 느껴지기에 충분했다. 이미 분석철학을 철학으로 여기지 않고 있었던 나도 아예 분석철학적 주제 자체를 백안시했다. 그 때문에 분석철학을 전공하는 가까운 후배들은 인간적으로도 무시당하는 것 같다고 서운해하기도 했다.

그런데 당시 사회철학을 전공하시던 이상철 교수가 별세하자 그 후임으로 사회철학이 아닌 분석철학 전공 교수가 부임하는 일이 벌어졌다. 게다가 석·박사 논문 자격 시험의 교과목에 분석철학 교과가 대거 포함되자 사회철학 전공 대학원생들을 중심으로 논문 자격 시험 거부 운동이 일어났다. 나도 후배들의 요구에 따라 명목상 선배 대표로 그 운동에 참여했다. 그러나 결국 후배들의 운동은 개별 지도 교수들의 설득에 밀려 흐지부지되고 말았다. 그 후에 명목상으로나마 선배 대표로 참여했던 나로서는 자존심상 차마 그 시험에 응시할 수 없었다. 그것으로 나의 박사 학위 과정은 물 건너 갔다. 다행히 당시 소은 선생은 이미 정년 퇴임을 하신 이후라 군이 내 결심을 알려 드릴 필요가 없었다. 그러나 나도 학위에 아주 무심할 수는 없어 조요한 선생의 도움을 받아 1989년 영국 옥스퍼드대학 오리엘 칼리지에 객원 교수로 갈 기회가 마련되어 박사 학위 과정 입학 서류도 함께 준비해 갔다. 그러나 영국에서 서양 고대 철학은 텍스트만 고대 텍스트이지 내용은 분석철학이었다. 아니 그냥 영국

철학을 뜻한다고 했다. 또한 동구권에서 현실 비판에 가장 앞장서고 있는 사람들 역시 분석철학자들이라 했다. 역시 어디서나 "철학은 타성에 대한 저항인가?"라는 생각도 들었지만 왠지 쓴웃음이 났던 기억이 있다.

철학이었다. 그래서 나는 애초의 계획을 포기하고 아예 복사기를 구입해 그저 도서관에서 고대 철학 연구서와 논문을 빌려 자료 수집 차원에서 복사하는 것으로 영국 체류 시간의 대부분을 보냈다. 물론 사회철학 후배들의 요청에 따라 당시 국내에서는 구하기 힘들었던 마르크스주의 철학 연구서 및 논문 자료도 그 수집 목록에 포함되어 있었다. 내 기억에 상당한 분량의 자료를 복사한 듯 싶은데 그 일부가 아직도 정암학당에 남아 있다. 그리고 이 기간 동안에 소련을 비롯해 동구권 사회주의가 붕괴하는 일이 벌어지고 중국에서는 톈안먼(天安門) 사건이 일어나 변혁 사상에 관심을 가지고 있던 나로 하여금 큰 충격에 빠지게 했다.

1990년 영국에서 돌아오자 소련의 페레스트로이카와 동구권 사회주의의 붕괴를 지켜본 사회철학 전공 동료와 후배들 역시 그 연쇄적인 몰락에 큰 충격을 받아 당혹스러워하고 있었고, 대학은 사회 민주화와 연동해 학내 민주화 운동으로 시끄러웠다. 사회철학 비전공자로서 그동안 후배들을 뒤에서 지켜보던 나는, 후배들이 혼란을 겪자 그들에게 조금이라도 힘이 되기 위해 한국철학사상연구회 회장을 맡아 "흔들리지 말고 바닥부터 다시!"라는 시론[10]도 써가면서 이런저런 방식으로 후배 연구자들의 분과 활동을 독려하고 내 연구실에서 마르크스 원전 독회를 열어 연구비를 지원하기도 했다. 정암학당의 모태가 된 한국철학사상연구회의 서양 고대 철학 분과도 내가 회장 임기를 마치면서 심기를 일전해 분과 활동을 하겠다는 마음으로 김인곤, 김재홍 선생 등과 함께 새로 꾸렸다. 그리고 귀국 직후 방송대에서도 총장의 반민주적 횡포에 맞서 교수회를 의결기구로 만드는 일로 바쁘게 지냈다. 그러다 보니 1990년 영국에서 돌아와 1994년 소은 선생이 돌아가시기까지 댁에서 부정기적으로 열린 강의에 거의 들어가지 못했다. 소은 선생이 마지막으로 서울대 병원에 입원해서야 영국에서 선생께 드리려고 사왔다가 미처 전해드리

---

10 이정호, 「시론: 흔들리지 말고 바닥부터 다시」, 『시대와 철학』 제4호, 한국철학사상연구회 1992.

지 못한 소크라테스 대리석 입상을 가지고 병실을 찾았다. 너무도 오래 간만에 선생 뵙기가 너무도 죄송스러웠지만 선생은 반갑게 맞아주시면서 그간의 근황을 물으셨고, 그 후 몇 번 다시 찾아뵐 때마다 이런저런 이야기에 덧붙여 퇴원하면 충족 이유율에 대해 강의하겠다는 계획도 들려주셨다. 그러나 선생은 끝내 우리 곁을 떠나셨다. 나는 장례 이후에 사모님과 상의해 책과 짐 정리를 도와드리면서 말년의 선생 강의에 소홀했던 나 자신에 대한 자책과 회한으로 한동안 괴로워했다. 그리고 그동안 전집 발간에 온 힘과 정성을 기울여온 최화 교수의 노고에 조금이나마 도움이 되기 위해 최화, 김인곤 선생과 함께 틈날 때마다 내 연구실에서 '박홍규 전집' 후속본 발간을 위한 윤문 모임을 열어 작은 힘을 보탰다. 그리고 고대 철학을 공부하려면 우선 원전 텍스트의 정확한 독해부터 시작해야 한다는 소은 선생의 유지를 미력하나마 받들어야 한다는 생각에 2000년 3월 한국철학사상연구회의 서양고대철학분과를 임의 학술단체인 '그리스·로마 원전을 연구하는 정암학당'으로 따로 독립시켜 설립한 후, 그동안 진행해 온 소크라테스 이전 철학자들의 단편 번역 작업에 본격적으로 매달려 2003년에 『소크라테스 이전 철학자 단편 선집』을 펴내는 감격도 누렸다. 그 후 방송대에 재직하면서 오랜 숙원이었던, 인문 교양만을 다루는 학사 과정의 문화교양학과 신설에 힘을 쏟기도 했다. 아울러 앞으로 플라톤 텍스트 완역을 비롯해 중장기적으로 학당의 그리스·로마 원전 번역 사업도 보다 조직화되고 체계화해야 한다는 연구자들의 바람에 따라 함께 힘을 모아 학당을 2007년 12월에 강원도 횡성 교육청 산하 사단법인의 정규 학술단체로 전환했다.

선생은 1994년 3월 9일 돌아가셨다. 우연찮게도 3월 9일은 방송대 개교기념일이라 휴일이어서 자연스레 선생의 기일과 성묘 행사를 챙기는 심부름도 내가 맡게 되었다. 정암학당의 공식적인 개당일도 선생의 가르침을 잇는다는 취지에서 3월 9일이다. 선생이 서양 고대 철학의 씨를 뿌린 이후, 초창기에는 주로 플라톤에만 머물던 연구 영역도 이제는 헬레니즘과 중세 철학에까지 넓혀지고 연구자들도 크게 늘었다. 박종현 선생이 서양고전철학회 회장으로 계시고 내가 간사 일을 맡고 있을 때인 1980년대 초 어느 해에 학회를 선생 댁 거실에서 열었던 적도 있었다고 말하면 아무도 믿지 않을 정도로 오늘에 와서 돌아보면 묘목이다 싶었던 고전 철학계가 크게 자라나 이제 커다란 숲이 되었다. 그 숲 한가운데 선생이 아직도 늘 푸른 거목으로 서 계신다.

소은 선생 탄신 100주년을 기념하는 문집 일을 맡았다가 원고가 생각만큼 들어오지 않아 나라도 뭔가를 보태려는 마음에 자판을 두드렸는데, 괜히 쓸데없는 내 푸념과 신변잡기만을 두서없이 길게 늘어놓아 낯이 뜨겁다. 아무려나 소은 선생의 철학을 계승하고 발전시키기 위한 노력이 여전히 미진한 상태에 머물러 있는데 나도 그 책임에서 벗어나기 힘든 후학 가운데 하나이기에 그 또한 부끄러울 뿐이다. 그런 점에서 몇 해 전 출간된 이정우 교수의 『소은 박홍규와 서구 존재론사』(도서출판 길, 2016)는 나에게 큰 감동과 자극으로 다가왔다. 앞으로 정암학당에서 '박홍규 전집' 강독부터 시작해 소은 철학에 대한 강좌가 본격적으로 자리를 잡고 정례화될 때까지 선후배 및 동료 제자들과 더불어 작은 힘이라도 보탤 것을 다짐해 본다.

3. 소은 선사 강론을 화두로 철학을 묻다
─왜 18세부터 철학을 배우고 익히려 노력하는가

류종렬

〈**화두 1**〉 허무주의라는 것이 전쟁과 관계 있다는 거야.[1] 그런데 철학이라는 것은 사물과 영혼을 다루는 데에서 가장 탁월한 지식이라는 거야. 철학이 전체를 동시에 성립시켜 주는 원인 분석이라는 것은 동시에 사물의 본질(essentia)만 취급하는 것이 아니라 **현존**(existentia)도 취급해. 이 점이 다른 학문과 달라. 다른 학문은 이미 데이터가 먼저 주어졌다고 가정하는 거야(169쪽).[2]

거사 들어봐! 선사께서 뭔 말씀하셨는지 알기나 아냐. 선사께서는

---

1 펠로폰네소스 전쟁은 기원전 431년부터 기원전 404년까지 이어졌는데, 플라톤 살아생전 6세부터 23세까지가 전쟁 중이었다. "전쟁은 없이 지내는 가운데 서로가 서로를 할퀴면서 제살 뜯어먹는 거지."─투키디데스의 함정(Thucydides Trap)은 신흥 강국이 부상하면 기존의 강대국이 이를 견제하는 과정에서 전쟁이 발생한다는 뜻이다.
2 박홍규, 「플라톤과 전쟁」, 『형이상학 강의 2』(박홍규 전집 3), 민음사 2007, 168~224쪽.

청년 시절 공부할 때 전쟁을 겪었거든. 사람들이 어려운 문제가 생기면 스스로 풀어보려고 하는데, 잘 풀리지 않으면 누군가에게 물어봐야 하잖아. 전쟁통에는 물을 데도 없어. 평소에는 이것저것 물을 데가 있어. 작은 일은 동료에게, 형님과 누나에게, 그리고 선생님에게 또는 경험 많은 노인에게 묻거나 그렇지 않으면 점쟁이나 무당에게도 찾아가지. 전쟁에는 주변에 있는 어느 누구도 몰라, 아무것도 몰라. 도시에 폭탄이 떨어지고 소이탄이 떨어지는데, 각자는 자기가 살아 있다는 것, 살아야 한다는 것뿐이야.

학승　거사님도 전쟁을 겪어보았잖아요. 근데 시골에선 그냥 있었으면 별반 잘 몰랐다고 하던데요. 서울이 문제지, 두 번이나 뒤바뀌면서 사람들이 서로 앙숙이 되었다고 …… 저 밑 시골에는 한번 내려왔다가 가을걷이 전에 올라가고 난 뒤론 몰랐다는 거예요. 전쟁이 무섭다는 것을 아는 사람은 전쟁 시작 전에, 또 전쟁 시작과 더불어 북으로부터 밀리기 전에 후퇴하는 자들이 더 문제였다고 하던데요.

거사　나야 전쟁을 겪을 때 어렸으니까 그냥 부모님 뒤만 따라다니면 되었지. 그런데 전쟁 끝나면 먹고살기 바빠서 새로이 해야 할 일도 없이 그저 땅만 파고 사는 줄만 알았지. 그런데 그게 아냐. 사람 끌고 가는 쪽이 있고 끌려간 사람은 반죽음이 되거나 소식도 없고, 되려 전쟁 끝나고 나서 사람들이 더 무서운 거야. 포탄이야 부수고 태우고 나면, 사람들은 너나 내가 없기 마찬가지야, 같이 없으면 별 문제 없어. 그런데 이 전쟁으로 공포가 남아 있었어. 야만과 공포. 너희들이야 알겠냐마는 선사님이 성적 타락이니 피가름에 대해 그냥 지나가듯이 말씀하셨지만, 당시에 그나마도 가진 자들이 겪는 모습을 가까이서 보았다면 비참하고 참담한 거야, 그거 우스개로 이야기하고자 한 게 아냐.

학승　그럼 철학을 한다는 것이 먼저 공포를 견디고 넘어가자는 건가요? 공포가 둘러싸고 있는 사회는 야만의 사회이고, 근데 공포 중에서도 누군가는 담배 한 개비 얻어 피우고 야만을 웃으며 총살대로 갔다는 이야기도 있던데, 죽이고 남은 사람들이 야만이 되냐는 …….

거사　한 사람이 웃으며 총살당한다고 사람들의 공포가 사라지냐? 그리고 총살당한 그 사람인들 야만의 시절에 자신과 사회에 뭣을 말할 수 있기나 했겠냐. 살아남은 사람들이 문제이지. 산다는 것은 철학을 한다는 것보다 앞서는 거야.

학승　철학을 한다는 게 뭐냐는, 선사님의 말씀을 이미 여러 번 들었듯이 '난문제'를 해결하는 것이라고 했잖아요. 철학은 사물과 영혼을 다루는데 탁월한 방식과 끈질긴 노력이 있다고, 그런 노력하는 사람은 사물을 그리고 영혼을 하나만 또는 따로 다루는 것이 아니라 온 세상을 함께 다룬다고.

거사　뭘 듣기는 들은 모양인데, 온 사물, 온 영혼, 온 세상을 다룬다는 것이 쉬우냐? 너도 생각해 봐라. 선사께서 연구실에서 이상하게 구부러진 문자를 이리저리 파고 있었고, 필요한 것이 있으면 외국의 문헌들도 대조해 보고, 가끔은 각 분야의 전공자들에게 물을 수 있었다는 거야. 그것도 그 선사의 풍토와 환경 속에서일 거야. 그렇다고 물음에 답을 찾을 수 있었겠냐? 전후(戰後)에 죽지 못해 산다는 것은 야만과 공포의 광기 속에서 산다는 거야.

산다는 게 먼저다. 산다는 게 잘 풀어지지 않는 것이 '난문제'지. 우선 그 난문제 속에 사는 사람들과 거기에 얽힌 사건을 있는 그대로 보자는 거야. 있는 그대로. 사물이 있는 그대로 있기나 한가? 이렇게 물어 들어가게 되면 철학을 한다고 할 수 있지. 안 그러냐?

학승　있는 그대로 있다. 장담할 수 없지요. 산과 강이 예전 그대로 있다기에는 변화가 많아서, 게다가 사람도 엄청 변화하지요. 그대로 있다고, 또 그대로 본다는 것도 쉽지 않겠지요?

거사　그래서 선사께서는 그대로 또는 그 자체적으로 있어야, 즉 동일성을 유지해야 학문의 대상이 된다고 하는 거야. 우리가 보고 듣고 하는 대상은 그대로 있는 것이 없다고 보는 것이 그럴듯할 거야. 그런데 대상들이 있어, 어제도 있었고 이제도 있고 아제도 있을 것이거든, 그게 뭐냐는 것이다. '있다'를 다루는 것을 철학에서 존재론이라 하고 그 근거 또는 원인을 따지는 것을 형이상학이라 하는데, 이 형이상학은 정확한 용어는 아니지만 있다면 무엇이 있었지, 있지, 있을 것이지라고 묻는 것이 당연하지 않느냐?

그 근원에서 '있다'는 말은 '무엇인가'가 먼저 있다는 것을 전제하지 않았겠냐? 그 무엇에서 '이것이다', '저것이다'라고 이름을 붙였을까? 아니, 물, 흙이라고 하면, '이다'는 한참 나중이겠지. 물, 흙, 불, 공기 …… 등이 있다. 그중에서 가장 원인이 되는 이것은 무엇이냐 이 '것'이나 이 '곳'이나 이 '끝'이거나 한 뭉치가 있지. 것, 곳, 긋(끝)이 하나의 장소이기도 하지. 뭉치(덩어리)는 하나의 장소(공간)에 있다는 의미일 거야. 이것이 이끝 저끝이라고 하더라도 곳(장소, 공간)이 있지. 있다의 원인에서 따져 들어가다 보니, 모든 것을 제거해도 남는 것으로 공간이라는 것이 있단 말이야. 야, 근데 그 '곳'이란 것은 이것과 저것이 있다가 이리가고 저리가고 움직여도 '곳'(장소)은 있는 거야. 그래서 장소라고 하는 것이 공간으로 생각되기도 하지. 그러나 머릿속에서 만들어진 이것도 이 사람의 것도 되고 저 사람의 것도 돼. 우리가 벌써 세상을 떠난 '보살'을 나도 말하고 너도 떠올리면서 그 보살이 지금 여기는 아니지만 각자의 머릿속 어디엔가 자리(위상)를 차지하고 있는 것으로 여기지. 아, 그 보살, 떠올리지 그렇지. '그렇지'라고 대답하지 않으면, 둘째의 곳(위상)에 대해 서로 이야기할 수 없게 돼. 머릿속에도 곳이 있는 것 같이 느껴져.

학승 사물에는 여기(이곳)와 저기(저곳)라는 곳은 있지만 머릿속에서의 자리야 어찌 정할 수 있는 것이 아니잖아요. 그래도 어디엔가 있는 곳이 '있다'라고 말해야 할 것 같은데요.

거사 그래, 전자의 공간은 자리를 차지하는 것 같고 후자의 위상은 자리를 차지하고 있지 않은 것 같다. 그래, 일단은 여기 지금 자리를 차지하고 있는 것을 있다고 하자. 그래, 있다가 사물들과 우리와 관계에서 먼저이지 않겠냐, 그치? 그래서 있다를 먼저 다룬다고들 한다. 그 있다는 어쨌거나 어디엔가 있다고 하자. 어디엔가를 너처럼 꼭 공간과 위상으로 나누어 생각하는 자들은 나중의 이야기야.

학승의 후배(이하 후배) 끼어들기는 좀 거시기한데요, 있다와 이다, 사람들은 살면서 있다고 하는 것보다 먼저 밥이다, 집이다, 옷이다라고 하는 말을 먼저 하는 것 같지 않습니까? 옷이 있다, 집이 있다. 옷이 있다라고 하는 데는 누군가가 그것을 가지고 있다 또는 누구의 것이라는 것을 전제로 하는 것 같아서요.

거사 봐, 너보다 후배가 철학한다는 놀이에 쑥 들어와 있잖아. 너는 뭔가 알고 있다는 것을 분류하면서 분류에서 여럿이 있고 그것들이 서로 달리 있을 수 있다는 것을 말하면서, 너 스스로 철학하고 있다고 생각하는 모양인데 …… . 후배는 뭔가 있다라는 말에서 공간이니 시간이니 하는 것을 끌어내는 것만이 철학하는 것이 아니라는 점을 느끼고 있지. 그러면 내가 좀 전에 〈무엇인가를 '이것이다'〉라는 말에 관심을 가져보자.

철학은 물음을 묻고, 또 그 물음을 제대로 묻고, 그리고 답을 하면서 난제를 해소하려는 노력이다. 공포란 무엇인가? 공포는 사람이 두려워하는 것이다. 이런 말은 하나 마나 한 말이지, 동어반복이라고 할까. 말 풀이하는 것을 해석이라고 하는데 그것은 철학이 아냐? 선사님이 여러 번 이야기했지. 안 그래. 두려움이 실제로 있다는 것은 무엇 때문인가?라는 질문은 여러 가지를 내포하고 있지. '있는', '것', '무엇', '때문'의 네 항이 나오는데, 네 항을 조합하면 16가지가 나온다는 것은 알고 있지. 그 16가지 경우의 사건을 이야기한다고 해서 두려움이 하나로 설명 또는 해석되는 것은 아니라고 하지. 자꾸 갈래를 쳐서 작은 가지로 나가는 것도, 각 갈래마다 영역을 나누는 것도 학문하는 방법이기는 하지만 원인을 묻는 형이상학이라는 점에서 보면 거리가 멀어졌지.

다시 후배의 말에서 '이다'를 보자. 우선 '있다'라는 공간은 뒷전이다. 그지. 밥이다. 무엇을 밥이라고 하나? 벼를 심고, 타작을 하고, 정미를 해서 쌀을 가지고 솥에다가 물을 붓고, 잘 끓여 밥을 한다. 사람들이 먹는 밥이다. 이것이 밥이다. '밥이다'라는 말에는 과정도 있고, 인간이 살아온 과정도 들어 있다고 해야 할 것이다. 그럼에도 밥'이다'에서 '이다'는 단호하게 한 대상에 대해 지시하고 말하고 있는 것이지. 그지. 말은 지시

대상과 일치하겠지. 대상이 사물이든 사건이든 주어진 어떤 것이겠지.

〈화두 2〉 철학적인 데이터라는 것은 개별 과학적인 데이터와는 달리 모든 데이터의 총체를 의미합니다(14~15쪽). "철학은 데이터 그 자체가 어떻게 성립하느냐는 것도 문제입니다. **모든 측면에서 봐야 합니다.** 그 것은 간단하지 않아요. 내 얘기 그만하죠"(55쪽).[3]

학승 아 참, 후배 잘 데려왔네. 뭔가 길이 잘못 들어섰다는 것을 느끼긴 했는데요. 그런데 이야기 속에 '있음'이란 것이 공간과 시간의 양쪽에 걸쳐 있는 것이라는 점을 생각하다가 보니 그렇게 되었어요. 그리고 학문이 데이터(자료)에서 출발한다는 것도 생각했죠. 그 자료들이 어떻게 성립하느냐에 대한 관심 때문이에요. 그래도 어떤 형태 또는 형식으로든 자료라는 것이 '있다'가 있어야, 과학이든 철학이든 할 거 아니겠어요?

거사 자료가 있어야 학문을 한다는 것을 누가 모르냐? '있다'와 '이다'에서 사람들은 있다라고 먼저 알고 있느냐, 이다라고 먼저 알고 있느냐는 것이야.

학승 사람들이야 밥이다, 사과다, 땅콩이다를 알고 있다고들 하지요. 그런데 생각해 보면 잘 모를 경우에 '이것이다, 저것이다'라고 하면서 다르다는 것을 분류하지 않습니까? 말하면서 다시 생각해 보면 경험하지 않은 대상에 이것저것 하지 않겠어요. 그러면 '것'과 '곳'이 먼저인가요?

거사 내가 물었는데 왜 네가 나에게 거꾸로 묻는 거지? 이런 생각을 해보지 않았던가? 사람들은 자신이 알고 있는 것을, 알고 있는지를 다른 사람과 소통해야 해. 지금 할 이야기는 아니지만 산다는 것은 먹는다는, 그리고 소통하는 것이야. 그래서 철학을 한다고 하지 않겠는가?

---

3 박홍규, 「고별 강연(1984)」은 이렇게 끝난다. / 베르그송은 그의 「형이상학 입문」에서 철학은 "총체적 경험"(l'experience intégrale)을 다룬다고 한다.

내가 생각하기에는 경험적으로 '있다'가 먼저인 것 같아. 그런데 산다는 것은 혼자가 아니니까 '이다'가 '있다'와 동시에 나왔을 것 같아. 혼자면 '있다'고 하면 되지. 그런데 '이다'는 그렇지 않거든. 그렇다고 혼자사는 인간이 없잖아. 좀전에 지금 할 이야기가 아니라고 한 것은, 나도 좀이상하게 여기지만 종교는 '이다'로 출발하는 것 같아. 하늘이다, 땅이다. 그런데 그것은 철학을 하는 태도는 아닌 것 같다. 다시 돌아가서 ······.

'있다'는 사물의 상태라고 생각해 보고, '이다'는 개념을 정의하는 것으로 생각해 보면 어떨까 해. 그렇다면 상태에 대한 파악이 먼저이고 또는 상태에 대한 인식을 하는 과정이 필요할 것이라는 생각이 들거든. 그래서 '있다'는 현 장소와 현 상태 이전까지도 생각해 보아야 한다는 거야. 데이터라는 것은 과정과 그 과정의 상태가 있어. 과일을 봐. 푸른 사과를 따먹기보다 기다렸다가 잘 익은 붉은 사과를 먹는 것이 더 좋은 것이라는 것도 과정을 알 때이지. 자꾸 잔가지로 가지 말아.

학승 '이다'에서 분류라는 생각이 나온 것이 아니라 '있다'에서 분류가 나왔을 것 같아요. '이것', '저것'이라는 것, 그것은 어쨌거나 떨어져 있다는 것이지요. 그래서 이것은 사과, 저것은 감, 서로 다르다는 것을 알기 때문이잖아요. '것'과 '곳'이 같다고 해도 있는 것은, 달리 있다는 것은 눈으로 보면 알잖아요.

거사 내 이야기를 듣는 줄 알았더니 자기 이야기를 하려는구나. 그게 첫 철학하는 태도가 아니야. 여기서 '곳'과 '것'이 같은 말에서 나왔을 것이라고 가정하지만, 그 두 단어는 개념상으로 장소 또는 공간이 있어야 한다는 것을 말하려는 것이야. 그리고 있다는 것은 사물이나 상태의 데이터보다 먼저라는 것을 말하는 것이 아니라고.

'있다'는 말은 다른 어떤 대상이 있기 전에도 있었던 것이 아니냐는 것이야. 그런데 '이다'는 그것조차도 '이다'라고 할 것이잖아. 말하자면 경험적으로 공간이 먼저 있다고 하면, 그것은 공간이다라고 할 것이거든. 내가 선사님에게서 들은 것은, 스승인 플라톤은 '있다'를 두고 평생 생각했다면, 그 제자인 아리스토텔레스는 '이다'를 먼저 정하고 사람들이 말하는 현실적으로 있는 것, 현존으로 있는 것에서부터 철학을 하겠다는 거야. 사실상 '이다'는 말로서 사물을 정의(定義)하는 것인데, 사물을 정의하기 전에 정의해야 할 것이 몇 가지 있다는 점에서 플라톤이 위대하다고 말씀하신 거야.

학승 에이! 거사님도. 세계에 있는 것에서 출발한다고 했지만, 결국에는 있는 것이 무엇이다라고 정의하는 것에서 출발할 수밖에 없는 것을 인정하는 것이잖아요. '있음'과 '없음', 그리고 '이다'와 '아니다'를 말씀하시려고 말이에요. 있음과 없음의 정의가 있어야 그다음 인식에서 이것은 (무엇) '이다', '아니다'라고 말하면서 알고 있는지 모르고 있는지를 구별하려고 하는 것 아닙니까?

거사 너, 자꾸 멀리 가는 버릇이 있다. 내가 이야기하려는 것은, 시초에는 어떻게 생각했을 것인가에 대해 생각해 보자는 것이다. 선사님은 우선 시작을 데이터에서부터 시작한다고 했지만 데이터를 잘 들여다보니, '있다'라는 문제를 플라톤이 제대로 고민한 것이고 있다는 다음으로 '없다'는 무엇인가라는 것에 부딪혔다는 거야. 이 부딪힘을 난문제(aporia)라고 부르는데, 나중에 사람들은 논리적으로 둘을 동시에 놓고서 모순이라고 부르는 바람에, 내가 보기에 철학하는 선후가 바뀌었다는 거야. 너도 마찬가지야, 안 그러냐? '있다'와 '없다'가 같이 놓일 수 없겠지.

학승 '있다'가 먼저라는 점은 '산다'가 먼저라는 점과 마찬가지일 것 같아요. 간단히 살아 있기에 있지 않습니까? 동어반복이긴 하지만 말이에요. 살아 있다는 것을, 과정을 거슬러 본다는 것은 반성하고 성찰하는 과정이 필요하겠지요. 그런데 '있다'라는 점에서 '없다'는 것을 문젯거리로 삼는 것은 약간 허구이거나 또는 시간상의 과정에서 앞과 뒤를 잘 알 수 없어 나온 문젯거리일 것 같습니다. 시간상이 아니라도 공간상으로 '있다'와 '없다'는 동일하게 주어지지 않겠지요. 공간상에서는 '없다'로 출발할 수 없을 것 같은데요.

후배 거사님 말씀으로 '있다'라는 것은 근원적 문제인 것 같습니다. 그런데 '이다'는 추론에서 원인 또는 전제인 것 같습니다. 잘 모르겠지만 '이다'와 '아니다'가 플라톤 제자의 문제 제기에 가깝다면, '있다'와 '없다'는 플라톤뿐만 아니라 소크라테스 이전에서부터 제기된 문제라고 알고 있습니다. 그냥 지금 떠오른 생각으로는, 삶에서 시작해 철학을 한다고 하면 '이다'와 '아니다'는 언어의 표현 문제일 것이고, '있다'와 '없다'는 삶의 실질적 문제라고 생각해도 될까요?

거사 여기서 '있다'와 '이다'를 철학사적으로 먼저와 나중을 따져보자는 것은 아니에요. 그리고 '있다'와 '없다'가 소크라테스 이전에 제기된 문제는 맞지만, 다루는 방식은 철학사에서 여러 방식이었고 시대와 철학자의 자기 영역(위상)에 따라 달라졌다는 것을 우선 말해 둡시다.

우선 앞에서 말한 '공포' 같은 것은 물질적 대상이라기보다 심리적 대상인 것이지요. 물론 어린이에게는 늑대와 사자가 공포의 대상이지만, 수소폭탄과 코로나 바이러스는 알지 못하기에 공포의 대상이 아닐 수 있습니다. 그러나 어른들이 후자에 대해 공포를 느끼는 것은 왜일까요. 우리가 대상이라고 하는 것이 우리 옆에 있다고 해서 대상이고 우리와 동떨어져 있다고 해서 상태인 것은 아니겠지요. 그럼에도 우리 사유 속에서 대상도 있는 것이고, 있는 것은 있는 것입니다. 있지 않은데 있다고 하면 안 되지요. 그래서 '이다'와 '아니다'는 언어의 표현에서 '맞다', '틀리다'를 구별하는 인식 도구 정도로 여기는 것으로 둡시다. 철학은 난문제를 해결하는 작업이라고 했는데, '있다'와 '없다' **사이**가 난제가 되는 것은 왜일까 생각해 보아야 할 것입니다. "긴 것은 기이고 아닌 것은 아니다"처럼 '이다'와 '아니다'의 **사이**처럼 말할 수 있을까요? 여기 사과가 있고 배는 없는 것이 현실이라면, 있는 것은 있고 없는 것은 없는 것입니다.

'있다'가 '있음'이라고 하면 어떻게 됩니까? '있다'라는 말보다 '있음'이라는 말은 어떤 한정이 들어가지 않습니까?

학승 일단 '있다'와 '있음'은 언어의 표현에서 차이가 있지 않습니까. 하나는 동사이고 다른 하나는 명사이고, 일반적으로 동사에서는 움직이는 양태가 들어 있고 명사에서는 고정된 양태가 있다고 하지 않습니까? 그래서 '있다'에서 출발하는 사유와 '있음'에서 출발하는 사고는 다르다고 할 것 같은데요.

거사 응, '있다'는 동사이고 '있음'은 명사라고 하지. 그런데 "움직임이 있다"와 "움직이지 않는다는 것이 있다"라고 하면, 둘 다 있는 것이지. 그지. '있다'와 '없다'의 사이에는 하나는 있고 다른 것은 없다는 것이거든, 그러면 하나는 운동이 있고 다른 하나는 운동이 없다. 그런데 왜 사람들은 움직이는 것도 있고 움직이지 않는 것도 있다고 할까?[4]

이런 생각에는 '있다'라는 것이 운동과 정지를 설명해 주는 기초가 된다고 생각할 수 있지. 나아가 운동이든 정지든 '있다'는 위에서 또는 '있다'는 가정에서 인식하고 설명하고 있다는 거 아니겠는가. 그래서 '있다'는 먼저인 것 같다. 그러면 '없다'라는 것은 운동이 없다고 할 때 쓰이지만 없는 것은 '없다'라는 사고에서 보면, 그러면 사물이 '있다'라는 언표에서 사물은 움직이지 않는 '있다'에서 정지를 표현하는 언표인가? 아마도 엘레아학파의 제논은 '있다'를 정지라고 생각했을 거야. 있는 것은 움직이지 않고 있다고.

실제 세상에서, 사과를 예로 들면, 꽃에서 열매가 맺고 자라 붉은 사과가 되는데 움직임이 없다고 하면 이 과정은 모두 무엇이냐는 거야. 난제에 부딪힐 수밖에 없잖아. 철학은 난제를 풀려는 노력이라고 했지. 그러면 이런 생각을 하는 자들은 과정이 헛것이고 진실로 있다는 것은 다른 어떤 것이라고 해야 했을 거야. 그래서 변화하는 것은 허상 또는 허구이고 변하지 않는 것을 추구하는 것이 철학이라고. 그러나 사람들은 그렇게 살아가지 않아. 전쟁통에서 살아가는 것은 허구가 아니란 말이야. 그리고 변화하는 세태에서 살아가는 것이 허구가 아니라는 것도 알아. 그

---

4 있음이 아니라 '있다'에서 출발하면, 움직이는 것이 있고 그다음 안 움직임이 있다고 하면 운동이 먼저이고 정지는 다음인데, 이다에서 출발하면 정지가 먼저이고 정지에서 정지 사이의 운동을 설명하게 될 것이다. 정지로부터 사고는 정의(定義)라는 개념이 성립하고 난 뒤에 나온 것이 아닐까? ─사유에서 동사가 먼저 그리고 형용사 그리고 각각의 명사화로서 개념(관념)의 성립이 아닐까?

런데 왜 '있다'에서 변하지 않는 것을 추구해야 하는가? '있다'는 변하는 것이, 기원상 또는 영원상 움직이는 것이 아니었을까? 그런데 왜 '있다'를 정지에서 설명하려 했을까? '있다'와 '이다'와 부딪혀, 있다는 것은 곳(공간)에 있기 때문일 거야.

나로서는 종교성이라는 것이 개입한다고 생각해. 소크라테스의 노력은 새로운 종교성을 생각했을 거야. 즉 변하는 가운데 변하지 않는 어떤 요소가 있을 것이라고 말이야. 물론 일반적으로 그 요소를 영혼이라고 가정했을 것이고, 플라톤은 이데아라고, 아리스토텔레스는 에이도스라고 이름 붙일 수 있었을 거야. 그 변하지 않는 것이 무엇이냐를 찾았을 것 같아. '있다'의 근원을 '없다'와는 달리 운동하면서 계속 있을 수 있는 데서 찾았을 것 같아. 그 시초의 발상은 소크라테스의 다이모니아였을 것 같단 말이야. 이 다이모니아가 하나의 고소거리가 되어 재판을 받고 죽음에 이르기까지 하지만 말이야. 소크라테스는 자신의 영혼이 변화와 확장 또는 완성으로 이르는 길에 들어간다면, 죽음의 공포를 갖지 않았을 것 같아.

학승 거사님이 딴 길로 간 것 같은데요. '있다'에서 '있음'으로, 그리고 정지로 나아가는 사고의 추론 과정에서는 이른바 불변성을 찾는 과정으로 보이는데, 그 추론 과정에서 무엇인가를 계속 배제하거나 추상이라는 이름으로 무엇인가를 빼버리고 가는 것이 아닌가요. 즉 운동과 여러 가지 성질을 빼버리고 점점 추상화의 길로 가면서 그 추상화 과정에서 만들어진 대상도 '있다'로 하기는 그렇고 하니 '있음'이라고 하지 않았을까요?

〈화두 3〉〈떠남(apoleipon)〉이 먼저가 아니라 〈자신을 움직임(hauton kinoûn)〉이 먼저야. 자신을 움직이니까 그것은 자신을 떠나지 않아. …… 그런데 〈자신을 움직이는 것(hauton kinoûn)〉은 외부에서 충격을 주는 것이 아니라 스스로가 주는 것이니까 〈자신을 버리지 않는다(hate ouk apoleipon heauto)〉, 그 말이야. 그런데 여기서 〈자기 자신(hauton)〉도 중요해. 과거분사 〈kinou-menon(움직여지는 것)〉이 나오는데, 이것이 운동 자체냐 운동하는 것이냐가 문제가 돼. 〈자신을 버리지 않는다(hate ouk apoleipon heauto)〉에서 〈자기 자신(hauton)〉이 뭐야? 운동하는 것이야, 운동 자체야?(101쪽)[5]

그렇게 보면 〈스스로 운동하는 것만이 자신을 떠나지 않으므로, 결코 운동을 멈추지 않고(monon dê to hauton kinoûn, hate ouk apoleipon heauto, oupote lêgei kinoumenon)〉 〈다른 타자에 의해 움직이는 것〉, 즉 정지할 수 있는 것(신체)에 대해서 운동의 원천이 된다는 얘기야. 다음에 〈시초는 비생성적이다(archê de agenêton)〉 그건 원천이 〈소멸할 수 없는(aphtharton)[6]〉, 즉 없어지거나 사라지는 것이 아니라는 거야. 왜냐하면 〈원천으로부터 모든 생성된 것이 생겨남이 필연적이고(ex archês gar anankê pan to gignomenon gignesthai), 그 자신은 다른 것으로부터 나오지 않으니까(autên de mêd' ex henos)〉. 그 이상의 다른 원인이 없어. 있으면 안 돼(102쪽).[7]

거사 '있음'으로 설정하는 것은 문제를 해결하는 것이 아니라 문제를 만들었다는 생각이 들어.[8] '있다'가 먼저야. 그리고 '있다'는 것에는 현실에서 사물로서 있는 것만이 아니라 사유에서 그려진 이미지도 있다

---

5 박홍규,「자기 운동(I):『파이드로스』편, 245c-246a」,『형이상학 강의 1』(박홍규 전집 2), 민음사 2007(1995), 94~129쪽. 1986년 6월 6일 강의(녹음).

6 ἄφθαρτος, adj aphthartos: imperishable, incorruptible
   διαφθείρω — corrompre; endommager; attaquer; détruire
   διαφθορά — corruption; destruction.

7 박홍규,「자기 운동(I):『파이드로스』편, 245c-246a」,『형이상학 강의 1』(박홍규 전집 2), 민음사 2007(1995), 94~129쪽. 1986년 6월 6일 강의(녹음).

8 철학에서 올바른 문제 제기만으로도 문젯거리가 해소될 수 있다. 운동으로부터 사유하면 정지라는 설명도 가능한데, 정지에서 운동은 운동이 아니라 운동의 궤적만을 설명할 뿐이다.

고 해야 하는 지경에 이르렀을 거야. 이런 경우에 철학을 한다는, 어쩌면 산다는 문제에 조금씩 멀어졌을 수가 있어. 내 생각이기는 하지만 소크라테스는 인민으로 살면서 전쟁에도 세 차례나 출전했고, 장터에서 사람들과 말다툼도 해보고, 당대의 한 분야를 안다고 내노라하는 지식인들과 논쟁도 해보고, 게다가 이방인의 여성이지만 아스파지아를 찾아가 물어보기도 했다는 전승을 보면 실재적인 경험을 중요시했던 것 같아. 그리고 당시의 아테네라는 풍토에 걸맞은 실행과 사유를 했던 것으로 보여. 그런데 플라톤은 귀족이었거든. 물론 소크라테스를 만난 것은 19세 정도였다고 전해지는데, 요즘으로 봐도 철학이 필요한 나이였지. 그가 소크라테스에게 직간접적으로 배운 것은 10여 년이야. 가장 사유가 활발한 시기였지만, 아마도 알키비아데스의 예를 보아 전쟁에 참여하기는 했겠지만 직접적인 전투는 하지 않은 것 같아.

그리고 아테네가 스파르타와 27년여 간의 펠로폰네소스 전쟁으로 황폐화되었지. 게다가 스승이 젊은이들의 선동가로, 새로운 종교를 끌어들이려는 불순분자로 또는 아테네와 '같지 않은' 생각을 한다고 내몰려 사형당했을 때, 제자로서 당할 테러를 피해 북아프리카로 여행을 갔다고 하지. 그는 무엇을 생각했을까? 스승의 이야기를 전하면서 새로운 아테네를 꿈꿨을 것이라고 상상할 수 있는데, 그는 소크라테스 이전 사상가들과는 '같지 않은' 생각을 했을 거야. 달리 생각하고, 달리 글쓰기를 한 셈이지. 그 글들, 즉 데이터 가운데 선사님은 크게 보아 몇 가지 중요한 점을 끌어내려 했을 거야. 나도 다는 몰라. 그런데 한 가지는, 그 플라톤이 쓴 글자체를 데이터 삼아 '없음'의 문제를 해결하려고 했다는 점이라고 봐. 그런데 어쨌거나 스승이 밟았던 길을 추론해 보면, '없음'을 '운동이 없다'라고 하기에는 세상이 그렇지 않았다는 거야. "운동이 있기는 있어"라고 생각했을 것이라고 선사님은 생각했고, 그것을 데이터에서 찾아내려 했던 거야. 다른 한 가지는 이 막무가내인 운동을 조정하고, 화해하고, 조화하고, 종합하고, 통일하는 그 무엇을 고안해 내야겠다는 생각을 했다고 봐. 그것이 이데아라는 것이 아닐까 해. 선사님은 전쟁이라는 공포와 전쟁을 겪은 우리 사회의 황폐화 속에서 학문이, 즉 철학이 제대로 서야 사회가 온전하게 된다는 생각을 지속하고 있었다고 봐. 그래, '있다'라는 문제가 첫째인 것 같아. '이다'는 다음이지.

학승 전쟁에서 '있다'의 문제를 보았다고 하니, '있다'를 제시한 파르메니데스의 스승이 생각나는데요. 크세노파네스(Xenophanes)가 이오니아 지방에서 메디아 왕국과의 전쟁에 밀려 엘레아로 망명을 하면서 파르메니데스에게 영향을 끼쳤다고 하잖아요. '있다'라는 것이 종교성과 국가성을 함께 가지고 있다고들 하는데……

거사 '있다'라는 것은 파르메니데스에서 전개된 것으로 플라톤도 말하고 있기는 하지. 하지만 우리가 여기 살면서 살고 '있다'라는 것이 그리스 문화권에서는 형이상학 또는 존재론이 되었다는 거야. '있다'에서는 공간과 장소만이 아니라 시간의 연속에서도 쓰일 수 있다는 것을 생각해야 하는데, 여기서는 공간과 장소에 관한 것만을 이야기하자는 거지.

후배 끼어들 상황은 아닙니다만……. '있다'라는 존재론과 형이상학에서의 '있다'는 차이가 있습니까? 존재론과 형이상학은 같은 등급에 놓고 인식론은 그다음 등급으로 놓는 것 같아서요.

거사 한 가지만! 형이상학이란 개념은 플라톤에게는 없어. 아리스토텔레스의 개념이며, 알다시피 자연학 다음에 있는 내용이지. 존재론이란 개념도 나중에 나온 것이야. 그런데 플라톤은 이데아의 실재성과 아페이론이라는 막무가내의 변화, 이 둘의 관계를 어떻게 대해야 할지를 고민했다고 할 수 있지. 존재론은 부동(不動)에서 시작할 수는 없었을 거야. 천체가 운동하고 있다고 했으니까. 그런데 대상인 데이터는, 하여튼 일정하게 움직이지 않는 것에서부터 출발할 수밖에 없다는 거야. 인식론은 운동보다 공간의 설정이 필요했을 거야.

〈화두 4〉 플라톤이 말한 것처럼 사물을 정리할 수 있는 것은 시간이냐 공간이냐 둘 뿐이에요. 플라톤은 둘 다를 놓았고, 아리스토텔레스는 **공간**에서 형상 이론(form theory)을 놓았고, 베르그송은 **시간**에서 정리했습

니다. 그 이외는 없어요(54쪽).[9]

거사 '있다'는 '이다'와 다르다, 그러면 '있다'가 어떻게 다루어야 할 것인가? 여러 종류의 구슬이 흩어져 있다고 해보자. 그 구슬들에서 빨간 구슬을 찾지 못해 붉은빛이 나는 것, 노란빛이 나는 것, 파란빛이 나는 것, 그리고 나머지 잡색 등으로 나누어보자. 그렇다고 찾고자 하는 아침놀의 붉은빛을 따로 만들지 못했다고 하자. 이럴 때 흩어져 있는 구슬을 아페이론이라 하고, 찾고자 하는 구슬을 이데아라고 해보자. 그러면 이데아와 아페이론 사이에 대략적으로 삼색과 흰색, 검은색 계통 등으로 다섯을 구분했다고 해보자. 그러고 나서 이 다섯 색깔의 구별을 유형적 구별이라 하자. 그리고 세밀하게 색깔의 순도를 찾아 진빨간색, 진노랑색 또는 진파란색을 찾아낸다고 해보자. 빨간 계통의 여러 색깔 중에서 진붉은 것, 덜 붉은 것, 검붉은 것이나 분홍, 주홍, 주황 등도 붉은 기운이 있는 것이다고. 이런 색깔을 줄지어 세워본다면, 어떤 순서를 가질 것이야. 각각은 고유한 자기 성질이 있지만 각각은 하나야. 이 하나하나에 번호를 매기면 한 개, 두 개, 세 개 등으로. 그리고 노랑에서 서른한 개, 서른두 개, 서른세 개, 파랑에서 예순한 개, 예순두 개, 예순세 개 등으로 이어져 나열될 것이야. '있다'는 개수대로 나열에서는 대상으로서의 구슬이 '있다'가 돼. 그런데 무한정하게 나열한다고 생각하면서 하나, 둘, 셋, …… 예순셋, …… 삼백예순다섯 등으로 셀 때에 각각은 물질적 대상과 달리 추상적 대상으로서 '있다'라는 것을 생각하게 돼. 여기서 '수'란 어느 것이든 하나야. 이 하나가 '있다'라는 것을 생각하는 측면에서 각 수는 하나이며 있다가 돼. 이렇게 '있다'라는 것을 대상으로서 있다는 것과 달리 사유 공간에서 있다고 해. 대상의 공간은 장소처럼 있어. 그런데 사유의 공간은 머릿속의 그림(이미지)처럼 있어. 그럼에도 '있다'라는 것은 같은 의미에서 있다? 사실은 같은 의미는 아니지만 '있다'라는 말을 써.

---

9 박홍규, 「고별 강연」, 『형이상학 강의 1』(박홍규 전집 2), 민음사 2007, 57쪽.

이렇게 생각하고 대상화하면서 '있다'라는 것을 창안해 내는 것이 인간의 사고 능력이기도 하지. 여기서 좀 전에 말했던, 존재론과 겹치는 인식론이라는 문젯거리가 등장해. 사고 바깥에 '있다'와 사고 안에 '있다'는 다르지만, 말로서 표현하는 방식에서 '있다'는 동일하지. 이렇게 '있다'라는 것을 안다는 인식론으로까지 가지 않더라도, '있다'는 여러 다른 방식으로 있다는 것을 느끼고 생각하고 상상해. 느낌은 현실적 대상으로 있다는 점에서, 생각하는 것은 대상을 추상해 수로서 계속 세면서 없어도 계속 셀 수 있다는 점에서, 그리고 어느 계기(순간)에는 수와 관계없이 상상으로 있다는 점에서, 그리고 인간의 상상으로도 잘 표현할 수는 없지만 있기는 있는 것 같기도 하고 없기도 한 것 같은 상태로서 있다는 점에서(그런데 이 경우에는 구슬로서 있는 것도 아니고 어떤 흐물거리는 덩어리로 있어 구슬과 구별이 잘 안 되지만 그래도 구슬과 연관 있는 것으로 있다는 점에서), '있다'는 네 가지로 구분되지.

학승 이런 설명은 플라톤의 선분의 비유에서의 네 등분과 비슷하잖아요.

거사 그렇게 들리라고 설명한 것인데, 플라톤의 선분의 비유는 물질과 대상과 닮은 방식을 추론과 원본과 연관해 대비했지. 유사한 방식으로 두 개가 달리 유형을 차지하고 있단 말이야. 그런데 구슬 설명에서는 네 가지 정도가 단계를 거쳐가는데 불연속이 아니라 계속적으로 이어져 있는 것으로 보이지(들리지) 않는가?

학승 수의 나열이 계속적으로 보이듯, 이어져 있다고 하면 그렇다고 해야겠지요. 그런데 그 계속이란 단계는 계단을 올라가듯이 추상으로 올라가는 것 같은데요.

거사 계속적으로 나열되어 이어지는 것인데, 플라톤이 너무 성급하게 두 부분으로 나누어 유비 관계인 것으로 착각하여 나중에 고생한 것 같아. 이런 대목에서 선사님께서는 주의해 읽으면서 수적으로 계속인지, 아니면 운동으로 지속인지에 대해 깊이 생각하셨다는 거야. 선사님은 '있다'라는 것이 어떤 방식으로 또는 정도의 차이로 달리 있다는 점에서

'있다'에는 운동도 있고 정지도 있다는 점을 생각해 냈을 거야. 이건 선사님의 이야기를 듣고 난 뒤에 내가 이해한 생각이야. 선사님은 그렇게 말씀하시기보다 "플라톤은 운동과 정지를 **함께** 놓고 나갔다"라고 말씀하시지. 즉 '있다'라는 것에는 운동과 정지가 있어. 그런데 책에 쓰인 글자를 데이터 삼아 말씀하실 때는 이런 말씀도 하셔. "플라톤은 일원론 같기도 하고, 어떤 부분을 읽으면 이원론인데, 또 어떤 부분을 읽으면 삼원론 같단 말이야."

학승 함께 놓고 나간다는 것은 동시에 나란히 또는 배치하는 것을 의미하겠지요.

거사 동시성을 놓고 나간다는 것은 쉽지 않아. 같은 공간에 두 사물이 동시에 놓일 수는 없어. 그럼에도 공간에는 여러 사물이 배열 또는 배치되어 있지. 있다니까는 마찬가지로(비유적으로) 운동과 정지도 있다고 하지.

학승 '있다'로 운동과 정지를 설명하는 것은 이른바 존재론이라는 측면에서 그렇게 생각할 수밖에 없는 사유의 극한이라는 것을 설정하고 있다고 여겨져요. 사유가 먼저 있다기보다 사유가 없다고 하더라도 또는 생각한다는 동물 또는 생명체가 없다고 하더라도 지구상 또는 우주상에는 운동하는 것과 정지하는 것이 있다고 여겨져요. 무엇인가 움직이고, 움직이다 부딪히고 깨지기도 하고, 그러다가 정지하기도 하고. 결국에는 움직이는 것과 움직이지 않는 것의 구별일 것 같아요. 이 구별도 인식이라고 한다면, 저로서는 할 말이 없지만 말입니다.

거사 사유 이전에도 '있다'고 해야 할 거야. 인간이 없어도 뭔지 모르지만 있기는 있어야 할 거야. 이게 무엇이냐는 나중의 일일 거야.

후배 인간에게는 무언가 대상에 대해 '안다'는 어떤 능력이 있다는 것을 인정해야 하지 않을까요. 인간이 생명체이지만 벌과 개미 같은 막시류하고도 다르잖아요. 게다가 콜레라 같은 세균과 코로나 19 같은 바이러스와도 다르지 않나요. 인식을 촉각에 한정한다면 모든 생명체가 촉각을 가지고 있다는 점에서 인식이 같아 보이지만, 생각하고 상상한다는 점에서는 인간이 더 ······.

학승 그런데 생각한다는 것에도 여러 가지가 있는 것 같거든! 그리고 데이비드 흄(David Hume)이 말하듯이, 상상하는 것까지는 경험적으로 대상화되고, 공상한다는 것은 추상화 정도로서 사고 공간에 있고, 환상(판타지)으로 넘어가면 교정해 사고 공간으로 되돌릴 수 있다고 여겨지지. 하지만 천국이 있다는 식의 망상이라든지, 죽어서 저세상에서 그대로 산다는 식의 착란에 빠지는 것은 교정의 대상이 아니라 그곳에 가게 내버려두라고 하는 수밖에 없지 않느냐는 것이지. 그것도 말로서, 대상화로서 있다고 하는 경우에는 분석철학이 논할 때 황금산과 유니콘이 의미 있다고 하는 경우인데 의미야 있지, 그것으로 속일 수 있다는 의미 정도 ······.

거사 (하려던 이야기를 계속하며) '있다'에는 그 종류가 여러 가지가 있어. 그중에서 추상으로 '있다'는 것은 공상에서부터 환상이든 망상이든 착란에까지 '있다'는 것과는 달라야겠지. 그러니까, 사고하여 추상해 '있다'는 것에는 한계가 있다는 것이야. 그래서 선사님은 구체적 경험에서 데이터를 말씀하신 것이지.

'있다'는 선분의 비유처럼 설명을 통해 있다는 것이 아냐. 있는 것은 모두 가만히 있느냐, 움직이냐는 것부터 생각해 보아야 한다는 거야. 플라톤이 그런 생각(사유)을 한 것은 『국가』에서 말했던 것에 대해 『티마이오스』에서까지도 꾸준히 '있다'라는 것에 대해 진지하게 고민했다고 할 수 있지. 지구상의 모든 것은 눈으로 보거나 만지거나 간에 현 상태로는 움직이지 않고 있거든. 그런데 하늘은 돈단 말이야. 원운동을 하지. 지상에서는 안 움직이는 것이 영원하지도 않아. 왜냐하면 다른 힘들이 움직이지 않은 것에 영향을 끼쳐 움직이지 않은 것이 파괴되거나 소멸하게 하거든, 게다가 인간도 죽거든. '있다'라는 생각을 하면 계속 있어야 그 있다는 것을 말로 또는 인식으로 대상화할 수 있을 텐데, 지상에서는 계속하고 있는 것이 없다는 것을 알아. 그러면 고민되지 않았겠어. 인간이란 자에게 안다는 것은, 변하지 않는 것이 무엇인지 또는 변하더라도 변하지 않고 있는 내용이 있을 것 같은데 그것이 무엇인지를 아는 것이 진실로 아는 것 같단 말이야. 결국 '있다'라는 말은 움직이지 않는 무엇이거나 계속해서 움직이는 무엇일 수밖에 없을 것 같단 말이야. 그런데 오랜 기간 동안에 안 움직이는 것은 없어. 그런데 계속 움직이는 것은 분명히 다가가 경험할 수 있는 것은 아니지만, 매일 밤에 보는 별은 움직이지만 다시 돌아오며 1년에 한 차례 돌아오는 것은 변함이 없어. 변함이 없다는 점에서, 즉 동일한 자리에 와. 동일한 자리가 있다는 것이야. 정지해 '있다'가 아니라 아마도 움직임에서 '있다'라는 것을 찾았을 것 같아. 내 생각인데, '있다'라는 장소(공간)를 먼저 이 땅에서 찾으려고 했을 거야. 그다음에 하늘의 운행에서 찾으려 했고! 너 같으면 어디서 공간이라는 것을 찾았을 것 같아?

학승 우선 '내가 있다'라는, 신체라는 입체에서 공간을 찾았을 것 같은데요.

거사 그러니까 '있다'라는 문제는 너나 생명체에서부터 생각하면 그렇게 돼. 그런 생각을 하는 자는 그다음에 '인간이 있다'가 먼저 나와. 그리고 인간의 인식이 먼저이고, 그리고 대상이 있고, 대상의 의미가 있고 등으로 나가는 것은 존재론이 아니라 인식론으로 고대 사유에 접근하는 것이겠지. 여기에는 우리가 안다라는 생각이 먼저 있어 세계를 구축하고 구성하고 만들려 하지. 이런 생각의 배경에는 언어가 소통이라는 점보다 지시와 명령이라는 관점이 들어 있어. 여기에서는 존재론에 관한 관점을 인식론적 관점 다음이라고 생각하기도 하지. 그러나 실재성을 다루는 철학은 그렇지 않아.

그러니까 '있다'라는 존재론이 먼저 나왔다고 하기에는 좀 석연치 않아, 안 그래? 왜냐하면 존재론을 제시한 것은 엘레아학파이거든. 그렇다고 '형이상학'이라는 용어는, 알고 있는 것처럼 아리스토텔레스가 쓴 말도 아니고 나중에 안드로니코스(Andronicos)라는 사람이 편집하면서 제일형상이니, 질료와 형상이니, 현실태와 가능태라는 용어들이 있는 부분을 『자연학』 뒤에 배치한 것이지. 그러면 자연학이란 무엇인가? '있다'

와 '없다'의 논의에 앞서, 자연은 인류에 앞서 있었던 것이야. 있었던 것, 즉 '있다'가 계속되어 온 것이지. '형이상학'이란 용어를 아리스토텔레스에서 시작하는데, 그렇지 않고 자연학을 했던 시절로 거슬러 올라가야 할 거야. 자연학은 그리스에서 탈레스라고 하는데, 탈레스가 이집트와 바빌론에서 배운 흔적이 있다는 것을 인정해야 한단 말이야. 살아온 흔적은 죽 있었지. 그러면 인간이 산다는 것, 우리가 중요하게 여기는 것으로 산다는 것은 자연 속에서야. 자연을 대상으로 삼지 않았을 것이라는 이야기이지.

학승　'있다'라는 존재론이 그러면 자연학이라는 가설이 되는 것 같은데요. 자연에서 '있다'는 것이 무엇인지 물어야 할 것 같고, 그러면 자연이 언제 어떻게 생겨났으며 어떻게 이루어지고 변화해 왔느냐라고 물어야 하지 않을까요? 철학은 다루어야 할 과정이 많아 골머리가 아플 것 같아요. 그런데 사람 이전에도 '있다'는 있었다고 말하고 싶은 것이지요.

거사　'형이상학'이라는 이름이 자연학 뒤에 있는 이론처럼 쓰이지만, 자연이 있고 인간이 있다는 것으로 배치되었다고 한다면 그럴듯한 학문이지. 말하자면 자연에 대한 데이터를 다루고 난 뒤에 자연론에 대한 이론을 전개하는 것이 형이상학이라고. 그리고 이 자연에 여러 현상과 사건을 '이다'와 '아니다'로 이야기하는 것이 지식을 알려 주고 정답을 말하는 것 같지만, 사실 데이터의 정확성과 더불어 과정과 종합이 이루어지지 않으면 공상과 다를 바 없어 언젠가는 교정을 받고 수정되어야 하지. 그럼에도 '있다'는 자연에서 출발할 수밖에 없어. 어떤 이들은 이 기나긴 과정을 자연 변증법이라고 하는데, 이는 사고하는 방식으로 이런저런 것을 모아 하나의 체계를 세운 것으로 사고의 구축과 구성이지. 자연은 자기 변화와 자기 생성의 길을 간다고도 하지. 게다가 자연 스스로 창안하고 창발해 창조한다고 하기도 하지. 어쩌면 '있다'는 자연은, 지금도 변화하고 운동하고 있는 과정 중이지 않겠나. 형이상학이란 변화하고 운동 중인 과정을 논하는 것이리라 생각하는 것, 이건 고대의 형이상학 용어와 다른 것이야.

학승 마르크스가 말하는 자연 변증법이 인식 능력이라는 사고에서 나온 것과 같다는 것처럼 들리거든요. 자연은 법칙에 따라 만들어지는 것이 아니라 스스로 생성하고 창조한다는데, 그 긴 과정에서 자연의 법칙 같은 것이 있을 수 있고 그것을 발견하는 것이 인간의 능력이라고 말하지 않나요.

거사 그런 이야기가 나오는 것은 인식론이 어느 정도 자리를 잡은 다음일 것이야. 자연에 대한 데이터를 잘 몰랐을 때는 그렇지 않았지. 3,300년 전쯤부터 2,500여 년 전 사이에 인간이 인식하는 데 똑똑해진 것 같아 호모사피엔스사피엔스(슬기슬기인간)라고 하지만, 자연의 어떤 과정 중에서 인간이 자기의 영역을 조그맣게 만들고 있었을 뿐이야. 개미와 벌이 자기 영역을 만들었듯이 인간도 자기 고유의 영역을 만들고 있었을 거야. 지금도 그렇지만 '있다'라는 가장 기본적인 영역에 대해서는 부정하지 못해. 그 '있다'가 공간에 있다고 한정하는 것으로 보이지만, 시간에 있어서도 '있다'라고 하는 것에 대한 고민이 자료로 남아 있는 것이 플라톤에게서 분명하게 보인다는 것이지. '있다'는 '없다'가 아니지만, 공간이라는 움직이지 않는 장소에 있는 것이라기보다 움직이는 공간에 있었던 것도 생각해 봐야 할 것이야. 그리고 생명체가 태어나고, 생장하고, 죽는 과정도 공간에서이며 자연에서이지. 이 공간에서의 변화가 무쌍해 시간이라고 했을 것이라고 생각하는 사람들이 있는데, 그렇지는 않을 거야.

지상의 공간은 움직이지 않고, 천정에 닿은 공간이 처음에는 움직인다고 했을 것인데 지상의 움직이지 않음의 반영(투사)으로 움직이지 않는 측면을 찾아냈지만, 그 천정에 별들은 움직인다고 하여, 움직이는 것에도 공간을 적용하면서, 동일한 움직임이 계속된다는 것으로 추론할 것이야. 이 추상화에서 동일한 원운동의 공간이 있고 그 공간은 움직이지 않고, 그 속에 있는 별들이 움직인다고 할 것이야.

〈화두 5〉〈소멸되는(diaphtherein)〉 것은 어떤 연속적인 것만이 그럴 수 있어.[10] 있다가 돌연히 허무로 돌아간다, 죽는다, 그런 것은 〈diaphtherein (소멸되다)〉이라고 하지 않아. 사람이라면 병이 들어서 몸의 일부분이 점점 썩어 들어갈 때 그 말을 써. 한순간에 무로부터(ex nihilo) 생겨난 다든지 무로 돌아가는 것은 〈diaphtherein〉이 아냐. 그러니까 그런 것은 〈adiaphthoron(비소멸적)[11]〉인 것도 아냐. 시초가 〈adiaphthoron〉이라는 것은 **영원하다**는 것인데, 그 근거가 어디에 있느냐 하면 그것이 〈자기 자신을 움직이고(heauton kinoûn)〉, 그때의 〈자기자신(heauto)〉, 즉 움직 이는 것은 형상(eidos)의 〈자체성(kath' hauto)〉과 같은 것이라는 데에 있 어. 바로 그것이 시초고, 비소멸적이며, 비생성적이라는 얘기야(108쪽).[12]

플라톤에서는 그렇지 않아. 영혼〔천체, 원운동〕은 영원해서 불사적 (athanstos)이고 죽는 법이 없어, 허허. 베르그송 이론은 안 그래. 생명체 는 한순간에도 죽을 수 있다. 그러나 또한 영원히 살려고 한다. …… 이 공식으로부터 죽음의 문제에 관한 한 종교가 나오고, 여러 사람들이 있 는 한에서는 윤리〔도덕〕가 나오고, 인간을 물질적으로 다룰 때는 기술과 법이 나와(125~26쪽).

학승 그러면 움직이지 않는 친구가 있고 그 속에서 별들이 매번 동 일한 운동을 한다고 생각한다면 별들도 언젠가는 소멸한다고 생각했을

---

10 니르바나(nirvāna)에 이른 것을 소멸한다고 한다면, 무로 가지 않는다면, 연속성 속에 서 소멸하면 어디엔가 있어야 하지 않을까? 다시 태어난다고 부활한다는 것이 거짓 이면 소멸은 대양과 같은 흐름 속에 소멸한다고 해야 할 것이고, 다시 태어남은 같지 않기에 새로 태어난다고 해야 하지 않을까? 니체의 영원회귀처럼 다시 솟아나는 생 명은 비가역적이고, 내재적 본질을 지닌 고유성, 특이성일 것 같다.

11 διαφθείρω ─corrompre; endommager; attaquer; détruire
    διαφθορά ─corruption; destruction.

12 박홍규,「자기 운동(I):『파이드로스』편, 245c-246a」,『형이상학 강의 1』(박홍규 전집 2), 민음사 2007. 1986년 6월 6일 강의(녹음). 여기까지 설명에서 그것(ti esti)은 영혼이 라 하면 쉬울 것 같다. 영혼이 시초고 비소멸적·비생성적이라면, 플라톤의 영혼론 은 자연보다 우월(우선, 먼저)한 것이 아닌가 한다. 내가 의문을 갖는 것은 영혼(그것, 원질)에 대한 이 상세한 이야기를 왜 베르그송은 간단히 다루었을까? 하는 점이다.

것 같은데, 그렇다면 움직이지 않는 것이 원인 또는 토대로 있다는 것을 먼저 전제한 것으로 생각할 수 없나요? 공간이 먼저 있고, 그다음에 그 속에 노니는 별들이 있다라고 …….

거사 천구의 운동이란 것이 너무나 완전하고, 그리고 그 속에 별들이 아름답다는 거야. 운동하고 있지만 언제나 동일한 운동이라 생각했거든. 즉 고대인들에게서 나도 사라지고 너도 사라져도 그 원운동은 계속이라는 거지. 천구는 계속이라는 점에서 불변한다고 생각했고, 불변하면 영원하다고 생각했을 거야. 그다음에 영원하다고 하니까, 거꾸로 변함없이 동일하다고 생각하여 영원히 정지해 있다고 생각하지 않았을까? 이런 전도된 생각은 동일한 운동의 동일성과 운동하지만 불변한다는 불변성, 그리고 계속한다는 영원성 등으로 추상화했을 거라는 거야. 불멸성이라는 추상 개념은 인간의 영혼이 하늘의 별처럼 또는 천구의 한 자리처럼 하나의 점 같은 것으로 투사해 영원하다고 생각했을 것이라고 봐.

전쟁이라는 야만과 비참 속에서 죽음과 소멸에서 벗어나는 길을 모색했다면 어떤 생각의 길로 갔을까? 추상으로 고정성의 아름다움과 계속하는 영원성의 불멸성을 추구했다고 할 것인데, 그만 추상의 아름다움에 빠져 정지와 공간을 상정했다고 해보자. 그러면 이제 정지된 원주에 별들처럼 하늘에다가 각각의 불멸성을 새길 수 있지 않을까? 원과 원주의 여러 점, 여기서 플라톤의 이데아가 창안되었다고 해보자.

그러면 하늘의 영원한 이데아와 달리, 지상의 신체는 왜 생겨나서 소멸하느냐를 풀어볼 수 있을 거야. 지상에서는 이제 완전함의 원모습을 잃고 허우적대면서 살아가는, 허구(현상)에 지나지 않는다고 해야 할 것이야. 비참과 질병의 세계, 야만과 공포의 세상과는 다른 정의로운 또는 조화로운 도시국가를 만들려면 어떻게 해야 할 것인가에 대해 고민했으리라 봐.

'있다'의 원인 또는 근원을 찾아들어 가다가 천문학의 끝까지 가본 것이지. 그 천구를 그렇게 생각할 수밖에 없으니까. '있음'이라는 근원에는 원운동하는 공간이 있다고 가정할 수밖에 없었고, 게다가 움직이는 것을 정지로서 사고할 수밖에 없었지. 그리고 불변하는 이데아를 만들었다고 해야 하지 않을까? 그렇게 공간을 선(先)전제로 세웠다고 하면 시간은 어떻게 되는가? 간단히 말해 시간도 공간의 운행주기에 맞추어 생각할 수밖에 없었지. 그러면 일정 기간을 계속해 변하면서 살아가는 인간의 문제가 남지 않겠는가?

하늘의 조화로움에 비추어 땅에서도 정의로운 도시를 만들 꿈을 꾸었지. 그러면 하늘에서의 그 많은 원형(이데아)이 왜 땅에서는 그 모습대로 만들어지지 않느냐는 생각에 이르겠지. 우선 생각으로 공동체를 만들어 봤어. 그런데 현실적으로 생각된 대로 공동체가 안 되지 않겠어. 아테네라는 공동체는 소멸하고 있고.

철학은 난문제를 해결하는 것이고 데이터로부터 출발해야 하니까. 자세히 들여다보니 지상을 떠받치고 있는 그 무엇이 하늘을 따르지 않고 제멋대로야. 이 제멋대로의 자료를 아페이론이라 부르지. 사실은 공에 대한 색, 말하자면 정지에 대한 운동이지. 알려지다시피 아낙시만드로스가 아페이론이라 할 때, 자료라는 것이 한계를 지을 수 없는 것인데도 불구하고 한계를 지으면서 난제를 풀려 했다는 거야. 색을 공으로 설명하려는 데서 잘못이라는 것이지. 공은 공이고 색은 색이라고 하면 간단히 둘로 나누어지지. 그런데 둘이라는 것이 원래 있지 않고 하나라는 거야. 색과 공 사이에 둘이라고 하면 그 둘을 나누는 경계 덕분에 넷이 있을 수 있고, 그것도 아니라고 할 것이고, 이런 잔머리를 굴리는 것은 지금도 0과 1을 가지고 놀고 있는 자들이 하는 짓이지.

학승 전쟁이 야만과 비참이라면 왜 전쟁을 하지 않을 생각을 먼저 해야지, 전쟁 상태를 인정하고 삶과 소멸을 생각하는 것이 좀 이상하지 않나요? 이 지구상에서는 불멸이 없기에 영원한 정지를 추구하는 것, 그게 평화와 안식의 미끼로 삼는 종교 같아요. 뭐, 정지라는 공간이 추상화에서 먼저 성립하고 그것에 대립되는 '제멋대로'가 있다고 하는 것은 서로 차원이 다르지 않아요? 선사님 말씀으로는 제멋대로가 먼저 있고, 그리고 나중에 추상화의 데이터가 있을 수 있다고 하는 것 같던데요. 그 추상화도 인간의 사고가 칼을 들고 자르듯이 잘라 정해 버린 것이라고요. 사고(思考)가 사고(事故)친 격이지요?

거사 멀리까지 가지 말라니깐! 선사님이 생각의 양쪽 끝까지 가보자는 것이지. 양쪽 끝은 공간으로도 시간으로도 인간의 머리로서는 해결할 수 없어. 그런데 끝이 있을 것이라 하고는 가보자는 것이지. 그래서 원운동도 정지로 추상화했다고 했잖아. 그래야 '있다'라는 데이터가 성립하고 하나가 성립하는 거야. 그 하나가 '것'과 '곳'이 아닌 귀결로서 파(波)일 수 있지만 그건 나중이야. 삶의 난제는 움직이지 않고 영원히 있다고 해서 해결되는 것이 아니잖아. 여기 지금 살아가는 문제가 분명하게 있잖아. 이 현존을 허위 또는 가상(현상)이라고 한다면, 산다는 것이 허무(虛無)하지 않냐? 그래서 보살이 철학은 허무주의를 극복하기 위해 데이터의 총체를 다룬다고 했을 거야.

학승 그렇다고 허무의 무(無)가 '있다'와 '없다'에서의 무와 같은 동급은 아닌 것 같은데요. 삶에서 허무는 살 만하지 않다는 것이고, 뒤에 나오는 추상적 사고에서 무는 있음에 대립(모순이라 하든)되는 없음이잖아요. 이 없음은 없는 것이고, 삶에서 살 만하지 않음의 부정적 표현은 더 좋은 삶의 터전을 만들자는 것이잖아요.

거사 그래, 네 말은 후자는 맞고 전자는 틀린 거야. 있을 것은 있고, 없을 것은 없는 것이 좋은 것이다. 그런데 없는 것이 없다. 이 말은 다 있다는 것이거든. '없다'를 부정하면(부정의 부정은 긍정) '있다'가 되냐? '없다'를 아무리 보태도 '있다'가 나오지 않아. 그래서 고민했을 건데 …… 없는 것이 없는, 있는 것은 다 있다고 할 때, '다'가 무엇이겠느냐? 다는 여럿이라는 것이지. 실은 이데아가 여럿이잖아. 다 있지. 그런데 지상에서 다 있다고 하는 것과 이데아에서 다 있다는 것은 달라. 산다는 것이 먼저라 했지. 사는 데는 지상이며, 지상에 다(여럿) 있는 것은 이데아가 다(여럿) 있는 것과는 달라. 자, 불변으로서 이데아의 여럿이 있으면 된다고 하는 것이, 변화하는 지상에서 여럿 있는 것을 우습게 여기거나 같잖게 볼 것 아냐. 같지 않지. 그런데 삶에서 그 '같잖은' 인간이 구체적 활동을 하면서 먹고사는 것이 나온단 말이야.

극과 극으로의 대립(모순)이 있어서가 아니라 후자(세상)의 여럿이 변하고 또 불완전하니 완전한 쪽으로 가게 하는 방법을 생각하자는 것이지. 그래서 0에서 9까지 정도의 차(差)를 정하고 그 모두를 아페이론이라고 불러 보았지. 그런데도 0의 불완전이 있어, 즉 이데아의 영향을 전혀 받지 않은 제멋대로 가 있어. 거기에 고민이 있다는 거야. 왜 저 '제멋대로는' 조정되거나 또는 조화가 안 될까? 저거 없다고 하면, 또는 없었으면 좋겠는데. 이거 매우 위험한 생각이야.

후배 어쩌면 '있다'를 '공간이 있다'라고 출발하는 데서 위험한 생각이 나오는 것은 아닌지요. '있다'를 '맞다'라고 하는 쪽은 '없다'를 틀리다고, 또한 '맞다'를 '선하다'고 하는 쪽은 '틀리다'는 쪽을 악하다고 규정할 것 같습니다. 그러면 틀린 것은 고쳐야 하고 악한 것은 벌을 주거나 사형에 처해야 한다는 논리가 나올 것 같아요.

학승 여기서 '있다'의 문제를 진위론 또는 도덕론으로 확장하지 말지! 잠정적으로 서로 인정하고 있는 것 같은데, 그런 이야기는 나중에 하고 …….

거사 단순히 사유의 확장이라고 생각하면, 진리와 선악 등으로 가는 것 같지만 그렇지 않아. '있다'와 '없다'는 논리적 차원에서 모순이라고 하는 것과는 달리, 인간이 안다고 하지만 잘 모르는 자연, 즉 현실적이고 실재적으로 제멋대로인 자연이 있어. 아마도 지금도 자연 또는 우주에 대해 별로 아는 것이 없을 거야. 박테리아와 세균의 종류가 몇인지, 바이러스가 왜 변형하는지 아는 바가 거의 없어. 아는 것보다 모르는 것이 훨씬 더 많아. 안다는 것은 0과 1 사이를 0에서 9로 나누어 분류할 수 있는 기능이 있다는 정도일 거야.

인식의 기능이 들어가면 불이(不二) 논쟁 같은 것이 개입하게 돼! 그건 대가리 싸움(투쟁)하는 상좌들 이야기이고. 사는 것은 인민이야. 여러 등급이 있다고 하면 계급사회가 되는데, 그렇지 않고 제멋대로의 아페이론에서 다시 생각할 수 없을까? '같지 않은' 생각을 한다는 것. 그건 그렇고 ……

없다는 것을 단순히 없다라고 하지 말고, 있기는 있는데 모르는 것이 많듯이 그 모르는 것이 아페이론이라고 해보자. 그러면 있음과 없음이 난문제가 아니라 정지와 운동으로, 즉 올바른 문제 제기를 해야 한다는 쪽으로 가지 않을까?[13]

선사님이 그랬지. 플라톤은 **정직하다**고! 아페이론이 속속들이 상대할 수 있는 것은 아니지만 있는 것이라고. 그래서 플라톤은 둘을 놓고 나갔고, 아리스토텔레스는 하나를 무시하고는 정지를 가지고 철학했고, 베르그송은 운동을 가지고 철학했다고 한 거야.

학승 아리스토텔레스(토미즘)에서 뒤바꾸어 놓으려는〔전복하려는〕 것을 베르그송이 잘 제기한 것 아닙니까? 문제 제기로서 베르그송이 "산다는 것이 먼저다"라고 했을 것 같아요.

거사 사람이 솔직하고 실재적이어야 한다는 거야. 너무 오랫동안 인식의 기능을 믿고는 인간의 지식을 모아 압축해 유형학을 만들어 유형을 끄집어내는 것이 인식이라고 착각하는 것 같아. 그래서 사람들이 곧 인공지능한테 배우고 있는 시절이 될 것 같아. 인공지능하고 싸우면서 살지도 몰라.

생성하고 소멸한다는 것은 인정해야 될 거야. 그리고 윤회가 아니라 다시 생겨나는 것은 이제와 다른 이제의 인간이 되는 길을 찾아야 할 것 같아.

학승 불교에서 니르바나에 이른다는 것은 불꽃이 소멸한다는 것인데, 그런 소멸을 받아들이자는 것 같아요. 그러면 여기에서 사는 것조차 조금은 허무하지 않을까요?

후배 사람들은 허무를 이겨내려고 인식론으로 긴 것은 기이고 아닌

---

13 올바른 문제 제기, 삶이 먼저다. 삶에서 전쟁이 먼저가 아니라 평화이다. 남북을 갈라
    놓고 볼턴처럼 황금알을 낳는 거위로 여기는 것은 문제 제기가 아니라 탐욕과 사기이
    다. 분할당하지 않은 연속을 사유하는 측면에서 플라톤을 볼 필요가 있다.

것은 아니라고 해야 한다고 했는데, 거사님 이야기는 있음의 존재론에서 있을 것은 있고 없을 것은 없는 윤리학 쪽으로 먼저 가야 한다는 이야기처럼 들려요.

거사 다시 '있다'와 '없다'의 진솔한 문제는 운동과 정지로, 다시 말해 시간과 공간의 문제로 도치되었던 것을 제자리로 놓고서 생각해 보아야 한다고 생각해. 대가리 싸움(투쟁)을 할 것이 아니라 토양과 더불어 함께 살아야 한다는 것을 고민해야 할 때야. 허무는 아무것도 할 수 없을 때 허무야. 생산하면서 생장하며 스스로를 조금이라도 변화시키면서 나아가는 삶에는 허무가 개입하지 못할 거야. 변화의 과정에서 나와 너, 그리고 우리가 즐거움이 있고 또 스스로를 만든다는 자발성의 실현에 환희가 있지 않을까? 자치, 자주와 더불어 자유가 진정한 삶이 아니겠는가.

생태계는 인간의 오만으로 사실상 비참하고 참담하게 되어가고 있어. 자연에서 보면 문명이니 문화니 하지만 야만과 폭력으로 넘치고, 이런 난문제에서 공포와 죽음이라는 헛된 문제를 철학으로 삼은 것 같아 씁쓸하다는 거야. 나도 곧 자연으로 돌아가지만, 자연은 새로운 생명을 창발할 것이라고 믿어.

학승 그 믿음은 종교성이 아닐까요?

거사 서두르지 마. 선사님은 허무주의를 해결하는 방식이 둘이라고 했어. 하나는 철학하는 길이고, 다른 하나는 종교라고 했어. 종교는 위계이며 명령체계야. 신천지는 그것을 본딴 다단계야. 사람들을 강시로 만들어. 철학한다는 것은 인간과 생명체 사이에 합의, 조정, 조화를 이루며 산다는 거야. 그리고 공동체에서 평등과 자유를 추구하면서 개인이 고유한 품성을 창안하고 발전하는 과정까지 추구해 보는 거야. 그 추구가 자주이며 주체일 거야.

학승 '산다는 것'은 '있다'에서, '새로운 사회를 건설한다는 것'은 '철학을 통한 올바른 문제 제기, 사유와 노력'에서, 그리고 '개인의 고유성'은 '소멸한다'에서 '다음 인간을 창발한다'라는 이야기로 받아들이면 됩니까?

4. 탐구의 드라마

—나를 움직이게 하는 박홍규의 '대화'

김혜경

0. 반쯤 걸친 존재, 반쯤의 알리바이: 다행 또는 유감

나는 소은 박홍규 선생의 마지막 세대 제자이다. 선생의 강의 일정을 주소와 함께 연락받으면, 특별히 챙겨야 할 책은 없었지만 그래도 나는 책이 한두 권쯤 든 가방을 쌌고 시간에 맞추어 가느라 택시를 타기도 했다. 지난 학기 모임에서 다음에 다룰 주제가 예고되는 경우도 가끔 있었다고 하고, 어떤 때에는 우리에게 강의 연락을 돌리는 선배가 이번 모임의 주제나 중심 텍스트가 무엇인지 알려 주었다. 내가 선생의 강의 모임에 참석하기 시작했던 1980년 중후반에서 1990년 초반 사이에는 특정 텍스트를 강독하고 분석하는 수업, 즉 누구라도 고전 철학을 전공하기로 정한 순간부터 상당 기간 동안은 고역스럽게 그리고 이 공부를 자신의 할 일로 삼는 내내 기꺼이 임하는 독회를 선생님과 했던 기억은 없다. 그러나 소은 선생 역시 당신의 첫 세대 제자들과의 공부에서는 꼼꼼한 독회를 빼놓지 않으셨다. 일종의 번역 당번이 되어 한동안 그의 앞에

237

서 텍스트를 읽어야 했던 나의 지도교수의 회고가 그러하다. 나에게 익숙한 박홍규 선생의 수업 풍경은 이러하다. 선생은 집 안으로 들어오는 우리를 덤덤히 맞이하고 우리가 빙 둘러앉으면, 그날의 강의 주제가 무엇인지 또는 최근에 다시 보게 됐거나 깊이 빠져 읽고 있는 문헌, 선생의 흥미를 끄는 난제 등을 소개하면서 말머리를 여셨다. 그날의 수업은 그날의 대화와 생각의 방향을 잡아나가는 선생으로부터 그렇게 시작되곤 했다.

오가는 대화와 논의를 따라가기도 하고 때로는 놓치기도 하면서 나름대로 열심히 듣다 보면, 그리고 수업에 어느 정도 익숙해진 후에는 누군가의 대답에 갸우뚱하거나 그 답변에 이어질 선생의 반응을 예상하면서 이런저런 생각을 연결하다 보면, '오늘은 이만'하자고 수업 종료를 선언하는 목소리, 수업을 시작할 때보다 한결 기운이 빠진 선생의 목소리가 들리곤 했다. 또한 가끔은 이제 그만하고 남은 논의는 다음으로 넘기는 것이 좋겠다면서 선생을 포함해 모두를 위해 나서주는 선배의 제안이 있었다. 호메로스의 서사 『오디세이아』 곳곳에는 사람들이 만족스럽게 먹고 마시고 난 후에 시인의 노래를 듣고, 『일리아스』 제19권에서는 식음을 전폐하고 치욕부터 되갚기를 원하는 아킬레우스에게 힘찬 대격전을 위해서라도 먹고 마시는 일이 앞서야 함을 오뒷세우스가 설득한다. 하지만 수업이 끝나고 함께 나섰던 우리의 저녁 식사에서 어떤 이들은 그들끼리 수업을 복기해 보면서 조용조용 토론하기도 하고 선생 주변에서는 조금 더 큰 소리로, 그래서 떨어져 앉은 어린 학생들도 몇몇 대목은 알아들을 수 있도록 그렇게 질문과 대화가 이어졌다.

내가 참석했던 박홍규 선생의 수업에서도, 그의 사후에 출판된 『박홍규 전집』에 수록된 강의록에서도 플라톤의 『향연』이 특별히 언급된 적은 없었다. 그런데 이제 좀 그렇게 해보려 한다. 또 『향연』을 가지고 논의할 때 이 대화편 전체의 내레이터로 등장하는 아폴로도로스(Apollodoros)라는 인물에 특별히 주목하는 경우도 별로 없다. 그런데 이제 좀 그렇게 해보려 한다. 이 글은 플라톤 『향연』의 진행 방식과 분위기, 그중에서도 본론 이야기가 아닌 도입부의 틀 이야기를 조금 상세히 다루려고 한다. 정리된 강의록이든 내게 남은 인상과 기억이든 혹은 제자와 후학들이 박홍규 철학을 연구해 발표한 논문을 통해서든 간에, 내가 '박홍규'와 연결되는 철학적 탐색의 독특성에 관해 이야기해 보고자 하는 것이다. 그리고 여기에 개인적 후일담과 사실보다는 상상을 가동한 추리를 조금 보태어 자신에게 주어진 거의 모든 시간을 생각하고 또 생각하면서 검토하는 일에 온통 사용한 선생에게 산다는 것은 과연 무엇이었을지, 그리고 삶에서 철학의 무게는 얼마였을지를 그의 사색의 단락을 잠깐씩이나마 목격했던 제자로서 한번 가늠해 보려는 것이다. "지독히도 어렵네" 라는 말을 자신의 학생 앞에서 마치 고백처럼, 아니 그보다는 제대로 하려면 단단히 각오하고 살펴보아야 한다는 당부 아닌 당부처럼 나직이 덧붙이곤 하던 선생의 모습을 기억하는 내가 연구글이 아니라 이런 회상과 추리를 선택한 까닭은, 우선 그의 사유의 핵심이나 철학을 발원시킨 깊숙한 근원을 아직 잘 이해하지 못했기 때문이다. 붙잡고 있지 않은 것을 붙잡은 듯 씨름하기보다는 나를 계속 그곳으로 이끄는 철학의 매력, 특히 플라톤 철학의 매력에 대해 생각해 보고 내가 느꼈던 박홍규 선생의 철학적 아우라를 『향연』을 비롯해 플라톤의 몇몇 작품에서 전개되는 대화와 함께 조명해 보는 것이 내가 할 수 있는 솔직한 방법이자 회복할 수 없는 오류를 피하는 길이라고 생각하기 때문이다.

『향연』의 이야기에서부터 시작하자.

1. 준비되어 있는 사람들, 그리고 데자뷔?

아폴로도로스   나는 여러분이 묻고 있는 일에 대해 이야기할 준비가 꽤 되어 있다고 생각합니다. 실은 바로 며칠 전에도 마침 팔레론에 있는 집에서 시내로 올라가던 중이었는데, 지인 중 하나가 뒤쪽에서 알아보고는 멀찍이서 나를 부르더군요. 놀리는 투로 부르면서 말했지요. "이봐요,

팔레론 출신 아폴로도로스, 기다려 주지 않을래요?"

그래서 난 멈춰 서서 기다렸지요.

그러자 그가 말했어요. "아폴로도로스, 안 그래도 요 며칠간 당신을 찾아다니던 참이었어요. 아가톤과 소크라테스 선생님과 알키비아데스, 그리고 그때 그 만찬에 참석했던 다른 사람들이 가진 그 모임에 대해, 그들이 펼쳤던 사랑에 관한 이야기들이 어떤 것들이었나 물어보고 싶어서 말이죠. 다른 누군가가 필리포스의 아들 포이닉스에게서 들은 걸 내게 이야기해 주었는데, 그 사람이 당신도 알고 있다고 말하더군요. 하지만 그는 내게 아무것도 분명하게 말하지 못했어요. 그러니 당신이 직접 내게 이야기해 주세요. 당신 동료의 이야기들을 전달해 주기로는 당신이 제일 마땅하니 말이에요. 근데 먼저 …… 말해 보세요. 당신이 직접 그 모임에 참석했나요, 안 했나요?"

그래서 내가 말했지요. "당신에게 이야기해 준 그 사람은 정말 아무것도 분명하게 이야기해 주지 않은 것 같군요. 당신이 묻고 있는 이 모임이 나도 참석할 수 있었을 정도로 최근에 일어난 일이라고 당신이 생각하고 있다면 말이에요."

"난 정말 그렇게 생각했어요." 그가 말했어요.

내가 말했지요. "어째서 그렇게 생각하게 되었나요, 글라우콘? 아가톤이 고향인 이곳을 떠나 산 지 여러 해 되었고 또 내가 소크라테스와 함께 시간을 보내면서 날마다 그분이 무슨 말을 하는지 혹은 무슨 일을 하는지 알아내는 데 관심을 기울여 온 게 아직 3년이 채 안 되었다는 걸 당신은 알지 않나요? 그전에는 아무 데나 닥치는 대로 돌아다니면서 뭔가 중요한 일을 하고 있다고 생각했지만 실은 그 어느 누구보다도 불쌍했지요. 꼭 지금 당신만큼이나 말이죠. 당신은 지혜를 사랑하기보다는 오히려 다른 일이면 아무거나 해야겠다고 생각하니까 말이에요."

그러자 그가 말하더군요. "놀리지 말고 이 모임이 언제 있었는지나 내게 말해 주세요."

그래서 내가 말했지요. "우리가 아직 어린아이였을 때, 아가톤이 첫 비극 작품으로 우승했을 때였어요. 그 자신과 가무단원들이 우승 기념 제사를 드리던 날의 바로 다음 날이죠."[1]

소크라테스와 아가톤, 그리고 알키비아데스가 참석했던 유명한 만찬 모임 이야기를 아폴로도로스에게 들려준 사람은 아리스토데모스였다. 그리고 아리스토데모스는 길에서 우연히 마주친 소크라테스의 즉석 초대를 받아 그와 함께 그 자리에 갔던 사람이므로[2] 아폴로도로스는 모임 속 대화에 관한 정보를 간접 전언으로 접한 것이 아니라, 말하자면 1차 증언을 들어 알고 있는 사람이다. 더군다나 이 사람이 꽤 믿을 만한 리포터인 것은 이미 남들 앞에서 여러 차례 재연했을 뿐만 아니라 아리스토데모스로부터 들은 내용을 소크라테스 자신에게 직접 확인하고 점검받기까지 했기 때문이다. 이런 근거 있는 자신감에서 그는 어떤 이들이 내놓은 정보에 대해서는 주저 없이 평가절하하기도 하고, 왜곡된 정보에 대해서는 나름대로 바로잡기도 해온 것으로 보인다.

또한 아폴로도로스는 스스로를 소크라테스에게 심취한 사람, 철학적 탐구에 열의를 쏟는 사람으로 철석같이 이해하고 있다. 그가 보기에 어떤 이들은 지혜 사랑, 즉 철학에 열의를 보였다가도 탐구로부터 멀어지거나 심지어 '철학만 아니면 다 좋아!' 식의 태도를 취하기도 하지만, 비록 철학에 입문한 지 3년에 미치지 못해도 자신만큼은 오직 철학에서만, 지혜 사랑에 관한 이야기를 나누는 것에서만 최고의 즐거움을 경험한다고 한다. 심지어 그는 상대방이 철학에 대해 어떤 못마땅한 생각과 태도를 품고 있든 간에, 그런 사람과라도 철학에 관한 이야기를 하거나 듣는

---

1 『향연』172a1~173a7. 플라톤, 강철웅 옮김, 『향연』(정암고전총서 플라톤 전집), 아카넷 2020.
2 『향연』174a3~b5. 『향연』의 본 이야기는 아리스토데모스가 들려줬던 아가톤 집에서의 향연 이야기를 아폴로도로스가 다시 동료에게 그대로 전해 주기 시작함으로써 열린다. 그중 첫 대목이 아가톤에게 초대받아 그의 잔치에 가느라 평소와 달리 깨끗하고 말끔하게 차려입은 소크라테스와 마주친 아리스토데모스가 소크라테스의 권유에 힘입어 예정에 없이 동행하게 되었다는 이야기였다.

것이 가장 즐겁다고 한다. 그러니 철학을 떠나 사는 사람이 되어버린 글라우콘에게 들려주었듯이, 돈벌이만 중한 줄 아는 지금의 이 친구들에게도 오래전 소크라테스가 참석했던 그 향연의 이야기를 그는 기꺼이 들려줄 참이다. 아폴로도로스는 예전에 아리스토데모스가 자신에게 들려주었던 이야기를 그대로 들려주겠노라고 했다. 그렇게 해서 플라톤의 『향연』174a3에서부터는 아리스토데모스가 아폴로도로스에게 했던 말을 아폴로도로스가 그대로 회상하면서 재연하는 형식으로 진행된다.

『향연』에는 소크라테스의 추종자들이 여럿 등장한다. 전체 드라마의 내레이터인 아폴로도로스는 물론이거니와 본 이야기를 그에게 전해 준 아리스토데모스도 열렬한 소크라테스 추종자이다. 뒤늦게 집안으로 들어오는 소크라테스를 자기 옆자리에 앉히려 했던 아가톤 역시 소크라테스를 특별한 존재로 여긴다. 그들뿐만 아니라 에로스를 찬양하거나 에로스의 본성과 기능에 관한 연설을 이어가던 자리에 갑자기 들이닥쳐 소크라테스의 실상을 밝히려 들었던 알키비아데스가 남다른 방식으로 소크라테스를 추종해 왔음은, 또한 그의 연설을 통해 분명히 알 수 있다.[3]

소크라테스를 따른다는 것은 곧장 철학에 특별한 의미를 부여한다는 뜻이기도 한가? 도입부의 틀 이야기로 돌아가자. 예전의 아폴로도로스는 철학 활동을 무가치한 것이라 단정했지만 이야기를 들려주는 현재의 그는 3년 전의 그와는 전혀 다른 사람이다. 그래서 이제는 소크라테스와 함께 시간을 보내면서 그가 하는 말과 행동이 어떤 것인지를 파악하고 아는 일이 그의 주된 관심사가 되었다.[4] 그런가 하면 며칠 전에 길에서 아폴로도로스를 발견하고는 보다 정확한 이야기 재연을 그에게 요청했다던 글라우콘이란 인물에 대해 아폴로도로스는 그를 철학에 대해 적지

---

3 아가톤의 비극경연 우승 축하잔치가 열렸던 즈음 알키비아데스는 소크라테스를 향한 복잡한 마음, 간단치 않은 애증으로 소크라테스만이 아니라 자기 자신까지 괴롭히던 중이었다.

4 『향연』172c5~6: ἐγὼ Σωκράτει συνδιατρίβω καὶ ἐπιμελὲς πεποίημαι ······ εἰδέναι ὅτι ἂν λέγῃ ἢ πράττῃ ······.

않은 반감을 가졌거나 최소한 냉담한 사람이라고 소개한다. 또한 지금 같은 것을 묻고 있는 그의 지인들 역시 철학에 대해 관심을 갖고 있는 사람들이 전혀 아니라고 아폴로도로스는 확언했으며, 그런 소리를 듣고 있는 저들 자신도 그런 지적에 크게 반발하거나 부인하지 않는 것을 볼 수 있다. 글라우콘과 현재의 지인들 모두는 철학에 대해 우호적이지는 않지만, 유독 그날의 일에는 큰 관심을 보인다. 물론 이들의 관심이 그날 그곳에서 이루어진 연설과 논의 자체에 있는지, 그중에서도 특별히 궁금한 이야기가 따로 있는지 혹은 그들의 관심이 이야기보다는 특정 참석자에게로 쏠리는 관심인지 등을 틀 이야기만으로는 확인할 수 없다. 일단 인용한 틀 이야기를 가지고 정리할 수 있는 것들은 다음과 같다. 우선 꽤 오래전 일인 그 향연이 적지 않은 사람들 사이에서 여전히 식지 않은 화제로 거론되곤 한다는 점과 이제 그 이야기가 신뢰할 만한 사람의 입을 통해 처음부터 다시 재연될 것이라는 점, 그리고 최근 그에게 이야기를 부탁한 사람들이 공교롭게도 철학 탐구 자체에 대해서는 부정적인 입장을 가지고 있다는 점 등이다.

틀 이야기의 인물들에서부터 시작해 『향연』에는 삶의 태도나 삶의 방식에 변화를 주거나 변화를 겪은 사람 혹은 겪는 중인 사람이 적지 않게 나온다. 나는 이 이야기에서 가장 큰 변화를 겪고 있는 사람은 알키비아데스와 소크라테스라고 생각한다. 소크라테스가 행한 에로스 연설에 따를 경우, 어떤 면에서 보면 소크라테스야말로 가장 근본적인 변화를 경험했다. 그 경험 이후로 소크라테스는 변화 속에 놓인 존재로 살아가고 있음을, 나아가 그 경험을 이야기함으로써 모두에게 그런 끊임없는 또는 근본적인 변화에 각자의 삶을 던져야 함을 역설한다고 볼 수 있다. 소크라테스의 경우와는 달리, 철학에 흠뻑 빠져 있는 사람으로 『향연』의 맨 앞에 그려진 아폴로도로스가 어떤 계기로 혹은 무슨 이유로 철학에 대해 전향적인 태도를 취하게 되었는지는 이야기되지 않는다. 물론 전에 그가 철학에 반감을 품었던 이유도 언급되지 않기는 마찬가지이다. 자신이 겪었거나 겪고 있는 변화가 어떻게 해서 일어났는지 아폴로도로스가 말하는 대목도 없지만, 사실 그보다 더 궁금한 것은 『향연』의 내레이터가 철학을 어떤 것이라고 생각하기에 과거의 자신과 현재의 자신이 전혀 다른 삶을 사는 듯이 이야기할까 하는 점이다. 아폴로도로스는 과연 다른 삶, 철학하는 삶을 살고 있는가? 또한 『향연』의 저자는 틀 이야기 속에 왜 이런 아폴로도로스의 자기 고백을 담아 두었는지 질문하고 싶기도 하다. 자기 삶과 철학 탐구에 대한 아폴로도로스의 입장 변화가 본 이야기의 어느 대목에서, 그리고 어떤 사람의 삶의 변화와 어떤 연관을 맺는지 논의해 본다면 그의 발언에서 보다 깊은 성찰을 얻을 수 있을 것 같다. 그러나 이 흥미로운 추론은 다른 기회로 넘기고 여기에서는 틀 이야기만을 가지고 아폴로도로스가 생각하는 철학적 탐구의 모습과 철학의 효용을 잠시 정리해 보겠다.

아폴로도로스는 주로 무엇을 하며 지내고 있는가? 그의 말에 따르면, 그는 소크라테스가 무슨 말을 하고 어떤 일을 하는지에 대해 알고자 하는 데에 힘쓰고 있다. 그리고 그는 이 일이 곧 지혜를 사랑하는 일이라고 믿고 있음도 분명하다. 그러면서 자신의 이런 생활이 다른 식의 삶, 즉 그가 며칠 전에 마주쳤던 글라우콘이나 현재 자기 앞에 있는 동료들이 매달리는 따위의 일에 비할 수 없이 중요하고 가치 있다고 믿고 있다.

더군다나 나는 지혜 사랑에 관한 어떤 이야기들을 나 자신이 하거나 아니면 다른 사람들이 하는 걸 들을 때면, 유익함에 대한 생각과 상관없이 몹시 즐겁네. 하지만 다른 종류의 이야기들, 다른 무엇보다도 부유하고 돈 잘 버는 당신들의 이야기를 들을 때는 나 자신도 언짢고 동료인 당신들도 안됐다 싶네. 대단치도 않은 걸 하면서도 뭐라도 되는 일을 하는 양 생각하니(οἴεσθε τι ποιεῖν οὐδὲν ποιοῦντες) 말일세. 하긴 자네들은 아마 불행한 것은 나라고 생각할 것 같은데, 자네들로서는 진짜 그렇게 생각한다고 난 생각하네. 하지만 나는 자네들이 바로 그렇다는 걸 생각하는 것이 아니라, 잘 알고 있다네.[5]

아폴로도로스는 철학이 주는 유익함이 무엇인지 직접 이야기하지 않는다. 인용한 부분을 보면 그 문제를 떼어놓고 말하고 있으니, 어쩌면 그는 철학이 유익함과는 일정한 거리가 있다고 여기거나 철학의 유익함 또는 철학의 역할이 무엇인지 분명히 파악하지 못했다고 생각할 수도 있다. 아폴로도로스의 주장에 의하면, 과거의 자신을 포함해 며칠 전 그가 만났다는 글라우콘과 현재 마주하고 있는 동료들은 철학에 대해 그것은 할 만한 일이거나 중요한 일(τι ποιεῖν)이 못 된다는 생각을 공통적으로 갖고 있다. 현재의 아폴로도로스는 자기 앞에 있는 사람들을 향해 다음과 같이 말한다. 당신들은 철학을 하찮은 것이라 경원하지만, 당신들이 중요한 일이라도 되는 양 착각하면서 몰두하고 있는 바로 그 일들이 사실은 하찮은 것, 아무것도 아닌 것이라고. 이렇게 동료들을 비판하면서 철학의 중요성을 발언하는 것을 보면 아폴로도로스는 『변명』 속의 소크라테스의 오마주인가 싶기도 하다. 아닌 게 아니라 앞서와 같은 아폴로도로스의 지적은, 남겨놓고 가게 될 자신의 아이들이 만일,

> 덕이 아니라 돈이나 다른 무언가를 우선해서 돌보고 있다고 생각되면, 또 아무것도 아니면서 뭐라도 되는 양 군다고 생각되면(δοκῶσί τι εἶναι μηδὲν ὄντες) 내가 여러분에게 하듯 그들을 꾸짖어 주시오. 돌보아야 할 것들은 돌보지 않고 그럴만한 자가 전혀 아닌데도 뭐라도 되는 듯 여긴다고(οἴονταί τι εἶναι ὄντες οὐδενὸς ἄξιοι).[6]

라며 법정 변론을 마무리하는 소크라테스의 발언을 연상케 하기도 한다. 하지만 틀 이야기 속의 아폴로도로스에게 철학의 가치는 그것이 주는 즐거움에 집중, 아니 한정해 이야기되었다는 점을 그냥 지나칠 수는 없다. 즐겁기 때문에 좋다라는 말인가? 철학의 즐거움에 대해서라도 제대

5 『향연』 173c2~d3.
6 『소크라테스의 변명』 41e4~8.

로 이야기해 보려면, 즐겁다라는 경험 고백을 넘어 좀 더 살펴야 할 것들이 많다. 그것이 왜 즐거운가? 즐겁기만 한가? 철학이 무엇이기에 그것이 즐겁고 중요한가? 아폴로도로스를 즐겁게 하는 것이자 그에게서 중요한 일은 철학이다. 즉 지혜 사랑에 관한 이야기이다. 그에게 철학 이야기란 곧 소크라테스를 이야기하는 것이므로 그가 염두에 두고 있는 철학 탐구는 소크라테스가 한 말과 행동을 살피는 것이다. 그가 몰두하고 있는 철학 활동이 소크라테스 탐구에 있다면, 아폴로도로스는 철학사라고 할 수 있을 것 같다. 철학자와 철학사 연구자의 차이는 무엇일까? "소크라테스와 함께 시간을 보내면서 날마다 그분이 무슨 말을 하는지 혹은 무슨 일을 하는지 알아내는 데 관심"을 기울이는 것이 철학인가? 철학이란 무엇인가?

2. 아포리아와 철학

응, 그렇기도 하지. 그러나 'poion esti'와 'ti esti'는 어떻게 달라? 문제는, 왜 하필 '그것은 무엇이냐'는 물음을 던지고 있느냐는 거야. 이런 문제는 책에는 안 나와. 우리가 물음을 제기해 보는 것이지. '그것은 어떠한가'라고 묻는 사람은 적어도 문제되는 주제를 조금은 알고 있어. 그러나 아무것도 모를 때는 '그것은 무엇인가'라고 물어, 전혀 모를 때. 소크라테스는 아무것도 모른다. 즉 'aporia'의 극한에 빠졌으니까 '그것은 무엇인가' 하고 묻는 거야. 그 말은 아까 말한 바와 같이 행동에 있어서 완전히 난관에 봉착했으니까 그런 질문을 던진다는 것을 의미해. '그것은 무엇인가'라는 물음은 결국은 어떻게 행동할 것인가 모르겠다, 도대체 행동이 나오지 않는다, 그 말이야.

홍윤기 …… 아무것도 모른다는 것과 난관의 극한이라는 것은 같은 뜻인가요?

......

이태수 완전한 무지라고 할 때, 『메논』에 보면, 'aporia'에 부딪히면서 더 이상 배울 수가 없게 되거든요. 이제 아무것도 모르니까 알려고 하는 대상이 나타나도 바로 그것인지 아닌지 알 길이 없어지고, 그래서 무지의 극한에 이르지요.

바로 그런 상태에서 플라톤이 출발한 것이지. 사실 그것이 플라톤 철학의 출발점이야. ...... (『메논』) 그 대화편을 쓰게 된 동기는 적어도 행동의 세계에서는 도대체 배울 수가 없다는 거야. 기하학적 지식 같은 것은 배우지만 말이야. 그것은 그만큼 행동이 어렵다는 말이지. '그것은 무엇인가'에 대한 대답은 무엇이냐? 문제의 사물에 대한 완전한 지식을 제공해 줘야 돼. 즉 그 사물의 형상을, 정의를 제시해 줘야 돼. 그런데 주어진 대상에 대해 정의를 했을 때에도, 그것이 과연 완전한 것인지 아닌지는 몰라. 항상 완전한 것을 찾는다는 가정이 들어가 있어. ...... 그러니까 자꾸 논박해서 다음 단계로 가고 또 다음 단계로 나가. 논박(elenchein)하고 탐색(zetesis)하고 논박하고 탐색하고를 계속해. 그렇게 하는 이유가 어디에 있느냐? 그것은 자신의 활동이 완전히 난관에 빠졌고, 그래서 완전한 지식을 찾기 때문이야. 완전한 것을 찾으니까 자꾸 문제가 생겨. 그냥 적당히 아는 것으로 만족하고 중도에서 타협해 버리면 논박하면서 계속해서 찾을 필요가 없어. ...... 플라톤을 읽어보면 기술의 부분은 별로 없고 윤리적인 것이 더 많은데, 윤리적인 것의 경우에도 마찬가지야. 우리가 윤리적으로 가장 완전한 행위를 하기 위해서는 그때그때 거기에 관련된 사물에서 가장 유용한(ophelimon) 상태가 발휘되어야지. 그것이 각 사물의 형상이야, 형상에 대한 지금까지의 일반적인 생각과는 좀 다르지?[7]

소크라테스가 하는 말과 행동을 살펴보는 것 또는 그에 관한 이야기를

---

7 박홍규, 「앎의 개념」, 『형이상학 강의 1』(박홍규 전집 2), 민음사 1995, 308~11쪽.

나누는 것이 즐겁다며 그것을 철학과 동일시하는 것 같았던 『향연』의 아폴로도로스와 달리, 박홍규 선생은 오히려 여러 강의에서 플라톤 철학에 내재되어 있는 근원적 심각함 혹은 불편함을 진지하게 드러낸다. 플라톤에게서 불편함을 읽어낸다는 것, 자신의 무지를 고백하는 소크라테스가 그 말을 함으로써 자신이 철저한 난관, 전적인 난관에 봉착했음을 고백하는 것이라고 진단하는 것이 플라톤 철학의 전체적 위상을 규정하고 내용적 가치를 평가하는 박홍규 선생의 방식이자 철학에 대한, 더 나아가 삶에 대한 기본 생각을 보여 준다고 나는 생각한다.

아폴로도로스가 소크라테스와 함께 지내며 그렇게 한다고 말했듯이, 우리의 경우에는 탐구의 텍스트가 되는 플라톤 대화편을 가지고 소크라테스의 대화와 논의를 읽고 검토한다. 또한 그런 검토를 실마리 삼아 그 속에서 논쟁점을 찾아내 토론하곤 한다. 이 일은 우리에게 적지 않은 즐거움을 준다. 우리에게, 나에게 즐겁다면 박홍규 선생에게도 즐겁지 않았을까? 사실 플라톤의 저작, 소크라테스와의 대화를 음미하면서 따져보는 즐거움은 만만치 않은 즐거움이다. 이때의 검토는 무언가를, 주로 이론적 앎이라 할 만한 것을 발견하는 기쁨을 줄 뿐만 아니라 그 과정에서 가끔은 실천적인 지침이나 방향성을 깨닫는 기회도 되기에 여러 관점에서 그런 공부와 논의가 유익하다고 믿는다. 따라서 『변명』에서의 소크라테스가 아테네 시민들에게 당부한 자기 삶을 검토하고 성찰하라는 철학적 실천은, 설령 소크라테스의 언행을 담은 플라톤 대화편을 검토하는 지점에서 우리의 탐구를 출발하더라도, 그것이 우리 자신의 영혼을 돌보는 실천적 작업으로 이어질 수 있으므로 그런 방식으로도 수행할 수 있는 것이다. 플라톤은 자기 작품 안에, 특히 『향연』 초입부에 아폴로도로스나 아리스토데모스와 같이 소크라테스를 추종하거나 탐구하면서 즐거워하는 이들을 종종 등장시켰다. 그렇지만 박홍규 선생도 강조했듯이, 정작 소크라테스 자신의 출발점은 아포리아이다. 작품의 바깥에서 규정해 보면 아포리아는 그의 대화와 탐구의 동기였다고 할 수 있고, 작품 안에서 보면 아포리아를 만나는 바람에 애써 하던 탐구가 끝나

버리는 경우도 적지 않으니, 도처에서 부딪치는 아포리아가 즐거울 리는 없겠다 싶기도 하다. 그런데 인용한 대목을 포함해 박홍규 선생은 다음과 같이 여러 차례 이야기한다. 즉 플라톤과 플라톤 철학을 제대로 이해한다면 소크라테스의 철학적 탐구 자체가 그가 봉착한 근원적 난관과 분리될 수 없다는 점을 파악할 것이고, 이것이 플라톤 철학에 들어 있는 근본적인 심각함임을 알게 된다고 말이다.[8] 플라톤 철학에 깊숙이 자리 잡고 있다는 그 '불편함'이라는 것이 박홍규 선생에게는 왜 그토록 긴밀한, 아니 절박한 문제였으며, 왜 나에게는 그저 흥미로운 하나의 가설 또는 하나의 이론상의 출발점 정도로 생각될까?

소크라테스의 고백은 앞으로 자신에 의해 논박당하게 될 상대방을 현혹하는 일종의 기만 전술로 등장한 것이라고 여기는 연구자도 있다. 어떤 이는 소크라테스가 가지고 있는 앎의 기준이 높거나 엄밀한 것이기 때문에 그 자신이 잘 모르겠다는 인정을 먼저 하고 나서 진지한 논의를 출발시킨 것이라고 간주하기도 한다. 또한 다른 사람들의 견해에 대한 비판뿐만 아니라 소크라테스 자신이 제대로 된 앎을 확보할 가능성에 대한 확신이 없기에 그런 고백을 하는 것이라고 보기도 하는 등[9] 소크라테스의 무지 고백을 이해하고 다루는 접근 방식과 이해의 방법은 여럿이다. 다양한 이유와 근거를 가지고 소크라테스의 무지 고백이 일정한 목적을 가지고 이루어진 연출이라고 해설하는 연구자들이 적지 않은 지형 속에서 박홍규 선생이 고수하는 입장은 내가 보기에 가장 무거운 직진이다. 가끔 나 자신에게 묻는다. 이것이 철학사가와 철학자의 자기 정위(定位)가 갈라지는 지점, 즉 이론으로서의 철학과 삶으로서의 철학을 형성하고 키워내는 토양의 차이이기도 한 것인가? 박홍규 선생은 플라

---

8 박홍규, 「플라톤과 허무주의 극복」, 『형이상학 강의 2』(박홍규 전집 3), 민음사 2004, 특히 136~38, 147~50, 154~57쪽.

9 M. Foster, "Socrates' Profession of Ignorance", *Oxford Studies in Ancient Philosophy* vol. XXXII, pp. 1~35. 포스터는 이 문제에 대한 자신의 입장을 세우기에 앞서 기존의 입장을 간략히 분류해 놓았으므로 참고할 만하다.

톤 철학이 행동이 불가능한 상황, 즉 행동을 가능하게 해줄 것이 전혀 없을 때 출발한 철학이라고 확언한다. 선생의 진단은 정리나 분류를 위한 말의 차원에서 나온 것이 아니라 거의 그의 확신과 신념 같은데, 플라톤의 경우에 바로 이 점, 즉 철저한 난관이 철저하게 또는 극한으로 밀고 나가는 철학적 탐구로 이어졌음을 선생은 강조하곤 한다.

근본적 위기 상황을 회피하지 않고 그것과 제대로 부딪치고 씨름해 길을 만들어내려는 노력이 플라톤 철학의 핵심이고 그것이 소크라테스의 탐구라고 파악했던 것으로 보아, 또한 여러 자리에서 그 점을 강조했던 것으로 보아 박홍규 선생은 제자들도 이 점을 충실히 이해하길 바랐던 것 같다. 어쩌면 이런 신념에 가까운 그의 결론을 제대로 이해하고 깊이 공감해 주길 바랐다고 나는 생각한다. 플라톤에게서 발견하는 근원적 심각함에 주목하면서도 그것이 또한 불편하다고 말하는 박홍규 선생에게 철학적 탐구는 어떤 의미였을까? 왜 선생에게는 플라톤 철학이 특별했을까? 플라톤 공부가 주는 재미와 즐거움 때문에, 따라서 『향연』에 묘사된 아리스토데모스가 했다는 방식으로[10] 소크라테스를 추종하지는 않더라도 혹은 아폴로도로스 식으로 소크라테스의 말과 행동의 의미를 알아내는 일에 몰두하면서 기꺼워하는 것은 아니더라도, 때때로 플라톤의 논의를 따져가며 즐겁게 철학사 공부를 하고 또 철학사만이 아니라 철학을 할 수도 있지 않은가?

선생은 철학을 다루는 접근법으로 두 가지를 구분한 적이 있다. 탐구를 시작하게 한 동기의 측면에서, 그리고 그 철학 자체의 내용 — 박홍규 선생의 표현으로는 형태의 측면 — 에서 여러 철학을 논의해 볼 수 있다는 것이다. 우리가 어떤 철학의 동기에 관해 논의한다면, 그것은 그 철학

---

10 아폴로도로스가 보기에는 아리스토데모스야말로 당시 소크라테스를 열렬히 사랑하는 사람(Σωκράτους ἐρατὴς, ὃν ἐν τοῖς μάλιστα τῶν τότε, 173b3)이다. 그러니 아폴로도로스는 철학, 지혜 사랑의 가치를 최우선한다고 믿고 있는 자신 못지않게, 아리스토데모스가 소크라테스의 발언에 대한 충실한 리포터가 된다고 내놓았을 것이다.

의 실존적 입각점을 살피는 것이고 내용 자체, 즉 학문으로서의 성격을 살핀다면 본질적 논의를 하는 것이 된다고 한다. 선생은 이렇게 모든 철학에는 구분 가능한 두 측면이 있음을 환기하면서 이것이 특정 철학을 연구할 때 혹은 철학사를 정리할 때 우리에게 유용한 연구 방법이자 염두에 두어야 할 구별점이 됨을 지적했다. 더 나아가 선생은 이를 통해 철학이 무엇인지에 대한 우리 각자의 이해를 깊게 만들 수 있다고도 생각했던 것 같다.[11] 박홍규 선생은 여러 강의에서 플라톤 자신이 철저한 철학의 동기를 가지고 있었음에 주목하라고 한다. 즉 플라톤은 근본적인 실존의 문제를 안고 출발했다. 자신의 무지를 고백하는 소크라테스, 대화편 전면에 배치된 그의 '아포리아'가 플라톤 철학의 동기를 이해할 수 있는 주요한 근거가 된다. 작품 속 논의를 꾸미는 작가 플라톤의 단순한 장치가 아니라는 것이다. 현실의 소크라테스와 플라톤이 실제로 극단적 난관에 봉착해 있었고, 그들이 직면한 현실적 토대의 붕괴와 위기가 그런 철학을 키워냈다는 것이다. 선생께서 여러 강의에서 직접 이야기했듯이, 소크라테스와 플라톤이 직면한 난관은 무엇보다도 그들이 모든 일상성을 파괴하는 전쟁의 시대를 살았기 때문에 비롯되었다. '그것은 무엇인가'(ti esti)라는 물음은 그런 상황 속에서, 즉 행동을 아예 불가능하게 만드는 전적인 난관 속에서 그것을 돌파하기 위해 던진 물음임을 놓치지 말라는 것이다. 이것이 사람의 삶과 질서, 그리고 모든 것을 부수고 전복하는 현장인 전쟁을 직접 겪었고, 전쟁 이후로도 내내 그 점을 곱씹었던 박홍규 선생의 진단이다. 그런 선생에게 플라톤의 거의 모든 대화편에서 예외 없이 출발하는 소크라테스의 'ti esti'에 대한 물음은 지적 유희의 시작을 알리는 물음이 아니라 도대체 행동하기 위해, 살기 위해 던지지 않을 수 없었던 물음으로 보였을 것이다. 이 물음이 제대로 된

---

11 박홍규, 「철학이란 무엇인가?」, 『형이상학 강의 2』(박홍규 전집 3), 민음사 2004, 78~80쪽 등. 앞에서 그 일부를 인용한 「앎의 개념」도 이 문제에 대한 천착을 논의의 바탕이자 되새겨볼 주제로 삼고 진행한 강의라고 생각한다.

행동의 초석을 놓으려는 근본적인 시도이자 플라톤을 철학적 탐구로 이끈 동기라는 박홍규 선생의 판단은 오랫동안, 아니 어쩌면 평생 그와 결부되었던 문제 —무화(無化)된 질서, 존재의 극한, 무의 심연 등— 를 성찰했던 혹은 성찰할 수밖에 없었던 선생이 플라톤을 만나는 방식이자 철학이란 무엇인가를 묻는 이에게 해주는 대답이 아닌가 싶다.[12]

3. 끝없는 끝

박홍규 선생의 관점에서 본다면, 플라톤 철학의 심각함은 우선 실천의 절박함이라는 동기 때문이다. 무엇보다도 그 절박함을 동인 삼아 문제의 근원까지 캐고 들어가는 철저한 탐구를 플라톤이 수행했기 때문이라고 할 수 있을 것이다. 내가 보기에는 선생에게 플라톤 철학은 불편한 철학인 동시에 내밀하게 공감하는 철학이었다. 이러한 공감이 있었기에 공감 단계를 넘어 자신의 철저한 방식으로 플라톤 사유 전체를 관통하는 박홍규 식의 철학을 수행할 수 있었을 것이다. 물론 그가 플라톤 철학의 우월성을 절대화했다거나 플라톤에 경도되어 철학사에 등장하는 여타의 철학을 가혹히 평가절하했다는 비평이 없는 것은 아니다.[13] 절박하

---

12 『형이상학 강의 2』(박홍규 전집 3)에 수록된 「플라톤과 전쟁」, 「플라톤과 허무주의 극복」에서 박홍규 선생의 그런 면모가 직접 드러난다. 『박홍규 형이상학의 세계』의 제5장인 이정호의 논문, 「박홍규의 존재론적 사유에 담긴 플라톤의 정치철학」은 박홍규 사유의 편력을 아주 훌륭히 안내해 준다. 통상적인 분류에 의거한다면 박홍규 선생의 철학을 '정치철학'의 관점 안에 담아내는 것은 결코 간단치 않은 일이라는 단서를 달면서도, 정치철학의 근본적 문제의식이 현실적인 삶의 문제, 구체성에서 출발하는 것임을 놓치지 않는다면 그리고 플라톤 철학의 동기뿐만 아니라 자신의 사유를 이끌고 가는 절박한 동기에 대한 박홍규 선생의 자기 인식에서부터 출발한다면 박홍규 존재론이 지닌 정치철학적 함의를 풀어낼 수 있음을 보여 주는 논문이다.

13 염수균은 이런 유의 박홍규 비판 또는 비난이 안타까우면서도 그에 대한 빌미가 박홍규 철학관에 엄연히 존재한다고 보았다. 「읽고 정리하게」, 『박홍규 형이상학의 세계』, 도서출판 길 2015, 제6장.

다고 해서 반드시 철저한 근원 탐구로 이어지는 것은 아님을 짚어내면서 꼭 그렇게, 즉 플라톤의 철저성에 미치지 못하는 다른 철학을 낮추어 보는 듯한 발언을 들으면서 그처럼 생각한 제자들도 있을 수 있다. 더군다나 정리된 문서로만 그의 사유를 접하는 이들은 강의록의 군데군데에서 그런 의심이 드는 언급을 발견하기도 할 것이다. 그런데 박홍규 선생의 철학적 탐구 여정을 전체적으로 본다면, 특히 철학의 동기와 연결해 이해해 보자면 다른 철학들에 대한 단선적이거나 단정적인 언사가 있다는 사실과 그가 과연 다른 모든 철학에 대해 냉혹한 평가를 했는지는 별개의 판단 문제이다. 선생의 사유 동기나 내용, 그리고 지향은 최고의 철학, 즉 다른 철학 이론에 비해 우월한 이론을 찾거나 세우는 것이 아니다. 오히려 다른 철학적 입장에 대해 무심히 발언하곤 했던 것도 자신의 문제의식과 사유에 철저히 충실했기 때문인지 모른다. 내가 보기에 선생은 흔들리고 파괴된 근원 속에서도 마지막까지 파고드는 플라톤의 심각함이 불편했던 것이다. 그것이 불편했던 까닭은, 전쟁을 체험한 적도 없고 플라톤의 아포리아 역시 흥미로운 출발점이라고 거리를 두고 다루는 나와는 달리, 이 문제에서만큼은 담담한 거리두기가 쉽지 않았기 때문이기도 할 것이다. 플라톤의 철학적 동기는 박홍규 선생의 사색의 동기와 일정하게 닮아 있다. 선생은 플라톤이 불편했지만 바로 그 불편함 때문에 철두철미하게 동행했고, 그런 지독한 동행을 통해 자신의 철학적 입장을 확립했던 것 같다. 그런 동행 속에서 불편하다고 하면서도 그 자신의 삶을 추스르지 않았을까 추측해 본다.

그러면 존재론적인 철학에서 어떤 문제가 생기느냐? 모든 철학은 무엇인가 자기의 전체적인 의도가 들어가지 않은 것이 없습니다. 사실 이 세상에 똑같은 철학은 하나도 없습니다. 칸트철학은 칸트 하나일 뿐이고, 나머지는 다 칸트에 대한 해석들일 뿐이지 칸트철학은 아닙니다. 그러면 이제 존재론적인 문제가 생깁니다. 아까도 말한 바와 같이 모순율이, 무가 아니라는 것이, 모든 학문의, 모든 데이터의 기본입니다. 그 무가 아닌 것이 시간과 공간을 통해서 분열되어서 나옵니다. 그런데 실재하는 사물은 언제든지 일정한 것입니다. 무한정적인 것과 자기 동일성을 가진 것 중 어느 것이 존재에 가깝냐 하면, 자기 동일성을 가진 것이 존재에 가깝습니다. 존재의 측면에서 보면 모든 것은 일정한 것으로서 드러납니다. 그 일정한 것의 극한치는 고유명사입니다. …… 양화한다는 것은 연결시켜 준다, 다시 말하면 모든 질을 빼버린다는 얘기예요. 그런데 우주는 질로 가득 차 있으면서, 또한 동시에 고유한 자기 동일성을 가진 일정한 운동으로 가득 차 있습니다. 그 둘이 합쳐져서 있는 것이 사실입니다. 그것이 바로 직접적으로 주어진 세계이고 데이터의 세계입니다. 그런데 법칙이란 것은 한정적인 세계에서 무한정적인 세계, 양적인 세계로 자꾸 내려가야 됩니다. 아까도 말한 것처럼 아리스토텔레스는 그냥 사람이지, 플라톤처럼 여기에 있는 이 사람, 어디서 온 사람, 누구누구의 아들 같은 얘기는 하지 않습니다. 그것은 아리스토텔레스가 질을 양화했기 때문입니다. 그러나 플라톤은 순수한 질은 양화가 안 된다는 것입니다. 다시 말하면 형상의 세계는 다 고유한 것이며 고유명사지, 되풀이되는 것이 없습니다. 그 대신 무제한이 있을 수 있다는 이론이 나옵니다. 실제 그 영원의 세계에서 어떤 형상이 실지로 존재하는가 하는 것은 선험적으로 주어질 수 없습니다. 왜냐? 형상이 성립하려면, 다가 성립하려면, 그 또한 공간이 필요하기 때문입니다. 공간이 무한정적이라는 것은 어느 공간이나 다 똑같습니다. 그러니까 어떤 영원한 법칙이 있다는 것은 의미가 없습니다. 모든 것은 사건으로 성립합니다.[14]

       …… 데이터가 무엇이냐에 대해서 요새 과학철학에서 싸움이 있을 거야. 그것도 벌써 어떤 이론적 입장에서 정리된 시각으로 보는 것 아니냐 말이야. 그러나 진정한 데이터는 그런 추상적인 것이 아무것도 들어가지 않은 것이야. 그런 것은 따라서 구체적인 사건으로서만 나타나. 그러니까

14 박홍규, 「고별 강연」, 『형이상학 강의 1』(박홍규 전집 2), 민음사 1995, 50~51쪽.

254 회고와 철학적 단상

플라톤에서는 고유명사가 나오잖아. 성서도 그렇고. 하나의 사건의 기록이야, 그게. …… 그렇다면 그것이 어떻게 지식체계로서의 철학이라는 학문이 되냐, 플라톤 철학은 학문이 아니냐, 그런 문제가 생겨. …… 데이터로 보면, 데이터로 주어진 것하고 공간하고는 달라. 데이터는 구체적인 것이고 질적인 것의 집합이야. 공간은 추상적인 것이고, 상황은 구체적인 것이고, 전혀 달라. 사람은 구체적인 생활에서는 상황 속에서 살고 있어. 내가 이 사물을 볼 때에는 본능으로써, 감성으로써, 지성으로써 여러 가지 측면에서 종합해서 그것과 관계를 맺어. 상황 속에서 관계가 맺어져. 그런 것을 상황이라고 해. 공간, 대표적으로 유클리드 기하학적 공간과 같은 수학적인 공간은, 사물을 그 속에서 어떤 면만 추상하고 동질화하고 동일화해서 진열할 수 있는 추상적인 공간이야. 상황은 전혀 달라. 플라톤이 대화편에 쓴 사건의 공간성은 공간이 아니라 상황이야. …… 플라톤 철학은 그러면 어떻게 보아야 하느냐? 단순히 하나의 데이터에 지나지 않느냐 그렇지 않으면 철학이 되느냐, 그 문제야. …… 단순한 데이터의 기록으로만 본다면 그것은 철학이 아니야. 그런데 거기에 어떤 가정이 있고 결론 문장이 있거든? 그러면 그것을 전부 다 결론 문장의 집합으로 볼 수 있단 말이야. 왜냐? 『티마이오스』를 읽어보면, 아테네의 우주론적 발생론을 썼는데, 그 아테네 속에서 플라톤의 대화편에 나오는 사건이 모두 이루어졌거든. 그 대화편에서 이루어진 여러 가지 사건은 우주사적인 하나의 사건이고, 그 우주사적인 사건을 설명하는데 원인론을 가지고 설명했다, 그 말이야. 원인에 의해서, 그냥 기록이 아니고. 복잡한 데가 거기야. ……[15]

고별 강연을 검토하면서 박홍규 선생은 자신의 학문론과 이론으로서의 철학에 관한 생각을 해설한다. 그동안 '박홍규' 하면 떠올렸던 것은 나 역시 '존재와 무', '무한정자', '모순', '공간', '데이터', '사유의 극

---

15 박홍규, 「고별 강연 검토(3)」, 『형이상학 강의 1』(박홍규 전집 2), 민음사 1995, 462~64쪽.

한' 등의 추상적 개념어들이었고 그래서 어려웠다. 지금도 선생의 사유의 깊이나 내용, 핵심을 안다고 할 수는 없다. 그런데 선생이 플라톤 철학의 철저함을 특별히 평가한 것은 사실이지만, ─ 몇몇의 염려와는 달리 ─ 그렇다고 해서 그것이 플라톤 혹은 그를 대표로 하는 그리스철학의 우월성을 이야기하자는 것이 아님은 이해하게 되었다. 선생은 플라톤 자신이 비정상적인 상황과 지독한 난관에서 출발하면서도 그것을 비판적으로 성찰하는 일을 수행했다는 점에 주목했고 우리에게도 그런 점을 제대로 살펴볼 필요가 있음을 이야기했다. 플라톤을 자기 공부의 자료로 삼는 사람들에게 저마다의 매력적인 플라톤이 있듯이, ─ 이렇게 말해도 좋다면 ─ 아마도 그런 플라톤, 즉 극한의 난관(aporia)에서 출발하면서도 자신의 이 고약한 출발점 자체를 비판적으로 성찰하는 플라톤이 선생의 기질에 잘 맞았을 수 있다. 아니, 그보다도 선생의 경우에는 결코 떨쳐내기 쉽지 않은 상황인 전쟁과 결부된 그 자신의 체험적 난관이 플라톤의 난관을 알아보았으며, 선생의 난관이 박홍규 식의 플라톤 연구를 빚어낸 결정적 토양의 하나가 되었을 수 있다. 플라톤의 난관을 선생 방식대로 대상화하고 해석하며, 이를 기초로 플라톤 철학만이 아니라 자신의 철학을 만들어가면서 자신의 난관 역시 비판적 성찰의 일정한 대상이 되었을 것이다.

우리의 인식 주관, 영혼에는 기본적이고 선험적인 성격으로서 능력이 들어 있어. 능력이 들어 있으니까 영혼은 항상 선험적으로 과오에 빠질 수 있어. 능력을 가지고 있는 우리의 지능은 허위에 빠질 수도 있고 빠지지 않을 수도 있어. 그래서 허위에 빠지지 않도록 끌고 나가야 돼. 능력을 발휘하도록 옆에서 도와줘야 돼. 능력은 그대로 나오는 것이 아니라 어떤 조건이 있어야 발휘되니까. 그것이 대화(對話)야. 소크라테스가 산파 역할을 해서 이끌어줘. 도와주는 거야. 그럼 누가 인식을 하느냐? 소크라테스가 인식을 하는 것이 아니라, 그 대화자 자기 자신이 스스로 인식을 해. 그러니까 주입식은 안 돼. 곤란해. 그냥 외우면 되게? …… 사람의 지적 능력이란 것은 틀렸다가 자기가 스스로, '아 이건 틀렸다!' 해서 고칠 수도 있는 것이지. 그럴 수 있는 것이 진리야. 기계하고 다른 점이 거기야. 기계는 인과법칙으로 가지만, 능력은 자기 운동(autokinesis)의 그 자기(auto)에서 나왔기 때문에 기계가 될 수 없어, 타고난 본성에서 나온 거야. 기계는 외부에서 힘이 주어진 것이야. …… 고대 철학뿐만이 아니라 지상에 있는 모든 철학은 인간이 능력을 발휘한 하나의 결과로서 나온 것이기 때문에 여러 가지로 나올 수 있다는 거야. 철학사뿐만이 아니라 우리 인간의 역사가 다 그래. …… 학문적인 지식의 형태로 볼 때 왜 여러 가지 (철학의) 형태상이 있느냐 하면, 능력의 소산이기 때문이다, 딱 나오지. 그것은 마치 플라톤의 대화편을 읽어볼 때 이 대화편에서는 이 얘기하고 저 대화편에서는 저 얘기하고, 서로 상충된 것도 있고 하는 것과 마찬가지인데, 능력의 소산은 그렇더라는 얘기야. 그리고 이 능력을 이해하지 않으면 인식에서의 산파술도 이해할 수 없어. 산파술의 의미란, 능력은 타고나면서 가지고 있는 것이지, 외부에서 준 것이 아니라는 거야. 그러니까 옆에서 다만 도와줄 따름이라는 거야. 도와준다는 것은 능력이 항상 옆에서 어떤 조건이 주어져야만 발휘되는 것이지, 그렇지 않을 때에는 발휘되지 않는다는 얘기야. 능력의 특성이 그거야. 조건이 주어지지 않으면 능력은 절대로 발휘되지 않아.[16]

철학을 능력으로, 가장 탁월하게 사물을 다루는 능력으로 본다는 말은 특정한 철학의 우월성 또는 플라톤 철학의 우월성을 이야기하는 것이 아니다. 오히려 오류 가능성과 비결정적 상대성을 적극적으로 염두에 두고 있기에 취할 수 있는 입장이라고 생각한다. 그리고 이런저런 이름으로 분류되는 다양한 철학에 대해 취하는 열린 태도이기도 하다. 철학사를 보는 전체적이고 포용적인 관점을 가지는 것도 중요하지만, 그보다

---

16 박홍규, 「철학이란 무엇인가?」, 『형이상학 강의 2』(박홍규 전집 3), 민음사 2004, 82~84쪽.

중요한 문제는 각자의 철학과 자신의 탐구를 어떻게 수행할 것인가이다. 자신이 서 있는 곳이 어떠한가에 따라, 나를 출발시키는 동기가 무엇이냐에 따라 수행하는 탐구의 방향과 내용이 다르고 다양해질 것이다. 아폴로도로스처럼 누군가의 이야기와 탐구를 재연하는 것도 하나의 출발점이 될 수 있다. 그러나 탐구는 자신의 탐구이어야 하고 제대로 하기 위해서는 자신의 입각점과 험난한 출발점까지를 탐구 대상으로 삼았던 플라톤의 경우를 하나의 모범적 예로 삼을 수 있다는 것이 박홍규 선생의 이야기가 아닐까? 내가 듣고 만난 박홍규는 내게 그런 선생님, 그런 철학자이다.

서평

이정우의 '박홍규론'에 대한 단상
—『소은 박홍규와 서구 존재론사』(2016)를 읽고서

류종렬

1. 사상의 재정립에서 개념 작업과 배치

좋은 스승이 있어 스승의 어깨 위에서 저 멀리 본다는 것이 학문의 발전을 가져올 것이다. 삶에는 일상의 동일 반복에서도 새로운 이질 반복이 생긴다. 즉 전진하지 못하고 동일 반복에 빠져 있기도 하지만, 한 발짝을 내디디면 새로운 길을 찾는 이질 반복을 이룰 것이다. 아마도 다음 세대는 이질 반복으로 이어질 것이다. 저자 이정우가 말하듯이, 베르그송을 빌리고 질 들뢰즈(Gilles Deleuze)에 힘입어 시간의 지도리가 벗겨지고 앞으로 무한히 열려 있다는 것을 실감하게 되는 것도 소은 박홍규 선생의 삶과 강의록 덕분이리라. 이정우는 박홍규 강의록 전체를 읽고 소은 사상을 재구성해 독자들에게 그의 사상을 따라가는 방법과 사유의 이중성과 통일성, 즉 분화와 수렴을 지속적으로 이끌어가는 방법을 제시했다는 장점이 있다. 게다가 저자 자신이 오랫동안 동양과 서양의 철학사를 재정립하기 위해 몇 권의 저술을 쓰기도 했기에, 자신의 관점을 갖고 소은 사상을 정리할 수 있었을 것이다. 이런 장점은 아무나 할 수 있는 것이 아닐 것이다.

소은 선생은 체계를 세운 글을 남기지 않았기에 후학들이 강의록을 읽다 보면 그의 개념 작업이 통일성을 갖고 있지 않은 것처럼 느껴진다. 앞의 이야기와 뒤의 이야기가 뒤바뀌는 것 같기도 하고, 같은 단어가 지닌 의미가 이중적·삼중적으로 들리기도 한다. 게다가 선생도 어느 구절에서는 플라톤에게서도 혼동이 있다고 지적하기도 하고, 어느 시간에는 플라톤이 2원론자로 어느 때는 3원론자로 읽어야 한다고도 했다. 이런 독해의 어려움은 전문적인 연구자가 아니라면 그 용어가 플라톤 자체의 오류처럼 들리기도 하여 종잡을 수 없을 수도 있다. 그러나 강의에서 플라톤의 오류라기보다는 문맥상 또는 다루는 학문 영역상 내지 문제 제기 방식을 바꾸어보면, 난제(aporia)의 관점 사이의 사유 영역이 다르다는 것을 생각하게 한다. 왜 다른가? 대상 자체가 다양체이기 때문일까, 인식의 차이는 어디서 오는 것일까? 이런 차이는 뒤로 젖혀두자.

우선 지성(이성이라 표현하든)으로 이해하는 방식과 지혜로 자료들을 다루는 경향성이 다르다. 인식의 두 능력에서 차이가 이해되지 않은 가운데 어떤 문제를 다루는 과정은 혼란스러울 수밖에 없다. 게다가 인식의 대상(실재성)이 페라스를 갖는 것과 페라스를 갖지 않는 것이 동시에 주어지는 것을 사유하기란 어렵다. 대부분의 독자는 페라스로부터 출발할 수밖에 없지만 선생의 설명에는 불쑥불쑥 둘을 동시에 배치해 설명할 때 지성으로 접근하는지, 아니면 지혜로 접근하는지에 대한 차이를 이해하기 어렵다. 그럼에도 전체를 한번 읽고 다음에 다시 읽으면 뒤에 나올 이야기와의 연관 속에서 뒤섞인 듯이 보이는 주제가 갈래를 찾아가는 과정이라는 것을 알게 된다. 저자는 소은 선생의 사유를 따라가면서 그의 사유에서 일관성이 있음을 보여 줄 뿐만 아니라 '아페이론'을 얼마나 중요시했는지를 두드러지게 보여 주는데, 이는 저자가 인용해 제시한 글에서도 잘 드러난다. 그 점에서 저자는 소은 선생이 '영혼'에 대한 의미와 규정을 어떻게 해야 하는지를 보여 주려 했다는 것이다. 플라톤에서 마지막까지 문제 삼은 '방황하는 원인'은 인간 **본성**(la nature humaine)을, 즉 그 '자연'을 이해하려는 열쇠와 같은 역할을 한다는 것이다. 이 방황하는 원인은 아페이론으로서 경계가 없기에 형상으로부터가 아니라면 어떠한 방식으로 경계지워(정의해 개념화하며) 다룰 것인지를 여러 방식으로 설명하는 것을 보게 될 것이다. 소은 선생은 그 새로운 방식을 베르그송에서 찾았던 것 같다. 둘을 같이 두고 나간다는 것은 논리적 사고에서는 쉬운 것이지만, 운동(시간, 기억)의 사유에서 쉬운 것이 아니다.

덧붙여서 눈덩이처럼 커져 가는 사유가, 즉 평준화의 평면에서 솟아나는 사유가 아페이론에서부터 출발할 수밖에 없었을 때 뒤나미스(dynamis)라는 개념 작업이 나오고, 뒤나미스는 잠재성도 동력학도 아닌, 그것을 넘어서는 생명의 자기 권능과 자발성으로 성립하게 될 것이다. 정리 차원에서 소은 선생은 형상을 먼저 놓고 가면 아리스토텔레스가 보인다고 하면서 이것은 쉬운 방식이라 하며, 운동을 먼저 놓고 가면 베르그송이 나오는데 지성의 역할과 다른 역할(직관)이 인간 삶에 무엇을 가져다주는지를 보자고 한다는 것이다. 저자는 인식의 두 주제와 존재의 두 주제를 나란히 두고서는 두 계열을 형성해 가면서 좀 더 깊이 있게 또는 세부적으로 다루어 갔던 과정을 서양철학사라고 본다. 더불어 저자는 현대에 와서 두 계열의 혼재 또는 조화에서 새로운 존재론의 성격을 지닌 철학적 과제가 있다고 보고 이것을 '사건론'이라 제시한다.

이해의 어려움 중에는 같은 단어의 이중성도 있다. 같은 단어인 '동일성/정체성'(l'identité)이 지니는 형이상학적 의미는 여러 가지가 있다. 이 한 단어 또는 개념(le concept)이 전혀 상반된 개념 작용(la conception)을 한다는 것을 알아채기란 선생의 강의록에서는 매우 어렵다. 이 개념 작용을 알아채는 경우에 서양철학사에서 형이상학이 두 가지 방향에서 전개되어 왔음을 깨닫게 되고, 그 많은 문젯거리가 한 용어의 다의성에서 오는 혼동도 있지만 그 다의성을 내포하는 각 개별 학문의 지지가 전혀 다르다는 것을 알게 해주기도 한다. 그럼에도 학문의 체계에 통일성이 있고, 게다가 법칙화를 넘어 일반화 또는 보편화로서 원리처럼 여겨지고 그것을 다루는 지성(또는 이성)이 먼저 있을 것이라고 여기는 견해들이 지배해 왔다.

또 다른 의미에서 추상과 연관지어 생각해 볼 필요도 있다. 우선 모든 질을 빼버린(추상해) 형식(형상)만 남은 페라스에서 동일성은 자체적인 것(kath' hauto)으로서 이데아를 지칭한다. 이에 비해 형식을 모두 빼버린(추상해) 질과 흐름만 남은 아페이론을 (베르그송의 경우에 흐름과 지속) 자기 동일성(인격의 정체성)이라 한다. 후자의 자기 동일성은 자기 스스로인 것(to auto), 즉 자기 자신을 움직이는 것(to auto hauto kinoûn)을 의미한다. 이 둘은 상반된 경우이며 대립자 관계이지, 존재와 무와 같은 모순 관계로 설정되지 않는다. 모순 관계는 질과 형식이 모두 있거나(존재) 모두 없는 것(무)으로서 가정하는 것이다. 이 세상에서는 모두 있거나 모두 없거나를 동시에 평면 위에 놓을 수 없다. 이런 의미에서 모순은 순수 사고 또는 정신의 극한에서 놀이하는 것이지 실재성이 아니다. 베르그송은 이를 상징이라 부르고, 수학의 기호들은 어떤 공간(이른바 절대 공간)에서 점을 통해 선과 면과 체적을 동시에 놓고서 사고한다. 그러나 동일성/정체성의 문제 제기에서 페라스와 아페이론 관계는 마치 자석의 북극과 남극과 유사해 다른 방향으로 생각해 볼 여지가 있다.

소은 선생에게서 한편으로 공시태의 관점에서 중요한 개념 작업(la conception)이 플라톤에서 존재론의 어떤 위계를, 다른 한편으로는 통시태의 관점에서 베르그송으로 넘어가거나 이어가는 과정에서 전개 방식을, 저자가 배치하고 있다. 이런 두 방식, 즉 공시태와 통시태로 나란히 또는 대립적으로 보면 사실상 서양철학사의 발달사를 꿰뚫는 일이관지(一以貫之)의 방식이 도래할 수 있을 것이다. 베르그송이 보기에는 이런 공시태의 관점이 시대마다 재등장해 용어 또는 개념화 작업을 달리했지만, 여전히 고대 그리스적 사고인 공시태의 틀을 거의 벗어나지 않았다고 보거나(『시간관념의 역사』 강의록) 또는 통시태적으로 조금씩 변화의 과정을 겪는다는 것이다. 아울러 실증적 사실(les faits)을 받아들이는 과정에서도 인식 방식과 이론적인 틀의 변화를 이루어간다는 것이다. 그 변화 가운데 하나는 천체 운동이 지구의 운동에도 동일하게 적용된다는 상대성 이론을 제기한 갈릴레오 갈릴레이(Galileo Galilei)였으며, 다른 하나는 물질계를 다루는 방식과 생명계를 다루는 방식이 달라야 한다는 열역학 제2법칙과 생명을 다루는 이론에서도 새로운 지도 이념이 있다는 클로드 베르나르(Claude Bernard)의 학설을 받아들이는 것이다.

그러다가 베르그송은 1903년 논문 「형이상학 입문」에서 영혼도 물질도 모두 흐름(운동)으로부터 파악해야 한다는 실재성의 현존을 설명한다. 이로써 베르그송은 고대 철학에서 부동의 이데아와 스스로 움직이지 않으면서 타자를 움직이게 한다는 부동의 원동자를 마치 신화와 종교적 독단을 걷어내듯이 폐기하고, 자연 또는 우주 자체가 자기에 의해 자기 생성의 길을 간다고 주장할 수 있게 된다. 세계와 물질을 요소와 기능으로 파악하려는 원자론적·분석적 논리로서는 실재성을 파악할 수 없기에 직관이라는 개념을 도출해 냈으며, 이런 직관의 파악을 자연(물 자체, 영혼 자체) '안에서'(dedans) 시작해야 한다고 한다. 자연, 즉 이 이질적 다양체가 어떤 능력을 발휘해 분화 또는 분열의 경향성을 드러내고, 생명체도 이런 발산의 길에서 다른 경향성으로 수렴의 길을 만들어내는지를 탐색하는 것이 '창조적 진화'의 이론이다.

사람들은 학문의 발달이란 한 거장의 어깨 위에서 보다 멀리 조망하는 것이라고들 이야기한다. 거장의 문젯거리는 그다음 세대에서 또는 세월 밑에서 흐르다가 어느 시기에 갑자기 거장과 연관 없이도 등장하기도 하며,[1] 서로의 소통 없이도 동시대에 다른 지역과 다른 방식으로 솟아나기도 한다.[2] 이에 비해 철학사에서는, 마치 난문제 또는 문젯거리를 풀

---

1 유전법칙은 그레고어 요한 멘델(Gregor Johann Mendel, 1822~84)이 발견(1865)한 후 1900년에 각각 다른 방식으로 카를 에리히 코렌스(Carl Erich Correns, 1864~1933), 에리히 체르마크(Erich Tschermak, 1871~1962), 휘호 더프리스(Hugo de Vries, 1848~1935) 등이 발견했다.
2 미적분에 관한 한, 아이작 뉴턴의 미적분과 라이프니츠의 미적분은 서로 다른 관점에

어나가는 과정처럼 앞선 시대의 문제 제기를 후대에서 끊임없이 노력해 풀려고 한다. 이런 과정은 지성의 발달과 더불어 직관의 확장에도 기여했는데, 이는 거장의 어깨 위에서라기보다 개별 학자의 위상의 중첩(과 다음 측정)에서 한걸음 한걸음 나아간 선(계열)의 역사이다. 멀리 내다보았다기보다는 각 시대의 위상의 구(球, 원이든 타원이든)의 중첩 과정의 마주치는 부분에서 해결의 실마리를 찾아 점진적으로 전진하면서 이들을 수렴하려는 노력에서 새로운 학설 또는 이론이 성립했다. 인간 또는 생명체의 지속에는 초월 같은 불연속적 뛰어넘기가 있었던 것이 아니라 다양한 영역의 원 사이의 마주치는 점에서의 증폭과 소멸의 과정에서 증폭으로의 (상승하는) 경향에서 새로움을 창안했다.

자연에서는 초월이 없다. 자연의 산물이자 자연 안에 있는 인간은 기나긴 과정에서 고통과 위험에서 벗어나려는 노력으로 조금씩 자신의 영역을 확장하고 있다. 이런 해명의 배경에는 이데아가 먼저 있는 것이 아니라 과정에서 임의적 기호(상징)로서 이데아와 비슷한 개념을 설정하거나 목표로 두고 나가는 것이다. 사유의 방향이 이데아의 설정 또는 이데아에 의존한 방식이 아니라고 할 때, 서양 학문의 발달사는 근세 이래로 아리스토텔레스주의와 스콜라주의에서 벗어나는 과정이라고 할 수 있다. 다른 방식으로 말하면 아버지의 아버지를, 그 아버지의 아버지로 계속 올라가 유일한 아버지가 있다는 일반화와 추상화의 정점에서 출발하는 것은 학문이 아니다. 자연의 자발성에 의해 생물학적이고 유전학적인 방향에서 보면, 아버지, 할배, 전(前) 할배, 전전 할배는 현존하는 인간의 후배들이다. 그 할배들의 역능을 이어받아(유전) 확장하면서 다음 측정(le recoupement)에 의해 스스로 개척하고 창안하면서 새로운 생성으로 나아가는 것이다. 거인의 어깨에서보다 사실의 선에서 아직 풀지 못했던 문젯거리를 올바로 제기해 새롭게 풀어가는 노력이 필요하다. 세상

서 나왔다. 어쩌면 전자가 운동의 절대 공간을 인정하는 수학적 관점에서 나왔다면, 후자에서는 사물의 고유성을 미분화(또는 세분화)하는 과정에서 나왔다고 할 수 있다.

은, 세계의 역사는, 인류의 역사는, 자연사는 지성과 직관을 통해 끊임없이 다음 측정을 하면서 진행한다. 다음 측정이 다양화되었기에(개별 학문의 발단은 19세기 후반에 정립되었다), 여러 분야에서 여러 별종의 같잖은 이야기로부터 중첩과 더불어 미래의 전망으로 향하고 있다. 이 다양한 영역을 다양체라고 부른다면, 다양체를 태워 가는 큰 수레를 인민은 조금씩 끌고 밀고 가는 셈이다. 개별 학문의 발달에서는 거인의 어깨 위에서 학문의 선두와 고수가 중요했으며, 그 스승 또는 선각자를 모범으로 삼았다. 하지만 이제는 여러 다음 측정이 위상적으로 중첩되는 방향에서 학문과 세상을 달리 생성하고 확장할 것이다. 이다음 측정의 만나는 점이 뚜렷하고 말끔하게 보이는 것은 선현의 오랜 노력의 과정에서 경험적 자료의 축적과 수렴을 실행했던 인류의 거장 또는 스승이 있었다는 것을 잊지 않아야 할 것이다. 우리에게도 소은 선생 같은 거장이 있다는 자부심을 가질 수 있다.

2. 박홍규 전집의 이해를 위한 한 배치

소은 선생의 이론화 작업에 대해 제자들이 공통으로 주목하는 견해가 있다. 하나는 「고별 강연」(1984)의 마지막 언급이다. "플라톤이 말한 것처럼 사물을 정리할 수 있는 것은 시간이냐 공간이냐 둘뿐이에요. 플라톤은 둘 다를 놓았고, 아리스토텔레스는 공간에서 형상 이론을 놓았고, 베르그송은 시간에서 정리했습니다. 그 이외는 없어요"(54쪽). 이 견해는 서양철학사를 일이관지해 이해할 수 있는 명제이기도 하다. 다른 하나는 강연 서두에서 데이터에 관해 문헌에서부터 이야기를 시작한다. "요컨대 고전의 학문 정신은 데이터에서 출발한다는 것입니다. …… 소크라테스는 〈이것은 무엇이냐(What is it)〉라고 묻습니다. 그 〈it〉이 바로 데이터입니다"(13쪽). 우리가 보기에 선생은 데이터 속으로(dedans) 들어가 그 시대의 사유 방식을 찾아내고 나아가 플라톤의 영혼의 작동을 찾아내는 노력을 했을 것이다. 그 노력의 과정을 차례로 후학에 알기 쉽게 알려 준 것이 아니라 마치 플라톤의 대화편처럼 이곳저곳에 흩어져 있지만 강의록 안으로 들어가 주의해서 읽으면 그 흐름을 발견할 수 있을 것이다. 그런데 초보자나 그리스 문헌을 접해 보지 않은 독자들에게는 어려움이 있을 것이다. 이런 어려움에 대해 내용을 분류하고 정리해 배치하는 작업과 난해한 개념 작업을 풀어 설명해 주는 작업은 후학들의 과제일 것이다. 이런 의미에서 저자 이정우는 그리스 어휘들을 각 장(章)에서 독자들에게 접근하기 쉽도록 주요 개념들을 뽑아 올리고, 소은 선생의 강독에서 필요한 부분들을 인용하고 있다. 저자는 소은 선생의 논문과 강의록을 나름대로 배치하고 개념화 작업을 하면서 ─ 다른 설명이 필요한 부분이 있지만, 추려서 소은 사상을 이해하는 한 통로로서 드라마 같이 생각해 ─ 아래와 같이 배치했다. 우리는 그의 배치에 따라 논문을 소개하는 것이 의미 있을 것이라 생각한다. 더불어 전체에 대한 관심이 아니라 하더라도 개별 학문을 하는 이들이 플라톤 사상의 어떤 부분과 자기 연구에서 어떤 부분이 필요한지를 알고자 할 때, 그 부분이 플라톤 사상에서의 위치를 가늠할 수 있는 좌표가 될 수도 있을 것이다. 또한 연결 고리에 대해 섭렵할 수 있는 길을 열어줄 것이라 기대하기 때문에 소개한다. 다음은 저자가 구분한 서론 및 부와 장별 목차와 그와 관련한 전집의 내용을 그 목차에 맞추어 재배치한 것이다.

3　아페이론은 비결정성으로서 자연인데, 우선 유동성(흐름, 파르메니데스)이며, 쓰임으로는 질료성(재료, 물질성, 티마이오스)이며, 불가분의 이어짐으로 의식의 연속성(영혼 또는 지각의 지속성, 필레보스)이다.

7장 플라톤 이후의 서구 존재론사

『전집』 III, 아리스토텔레스의 우시아(1988)

『전집』 I, 서양 고중세철학사 개관(1967)

4부 베르그송의 존재론

8장, 9장, 10장은 베르그송의 『창조적 진화(1907)』의 설명이다.

『전집』 V, 「베르그송의 "창조적 진화" 강독(1981)」

저자는 『창조적 진화』의 제4장을 먼저 다루고, 제3장을 다룬다.[4]

저자는 소은 선생의 강의록 속에, 베르그송의 앞선 두 저작 『시론』(1889)과 『물질과 기억』(1896)에 대한 전모를 알 수 없음을 아쉬워한다. 소은 선생의 베르그송 강의록은 『창조적 진화』에 관한 『전집』 5권이 전부이다. 그러나 제자들의 노트는 남아 있을 것이다. 이 수업 중에 제자 이창대는 옛 강의 노트를 보면서 설명상의 차이를 질문하곤 했다.

결론: 소은과 우리

3. 사유의 단초로서 존재와 영혼

서양철학사 또는 사상사의 전개는 이중성 내지 분할 방식을 유지하고 있다는 것을 느끼게 된다. 소은 선생의 강의록을 읽어보면 이런 이분법적 관계에서 어느 쪽을 먼저 중요시하고 보느냐 하는 문제보다는 어느 쪽에서 문제 제기를 야기하느냐 하는 탐구의 논리 또는 방식을 깊이 있게 사유하고 있음을 알 수 있다. 일반적으로 서양철학사는 신화 이야기

---

4 베르그송도 『창조적 진화』 제4장 「현존과 무」에 관한 부분은 「무의 관념」(L'idée de néant, 1906)과 *Revue philosophique*(LXII, 1906, pp. 449~66)로 이미 발표한 것으로, 제4장의 체계는 1900~04년까지의 콜레주 드 프랑스의 강의를 간추린 것이다. 특히 『시간관념의 역사』(1902~03)에서 길게 전개한 것이라고 한다. 이 강의 전체가 상세하게 속기록으로 남아 2019년에 출판되었는데, 베르그송이 존재(Etre)가 아니라 라이프니츠의 존재자(l'etant)에 이어 '현존'(existence)에 관심을 갖고 전개한 것을 알 수 있다.

에서 지성을 통한 추론의 방법으로 체계 또는 이론화 작업을 했다고 한다. 당연히 소은 선생은 신화를 벗어나 지성의 시대로부터 철학사가 시작됨을 설명한다. 선생은 그중에서도 소크라테스라는 인물의 중요성을 강조한다. 그러나 소크라테스가 남긴 글로 된 자료(데이터)가 없으니, 플라톤의 자료로부터 시작한다. 여러 번 강조했듯이, 철학이나 모든 학문은 데이터로부터 시작한다. 그 데이터가 학문에 따라 글로 된 것이 아니라 유적과 유물일 수도 있고, 현대에 와서는 원자의 내부 또는 세포의 내부로 들어가 구체적·실증적 자료로부터 출발할 수도 있다. 소크라테스에 관한 한 플라톤의 저술이 일차적 자료(텍스트)이다. 소은 선생은 평생에 걸쳐 이 자료를 탐구했다. 한 가지 예를 들면, '프시케'(psychē)가 플라톤 전 작품 속에서 어떻게 쓰였는지를 먼저 문헌적으로 따져본 다음에 어원적으로 신화의 시대와 페리클레스의 사회적·문화적 시대의 용어적 의미와도 비교해 보고, 플라톤을 이어간 아리스토텔레스에서, 심지어는 베르그송에 이르기까지 각 철학자가 시대에 따라 개념화 작업을 어떻게 했는지를 연구했다. 대부분의 철학사가가 어원적 탐구에서 시대·문화적 접근으로 개념을 정립하고서는 이를 철학사에 적용 또는 다른 학문에 응용하는 경향을 취한 반면에, 소은 선생은 소크라테스를 여러 문헌을 통해 아는 것보다 더 깊이 있게, 즉 플라톤 작품 **안에서**의 자료를 통해 플라톤이 본 소크라테스의 심층적 사유를 따라가는 방식을 찾는 데 노력했다고 보인다. 프시케에 관한 한 우주 영혼의 의미에서야 여러 방식으로 다룰 수 있지만, 한 개인으로서의 인격성의 영혼은 겉으로 보아 표상적 용어로서 이해할 수 있는 것이 아니라는 생각이었을 것이다. 그러한 영혼은 변하지만 이데아처럼 자체성을 갖추고 있지는 않은데, 이것이 도대체 '무엇'인지에 대한 선생의 사유는 끊임없이 전개되는 드라마 같은 점이 있다.

영혼의 문제가─그 자체로서 경계를 갖고 자체성인 이데아들, 그리고 그러한 이데아들과 성질과 특성 및 능력과 기능에서 전혀 다른 경계 없는 덩어리의 사이에서─왜 어떤 자리 또는 위상을 갖는지를 소은 선생은 강의록에서 끊임없이 되물어간다는 것이다. 여기서 **드라마**라고 한 것은 사유의 과정이 하나의 방식으로 일관된 점도 보이지만, 갈래로 갈라져 두 가지 길일 수도 있고 어떤 때는 세 갈래, 어떤 때는 여러 갈래로 가지치기하는 것을 읽을 수 있기 때문이다. 그럼에도 소은 선생은 갈라지는 여러 길에서 그 갈래의 본래적 또는 기원적 토대가 하나이지 않은가를 버리지 않은 것 같다. 저자 이정우는 끝내 남겨진 이 밑바탕이 '존재'라는 용어일 것이라 여기고 『소은 박홍규와 서구 존재론사』라는 제목을 붙였을 것이라 생각한다.

먼저 프시케를 예로 들었지만, 앞에서도 잠깐 언급했듯이 소은 선생은 페라스(peras, 경계 있는 것)와 경계 없는 것(apeiron, 아페이론)을 설명하는 플라톤의 자료들을 세세하게 섭렵했다는 것이다. 페라스라는 개념에서 정지 내지 자체 동일성과 연관지어 추론하고 일반화해 논리적인 설명을 하려 하고, 아페이론이라는 개념과 연관해서는 말도 많고 탈도 많은 온갖 잡다한(또는 같잖은), 게다가 '사생아적 논리'라고 불리는 뒤엉키고 혼재하는 덩어리에 대한 고민을 떨쳐내지 않고서(배제하거나 비하하거나 무화하지 않고서) 실재성으로서 받아들여야 하는 관점에 이르는 것은 어쩌면 철학사에 낯설고도 불가사의한 현상처럼 보인다. 그러나 소은 선생은 그렇지 않다는 것을 아마도 베르그송을 여러 번 읽으면서 거의 확신했던 것 같다. 아페이론으로 다 설명하지 못했던 영혼이 실재성으로 현존이라는 측면을 지니고 있다는 것이다.

여기서는 플라톤으로 보아 '존재'이지만, 베르그송은 분명하게 '현존'으로 쓴다. 그럼에도 소은 선생은 오랫동안 익숙해져 온 존재론의 개념 작업으로 보아 이데아도, 아페이론도 존재라고 자연스럽게 설명한다. 강의록 본문에서 존재와 현존을 구분해야 할 때는 꼭 '제3자'라는 용어를 자주 쓴다. 이 제3자인 현존은 존재와 무 사이를 잇는 현실적이고도 활동적인 사실 또는 상태에서 쓰이는 것이다. 게다가 독일 실존주의에서의 실존은 용어상 '현존'과 같음에도 실존이라 함은 인간에 관해 쓰이는 것으로 여긴다. 이에 비해 베르그송의 현존은 존재와 다르다. 즉 중세의 신이 현실에서 구현되는 것도 '현존'의 증명이었고 추론적 사고가 사물에 적용되어 재현하는 현상으로서의 재현(표상)도 현존이며, 물체의 활동성이 구체화되면서 현실적으로 물체화하는 것도 현존이었다. 라이프니츠는 이보다 더 다양한 방식에서 현존이란 용어를 사용했는데, 그의 충족 이유율에서는 현존의 상태들 또는 사실들(les faits, 만들어진 것)에 관해 다양하게 썼다. 베르그송은 의식, 기억, 생명을 다루면서 '현존'의 실재성을 다루었지, 존재와 무에서처럼 일반화를 넘어 추상화된 상징으로서 '존재'로 다루지는 않았다. 아마도 소은 선생은 플라톤의 독서에서 끊임없이 난제로 제기되었던 아페이론이 베르그송에서 의식과 영혼 — 이 용어는 심리학의 '심리'로만 이해되어서는 안 된다 —, 그리고 생명으로 이어지는 내재적 본성에 관한 논의임을 알아채고는 줄기차게 연결을 시도했다고 볼 수 있다. 플라톤과 베르그송 사이의 연속은 무엇이 될까?

소은 선생은 서양철학사의 전개 방식으로 세 가지가 있다고 했다. 우선 플라톤처럼 정지와 운동을 함께 다루는 것이고, 다른 하나는 아리스토텔레스처럼 정지로부터 이론을 정립하는 것이고, 끝으로 베르그송처럼 운동으로 상태들과 사실들을 다루는 것이다. 나로서는 소은 선생이 이런 관점을 서양철학사 속에서 찾아냈다는 것이 무척 놀랍고도 굉장한 것이었다. 이것은 과장된 표현이 아니다. 서양철학사를 여러 권 읽어보았지만 이런 놀랍고 멋진 관점은, 아마도 들뢰즈가 그런 표현을 하지는 않았으나 조금은 느낀 철학자일 것이다. 들뢰즈의 이분법적 분열과 조화로서의 철학사에서는 '차이'도 '반복'도 개념상으로 이중성을 지니고 있다. 소은 선생은 플라톤에서의 두 갈래가 아리스토텔레스와 베르그송이라는 이중주의 교향곡 같은 음악을 그 중간의 2,000여 년을 뛰어넘어 연결했다는 것이다. 나로서는 서양철학사가 크게 보아 이중주 또는 다중주(다양체)의 드라마라고 생각한다.

한편, 고대 그리스에서는 동쪽 이오니아 사상의 휠레(물질, 운동)와 이탈리아 엘레아의 존재(정지)의 사상이 아테네에서 뒤섞이면서 이 둘 사이의 기원과 이유에 대한 탐색이 시작되었다. 또한 민주주의의 발전 과정에서 인격의 문제가 제기되면서 참주(황제)도 아니고 그렇다고 전례의 신화가 아닌 의식의 정체성을 탐구했던 소크라테스가 프시케의 '현존' 또는 개인 영혼을 아테네 길거리에서 문젯거리로 던졌다가 독배를 마셨다. 하지만 여전히 철학사에서는 이것이 문젯거리로 남아 있었다. 허무주의를 넘어선다는 과제로 보아 종교가 사상을 지배하면서 중세를 거쳐 가는데, 앙드레 로비네(André Robinet)의 『프랑스 철학사』를 보면 파리대학에서 학파가 생기기 이전부터 수도원 등에서 이중성에 대한 논의가 있어왔고, 또한 르네상스와 계몽 시기를 거치면서 한쪽으로 쏠리는 듯하지만 그래도 이원론이란 이름으로 이어져 왔다. 그럼에도 여전히 '존재'보다 '현존'이 문젯거리였다. 19세기 새로운 실증과학의 소용돌이 속에서, 그리고 수학의 완전성에 이의를 제기하면서 표면 밑에서 흐르고 있던 영혼(심리)을 구체적·실증적으로 다루기 시작한다. 이 시기에 베르그송이 태어났고 이런 문제를 새로운 형이상학으로 재조명했다. 르네상스 이후의 이런 철학사를 프랑스에서는 상식에 기반한 아리스토텔레스 개별 학문이 양식을 통해 무너지는 과정이라 한다. 천문학, 물리학, 화학, 생물학 등의 성립 이후에 마지막으로 남은 것이 의식 활동으로서 영혼에 관한 영혼학(심리학)이었을 것이고, 이를 형이상학적으로 다룰 수 있었던 철학자가 베르그송이었다.

철학사의 진행과 확장 과정에서 소은 선생은 철학사의 중간을 거의 생략했다. 즉 플라톤에서 시작해 아리스토텔레스를 조금 언급하고는 바로 베르그송으로 넘어갔다. 저자는 이러한 과정을 소은 선생의 사유 과정으로 보고 논문과 강의록 전체를 재구성했다. 일반 독자로서는 소은 사상으로의 접근에서 용어든 설명 방식이든, 게다가 대화로 녹음되고 기록된 자료(데이터)든 어디서부터 시작해 과정을 밟는 것이 좋은지를 알 수 없다. 물론 소은 사상은 전체를 한번 통독하고, 두 번째는 순서를 잡아 읽고, 그리고 사상의 맥락을 잡아 같은 개념이라도 문맥에 따라 구별해 읽어나가는 과정을 겪는 것이 제일 좋다. 그러나 그러한 것은 연구자의 몫이다. 이런 점에서 이제 박홍규 선생에 대한 연구와 강의가 있어야 할 때가 되었다. 내가 저자 이정우의 노력에 찬사를 아끼지 않은 것은 사상의 순서를 가려내고 배치하면서 전집을 다 읽지 않더라도 이 책이면 소은 사상을 관통해 섭렵할 수 있다는 점이다. 사실, 독자가 소은 사상을 읽는 데 있어서의 어려움은 강의록의 양이 많다는 것과 생소한 용어뿐만도 아니다. 강의록에는 시도 때도 없이 등장하는 그리스어, 게다가 라틴어, 프랑스어, 영어, 독어 등도 수두룩하다. 저자는 독자에게 생길 수밖에 없는 이런 독서의 어려움에서 등장하는 용어와 문젯거리에 대해 알맞은 개념을 설명해 주고 인용을 통해 구체적 작품을 맛보게 한다. 나는 저자가 소개한 순서에 맞는 강의록을 앞에서 목차에 따라 소개했다. 철학 전문 연구자로서 전체를 조망하기보다 관심 있는 문제를 찾기 위한 독자라면, 그 강의록의 중심 논의가 무엇인지를 알 수 있게 하기 위해서이다. 왜냐하면 소제목의 배열과 연관된 논문에 대해 저자가 잘 정리하기도 했고, 중요한 계기가 되는 문장들 역시 선별해 놓았기 때문이다.

저자는 중간중간에 동양철학적 관심을 덧붙이기도 했다. 저자는 크게 보아 동양의 기론(氣論)이 아페이론의 논의와 궤를 같이한다고 보는 것 같다. 게다가 저자는 세계뿐만 아니라 사회와 국가의 변혁에 관심을 내보이면서『주역』(周易)의 변역(變易)에 대한 관심을 표명한다. 이쯤에서 저자 이정우는 존재론과 비존재의 접촉을, 또는 페라스와 아페이론의 혼재를, 나아가 전(前) 인격적인 것과 인격적인 것이 세상사에서 생성되거나 형성되고 있는 것으로 관심을 확장한다. 이러한 확장은 두 계열에서 사건을 만든다고 하면서 저자는 차후에 이런 온사건(Evenement)과 사건들(les evenements)에 대한 관심으로 사유를 발전시켜야 한다고 여긴다. 저자는 '사건 존재론'이라 이름 붙일 정도의 저술도 있고, 그에 대해 애착을 갖는다. 소은 선생도 세상사에 관심이 없었던 것이 아니다. 그 뒷이야기는 어쩌면 깊이 있게 관심을 기울였던 초기 제자들(윤구병, 이태수)에게서 들을 수 있을 것이다(「좌담: 소은 박홍규의 삶과 학문」 참조).

세계와 우주에 대한 형이상학만큼이나 현존하는 인간이 사는 세상사의 문제인 한에서, 동·서양을 막론하고 지자(智者)보다 현자(賢者)가 더 많은 관심을 표현했다고 생각한다. 소크라테스를 지자보다 현자 쪽으로 분류할 수 있다면, 그것은 그의 개인 영혼에 대한 관심일 것이다. 내가 보기에 소은 선생은 강의에서 존재, 이데아, 에이도스 등의 단어를 더 많이 사용했지만, 그래도 내면에서는 영혼의 문제를 풀어보려 했다고 생각한다. 아마도 소은 선생의 세상사에 대한 관심 역시 동양철학에서의 이원성으로 구성해 볼 수 있을 것이다.

중국 철학, 특히 유교 철학은 『대학』(大學)에 나오는 "격물치지, 성의정심, 수신제가, 치국평천하"(格物致知誠意正心修身齊家治國平天下)를 일반적으로 여덟 항목으로 설명하지만 네 가지로 줄여보면 물질, 의식, 도덕, 국가에 관한 것이다. 이를 다시 둘로 줄이면 ― 서양에 비추어보면 ― 개체의 탐구와 사회성의 탐구로 나누어볼 수 있다. 이런 과제들은 중국의 선진(先秦) 유가 이후로 개체보다는 사회성에 치중되었다. 그리고 한때 신유학(新儒學)이 불교의 도래와 그 영향이 깊어짐에 따라 자신을 반성하면서 격물치지를 마땅히 해야 한다고 했지만, 중국의 오랜 과정은 사회성으로서 '평천하'가 중심이었다. 이에 비해 불교의 『염처경』(念處經)에서는 사유의 머무는 곳에 대해 '신수심법'(身受心法)이라는 네 단계를 말하는데, 이를 과정상으로 보면 신체와 더불어 살아야 하는 영혼의 과정으로 볼 수 있다. 베르그송은 불교에 대해 알기는 했지만 이런 관점의 불교를 알았다는 증거는 없다. 그런데 플로티노스(Plotinos)에서 비슷한 관점을 볼 수 있다. 베르그송에게 매우 깊은 영향을 끼친 플로티노스는 크게 보아 일자(一者)에서 세계 영혼, 개별 영혼, 물질의 4단계를 연속 과정으로 보고 상향의 길과 하향의 길로 설명했다. 이처럼 불교의 영혼론과 베르그송의 영혼론에는 유사한 점이 있다고 여기는데, 이는 시대와 지역을 뛰어넘어 아페이론(운동, 지속)으로부터 사유하는 사상가들의 공통점이라 할 수 있다.

저자는 21세기를 향하는 시점에서 철학이 나아갈 방향으로 세 가지를 말한다. 첫째는 철학에 '수학'을 상감해 넣는 것이다. 둘째는 '생명'을 사유하는 법을 가르쳐주는 것이다. 끝으로 '사건'의 철학이다. 사건의 철학은 생성 존재론의 여러 형태를 잇고 있으면서도 새로운 단계를 열어갈 철학이라고 할 수 있다. 저자는 사건의 철학을 플라톤적 본질주의와 베르그송적 지속 철학을 화해하는 한 방법일 수 있다고 주장한다.

베르그송은 새로운 형이상학이 나아갈 길을 1903년에 서술하면서 우선적으로 그것은 '안에서'(dedans) 위치하면서 직관과 공감으로 시작해야 한다고 말한다. 그리고 이제는 철학과 과학이 나란히 간다고 하면서 과학이 경계 그은 부분에서 멈추지 않고 더욱 확장해 사유하는 것이 형이상학이라고 한다. 소은 선생이 논한 페라스와 아페이론은 형상과 흐름으로 분할·분열되어 계속되는 것이 아니라 나란히 상호 보조를 맞추어 나갈 것이다. 철학사에서는 가장 행복한 철학자를 플라톤이라 한다. 스승으로 소크라테스를, 제자로 아리스토텔레스를 가졌다는 것이다. 강의록을 읽다보면 제자들의 입장도 드러난다. 페라스의 입장에 선 이태수가 있고, 아페이론의 위상에 서 있는 윤구병도 있다. 소은 선생은 훌륭한 제자들과 더불어 시대를 뛰어넘어 아리스토텔레스 계보와 베르그송 계보를 함께 엮는 수업을 할 수 있었다. 이런 과정을 거치면서 서양철학 연구자들은 수입 없이도 수학의 공리와 언어의 논리가 계열로서 발전하는 만큼이나 영혼(의식)과 생명의 학문 계열을 확장해 나갈 수 있을 것이다.

사족 같지만 한 가지 더 말한다면, 소은 선생은 평생 학문에만 전념했다. 제자들은 선생의 저술이 없는 아쉬움을 강의를 녹음한 노력 덕분으로 활짝 열린 지평을 얻을 수 있었다. 그렇지 않았더라면 소은 선생의 문턱을 넘느라 다음 세대가 동일 반복을 했을 것이다. 이제 이질 반복의 터전에서 사건을 형성한다고 여긴 저자는 사건의 하나로서 박홍규 사상도 정리해 볼 수 있는 것이다.

소은 사상을 정리하는 것뿐만 아니라 본격적인 연구가 필요할 때이다. 즉 그의 강의록과 원문을 읽는 깊은 탐구와 다른 영역으로 확장·적용해 나아가는 구체적 논문이 필요할 때이기도 하다. 페라스와 아페이론 사이에서 분열 내지 분화의 측면으로, 또는 전개와 발전으로 나아가는 것은 후대의 몫이다. 게다가 소은 선생이 플라톤의『정치가』편에서 강의했듯이, 이런 사유의 궁극적 목표가 용기와 지혜를 갖는 지도자에 있다는 의미에서 학습과 연구에 병행해 활용과 실천의 장(場)이 열리기를 바랄 수도 있다. 그만큼 소은 박홍규 사상에 관한 연구가 우리 시대에 사유의 깊이, 표면의 넓이, 미래의 확장과 전망에 중요한 기여를 할 것이다.

좌담

소은 박홍규의 삶과 학문

2019년 고(故) 소은 박홍규 선생의 탄신 100주년을 맞아 제자들은 기념 문집을 발간하기로 하고 선생의 삶과 일상에 관련한 일화도 싣기로 했다. 다음 글은 그러한 기획 아래 두 차례에 걸쳐 열린 좌담회의 내용을 정리한 것이다. 좌담회는 기종석 교수의 사회로 자유로운 분위기 속에서 방담 형식으로 장시간 진행되었다. 그런데 제자들끼리 오랜만에 만난 분위기 탓에 주제와 무관한 대화도 많아 방담 내용을 시기별·주제별로 재구성해 싣기로 했다. 좌담은 기본적으로 소은 선생의 삶과 일상에 관련한 일화들을 주제로 삼았지만, 일상 대부분이 연구와 강의로 일관되었던 터라 자연스레 학문과 관련한 대화가 많이 포함되었다. 이 글의 제목이 애초 '소은 박홍규의 삶과 일상'에서 '소은 박홍규의 삶과 학문'으로 바뀐 것도 그러한 까닭이다. 이러한 배경 아래 이 글은 소은 박홍규 선생의 삶을 편의상 네 시기로 나누어 일상의 삶과 학문에 대한 제자들의 증언을 토대로 정리하고 설명하는 형식을 취했다. 참고로 최화 교수가 펴낸 『박홍규의 철학』에 실린 '박홍규의 생애' 부분과 중복되는 내용은 최대한 피했다. 좌담 내용을 정리하고 재구성하는 일은 이정호가 맡았다.

소은 박홍규 선생(이하 소은 선생)은 일제강점기인 1919년 6월 1일 전남 광주에서 태어났다. 일본 유학 시절의 태평양 전쟁은 물론, 해방 이후의 혼란기를 거쳐 한국전쟁의 참혹상을 겪은 이래로 4·19혁명과 5·16군사쿠데타, 그리고 5·18광주민주화운동 등 그야말로 한국 현대사의 격동기를 살다가 1994년 3월 9일 75세를 일기로 별세했다.

격동의 시대를 살아온 그야말로 험난하고 굴곡진 삶의 경험은 '박홍규 전집'을 통해 선생의 육성으로 마치 눈앞에서 펼쳐지듯 현실감 있게 그려져 있지만, 선생의 삶은 그러한 격동기가 무색할 정도로 오로지 연구와 교육만으로 하나같이 일관된, 그야말로 흔들리지 않는 삶을 살았다. 제자들은 소은 선생의 삶을 되짚어 보면서 그러한 격동의 시대에 추호의 흔들림이나 좌고우면함 없이 어떻게 세계와 우주, 인간과 사회를 하나로 관통하는 철학적·형이상학적 화두를 견고하게 붙잡고 그토록 고고하게 철학자로서의 일관된 삶을 살아왔는지 새삼 놀라지 않을 수 없었다. 아마도 그것은 영혼의 모든 힘을 쏟아붓지 않으면 불가능한 것으로 선생의 표현대로 "영혼이 갖는 고도의 에너지, 즉 신체의 기능을 모조리 넘어서려는 투쟁"[1]이 아니면 불가능했을 것이다.

철학자로서 소은 선생의 치열한 삶의 첫 시기는 선생의 일본 유학 기간(1937~45년, 18~26세)이다. 두 번째 시기는 일본에서 돌아와 1946년 서울대에서 교편을 잡은 이후(27세), 특히 철학과 교수로 부임해 주로 독회와 연구에 전념하던 시기(1946~70년, 27~51세)이며, 세 번째 시기는 본격적으로 강의와 교육에 전념하던 때로 정년 퇴임까지의 시기(1970~84년, 51~65세)이다. 그리고 네 번째 시기는 정년 퇴임 이후에도 끊임없이 연구와 강의를 지속해 오던 말년의 시기(1984~94년, 65~75세)이다. 이제 이 시기 구분을 기준으로 선생의 삶과 학문, 그리고 일상에 관해 이야기해 보기로 하자.

---

1 박홍규, 「플라톤과 전쟁」, 『형이상학 강의 2』(박홍규 전집 3), 민음사 2007, 195쪽.

1. 일본 유학 및 체류 시기(1937~45년, 18~26세)

이 시기와 관련해 이번 좌담회를 통해 제자들이 내놓은 정보는 최화 교수가 펴낸『박홍규의 철학』에 실린 '박홍규의 생애' 부분의 내용을 크게 벗어나지 않아 따로 여기서는 길게 다루지 않으려 한다. 다만 유학 시절의 소은 선생 이력에서 언급하지 않을 수 없는 것은 유학 초기부터 외국어 공부에 상당히 많은 공력을 기울였다는 점이다. 소은 선생은 1937년 나이 18세에 일본 와세다대학 제1고등학교에 입학한 직후부터 20세까지 일본 아테네 프랑세(Athénée Français) 불어과에서 2년 동안 프랑스어를 익히고, 이어서 1939년 나이 20세에서 22세까지 조치(上智)대학 독어과에서 2년 동안 독일어를 익혔다. 그뿐만 아니라 1940년 와세다대학 영문과를 거쳐 1941년 나이 22세에 와세다대학 철학과로 전공을 바꾼 이후에도 와세다대학의 철학 교과 수업과 병행해 아테네 프랑세를 다니면서 1943년 와세다대학 철학과를 졸업할 때까지 근 3년 7개월 동안 그리스어와 라틴어를 익혔다. 와세다대학 영문과를 마다하고 전공을 철학과로 옮긴 것은 그즈음 이미 철학 공부에 뜻을 두었기 때문이었을 것이다. 그리고 바로 그때부터 그리스어와 라틴어를 배우려 했다는 점에서 관심 또한 당시의 주류 철학이었던 독일 관념론이 아니라 서양 철학의 뿌리인 그리스·로마 철학에 있었음이 분명하다. 선생이 다닌 아테네 프랑세는 원래 1913년 그리스·로마 문명의 대가였던 조제프 코트(Joseph Cotte)가 프랑스 문학을 가르치기 위해 설립한 전문학교였다. 그후 아테네 프랑세는 1916년부터 그리스어와 라틴어 과정도 함께 개설해 1931년부터는 졸업생에게 프랑스 대학 무시험 입학 자격을 부여할 정도로 일본에서 가장 권위 있는 서양 고전어 교육기관으로 자리를 잡았다. 아테네 프랑세는 오늘날까지도 서양 고전학 분야의 연구자라면 반드시 거쳐야 할 유수의 교육기관으로 그 전통을 잇고 있다. 그러니까 소은 선생은 1937년 일본에 온 직후부터 1943년 와세다대학 철학과를 졸업할 때까지 근 8년 동안 최고 수준의 서양 고전어 교육기관에서 간단없이 프랑스어와 독일어는 물론 그리스어와 라틴어까지 집중적으로 배우고 익혀 앞으로의 철학 공부를 위한 만반의 준비를 갖추었던 것이다. 1943년 8월 와세다대학을 졸업한 소은 선생은 와세대대학 법학부의 이치마타 마사오(一又正雄) 교수의 조교가 되었다. 1944년 말 이치마타 마사오 교수가 태평양 전쟁에 차출되기 전까지 거의 1년 동안 그가 번역한 그로티우스의 라틴어 대작 『전쟁과 평화의 법』(De jurebelli ac pacis, 전3권) 초고를 퇴고하는 일을 돕기도 했다. 이 책은 1951년에서야 출간되었는데, 책 서문에서 이치마타 마사오 교수는 곁에서 퇴고를 도와준 당시 스물네 살의 청년학도 박홍규 군을 하늘이 준 조수로 극찬하면서 그의 고전어학, 문학, 철학에 대한 지식 또한 기대 이상이어서 얼마나 큰 도움이 되었는지 모른다고 회고했다. 그리고 박홍규 군을 조교로 추천해 준 철학부 니에다 로쿠사부로(仁戶田六三郞) 교수가 그에 대해 '라틴어, 그리스어, 영어, 프랑스어, 독일어 등 무엇이든지 할 수 있는 사람'으로 소개했다는 말도 함께 전하고 있다. 이러한 점만 보아도 이미 유학 시절부터 소은 선생이 고전어와 외국어는 물론 인문학 전반에도 얼마나 출중한 식견을 갖고 있었는지를 알 수 있다.[2] 이러한 소은 선생의 능력, 특히 서양

2 이치마타 마사오 교수가 펴낸 책 서문에서 소은 선생과 관련된 내용을 옮기면 다음과 같다. "나는 그로티우스의 책을 번역하기로 마음을 먹은 이후 그 책을 읽으면서 마치 준비가 안 된 채 높은 산에 오른 것과 마찬가지로, 아래 세상에서는 볼 수 없는 아름다운 경치도 꽃밭도 있으나 한편으로는 길은 험하고 헤매기 쉬운 데다가 혼자 걷는 불안함에 몇 번이나 번역을 포기하려고 생각했는지 모른다. 그러던 참에 하늘은 한 사람의 충실한 가이드를 보내 주었다. 가루이자와(輕井澤) 온천에서 니에다 로쿠사부로 교수가 '이번 졸업생 중에 라틴어, 그리스어, 영어, 프랑스어, 독일어 등을 무엇이든지 할수 있는데 조선인이라 마땅한 자리가 없다. 어떻게 도울 일이 없겠나?'라고 부탁을 해서 '그러면 내 조수로 쓰겠다'라고 하여 박홍규 군이 나에게 오게 되었다. 그때까지 거의 초역이 끝나가고 있었는데 이 하늘이 주신 조수(天惠의 助手)를 얻은 나는 곧 첫 페이지부터 재검토하는 방식으로 마지막 손질에 착수했다. 반드시 하루에 한 페이지 이상 검토하기로 슬로건을 내걸고 추우나 더우나 1년 정도 함께 초고를 검토해 갔는데, 박홍규 군은 하루도 빠짐없이 나의 집이나 연구실로 착실하게 와 주었다. 그의 고전어학, 문학, 철학에 대한 지식은 기대 이상으로 얼마나 도움이 되었는지 모른다. …… 차출 영장을 받고 입영 전날까지 검토가 이루어졌지만 10개 장(章)은 남길 수밖에 없었

고전 철학과 고전어 능력은 선생 스스로의 연구 역량의 증진은 물론, 현대 한국 철학사 초창기의 서양 그리스, 로마 철학의 수용과 발전 측면에서도 가히 중차대한 토대가 되었을 뿐만 아니라 실제로도 그 후에 그것을 토대로 소은 선생에 의해 서양 고대 철학 분야에서 괄목할 만한 성과가 이루어졌다.

2. 서울대 부임 이후 독회와 연구에 전념하던 시기
(1946~70년, 27~51세)

소은 선생은 태평양 전쟁 말기의 참혹상을 겪으며 힘든 생활을 영위하다가 해방 직전인 1945년 2월 귀국해 당시 경성치대 불어 강사로 부임했다가 해방 후인 1946년 10월 27세의 나이에 서울대 치과대학 불어 강사로 교수 생활을 시작했다. 이후 1948년에 치대 강사에서 서울대 불문과 조교수로 부임한 후, 1955년 나이 36세가 되던 해에 서울대 철학과 교수로 소속을 옮겨 본격적인 철학 연구와 교육의 길에 들어섰다. 그러니까 이 시기는 크게 나누어 서울대 치과대학과 불문과에서 프랑스어를 교육하던 시기(1946~55)와 철학과 교수로 부임해 본격적인 철학 연구와 교육에 전념하던 시기(1955~70)로 구분된다. 소은 선생이 프랑스어

다. 그래서 나는 박홍규 군에게 그 부분을 발표할 것, 그리고 가능하면 퇴고를 계속해서 해줄 것을 부탁했으며, 아내에게는 원고 뭉치를 별도의 트렁크에 넣어 비상시에 들고 나갈 것을 부탁하고 입영했다. 나는 군대 시절에 대한 이야기하기를 좋아하지 않는다. 다만 그 시절, 나는 지나(支那) 대륙에서 가족의 무사함과 원고의 무사함을 비는 것으로 모든 힘든 것을 견뎌냈을 뿐이다. 박홍규 군도 공습이 격화되면서 귀국한다고 했기에 전지(戰地)에서 편지를 써 신의주에서 공방 공장장을 하고 있던 친척에게 그를 불러들일 것을 부탁했다. 박홍규 군과는 종전 후에 겨우 연락이 되어 그가 서울대학교 불문과 조교수로 일하고 있다는 편지가 와서 급히 번역본 1권을 보냈으나 그 후에 답장은 오지 않은 채 또 소식이 끊어지고 말았다." グローチウス, 一又正雄 譯,『戰爭と平和の法』, 巖松堂書店, 1951, pp. 2~5.

를 교육하던 시기에도 철학 연구를 지속했음은 두말할 나위가 없을 것이다. 아마도 프랑스 철학에 대한 관심도 이미 이때 형성되었을 것이다. 1948년 소은 선생이 대성출판사에서 『데카르트의 방법서설』 우리말 역본을 펴낸 것도 이것을 뒷받침한다. 그러나 프랑스어 교육을 맡았던 이 시기의 소은 선생에 대한 정보는 1949년 선생이 결혼을 했다는 사실, 그리고 한국전쟁이 발발해 서울에서 광주로, 광주에서 부산으로 피난 생활을 하면서 또 한번 전쟁의 참혹상을 목도한 이래 그로 인한 트라우마로 등산을 다녀오지 않으면 잠을 이루지 못할 정도의 불면증에 시달렸다는 사실 정도 외에 특별히 알려진 것이 없다.

우리가 주목할 시기는 그다음의 시기, 즉 소은 선생이 철학과로 부임한 1955년부터 1970년경까지 독회와 연구에 전념한 시기라 할 것이다. 이 시기와 관련된 증언을 살펴보면 소은 선생은 대체로 학교의 정규 강의보다는 자신의 철학적 관심사를 심화하기 위한 연구 활동에 진력했던 것으로 보인다. 그래서 일부 동료 교수와 학생들 사이에서는 소은 선생을 가리켜 강의는 잘 안 하면서 학점은 잘 주는 선생으로 언짢게 평하는 경우까지 있었다고 한다. 물론 1950년도 후반을 전후해 학부 강의를 들었던 박종현(1955년 학부 입학) 선생에 의하면 정해진 시간 이상으로 열심히 강의했다는 증언도 있기는 하다. 그러나 이 시기에 소은 선생이 일반 강의보다는 자신의 철학적 관심사와 관련한 연구에 더 많은 공력을 쏟았다는 점은 누구도 부인할 수 없을 정도로 분명한 사실로 보인다. 특히나 1960년 이후부터 소은 선생은 정규 강의 시간과 무관하게 자택에서 주말마다 동료 학자와 학생들을 모아 서양의 주요 철학 저술을 비롯해 그리스어와 라틴어 원전을 읽고 토론하는 독회를 열었다. 이번 좌담에서도 다소 소극적이었던 학부에서의 강의 모습과 그에 대비될 정도로 아주 적극적이었던 이 시기 소은 선생의 독회 및 연구 활동에 대해 여러 사람이 아래와 같이 증언하고 있다.

"그때는 문리대가 경성제국대학 건물이었는데, 교탁이 그냥 발 디딜 때마다 삐걱삐걱 소리가 났어요. 그런데 키는 훌쩍하고 비쩍 마른 분이 오시더니 허리도 하도 말라서 자꾸 바지가 내려가니까 그걸 주워 올리시기도 하고 혁대를 흔들기도 하시고 그러면서 왔다갔다 하시면서 칠판에다가 무슨 지렁이 기어가는 걸 자꾸 그리시더라고요. 나중에 보니까 그게 그리스어였어요. 그때는 알 수가 없었죠. 1학년 때였으니까요. 그렇게 하면서 혼자 그것도 아마 김계숙 선생님이 쓴 서양철학사인가를 혼자 중얼중얼 읽으시더니 '어! 이거 틀린 말이네' 그렇게 말씀하시고는 또 한참 지렁이 기어가는 것 같은 글씨를 칠판에다 쓰시곤 했죠. 그래서 내가 전공 필수만 아니면 나가서 막걸리나 한잔 했을 텐데 전공 필수여서 그것도 마음대로 못한다고 푸념을 했었지요"(윤구병, 1963년 학부 입학).

"그때 읽은 책이 김계숙 선생님의 서양철학사 책인데 그때 철학책 대부분이 일본 책 내용을 그냥 옮겼거나, 아니면 약간 고쳐 펴낸 것들이었어요. 나도 기억나는 게 박홍규 선생님이 책을 읽다가 '이런 얘기는 없어, 이건 틀렸어' 그러시더니 '거기서부터 다 그냥 다 지워버리게' 그러시는 거예요. 그게 생각이 나요"(이태수, 1963년 학부 입학).

"나는 1학년 때인가 고대 철학사를 들었는데 박홍규 선생님이 칠판에다 '있는 것은 있다'라고 쓰셨는데 '있다'는 글자에 쌍시옷이 아니라 그냥 시옷을 쓰셔서 저분이 대학교수 맞나 의아해했는데 웬걸 우리가 전혀 알아볼 수 없는 그리스어를 칠판에다 써놓으시더니 우리가 전혀 알아듣기 힘든 이야기를 하시는 거예요. 그때 강의에 들어온 4학년 이태수 선배만 가끔 대답을 하셨는데, 아마 이태수 선배가 1학년 강의에 들어온 건 우리를 도와주려고 오셨던 거 같아요. 실제로 박홍규 선생님이 뭔가 우리가 알아들을 수 없는 말씀을 하시면 이태수 선배가 통역하듯이 설명을 해주셨거든요. 그때 선생님한테 우리가 제일 많이 들은 이야기는 '군들하고 이야기하면 답답해'였어요. 한 시간에 그 말을 열두 번도 더하셨어요.

그러다가 이태수 선배님을 보시면서는 '그렇지?' 하시는 거예요"(손동현, 1966년 학부 입학).

"지금 말씀을 들으면 아마 포기하셔서 그러신 건지 우리 때는 거의 강의를 하지 않으셨는데, 강의라기보다는 연구실에서 하시듯 교탁 위에다 프랑스어와 희랍어 원서 펴놓으시고 한 줄 두 줄 읽으시다 먼 산 한번 보시다가 혼자 계속 무슨 말씀을 하시곤 했는데 그것조차 우리는 하나도 이해하기 힘들었어요. 그리고 5월 중순에 끝나든, 6월 중순에 끝나든 다음 학기에는 누가 듣는 거에 상관없이 그 뒤를 이어서 계속 그런 식의 강의를 이어가셨어요. 그런 식으로 아리스토텔레스의 형이상학 강의를 들었던 기억이 나요"(기종석, 1969년 학부 입학).

"사실 박홍규 선생님 강의 방식은 악명이 자자했어요. 소광희 선생님한테 들은 이야기인데, 선생님은 학부 1학년 철학과 입학생 때부터 강의 때마다 영어, 프랑스어, 독일어, 그리스어 책들에 옥스퍼드 사전까지 여러 책상에 잔뜩 펴놓으시고 혼자 강의를 하시는데 한 학기 동안에 한 페이지나 두 페이지 하면 그만이라는 거예요. 그러니까 선생님은 계속 그런 식으로 혼자 읽고 계시고 제자들은 못 알아들으니까 그냥 엉뚱한 중간중간 들여다보다가 그것도 한두 시간 정도 지나면 강의를 끝내셨다는 거예요. 그러니까 지금 생각하면 학생과 상관없이 선생님 혼자 처음부터 끝까지 열심히 공부하고 계신 거였어요. 선생님은 강의하신 게 아니라 연구를 하신 거죠"(윤구병).

"이미 그때도 선생님께서는 학교 수업 이외에 텍스트를 집에서 같이 읽으셨어요. 내가 윤구병 선생과 같이 박홍규 선생님 댁에 처음 가서 공부를 했던 게 2학년 때인가 3학년 때였던 것 같은데, 내 기억에 그때 처음 읽은 게 『노년에 대하여』(*De senectute*)였던 것 같아요. 처음 우리가 박홍규 선생님 댁에 가서 들었던 것은 키케로 텍스트였어요. 『갈리아 전기』(*De bello galico*)는 윤구병 선생이 도서관에서 혼자 읽었고 나도 도서관에서 그것을 읽었던 기억이 생생해요. 그런데 어떻게 해서 선생님이 우리들을 집에 오라고 하셨는지는 기억이 잘 나지 않아요. 내 생각에 윤구병 선생한테 먼저 이야기를 한 것 같아요. 처음에 갔더니 이미 오래전부터 지속되었던 독회가 있었는데, 그 멤버 중 김우창 선생님이 반장 격이셨고 박전규 선생님도 같이 계셨어요."(이태수).

"내가 그 독회에 끼었고 이태수 선생이 조금 더 나중에 온 듯해요. 나는 사실 처음에 그리스어를 공부하고 싶었어요. 고등학교 시절 교과서에 마르쿠스 아우렐리우스의 『명상록』 일부를 이양하 선생이 번역해 '페이터의 산문'이란 제목으로 글이 실렸는데, 내가 그 내용에 홀려가지고 나중에 대학에 가면 반드시 원문으로 읽으리라 결심한 적이 있었어요. 그런데 나중에 보니까 그 원문이 그리스어더라고요. 그래서 그리스어를 공부하려고 하는데 박홍규 선생님인가 누군가 기억이 잘 나지 않지만 그리스어를 공부하려면 라틴어를 공부해야 한다고 말씀하셔서 그때 언어학과의 어떤 교수님으로부터 라틴어를 배웠어요. 그 후 박홍규 선생님이 공부하러 오라고 하셔서 독회에 가서 도제식으로 공부하게 되었지요"(윤구병).

"사실 선생님께서는 젊은 시절부터, 그러니까 서울대에 자리를 잡고 난 후부터 학생들과는 아니지만 다른 여러 선생님들과는 독회를 계속 해오셨던 것 같아요. 그 자세한 내용은 말씀을 안 해주셔서 하나하나 알 수는 없지만, 그중 한 사례는 직접 보고 들은 게 있어요. 내가 박홍규 선생님 댁에서 독회를 마치고 현관에서 작별 인사를 드렸는데, 선생님도 무슨 볼일이 있다고 하셔서 동네 앞까지 선생님을 따라 같이 나온 적이 있어요. 그런데 길에서 어느 분을 보시더니 공손하게 인사를 하시고는 잠깐 이야기를 나누시더라고요. 그분은 고대에서 서양 고대 철학을 가르치고 계셨던 손명현 선생님이셨는데 같은 동네에 사셨어요. 그분 역시 박홍규 선생님 못지않게 학구파이셨는데 선생님보다 나이는 한참 위이시고 박홍규 선생님과 달리 약주를 좋아하셔서 말년에 좀 건강이 안 좋으셨죠. 그때 박홍규 선생님이 나한테 손명현 선생님과 같은 동네에 살면서 많은 시간 헤겔을 같이 읽었다고 하시더라고요. 아마도 그때는 많은 사람이 칸트와 헤겔을 읽던 시절이었으니까 그러셨을 것 같기도 해요"(이태수).

"제가 기억하기로는 박홍규 선생님이 의대 이부영 선생님을 비롯해 몇몇 선생님하고도 장 피아제(Jean Piaget)의 발달심리학을 가지고 함께 세미나를 하셨던 것으로 알고 있어요"(기종석).

"학교 강의는 그렇게 열심히 하시지는 않으셨는데, 사실 그때는 선생님만 그러셨던 것도 아니고 대체로 많은 선생님이 강의를 잘 하지 않으셨어요. 나나 윤구병 선생이나 아마 2학년 때부터 선생님 방에서 공부하기 시작한 게 선생님과의 인연의 시작인데, 처음에는 선생님과 책을 읽는 것이 일주일에 한두 번 정도였다가 아주 세게 할 때는, 특히 대학원에 가서는 거의 하루 건너 텍스트를 읽으러 선생님 댁에 간 적도 있었어요"(이태수).

"한때는 박전규 선생님도 다른 선생님들도 다 빠지시고 나 혼자 남아 숙제 준비를 해가지고 가서 하루걸러 선생님과 텍스트를 읽었어요. 그때만 해도 그렇게 하루걸러 읽었으니까, 선생님 건강이 좋으셨던 것 같아요. 토요일, 일요일도 따로 없이 독회 때는 오후 내내 책을 읽었으니까요. 그때는 너무 힘들어 간격을 늘려 최소한 일요일만이라도 건너뛰고 읽었으면 했는데 말도 제대로 못 꺼냈죠. 그때 『사물의 본성에 대하여』(De rerum natura)도 읽고 『변증론』(Topica)도 읽었는데, 내 기억으로는 리비우스(Livius)를 비롯해 많은 텍스트를 읽었어요. 하루걸러 읽었으니까요"(이태수).

이와 관련해 아래와 같은 대화도 이루어졌다.

윤구병 내가 기억하기로는 학교 다닐 때만 해도 선생님은 학생 가르치는 것을 개의치 않으시고 그냥 자기 공부만 하신 분이에요. 그때는 건강도 좋지 않으셨을 때이기는 하지만.

이태수 사실 박홍규 선생님은 강의 때조차도 자기 공부하시는 시간으로 삼으셨어요.

윤구병 정말 이기적이셨지. (웃음)

이태수 그러니까 지금 생각하면 다른 선생님들이 다 이상하게 생각하신 건 분명해요. 그때 나는 선생님 철학사 강의도 듣고 플라톤 강독도 들어갔었는데 슐라이어마허 책으로 읽었어요. 슐라이어마허 책은 그리스어 원문을 곧이곧대로 직역한 책이라 독일 사람들도 싫어하던 책이었는데, 박홍규 선생님은 워낙 원문을 중시하시니까 그 책으로 훈련을 시킨 것이죠. 저희도 책을 읽으면서 그리스어 단어와 그에 해당하는 역어를 줄로 그어가며 공부했는데, 언젠가 박홍규 선생님의 다른 책을 보니까 모든 단어를 그런 식으로 새까맣게 그어 놓으셨더라고요. 사실 나는 그때부터 그야말로 철저하게 텍스트를 읽는 훈련을 했다고 생각해요. 책을 읽는 재미라는 게 이런 것이라는 것도 그때 배웠고요. 근데 책을 읽으시다가 어떤 때는 "왜 이런 이야기를 하지?" 하시면서 A. E. 테일러(A. E. Taylor) 주석도 보시고 맥도널드 콘퍼드(Macdonald Cornford) 주석도 보시면서 한참 혼자 생각하시다가 창밖도 내다보시다가 다시 책도 보시다가 "아! 그렇지!" 그러시고는 그냥 가신 일도 있었어요. (웃음) 무성의하긴 하셨지요. 그렇지만 그때도 강의는 많이 하셨어요. 또 기억나는 게 꼼꼼히 읽으신다고 『티마이오스』는 입학해서 졸업할 때까지 그것만 읽기도 했어요. 그렇게 그리스어 텍스트를 처음 접하고 그런 식으로 혼자 그리스어를 배웠으니, 사실 그렇게 좋은 방식은 아니었지요. 그런데 놀라운 것은 우리 학부 때 그 텍스트 말고 아리스토텔레스의 『분석론 후서』(*Analytica posteriora*)인가 『분석론 전서』(*Analytica priora*)인가를 읽었는데, 'hypharchein'을 'zukommen'이라고 번역한 것은 아직도 기억이 나요. 그리고 니콜라이 하르트만의 『존재론의 정초를 위하여』(*Zur Grundlegung* *der Ontologie*)라는 책도 읽었는데, 그 책은 선생님이 강단에서 그냥 막 빠르게 혼자 읽으셨어요. 하르트만 책도 재미는 있었어요. 그 책을 읽으면서 선생님이 "현대 철학자들은 말이 많네"라고 말씀하셨던 것도 기억이 납니다. 사실 선생님 그 말씀에 영향을 받았는지 나도 지금 현대 철학 책을 읽으면 그런 생각이 든다니까요. (웃음) 그리스 텍스트는 그렇게도 조심스러워하면서 천천히 읽으셨는데 그 책의 경우는 빠르게 그냥 한 학기에 다 읽으셨어요.

김남두(1966년 학부 입학) 우리 때는 데모 때문에 한 학기에 강의 한 번으로 학기가 끝난 경우도 있었어요.

3. 본격적으로 강의와 교육에 전념하던, 정년 퇴임까지의 시기(1970~84년, 51~65세)

1960년대와 1970년대에 소은 선생의 강의를 접한 사람들은 대부분 선생의 강의 방식과 내용이 1960년 후반기부터 서서히 달라져 1970년도에 이르면 자신의 생각을 적극적으로 펼치는 방식으로 바뀌었다는 데 모두 동의하고 있다. 그리고 대학원 석사 과정의 교육 방식 또한 텍스트 독회로 이루어지되 논문을 쓸 학생 한 사람이 해당 텍스트 번역을 혼자 전담해 준비해 오는 방식, 즉 집중적이고도 집약적으로 고전 텍스트를 독해해 내는 능력을 키우기 위한 혹독한 훈련 방식으로 정립되었다. 이것은 소은 선생 자신의 연구 활동과 병행해 걸음마 단계의 한국 고전학 연구의 미래를 위해 본격적인 후학 양성의 계획도 확고하게 세웠음을 보여 준다. 무엇보다 이 시기는 소은 선생이 그간 진력해 온 연구 성과가 결실을 맺으면서 철학적 사유와 성찰의 기본 내용이 강의를 통해 본격적으로 제자들에게 전해지는 시기라는 점에서 매우 중요한 의미를 갖는다. 선생의 강의를 녹음하기 시작한 것도 이 시기이다. 이번 좌담에서도 이 시기 소은 선생의 이러한 강의 및 연구 활동과 관련해 제자들은 아래와 같이 증언하고 있다.

1) 강의 내용과 방식

"내가 제일 기억에 남는 것은 스털링 램프레히트(Sterling Lamprecht)의 철학사 책을 가지고 선생님께서 중세 철학사를 강의하시는데, 바울에 대해 강의하시면서 하나도 막히지 않고 아주 달변으로 강의를 하셔서 큰 감명을 받았던 적이 있어요"(송영진, 1968년 학부 입학).

"내가 보기에 소은 선생님은 1970년 이전에는 대체로 강의보다 본인 연구를 더 중요하게 생각하셨던 것 같아요. 근데 저희 때부터는 강의가 너무 좋아 가히 중독될 정도였어요. 기가 막힐 정도로 명강의를 하셨지요. 제가 노트 필기 잘하기로 서울대에서 둘째가라면 서러운 사람인데, 노트에 적은 기억으로는 중세 철학사 과목이 1972년 2학기 때 개설되어 67~68명쯤 수강했는데 첫 강의부터 정말 명강의셨어요. 그때는 선생님이 얼마나 강의에 스스로 집중하시고 몰입하셨는지 첫 강의에서 노트 필기한 게 내 기억하기로는 12장 정도나 되었어요. 저희 때는 박정희 유신 정권 시절이라 시위와 휴교가 반복되어 선생님의 중세 철학 강의도 두 번으로 끝났었지요. 그 당시 동숭동 문리대 강의실은 상당히 크면서도 전깃불은 흐릿해 염세주의적 실존철학의 분위기가 물씬 풍겼지만, 독문학과와 물리학과 학생을 비롯해 다른 학과 학생들도 많았어요"(박희영, 1970년 학부 입학).

"사실 내가 방송대 조교를 할 때 한전숙 선생님한테 박홍규 선생님은 댁에서 주로 강의를 하시는데 오후 내내 강의하신다고 하니까 깜짝 놀라시더라고요. 박홍규 선생님 하면 강의 잘 안 하신다는 인상을 갖고 계셨던 것 같았어요. 나는 학부 때 개설된 박홍규 선생님 강의를 전부 다 들었는데 정말 강의가 좋았어요. 저희 때는 아리스토텔레스가 학부 강의에서만 다루어졌고 대학원 강의는 플라톤에 집중되어 있었어요. 제논과 데카르트도 학부 강의에서 다루어졌고요. 이때 학부 강의까지 녹취되었더라면 더욱 풍부한 내용이 선생의 가르침으로 전해졌을 텐데 하는 아쉬움이 큽니다. 특히 중세 철학사 강의의 경우는 데모 때문에 두 번 정도로 끝났는데 얼마나 감동적이었는지 끝나고 나서 철학과 학생뿐만 아니라 수강생 모두가 정말 큰 박수를 쳤어요. 우리 때는 그랬어요. 저희로선 옛날에 강의를 못 하셨다는 게 상상이 안 가요"(이정호, 1971년 학부 입학).

"정말 중세 철학사 강의는 위에서부터 쫙 정말 막힘이 없으셨어요. 교회 첨탑과 관련해 하신 말씀도 생각나고. 이전에는 강의를 그렇게 많이 하시지도, 열심히 하시지도 않은 것으로 알려져 있지만, 제가 대학원 다닐 때는 삼선교 복개가 안 된 시절에 돈암동에 있는 선생님 댁에서 그것도 하필이면 토요일이나 일요일에 학생들을 오라고 해서 도제식으로 정말 세게 훈련을 받았죠"(기종석).

"내 생각에 선생님께서는 1970~71년을 기해 전후가 좀 달라지셨어요. 내가 학부 다닐 때는 다들 말씀하셨듯이 강의를 별로 안 하시곤 하셨죠. 하지만 1970년, 그러니까 내가 4학년 2학기 때 연구실에서 원전 텍스트와 그리스어 사전은 물론 슐라이어마허의 플라톤 역본 등 여러 책을 책상에 쫙 펼쳐놓으시고 강의를 하시는데 그때 정말 열심히 가르치셨고 내용도 아주 흥미로웠어요. 그때만 해도 내가 헤겔 책을 보고 있으니까 박홍규 선생님께서 나더러 '헤겔 그 사람은 자기도 모르는 것을 이야기하는 사람이야. 분명치 못한(dunkel) 사람이야. 헤겔 책 보면 자네도 dunkel해져'라고 그러시더라고요. 그런데 내가 독일에서 공부를 마치고 돌아와 반포 선생님 댁에 공부하러 갔을 때는 선생님이 헤겔에 대해 전혀 다른 말씀을 하시더라고요. '서양에 형이상학이 여럿 있지만 유형은 몇 개밖에 안 돼. 헤겔도 그중 하나야'라고 말씀하시는 거예요. 그리고 내가 학부 다닐 때는 '프래그머티즘, 그거 철학도 아니야'라고 말씀하시던 분이 독일 유학을 마치고 온 제게 '듀이는 베르그송과 같은 기능주의자(functionalist)

야'라고 평가를 하시더라고요. 나는 소은 선생님이 1970년 이전에는 설익으셨고 그 이후에는 농익었다고 말하고 싶어요"(손동현).

소은 선생의 이러한 변화는 이 시기에 쓰인 통찰력 깊은 논문을 통해서도 뒷받침된다. 물론 그 논문들은 모두 당시 신설된 정부의 교수 재임용 규정상 어쩔 수 없이 제출된 것들이었지만, 논문의 내용들 하나하나가 소은 선생이 그간 이룩한 심오한 철학적 성찰을 오롯이 담고 있다. 그 점에서만 보면 후학들에게는 당시 정부의 교수 재임용 규정이 오히려 고마운 일이었다.

"당시는 재임용 규정을 내세워 교수들에게 의무적으로 논문을 쓰게 하던 시절이었죠. 잘 아시다시피 선생님은 논문을 쓰시던 분이 아니셔서 말씀 내용을 녹음 테이프에 녹음하면 제자들이 그것을 받아다 글로 옮겨 적고, 그 후에 몇 번 선생님께서 수정한 후 논문이 완성되곤 했죠. 나도 선생님의 논문 중 「희랍 철학 소고」를 맡아 옮겨 적으면서 선생님 댁을 몇 번 오갔던 기억이 납니다"(이정호).

이 시기에 소은 선생의 지도로 나온 플라톤의 주요 대화편에 대한 석사 학위논문들 모두는 하나같이 선생의 일관된 지도 방침에 따라 철저히 원전에 입각한 텍스트 분석이 골간을 이루었다. 이는 곧 소은 선생이 서양 고대 철학 분야의 석사 과정 교육을 통해 후학들로 하여금 무엇부터 준비시키고자 했던가를 단적으로 보여 주고 있다. 초창기 플라톤 연구의 의미 있는 성과이자 밑거름이 된 논문들을 소개하면 아래와 같다.

김남두, 1973, 「플라톤의 파이드로스 편 연구」
남경희, 1973, 「플라톤의 Phaedon 편에 나타난 영혼의 문제」
양문흠, 1974, 「플라톤의 테아이테토스 편 연구」
기종석, 1974, 「플라톤에서의 인식의 문제: Euthyphron 편과 Menon

편에서」

박희영, 1975, 「플라톤의 Gorgias 편 연구」

박홍태, 1979, 「플라톤의 소피스트 편 연구」

이정호, 1980, 「플라톤의 티마이오스 편에 관한 연구」

염수균, 1982, 「플라톤의 대화편 필레보스 연구」

철저히 원전 분석을 골간으로 이루어진 선생의 석사 학위 지도 논문들은 논문 심사 과정에서 논점에 대한 논쟁적인 기술을 중시하던 다른 동료 교수의 불만을 사기도 했다. 그러나 선생의 단호한 지도 방침과 권위 때문인지 실제 심사 과정에서는 조용할 정도로 선생들 사이에서 아무런 이의도 제기되지 않았다. 아래는 좌담회에서 나온 소은 선생의 석사 논문 지도 방침과 관련한 언급들이다.

"나 때부터 플라톤 텍스트를 혼자 다 읽고 그것으로 석사 논문을 쓰기 시작했는데, 이후에 그게 선생님의 석사 논문 지도의 기본으로 자리 잡게 되었어요. 나는 『파이드로스』를 읽고 석사 논문을 썼는데, 그때부터 벌써 선생님들 사이에서 그게 요약이지 논문이냐는 논란이 있었어요. 논문 심사 때에 내가 발표하니까 최재희 선생님이 그게 요약이지 자네가 주장하는 게 무엇인가라고 하셨고, 김태길 선생님과 다른 선생님들도 동의하시는 듯 보였어요. 논문 심사 때 선생님들의 그런 지적에 내가 '요약도 다 똑같지 않던데요'라고 대답했던 기억이 나요"(김남두).

"그럼에도 박홍규 선생님은 자신의 지도 방침을 관철하셨죠. 이후 텍스트를 혼자 다 읽고 그것을 요약해 석사 논문을 쓰는 것은 은퇴하실 때까지 그대로 유지되었죠"(이태수).

"그것을 관철하시면서 선생님이 힘주어 하신 말씀이 생각납니다. 그것은 한마디로 '고대 철학은 이렇게 하는 것입니다'라는 것이었어요. 그렇게 하는 것이니까 그렇게 알라는 말씀이셨죠"(기종석).

"이태수, 윤구병 선생님에 이어 그 후에 김남두, 양문흠, 남경희 선생님 그리고 제가 선생님 댁에 갔었을 때는 대학원생 한 사람이 한 텍스트를 일주일 내내 준비해 혼자 처음부터 끝까지 다 읽고 그것을 가지고 석사 논문을 썼지요. 그게 그 후에도 계속되어 하나의 전통이 되었지요. 그리고 매주 수업이 끝나면 우리끼리 꼭 뒤풀이를 하고 강의에 대해 열띤 토론도 하곤 했던 기억이 납니다"(기종석).

"뒤풀이 자리는 당시 유명했던 월간지 『뿌리 깊은 나무』의 편집장을 그만두고 1978년 대학원 박사 과정에 복학한 윤구병 선배님이 주도하셨고 경비도 거의 다 내다시피 하셨어요. 선생님 강의 때마다 제자들이 매번 그렇게 밤늦게까지 열띤 토론회를 가진 것도 거의 유례가 없을 거예요" (이정호).

"제가 석사 학위논문 심사를 받을 때였습니다. 심사를 기다리는 동안 박홍규 선생님은 안 보이시는 데다 앞선 발표자들이 발표 후에 특히 김여수 선생님과 이명현 선생님한테 다들 혼이 많이 나는 것을 보고 긴장을 많이 했었죠. 그러다 제 차례가 되니까 그제서야 선생님이 들어오시더라고요. 그런데 발표 후에 질의응답 시간이 되자 예상과 달리 김태길 선생님의 간단한 질문 하나 외에는 아무도 말씀을 하지 않으시더라고요. 그렇게 얼마간 적막이 흐르자 당시 학과장이셨던 윤명로 선생님이 '됐다 나가도 좋다' 하셔서 내가 발표장을 나오고 직후 박홍규 선생님도 바로 나오셨어요. 박홍규 선생님은 그냥 앉았다가 나오신 게 다였어요. 아마도 내 생각에 선생님들 모두 박홍규 선생님의 권위에 압도되셨거나 박홍규 선생님의 지도 논문의 경우는 선생님들 사이에서 그냥 받아주시려는 그런 분위기가 있었던 것 같았습니다"(이정호).

"사실 박홍규 선생님이 제자들을 그렇게 옹호하지 않으셨으면 그때 여러 가지로 힘든 일이 많았을 거예요. 당시 이명현 선생님은 철학계를 들었다 놓았다 할 정도로 센세이션을 일으키신 분인 데다가 분석철학을 하신 분이셔서 논문 심사 때나 학사 행정에서나 매사에 아주 까다로웠던 분이셨거든요. 그러나 소은 선생님이 제자들을 이렇게 옹호하는 이면에는 선생님의 제자 교육에 대한, 학문에 대한 엄격함이 자리하고 계셨기 때문임은 두말할 나위가 없을 것입니다"(기종석).

소은 선생의 석사 논문 지도 방침의 배경과 관련해서도 아래와 같은 대화가 이어졌다.

이정호 제가 석사 논문 초고를 제출한 후에 선생님이 불러 댁으로 갔더니 선생님께서 빨간 볼펜으로 표시해 놓은 곳을 보여 주시면서 이것들은 다 빼라고 말씀하시더라고요. 그래서 보았더니 본문 내용 중 내가 주석가들의 해석을 살짝 끼어 놓은 곳이나 내 주장을 조금 펼쳐 놓은 곳 등 이런 곳들을 칼같이 모두 뽑아 표시해 놓으셨더라고요.

기종석 자기 의견을 섣부르게 개진하는 것은 용납하지 않으셨죠.

이태수 텍스트를 다룬다는 것은 문제 설정과 문제 파악의 방식에서부터 기본이 다르니까요. 내가 기억나는 게 이른바 이차문헌이라든지 연구서라고 하는 책들 가운데 선생님이 평가를 좋게 하시는 게 몇 책이 되지 않았어요. 한번은 내가 베를린대학의 에른스트 투겐트하트(Ernst Tugendhat) 교수가 쓴 『*Ti kata tinos*』라는 책에 대해 말씀을 드린 적이 있는데, 선생님께서 바로 '그 책은 읽지 말게' 하시더라고요. 투겐트하트 교수는 고대 철학을 하면서 미국식 분석철학도 소개하던 학자라서 아리스토텔레스의 'ti kata tinos'를 'Aussagen Struktur', 'predication problem'으로 다루었는데, 선생님은 그런 식의 접근을 아주 싫어하셨죠. 가끔 내가 그런 식으로 이야기하거나 그런 식으로 논문을 쓸 것처럼 보이는 게 아주 못마땅하셨던 것이지요.

윤구병 분석철학을 아주 싫어하셨죠.

이태수 분석철학이란 것이 문제 자체가 시시한 것을 다루는 데다가 조그만 논문 쓴답시고 그런 것을 다루는 것이 영 마땅치 않으셨던 것이죠. 사실 대학에서 논문을 쓴다는 게 조그마한 것이라도 주제를 잡아 쓰거나 문제될 것이든 아니든 시비를 걸면 또 그것에 대해 답변하는 식으로 논문을 쓰고 그랬으니까요.

김남두 19세기 서구는 좀 달랐죠. 내가 『파이드로스』를 가지고 박홍규 선생님이 요구하는 방식으로 석사 논문을 썼는데, 독일에서도 그와 똑같은 방식으로 박사 논문을 쓰고 또 책으로 냈거든요. 그러니까 이러한 단계를 거쳐 그다음에 주제를 잡아 쓰는 게 순서라고 할까요.

이태수 단계도 단계이지만 주제를 잡을 때도 문제가 있어요. 그러니까 문제를 만들어 논문을 써야 한다는 강박이 지금의 학계를 지배하고 있어 별로 문제가 될 만한 것도 아닌 것을 엄청난 문제인 것처럼 다루기도 하거든요. 그리고 그것도 사실 잊어버려요. 이것은 철학 분야에만 해당하는 것도 아니에요. 한 20년쯤 전인가 어떤 문헌학자가 쓴 『Who killed Homer?』라는 책을 읽은 적이 있어요. 사실 호메로스를 비롯한 고대 비극에 관한 논문들이 엄청나게 쏟아져 나오고 있는데, 이를테면 대부분이 호메로스 책에서 무슨 단어가 몇 번 나오고 여기서는 어떤 뜻으로 쓰이고 저기서는 어떤 뜻으로 쓰이는 등을 다루고 있어요. 그런 것들로 논문 점수도 올리고요. 그 책은 호메로스에 대한 바로 그런 연구 행태들이 호메로스를 죽게 만들었다는 내용을 담고 있어요. 사실 나도 지금 호메로스에 대해 논문을 쓰라고 하면, 또 이런 식으로 쓰게 되기 쉽거든요. 물론 이렇게 써서 얻는 것도 있겠죠. 그렇지만 그런 것을 써가면서 학자로서의 인생을 보내는 게 말이 좀 안 되죠. 그러니 선생님께서는 제자들이 이런 논문을 쓸까 봐 아주 걱정을 많이 하셨던 것이죠.

김남두 내가 독일 유학을 갈 때 서울대 도서관에 있던 『파이드로스』에 관한 책 한 권을 복사해 가지고 갔는데, 지도 교수가 그 책을 어디서 구했느냐고 놀라워하시더라고요. 그것은 일본 사람들이 경성제국대학에 사다 놓은 책으로 서울대에 남아 있었던 것인데, 이제 그 책이 독일에는 남아 있지 않은 거예요. 이것을 보면 내가 추측하기에 19세기 독일도 텍스트를 연구하는 단계를 거쳐 그 후에 문제를 다루는 단계로 넘어가지 않았나 생각해요.

이태수 문제를 다루는 것은 좋은데 문제의 경중을 따지지 않고 매달리는 게 문제이겠죠. 그런데 박홍규 선생님이 앞서 말한 투겐트하트 교수의 책에 대해 그렇게 말씀하신 후에, 나한테 문헌학 연구를 할 때 꼭 봐야 할 책이라면서 책 한 권을 건네주셨는데 그 책이 펠릭스 하이니만 (Felix Heinimann)의 『*Nomos und physis*』라는 책이었어요. 그 책은 선생님께서 아주 높이 평가를 하셨죠.

이 시기 소은 선생은 이 같은 석사 논문의 지도 방침과 배경에 따라 논문의 주제와 범위를 플라톤과 베르그송 텍스트에 한정하고 그 텍스트를 철저히 독해하는 훈련에 집중했다. 그런데 흥미롭게도 이 시기의 석사 과정에서 아리스토텔레스 텍스트를 읽는 경우는 없었다. 아리스토텔레스 텍스트는 학부 강의에서만 읽었다. 아리스토텔레스를 주제로 제출된 석사 학위논문은 예외적으로 이정우(1983년 대학원 입학) 교수의 논문 (「아리스토텔레스의 운동 이론과 고전역학에 있어서의 시간문제」, 1985)이 유일했다. 소은 선생은 실증과학에 큰 관심을 가지고 있어 학부에서 자연과학을 전공한 제자들(조인래, 이정우, 이봉재 등)의 의견을 경청하곤 했는데, 이정우 교수가 석사 학위논문 주제에서 유일하게 예외가 된 것은 아마도 공대를 졸업한 그의 철학적 관심사를 선생이 눈여겨보았기 때문일 것이다.

이처럼 이 시기에 소은 선생은 열정적인 강의와 연구는 물론 간단없이 후학 양성을 위한 노력에 심혈을 기울였다. 당시 반정부 데모로 인해 정규 강의가 이루어지기 어려울 때조차도 주중과 주말에 상관없이 제자들을 집으로 불러 장시간 강의와 독회를 이어갔다. 당시 선생의 강의가 얼마나 열정적이고 매력적이었는지는 아래 박희영 교수의 회고와 학부에서 법학을 전공한 후 철학과 대학원에 입학한 최화 교수의 증언에도 잘 나타나 있다.

"사실 저는 박홍규 선생님 강의를 너무 좋아했어요. 계산해 보니까 대학 2학년 이후 18년 동안 선생님 강의는 거의 다 들었으니까요. 특히 대학원 강의는 방학이고 일요일이고 상관없이 강의를 하셨는데, 제가 군대 가서 교관을 할 때에도 서울에 올라와 강의를 들으려 대전공군사관학교를 부임지로 택하기도 했어요. 그때 고속버스가 늦을 때가 있어 정해진 시간에 못 가면 박홍규 선생님이 박희영 안 왔나 물으시고는 기다렸다가 강의를 하시기도 해서 사실 빠지고 싶어도 빠지지를 못했어요"(박희영).

"제가 박홍규 선생님 강의를 처음 접했을 때는 완숙기에 접어드신 60세가 넘으셨을 때였어요. 그때 강의가 너무 좋아 저는 다른 학과 학생들을 데리고까지 와서 한번 들어보라고 할 정도였어요. 선생님 강의에 굉장히 반해 있었죠. 그런데 그때, 사실 지금까지도 그렇지만 제 나름의 철학적인 문제로 '존재란 무엇이냐'를 고민하고 있었어요. 지금은 플라톤을 공부하면서 좀 알게 되었지만, 그때는 존재론 하면 하이데거라고만 생각해 소광희 선생님을 지도 교수로 택했었죠. 그런데 박홍규 선생님 강의를 접한 다음에는 이게 바로 내가 듣고 싶은 이야기이다, 그런 느낌을 받았죠. 그러고서는 바로 박홍규 선생님 지도를 받게 되었죠"(최화, 1981년 대학원 입학).

이 시기 소은 선생의 연구와 강의를 접하면서 제자들이 받은 감동은 자연스럽게 선생님의 강의를 녹음해 기록으로 남겨야 한다는 생각에 이르게 했다. 특히 대학원 강의의 경우에 독회 형식으로 한 학기 내내 진행하다가 종강 때가 되면 선생은 한 주 전에 제자들에게 생각해 올 과제들을 알려준 후, 종강 당일 제자들을 집으로 불러 그 주제를 중심으로 몇 시간 동안 혼자 그야말로 감동적인 강의를 펼쳐 주었다. 그래서 누가 먼저라고 할 것도 없이 이 종강일 강의는 반드시 녹음해 두지 않으면 안 될 강의로 여겨졌다. 사실 1976년 플라톤의 『정치가』편 강의를 필두로 처음 녹음을 시작할 당시만 해도 이것이 훗날 선생 철학의 유일한 기록이 되리라고는 누구도 생각하지 못했다. 그렇지만 제자들은 1970년 후반 즈음 점차 그것이 현실이 될 것임을 직감하고 그 후부터 1994년 선생이 별세하기 직전까지 때마다 선생의 주요 강의를 녹음하는 데 많은 정성과 노력을 기울였다. 이때 녹음한 것들이 '박홍규 전집'의 토대가 되었음은 두말할 나위가 없다. 특히 체계적으로 녹음 필사를 1985년부터 시작해 1995년 전집 첫 권을 내고 2007년 완간하기까지 기나긴 기간 동안 최화 교수와 김인곤 박사가 쏟은 열정과 헌신은 소은 선생에 대한 사랑이 없으면 불가능했을 정도로 크고 뜨거웠다. 이 밖에 선생의 강의는 개인적으로도 녹음이 이루어졌는데, 특히 1981년부터 1982년까지 지속된 베르그송의 『창조적 진화』 강의는 당시 대학원생이었던 류종렬 선생이 매시간 열정을 갖고 녹음하지 않았더라면 전집 마지막 책인 『베르그송의 창조적 진화 강독』은 빛을 볼 수 없었을 것이다.

소은 선생의 강의 녹음 테이프를 필사해 남기려는 계획은 선생이 왕성하게 강의할 때인 1980년부터 이미 착수되었다. 그런데 1985년 전후로 선생 스스로도 이 기록이 당신의 철학을 기록한 유일한 문서가 될 것이라는 생각에 미쳤는지, 전에 녹음된 강의 테이프를 다시 가져가 추가적인 강의를 혼자 덧붙이기도 했다.

"선생님은 지병 때문에 서울대병원을 찾는 일이 많으셨는데, 1987년인가 한 번은 저에게 전화를 하시고는 병원 진료 후 동숭동에 있는 방송대 제 연구실에 들르셨어요. 그때만 해도 선생님 강의 녹음 테이프를 제가 보관하고 있었는데, 그 가운데 『정치가』편 녹음 테이프(1976년 녹음)를 찾아 달라고 하시면서 내용을 덧붙여 다시 돌려주겠다고 말씀하시는 거예요. 나중에 선생님 댁으로 가서 그 테이프를 받아 들어보니까 정말 『정치가』강의 내용 뒤에 이어서 녹음을 해놓으셨더라고요. 선생님께서는 아마 그때쯤 그 녹음 테이프들이 자신의 마지막이자 유일한 기록이 될지 모른다는 생각을 하셨던 것 같습니다. 전집에 실린 『정치가』편 강의를 보면, 뒷부분에 혼자 존댓말 투로 녹음된 부분이 녹취되어 함께 실려 있는데 그 부분이 바로 그때 덧붙이신 내용이지요. 처음 강의하신 후 10여 년이 지나 덧붙이신 셈이죠. 다들 아시다시피 플라톤 철학의 한계에 대한 아주 중요한 언급을 담고 있습니다"(이정호).

2) 철학적 사유 틀의 형성

아무려나 이 시기는 선생의 연구와 교육에 대한 열정은 물론 철학적 사유의 틀이 무르익어 가던 터라 자연스럽게 좌담은 선생 철학에 관한 대화로 이어졌다. 그러나 이번 좌담의 취지가 일화 중심의 비교적 부드러운 주제를 다루기로 했기 때문에 대화는 "소은 선생의 철학이라고 하면 한마디로 무엇부터 생각이 나는가?"라는 질문에 각자 간략히 답하는 형식으로 진행되었다. 아래는 이와 관련한 대화 내용이다.

기종석 저는 박홍규 선생님이 가장 많이 말씀하신 단어 가운데 가장 먼저 떠오르는 게 'data' 또는 'pragma'가 아닐까 생각합니다. 그리고 이 단어에 박홍규 선생의 철학을 짐작하는 데 중요한 하나의 단서가 있을 것 같기도 하고요. 언젠가 누가 "선생님은 무슨 과학을 가지고 철학을 하십니까?"라고 질문한 적이 있는데, 그때 선생이 좀 당황을 하셨는지 아리스토텔레스 물리학을 가지고 이야기를 하시더라고요. 그러면서 우리들에게 철학을 하려면 먼저 실증과학부터 하는 게 순서라는 말씀도 하셨어요. 그 실증과학을 중시하는 측면에서 'data'와 'pragma'라는 말을 그렇게 많이 하신 것 아닌가 생각합니다.

김남두 'data'란 개념이 박홍규 선생님이 자주 말씀하시던 개념 가운데 하나이기는 하지만 다른 개념하고 위치가 좀 다르죠. 플라톤의 형이상학이나 베르그송의 형이상학에서 'data'라는 요소를 끄집어낼 수 없는 것은 아니지만, 그렇다고 그 철학들이 다 'data'라는 말을 배경에 놓고 있는 것도 아닙니다. 물론 'data'란 말이 철학사에 나와 있는 개념이기는 하지만, 박홍규 선생님이 강조해 쓴 'data' 개념은 선생님이 쓰시던 여타의 개념과는 다르게 자신의 색채가 아주 강하게 들어가 있어 생각을 개진하는 데 빠질 수가 없는 메타 개념이랄까 그런 성격이 있는 개념이었죠. 그래서 어떤 점에서 그 개념이 선생 생각에서 빠질 수 없었을까가 조금 더 구체적으로 드러나면 선생님의 생각이 조금 더 형태를 잡아갈 수 있을 것 같아요. 다시 말해 박홍규 선생이 강조하셨던 그 'data'라는 개념을 선생 전체 생각 속에서 우리가 어떤 방식으로 위치시킬 때, 선생의 의도가 가장 잘 드러날 것인가의 문제를 먼저 살펴보는 게 중요할 것 같습니다.

류종렬 저는 'data'라는 개념이 베르그송의 첫 작품인 『의식의 무매개적 자료들에 관한 시론』(*Essai sur les données immédiates de la conscience*) 가운데 자료들(les données)에서 나온 것이라 생각해요. 사실 자료들이라는 개념이 복수로 쓰여 있고 '무매개적'(immédiates)이 여성으로 쓰여 있는데, 이들 개념을 저는 영혼에 관한 것이라 생각하고 선생님께 질문을 드린 적도 있었어요. 제가 19세기 알프레드 푸이예(Alfred Fouillée), 베르그송, 레온 로방(Léon Robin), 에밀 브레이어(Émile Bréhier), 알베르 리보(Albert Rivaud)에 이르기까지 그들이 쓴 프랑스의 고대 그리스철학사 부분 속에서 소크라테스를 다룬 부분을 보니까 흥미로운 점을 발견했습니다. 영혼에 관한 설명 부분인데, 특히 베르그송은 고대 철학을 심리학적으로 읽어보라고 권합니다. 게다가 수학적·물리학적인 자료의 경우에는 남성형(le donné)을 쓰고, 생물학적·심리학적인 자료의 경우에는 여성형(la donnée)을 쓴 것으로 보았어요. 그런데 베르그송은 여성형 복수(les données immédiates)로 쓰고 있는데, 그러면 그 자료들이 무엇이냐는 거죠. 심리(psychē, 영혼) 자료일 것 같습니다. 앞서 말한 그의 저작 『시론』을 읽어보면 제2장은 주로 '만들어진 것'에 대해 쓴 공간론인 데 비해 제1장에서는 감정과 정서 같은 것들, 즉 '만들어지고 있는 것'에 대해 쓰고 있습니다. 이런 것을 읽어보면 베르그송이 수학과 물리학은 매개적 자료로, 생물학과 심리학은 환원 불가능하기 때문에 무매개적 자료로 생각했던 것 같습니다. 그래서 베르그송은 의학과 생리학을 공부하고 최면도 공부하면서 병리학에서 그런 문제를 찾을 때는 비판받았지만, 병리환자들 속에서 기억은 상실되지 않고 지속적으로 남아 있다는 관점을 갖지 않았는가라는 생각을 합니다. 그런데 선생님의 데이터는 위의 네 가지 자료, 즉 심리학적 자료, 생물학적 자료, 물리학적 자료, 수학적·논리학적 자료를 구분하지 않고 총체적으로 말하는 것이 아닐까 생각합니다. 그리고 아마 베르그송도 네 가지 자료를 총체적으로 다루었다고 저는 생각합니다. 베르그송의 「형이상학 입문」을 보면 자기 철학은 총체적 경험(l'experience intégrale)을 다룬다고 했거든요. 그때 'integral'이 수학적으로는 적분이란 뜻이기는 하지만 생명과 심리를 포함하고 있습니다. 게다가 들뢰즈의 『차이와 반복』영어판 서문을 보니까 흥미롭게도 그곳에서도 수학과 물리학, 생물학과 심리학을 구분해서 차이라는 단어를 사용하는 부분이 있던데, 아마 박홍규 선생께서도 그러한 구분을 알고 계신 상태에서 자료들(data)을 그것의 총체로 말씀하신 것이 아닌가 생각합니다. 그래서 지금 자료(강의록)를 열심히 찾아보고 있습니다. 전에 선생께서 자료들(les données)을 단수(datum)가 아니고 복수(data)라고 말씀하신 것을 들은 적이 있는데, 그 역시 데이터의 총체를 단순하게 수학과 물리학의 자료만이 아니라 의식에서 주어진 생물학적·심리학적 자료도 실질적 자료로 포함했기 때문에 그렇게 말씀을 하신 게 아닌가 생각합니다. 이런 측면에서 제 생각에는 복수로서의 데이터(data, les données)가 선생께서 베르그송을 보는 관점이 아니었을까 생각합니다.

김남두 나는 류종렬 선생 이야기를 이어 좀 더 말해 보려 해요. 류 선생이 'data'라는 개념이 어떤 문헌에 기초해 있는가의 문제와 관련한 이야기를 하셨는데, 사실 철학사 전체에서 제대로 그것을 추적하는 게 쉬운 일은 아닐 것입니다. 그리고 그 개념과 비슷한 것이 어디인가에는 있을 수도 있고, 이 개념을 크게 부각한 경우나 빠져 있는 경우나 다 흔치는 않을 것입니다. 박홍규 선생님의 경우에는 이 개념을 굉장히 강조하신 분 가운데 한 분이라는 점에서 매우 특별한 경우라 하겠습니다. 사실 실증주의자 오귀스트 콩트(Auguste Comte)가 'data'라는 개념을 사용했을 때는 기술적 개념 수준을 크게 넘어서지는 않은 것인 데 비해, 박홍규 선생님의 'data' 개념은 그 레벨을 넘어 형이상학 수준에서 다루고 있거든요. 박홍규 선생님은 철학사에서 다루어진 'data'들과 거의 비교가 어려울 정도의 수준으로 'data'를 강조하셨는데, 이런 측면만 고려해도 박홍규 철학에서 'data'를 어떤 위치에 놓느냐의 문제는 매우 중요한 문제라 아니할 수 없을 것입니다. 그런 측면에서 한번 생각해 보았으면 해요. 철학사에서 선생님의 'data' 개념에 비견해 볼 만한 어떤 것이 있나요?

이태수   그 질문은 너무 거창해서 지금 바로 대답하기는 쉽지 않을 것 같지만 이런 코멘트는 할 수 있을 거예요. 박홍규 선생님이 데이터를 강조했을 때는 데이터를 중시하지 않는 철학을 항상 염두에 두고 강조하셨던 것만은 분명한 것 같아요. 선생님들의 철학하는 방식을 가지고 이야기하자면, 선생님께서는 직접 동료 교수들을 공격한 경우는 없기는 하지만 대표적으로 독일 관념론의 경우에 그것은 철학이 아니라고 생각하신 것만은 분명해요. 나는 박홍규 선생님이 'data'나 'pragma'를 말씀하실 때마다 늘 이런 것들을 염두에 두고 계셨다고 생각해요. 그런 느낌이 들거든요. 영국 경험론에 대해서도 마찬가지이셨어요. 영국 경험론에서 말하는 주어진 것 'data', 'das Gegebene'란 것이 칸트의 『순수이성비판』에 나오는 'Empfindungen'은 우리를 촉발해서 나오는, 즉 감각에서 주어진 것인데 선생님께서는 감각만 가지고 'data'를 말씀하신 적이 없어요. 차라리 실생활의 체험 같은 것이 'data'라고 생각하셨지요. 그러니까 고전 경험론 역시 독일 철학과 마찬가지로 다 관념론으로 생각하셨고, 그런 점을 배경에 두고 'data'라는 개념을 강조하셨을 것이라 생각해요.

기종석   저도 그런 생각을 합니다. 'pragma'의 가장 기초적인 것은 눈앞에 있는 것 내지 보여질 수 있는 것을 말하지, 보이지 않는 것을 가리키진 않거든요. 박홍규 선생님은 헤겔 철학을 불분명한(dunkel) 철학이란 말씀을 자주 하셨잖아요. 게르만족은 숲속에서 살아 무엇인가가 잘 보이지 않아 머릿속에서만 생각해 나온 철학이지만, 그리스철학은 앞이 탁 트인 상태, 햇빛 아래 환하게 보이는 데서 나온 철학이라는 말씀도 하셨고요. 'eidos'나 'idea'의 개념도 시각적으로 눈앞에 딱 주어지는 것, 보이는 것에서 나온 것이고요.

이태수 그리고 그 시각이란 말도 조지 버클리(George Berkeley)나 뭐 그런 경험론자들이 말하는 분석하고 쪼개서 얻어지는 감각 자료가 아니라 그리스인들이 생각하는 'aisthēsis'를 염두에 두고 쓰셨을 거예요. 실제로 실증과학이란 것이 감각 데이터에서 출발한 것도 아니고요. 물론 감각이 경험에 필수적인 것이기는 하지만, 모든 것이 그곳으로 환원되는 것은 아니거든요. 김남두 선생님이 박홍규 선생님의 데이터에 관한 논문을 쓰기에 앞서 개요를 작성한 글에서도 언급하고 있듯이, 선생님이 'data'라는 말을 사용하는 용례나 방식이 다양하고 복잡해 단일하게 말하기는 힘들어요. 그렇지만 생활 속에서 부딪치는 그러한 'data'가 중요한 의미의 하나인 건 분명해요.

김남두 박홍규 선생님이 독일 철학 같은 것을 'data'에 기반하지 않는 철학이라고 말할 때, 감각 자료는 'data'가 되지 않는다는 뜻까지 포함하는 것은 아닐 거예요.

이태수 박홍규 선생님이 'data' 속에 포함한 것을 보면 텍스트도 있어요. 텍스트는 역사를 통해 그 속에서 전해진 것이기에 제멋대로 해석되어서는 안 된다는 거예요. 내가 박홍규 선생님한테 배우면서 내 머릿속을 90퍼센트 이상 지배하고 있는 것은 책을 읽는 것이었어요. 토씨 하나 쉼표 하나 놓치지 않고 책을 읽는 훈련을 내내 받았거든요. 그리고 박홍규 선생님은 제자들이 자기 멋대로 생각하는 것을 몹시 경계하셨어요. 이차문헌 같은 것을 먼저 읽고 영향받는 것도 싫어하셨죠. 텍스트는 직접 자기가 읽고 생각하는 것이 중요하다고 하셨고, 그래서 논문도 이차문헌에서 읽은 내용 같은 것 쓰지 말고 텍스트를 읽은 그대로를 요약해 내라고 하셨어요. 그래서 그게 논문이냐고 생각하는 다른 선생님들과 논문 심사 과정에서 트러블도 생겼지만 선생님은 그것을 관철하셨죠.

이정호 그런데 최화 선생에게 물어볼 게 있는데 ……. 박홍규 선생님이 'data' 개념을 매우 강조해 오신 것은 분명한데, 그 말을 쓰시기 시작한 시점이 언제인가가 좀 궁금해요. 왜냐하면 박홍규 선생님께서 1984년 6월 고별 강연을 하실 때 내가 녹음을 맡았는데, 녹음하면서 'data'라는 말을 많이 쓰시는 것을 보고 내가 못 듣던 개념을 많이 쓰신다고 생각했던 기억이 나거든요. 사실 나는 그때까지 웬만한 박홍규 선생님 강의는 거의 다 들었는데, 그전에 그 표현을 들은 기억은 없었거든요. 많이 말씀하셨는데 내가 간과했던 것인지, 아니면 고별 강연 때 와서 실제로 그 말을 많이 쓰신 것인지 정확히 잘 모르겠어요. 물론 고별 강연 때도 'data'에 관한 내용을 들으면서 당연히 평소 실증과학을 중시한 선생님의 생각이려니 하면서도 뭔가 또 다르기도 하다는 생각은 들었지만 ……. 나로서는 'data'라는 표현 자체는 그때 많이 생소했던 기억이 있어요. 그래서 내 생각에 'data'에 관한 선생님 나름의 생각이 그즈음 무르익으면서 고별 강연에서 'data'에 대해 많이 언급하셨던 것이 아닌가 하는 ……. 선생님 철학의 주요 개념의 역사라 할까, 그런 점을 사실적으로 정리했으면 하는 차원에서 질문하는 거예요.

최화 저도 박홍규 선생님 강의를 듣기 시작한 게 1981년경부터라서 그에 대해서는 잘 알지 못하죠. 하기는 '박홍규 전집' 중에서 『정치가』 강의나 『필레보스』 강의는 고별 강의 이전에 하신 것 같은데, 그 강연들에서 'data'라는 말은 나오지 않는 것 같기도 합니다.

이태수 아마 그럴 수 있어요. 우리가 1960년대부터 강의를 들었는데 그때는 실증과학 이야기를 많이 하셨지요. 그 후에 그와 관련한 생각을 많이 천착하시면서 '자기 멋대로 해석하기 이전의 자료'라는 의미로 쓰시기 시작했지 않았을까 생각해요.

김남두 그뿐만 아니라 우리가 마음대로 할 수 없는 것, 받아들이지 않으면 안 될 어떤 것의 의미를 갖는 것이기도 하겠죠.

이태수 그런데 박홍규 선생님이 그것을 말할 때는 다른 개념을 쓰셨어요. 물론 그 의미가 'data'에 당연히 포함되어 있지요. 내가 기억하기로는 'res'의 어원적인 개념에 대해 가끔 말씀하셨는데 그것을 'resistance' 하는 것, 저항하는 것, 누르면 그냥 들어가는 것이 아니라 내가 있다고 튕겨 나오는 것 등 그런 뜻으로 설명하셨거든요. 그러니까 마음대로 할 수 없는 것을 설명하시면서 주로 'res'란 말을 쓰신 것인데 'data'와는 좀 다른 측면, 그러니까 존재론적인 개념이라고 할 수가 있겠죠.

김남두 내 기억에는 'data'라는 말을 삼선동 시절부터 이미 쓰셨던 것 같은데요.

이태수 그때 그렇게 열심히 쓰신 것은 아니지만 내 기억에도 쓰시기는 쓰셨어요.

기종석 가다가 부딪쳐서 저항하는 쪽, 즉 어쩔 수 없이 받아들여야 하는 그런 대상이 바깥에 있다는 말씀을 하시면서 관념론을 비판하시곤 하셨죠. 경험론까지도 대상을 마음대로 조작해 자기 식대로 해석하는 것으로 여기셨고요.

김남두 박홍규 선생님의 'data'에 대한 강조는 유학자들의 생각에 대한 비판과도 깊이 관련이 있습니다. 유학자들은 'data'를 중시하지 않는다는 말씀을 많이 하셨거든요.

기종석 피아제를 비롯해 다른 과학 분야의 선생님들과도 여러 번 같이 세미나를 하신 것도 'pragma'나 'data'를 중시한 선생님의 생각이 크게 반영된 것이라 하겠죠.

김남두 선생님에게서 'data' 개념이란 아주 다기한 측면이 있어요.

이태수 다기하죠. 그런데 나는 이런 문제가 하나 의식이 돼요. 'data'의 성격과 관련해서인데 ……. 아까 텍스트도 'data'라고 했잖아요. 그런데 텍스트란 것도 세상에 관한 주장을 담은 것이란 말이에요. 그런 주장을 담은 것을 출발점으로 한다는 것과 그냥 주어진 것을 출발점으로 한다는 것 사이에 긴장 관계가 사실 있을 수 있잖아요. 그런데 나는 이런 긴장 관계가 없다고 생각해요. 왜냐하면 순수한 상태에서의 인간에 관한 'data'는 없기 때문이죠. 역사 속에서 언어와 문화를 배우고 그 속에서 나온 텍스트이기 때문에 누구나 다 그런 텍스트를 기본적으로 주어진 것으로 생각하겠지요. 인문학 전통이나 철학 전통 속에서 우리가 철학할 수밖에 없으니까요. 자칫하면 기원전 5세기의 그리스에서 살든 20세기 한국에서 살든 간에, 똑같은 'data'를 만날 수 있는 것으로 'data'를 생각하면 안 되지 않을까 생각해요. 그런데 한편으로는 선생님께서 실증과학 이야기를 할 때에 역사 속 인간이라는 그런 말씀은 전혀 하신 적이 없단 말이에요. 별로 좋아하지도 않으셨고요. 이게 내가 생각하는 문제점이에요. 사실 선생님 후임으로 들어갈 때 선생님께서 주문하시길 어학 열심히 가르치고 텍스트를 정확히 읽는 훈련을 한 세대 동안은 해야 한다고 하셨고, 유학을 떠날 때에도 문헌학 공부를 꼭 해야 한다고 하셨지요. 또 내 생각에 선생님 자신의 한이라고 할까 미흡하다고 여기셨던 게 정식으로 고전어를 공부하는 과정을 만들지 못한 것이었어요. 우리들만 해도 다들 알아서 고전어 공부를 했으니까요. 그래서 그런 제대로 된 고전어 과정을 만들 것을 주문하셨죠. 그래서 나한테 책을 많이 주셨는데, 그런 책들 중에는 고전어 원문 텍스트와 그것의 독해를 위한 문법 및 구문 분석 같은 그리스어 학습 관련 내용이 주석으로 병기된 소책자가 많았어요. 지금은 그런 책이 나오지도 않는 것 같아요. 그리고 기억나는 게 옛날 도쿄에 있었던 '아테네 프랑세'에서 프랑스 신부들이 그리스어를 가르치기 위해 만든 아주 제본이 잘된 문법 개요책도 보여 주시고는 그 책을 나한테 주셨어요. 설명도 잘 되어 있는 좋은 책이었지요. 선생님이 다닌 아테네 프랑세에서 고전어 공부와 문헌학 공부를 잘 시켜 텍스트를 정확히 읽어내는 것의 중요성을 뼈저리게 느끼셨던 것 같아요. 사실 내가 박홍규 선생님한테 진 빚이 두 개인데, 하나는 철학자로서 박홍규 선생님의 철학을 제대로 이어받지 못한 것이고, 다른 하나는 고전어 텍스트를 읽는 교과 과정을 선생님 기대에 부응할 정도로까지 제대로 만들지 못했다는 거예요.

윤구병 내가 기억나는 것을 조금만 덧붙일게요. 하나는 박홍규 선생님이 실증과학의 출발은 콩트라고 하시면서 그를 굉장히 여러 번 언급하셨던 것이 기억이 납니다. 다른 하나는 플라톤 시절에는 데이터가 없었다고 하신 말씀이 기억나요. 나한테는 플라톤이 데이터에 접근하지 못했다는 것으로 들렸어요. 그 후로 멀리는 아리스토텔레스에서부터 현대 베르그송에 이르기까지 데이터들이 굉장히 늘어났는데, 플라톤은 데이터 없이 철학을 한 사람이라고 하신 말씀이 기억이 나요. 그리고 박홍규 선생님이 데이터를 굉장히 자주 쓰셨던 때가 언제인가 생각하니까 ……. 억측일 수도 있겠지만 베르그송을 가르치실 때였던 것 같아요. 그러니까 류종렬 선생이 아주 중요한 이야기를 했는데 'les données immédiates'와 'les données médiates', 그러니까 직접적으로 주어진 것과 간접적으로 주어진 것에서 선생님이 텍스트도 데이터라고 하셨을 때의 그것은 간접적인 데이터를 말하는 것이고, 직접적으로 주어진 것이라는 것은 현실 상황에서 주어진 것을 가지고 말씀하셨던 것으로 기억해요. 박홍규 선생님의 생각을 정리하는 측면에서 이 이야기를 해봅니다.

"소은 선생의 철학이라고 하면 한마디로 무엇부터 생각이 나는가?" 라는 질문에 대해 이 같이 여러 제자가 비교적 긴 시간 동안 'data'와 'pragma'를 언급하고 그와 관련한 의견을 피력했다. 이처럼 'data'는 그 자체로 소은 철학의 특징을 드러내는 독립적인 주제이자 매우 중요한 철학적 논쟁점을 안고 있는 개념이다. 그것은 학문의 성격과 학문적 진리에 관한 소은 선생의 고유한 성찰을 담고 있는 개념으로서 단순히 17세기 이후의 인식론과 실증과학의 관점만으로는 해명할 수 없는 그 이상의 메타적이고도 형이상학적인 성격을 포함하고 있는 개념이다. 이 점에서도 'data' 개념은 앞으로 보다 진전된 연구와 해명이 요구된다. 그러나 소은 철학의 전체 구도에서 보면, 'data' 개념은 기본적으로 진상에 가장 적확하고 합당하게 접근하는 철학적 방법론과 관련한 개념이라 할 수 있을 것이다. 그에 따라 앞서의 질문에 대한 답으로서 'data' 개념에 대한 대화가 오간 후에, 자연스럽게 소은 선생이 그 'data'에 대한 성찰에 기초해 이룩한 또 다른 철학적 성과에 대해서도 대화가 이루어졌다. 우선 최화 교수는 흥미롭게도 소은 선생이 구축한 철학적 사유의 근간을 그간 논문이나 책을 통해 제시했음에도 누구도 그에 대해 평가하거나 그 내용을 후학에게 가르치지 않는다고 불만을 토로하는 방식으로, 즉 자신이 생각하는 소은 철학의 근간을 아래와 같이 제시했다.

최화 저는 건방지게 들릴지도 모르겠지만 선생님들한테 불만부터 말해야겠어요. 저는 박홍규 선생님의 사상이 제자들에게 과연 잘 이어지고 있는지 그것을 모르겠어요. 제가 『박홍규의 철학』이란 책에서도 썼고, 최근 서양고전학회 주최의 박홍규 선생님 탄신 100주년 기념 강연 자리에서 발표한 「박홍규와 형이상학」이란 글에서도 쓴 내용인데, 박홍규 선생님은 형이상학의 요체와 관련해 "누가 생각하든 존재자를 전면적으로 생각하면 누구든 똑같이 궁극적으로 세 가지 원리, 즉 'peras'와 'apeiron'과 'poioun'이 나온다"라는 아주 중요한 말씀을 하셨어요. 그런데 이 중요한 내용이 형이상학을 하는 사람들한테 잘 전해지고 있지 않은 것 같아요. 제가 베르그송이 과연 박홍규 선생님이 설명하시듯 그렇게 플라톤 식으로 생각했느냐에 대해 알아보려고 그간 베르그송의 여러 문헌을 찾아보고 많은 노력도 했는데, 베르그송은 플라톤을 굉장히 높은 수준까지 이해한 것은 분명하지만 정확하게 베르그송이 박홍규 선생님이 해석하시듯이 그런 식으로 형이상학을 이해했느냐라는 점은 찾기가 쉽지 않았어요. 그런데 내가 찾아본 글 중에서 「형이상학 입문」 (Introduction à la métaphysique)을 보니까 거기에는 이런 구절이 나오더라고요. 그 요체가 뭐냐면 "내가 플라톤의 용어를 빌려 설명하자면 지금까지의 전체 철학사의 중심에 있는 것 중 하나는 이데아이고, 다른 하나는 영혼 — 'poioun'이라고는 부르지는 않았지만요 — 이다. 고대 철학의 경우에 플라톤이나 아리스토텔레스 모두 정지체 중심의 형이상학이었지만 근대 과학에 오면 운동이 독립변수가 되어 운동을 그 자체로서 연구하는 경향이 자리를 잡았다. 이데아와 영혼 중에서 이제 영혼을 이데아 위에 놓으려는 경향이 새로 생긴 것이다. 그것이 운동 자체를 찾자는 흐름인데 나도 그 영향을 받아 그 흐름 속에서 나의 철학을 정리하고 있는 것이다." 이런 말을 해요. 베르그송은 그 책에서 영혼하고 이데아를 대문자로 썼는데, 나는 이 부분이 베르그송에게서 찾을 수 있는 베르그송 철학의 플라톤적 해석을 나타내는 하나의 근거가 아닌가 하는 생각을 하고 있습니다. 아무튼 제가 밝히고 싶은 말씀은 플라톤으로부터 지금까지 남아 있는 형이상학적 내용의 핵심에는 누가 존재 세계를 분석하든 형이상학을 하는 한, 'peras'와 'apeiron'과 'poioun'이라는 세 가지 원리가 자리하고 있다는 것입니다. 아리스토텔레스에게서도 그의 4원소설에서 목적인을 제외하고 나머지를 보면 그 원리가 그대로 이어져 온 것이 아닌가 하는 생각도 들고요. 요컨대, 이것이 형이상학을 이해하는 최소한의 가장 기본적인 내용인데, 이 내용이 제자들 사이에서 제대로 이해되고 있는지 제가 잘 모르겠다는 것입니다. 내 생각에 제자들의 논문을 보면 대체로 베르그송까지 이어져온 엄밀한 학에 대한 태도가 많이들 약화되었고, 다들 박홍규 선생님의 데이터 정신과 거리가 먼 다른 이야기만 하고 있다는 생각이 듭니다. 그래서 화가 납니다.

최화 교수가 생각하는 소은 철학이 이룩한 가장 큰 성과의 하나는, 요컨대 서구 존재론의 양대 축을 존재 중심의 정지의 형이상학과 생성 중심의 운동의 형이상학으로 구분하고 그 양자 간의 근본 차이와 특징을 소은 선생 나름의 통찰을 통해 존재론적으로 명쾌하게 해명했다는 데에 있다. 나아가 선생은 그 양대 형이상학이 안고 있는 문제들을 종합적으로 해명할 수 있는 철학적 기초에 플라톤 철학이 자리하고 있음을 천착하고, 그 플라톤 철학에 대한 심오한 통찰을 통해 그 해명의 핵심적인 원리로서 'peras'와 'apeiron'과 'poioun' 개념을 제시했다는 것이다. 사실 좌담회 자리에서 최화 교수가 토로한 불만이 충분히 이해가 갈 정도로 그동안 소은 선생의 가르침에 대한 제자들의 연구와 교육 활동이 미진했다는 것은 누구도 부인할 수 없었다. 1995년 전집이 출간되기 시작하고 지금까지 26년이 지났지만, 소은 철학 관련 강좌 하나 제대로 개설되지 않았고 관련 학위논문도 없다. 다만 그런 가운데 최화 교수가 펴낸 연구서(『박홍규의 철학』, 이화여자대학교출판부 2011)와 이정우 교수가 심혈을 기울여 펴낸 연구서(『소은 박홍규와 서구 존재론사』, 도서출판 길 2016)는 그나마 제자들의 부끄러움을 덜어줄 정말 소중하고 다행스런 성과가 아닐 수 없다. 최화 교수의 저서는 소은 철학에 관한 최초의 저술로서 소은의 생애 및 철학의 특징과 근간을 소개한 저술로 의미가 있고, 이정우 교수의 저서는 보다 진일보해 서구 존재론의 역사에서 소은 철학이 갖는 의미와 내용을 심층적이고도 체계적으로 분석하고 나름의 평가도 싣고 있다. 특히 이정우 교수는 소은 철학을 주제로 하는 독립적인 강좌를 개설하고 오랜 기간 꾸준히 강의해 왔다는 점에서 모범을 보여 주었다.

사실 앞서 최화 교수가 제시하고 있는 내용은 제자들 모두 공감하지 않을 수 없는 소은 철학의 가장 기본적인 것들이라 할 것이다. 이번 좌담회에서 류종렬 선생이 소은 선생의 말씀 중 가장 먼저 떠오르는 것으로서 "플라톤은 시간과 공간 양면을 보았고, 아리스토텔레스는 공간만 보았고 베르그송은 시간만 보았다. 이 세 가지 철학밖에 없다"를 꼽은 것도 최화 교수가 제시한 의견과 내적으로 상통하는 이야기라 할 것이다. 이정호 교수 역시 최화 교수의 의견에 공감을 피력하면서 소은 철학의 핵심에 대해 아래와 같이 언급하고 있다.

이정호   우선 최화 선생이 서구 존재론의 기본 구도를 박홍규 선생님께서 'peras', 'apeiron', 'poioun'이라는 틀로 명쾌하게 해명하셨음을 밝히고, 그 내용을 자신이 박홍규 선생님 가르침의 요체로 제시했는데, 저로서도 최화 선생이 밝힌 내용이 큰 틀에서 박홍규 선생님 생각을 훌륭하게 잘 드러냈다고 생각합니다. 그것은 파르메니데스의 극복이라는 철학사적 큰 틀에서뿐만 아니라 특히 제가 관심을 갖고 있는 실천철학 측면에서 보면 더욱 그렇다고 생각합니다. 사실 선생님 책을 읽다보면 그야말로 겉으로는 추상적인 개념과 형이상학적 사변으로 가득한 내용이지만, 선생님이 동원하는 데이터를 들여다보면 사변과는 전혀 거리가 먼 실증과학에 기반한 객관적이고도 원시적인 사실은 물론 절절하고도 생생한 현실에서의 경험으로 가득 차 있습니다. 특히 일제강점기와 한국전쟁 동안의 참혹성에 대한 기술은 혹독하고도 기나긴 전쟁기를 겪었던 플라톤의 삶과 겹쳐지면서 왜 선생님께서 그리스 존재론의 과제를 "지상에서의 그들의 보존의 문제를 해결함"(「희랍 철학 논고」, 『희랍 철학 논고』(박홍규 전집 1), 50쪽)이라고 말씀하셨는지, 왜 플라톤의 형상에 앞서 'apeiron'의 분석과 해명에 매달리셨는지를 이해할 수 있을 것입니다. 사실 선생님이 제일 많이 말씀하신 개념은 데이터라기보다는 단연 'apeiron'이라 하겠죠. 그러니까 선생님 자신 일제(日帝)와 전쟁이라는 참혹한 현실을 겪고 플라톤과 마찬가지로 현상의 구제에 관심을 가지셨다고 한다면, 선생님에게서 플라톤의 'apeiron'은 그간 엘레아의 사변적 형상론에 가려 부정당했던 생동하는 삶의 현실이었을 것입니다. 아울러 그 현실에 대한 해명과 극복을 위한 철학의 길이 있다면, 그것은 'apeiron' 속에서 우주적 선과 연계된 자기 동일자적 요소를 확보하는 일이었을 것입니다. 그러니까 박홍규 선생님은 'apeiron'을 단순히 무(無)를 향한 해체의 영역으로서만이 아니라 존재를 향한 역동적 가능성의 영역으로 파악해 'apeiron'과 더불어 영혼의 고양, 즉 'poioun'이라는 견인력을 현상 구제를 위한 핵심 주제로 끌어올린 것이죠. 이런 측면에서도 소은 철학의 핵심에 'apeiron'과 'poioun'을 포함하고, 나아가 그것을 양상론의 측면에서 해명한 최화 선생의 글은 박홍규 선생님의 생각을 잘 반영하고 있는 훌륭한 글이라고 저는 봅니다. 저는 선생님께서 'apeiron' 속에서 자기 동일성을 확보하는 길, 즉 현실의 극복을 위한 관건이 역동적 가능성으로서 능력의 문제에 있다고 보고 개인·국가·우주를 관통하는 영혼의 자기 운동을 크게 주목하셨다고 생각합니다. 그렇지만 그 과정에서 플라톤이 자기 운동과 관련한 논의에서 부딪친 한계를 들여다보고, 그 후에는 베르그송을 통해 그것을 넘어서는 그야말로 선생님 고유의 존재론적 틀을 구축하려 하셨다는 게 제 생각입니다. 후기에 베르그송에 주목하셨던 것도 이 'apeiron'의 자기 동일성을 향한 내적 가능성, 즉 영혼이라는 자기 운동의 존재성과 그것의 견인력으로서

'poioun'의 존재론적 근거를 확보하기 위한 노력의 일환이었다고 봅니다. 그러니까 선생님이 후기에 베르그송 말씀을 많이 하셨던 게 단순히 베르그송에 기울었다기보다는 실증과학적 성과에 기초해 운동 자체의 존재성을 내세운 베르그송으로부터 자기 운동의 존재론적 기초가 보다 확고하게 마련될 수 있음에 천착해 궁극적으로는 플라톤과 베르그송, 시간과 공간 양면을 통합적으로 아우르는 선생님 고유의 존재론을 구축하는 데 심혈을 기울이신 결과로 보는 게 합당하다고 저는 생각합니다.

3) 서양고전학회의 창립과 서울대 고전학 협동과정 개설을 위한 준비

소은 선생이 강의와 연구에 전념하던 이 시기에 거의 유일하게 교육 업무 이외의 활동을 했다면 체계적인 고전학과 고전 철학의 연구 역량의 증진을 위해 서양고전학회를 창립하고 나아가 서울대에 고전학 협동과정의 기틀을 마련한 일이다. 이정호 교수도 서양고전학회 창립 당시에 전체 총무를 맡은 김남두 교수를 비롯해 허승일 교수와 함께 실무 간사로서 여러 차례 열린 박홍규, 양병우, 조요한, 지동식 선생님의 창립 준비 모임을 뒷바라지하면서 진지하게 의견을 나누시던 선생님들의 모습을 생생하게 회고했다. 그리고 당시 서울대 철학과 조교로 재직했던 기종석 교수 역시 서양고전학 협동과정의 출범과 관련해 아래와 같이 증언하고 있다.

기종석 서울대에 서양고전학 협동과정이 생긴 것도 박홍규 선생님의 그런 의지에서 나온 것입니다. 내 기억에 장충동에서인가 서양사학과 양병우 선생님과 만나 서양고전학 협동과정을 만들어야 한다고 제안하신 분이 박홍규 선생님이셨어요. 그 모임에 나종일 선생님도 같이 계셨습니다. 그래서 그 세 분이 함께 서양고전학 협동과정을 만들어야 한다는 내용의 보고서도 제출하셨어요. 그때 선생님들이 구술한 내용을 제가 받아썼었거든요. 그것이 서양고전학 협동과정이 출범하게 된 시발점이 된 것이죠.

4) 고별 강연

이 시기 소은 선생의 열정적인 강의와 연구는 1984년 8월 정년 퇴임을 맞기까지 지속적이고도 일관되게 이루어졌다. 특히 정년을 두 달 정도 앞두고 열린 정년 퇴임 강연은 선생 철학의 핵심 요소를 가장 잘 드러낸 것으로 평가되고 있고, 그에 따라 그 내용은 후학들에 의해 두고두고 토론의 대상이 되었다. '박홍규 전집'에도 실려 있듯이, 1988~89년 네 차례에 걸쳐 고별 강연을 검토하는 형식의 강의가 개설된 것도 소은 철학에서 고별 강연이 갖는 의미가 얼마나 큰 것인가를 잘 보여 준다. 앞서 다룬 'data'에 대한 논의가 더욱 구체화되고 토론의 주제로 크게 부상한 것도 실제로 이 고별 강연이 계기가 되었다. 고별 강연은 인문대학 대강의실에서 거의 두 시간 반 동안 중간에 쉬는 시간 없이 소은 선생의 열정적인 강의로 진행되었다. 강연에는 철학과 교수 모두와 일부 대학원생은 물론 서울대의 타과 교수들도 대거 참석해 대강의실을 가득 채웠고, 강의 중 누구도 나가는 사람이 없을 정도로 선생의 강의는 가히 압도적이었다. 소은 선생의 강의 중에서 수강생 또는 제자가 아닌 철학과 내 다른 전공 분야, 다른 학과 각기 다른 전공 분야의 교수를 대상으로 이루어진 강의는 이 고별 강연이 유일하다. 고별 강연에서 학문의 기초로서 'data'가 두드러지게 강조된 것 또한 이 점이 고려된 것인지도 모른다.

4. 정년 퇴임 이후부터 말년까지의 시기
(1984~94년, 65~75세)

1) 후기에 이르러 소은 철학에 과연 변화가 있었는가

소은 선생은 1984년 8월 정년 퇴임 이후 1994년 별세하기 직전까지 한 해도 거르지 않고 강의를 지속했다. '박홍규 전집'에 실린 56개의 강의 중 21개의 강의가 이때 이루어진 것이다. 이러한 강의 가운데는 대학원 정규 강의가 일부 포함되어 있지만 상당수의 강의는 정규 강의와 상관없이 소은 선생이 제자들을 집으로 불러 강의한 것이다. 선생의 강의에는 수강 신청 여부와 상관없이 이미 서울대 철학과 교수로 재직 중이었던 이태수, 김남두 교수는 물론이거니와 대학원 석·박사 과정을 마친 제자들 모두가 최대한 참여하는 것이 거의 불문율이다시피 했다. 이 정도로 소은 선생은 정년 후에도 열정적으로 연구와 강의를 지속했고 제자들도 열정을 다해 선생의 강의에 귀를 기울였다.

이번 좌담회의 취지가 본격적으로 소은 선생의 철학적 관심사를 다루는 자리는 아니었던 만큼 앞서의 대화 또한 'data' 개념을 비롯해 소은 철학의 근간과 관련한 내용만 간략히 다루었다. 그에 따라 정년 퇴임 이후 말년의 시기까지 소은 선생의 삶과 학문에 관한 대화 역시 앞서와 마찬가지로 후기에 이르러 소은 선생의 강의에서 베르그송의 비중이 커진 것에 주목해 앞서와 마찬가지로 '후기에 이르러 소은 철학에 과연 변화가 있었는가?'라는 질문에 답하는 방식으로 이루어졌다. 그런데 이러한 물음 또한 이번 좌담 자리에서 쉽게 답이 주어질 수 있는 문제는 아니었다. 왜냐하면 이 물음은 소은 철학 전체에 대한 이해와 평가와 관련한 문제인데, 사실 소은 철학의 전체적인 이해부터가 여전히 과제로 주어져 있기 때문이다. 물론 소은 철학의 근간에 플라톤과 베르그송이 서구 존재론을 이해하는 양대 축으로 자리하고 있음은 이론의 여지가 없다. 소은 선생의 사상을 간명하게 추려서 쓰려 의도된 추모비 비문에도 이 두 입장은 아래와 같이 극명하게 대비되어 있다. "자유의 의미는 자유로 인하여 사물의 존재가 확보되는 데 있으므로 본질론적인 입장에서 자유의 극치는 본질의 진상, 즉 모든 타자에 대한 영원한 무감동에서 성립하나, 생명의 입장에서 진정한 자유는 끊임없는 자발성으로 타성의 지배를 뚫고 모든 사물과 관계 맺음 속으로 들어가는 데에서 성립한다." 그러나 서구 존재론의 근본을 해명한 이러한 탁월한 성찰로부터 한걸음 더 나아가 그러한 양대 입장과 관련해 소은 선생이 후기에 이르러 어떤 입장을 취했고, 그것은 이전 시기와 비교해 어떤 변화와 흐름을 내포하고 있는가라는 물음은 단지 소은 선생의 후기 강의에서 베르그송에 대한 비중이 커졌다는 것만으로는 결코 해소되거나 설명될 수 없는 난관을 포함하고 있다. 간단히 생각하더라도 어느 쪽 이전에 그 양쪽을 통합하는 사유도 있을 수 있기 때문이다. 그리고 통합을 했다 할지라도 통합의 중심축을 존재와 생성 가운데 어느 입장에 두었는지도 문제일 것이다. 그래서였을까? 이 물음에 대한 제자들의 대답은 후기에 갈수록 소은 선생의 강의에서 베르그송에 대한 비중이 커졌다는 일치된 의견 정도를 빼고는 다소 다르거나 유보적 대답으로, 그것도 짧게 주어졌다. 그만큼 보다 심층적인 연구가 먼저 요구되는 문제였던 것이다. 다음은 이와 관련한 대화이다.

기종석 이제 마지막 주제를 다루어보도록 하겠습니다. 박홍규 선생님께서는 1946년, 그러니까 27세의 젊은 나이에 서울대에 부임했다가 1984년 정년 퇴임을 하셨습니다. 그런데 한 사람의 철학자로서 선생님 나이 27세 때의 생각과 정년 퇴임 때의 생각이 같을 수는 없겠죠? 그래서 선생님의 사상적 변천은 어떠셨는지에 대해 이야기를 나누어보았으면 합니다. 특히 윤구병 선생님과 이태수 선생님께서는 1963년경, 그러니까 소은 선생님의 44세 무렵부터 강의를 듣기 시작해 지금에 이르렀으니까 철학적인 포인트라 할까 선생님의 철학적인 주된 초점이나 강조점에 좀 변화가 있었다든지 그런 생각은 안 드셨나요?

윤구병 나는 많은 변화가 있으셨다고 생각해요.

기종석 저도 그렇다는 생각이 듭니다. 선생님의 추모비를 보면 논문 「근원적 자유에 관한 연구」의 몇 구절이 실려 있잖아요? 이정호 선생이 추모비에 그 구절을 정말 절묘하게 잘 뽑아 썼어요. 사실 나는 그곳에 쓰인 두 문장이 선생님의 철학적 사유의 시간적 과정을 보여 주는 것이 아닌가 하는 생각을 합니다.

최화 궁금한 게 있는데요. 선생님이 베르그송 강의를 시작하신 게 언제쯤이신가요?

기종석 제가 69학번인데 ……. 저희 때는 베르그송 강의를 하셨어요. 김남두 선생님 때는 어떠셨어요?

김남두 우리 때는 거의 매학기 데모 때문에 강의가 잘 이루어지지 않았어요. 내 기억에 학부 때는 슐라이어마허의 독일어 번역본으로 플라톤을 많이 읽었어요.

윤구병 이정호 선생, 추모비의 비문을 그렇게 뽑은 이유를 좀 이야기해 주세요.

이정호 굳이 말씀드리자면 ······. 평소 선생님이 존재론의 전체 구도를 설명하실 때마다 플라톤의 본질론적 입장과 베르그송의 생명론적 입장을 극명한 대비점으로 놓고 늘 말씀하셨기 때문에, 저로서는 그것을 우선 담아냈으면 해서 그렇게 뽑아 쓰게 된 거죠. 그런데 제 생각에 선생님 강의가 후반기로 접어들면서 뭔가 선생님께서 그 존재론적인 대비를 극복하려는 노력을 기울이셨다고 생각합니다. 그래서 제 생각에 선생님은 서구 존재론의 역사에서 가장 큰 걸림돌로 여겨온 운동의 존재성을 해명하고 기초지우는 일이 곧 그 극복의 관건이라 여기셨고, 그런 이유로 후반기에 베르그송을 탐문하는 데 많은 노력을 기울이셨던 것이 아닌가 생각합니다. 선생님은 여전히 시간과 공간을 함께 두는 플라톤적 입장에 서 있되, 다만 현상 구제를 위해 플라톤이 심혈을 기울여 내놓은 영혼의 자기 운동의 존재성이 끝내 한계에 부딪치는 것을 목도하고는 그 보완책을 베르그송에게서 찾으려 하셨던 것이 아닌가 생각합니다. 대척점에 있는 베르그송을 오히려 보완의 기초로 끌어들인 것이겠죠. 특히나 베르그송은 운동의 존재성을 사변이 아니라 실증과학을 기초로 해명했으니까요. 저는 그 통합의 내용이 곧 박홍규 철학의 핵심이 아닐까 생각하고 그것을 밝혀내는 것이 우리의 중요한 연구 과제라고 생각합니다. 아무려나 선생님은 평생을 통해 정지와 운동이라는 서구 존재론의 근본 문제를 고구(考究)해 오면서 앞서 최화 선생도 지적한 대로 플라톤의 이데아와 'apeiron', 'poioun'에 천착해 그것의 존재론적 근본 구도를 해명해 내고, 그 후 후기에 가서는 플라톤의 자기 운동이 갖는 존재론적 한계를 극복하고 보완하기 위해 집중적으로 베르그송을 함께 고민하셨다고 저는 생각합니다. 선생님이 마지막에 충족 이유율에 대해 강의하겠다고 하신 것도 이 극복의 궁극적 기초가 곧 충족 이유율임을 이야기하려 했던 것이 아닐까 짐작해 봅니다. 후기에 베르그송에 기울었다는 것도 그러한 극복의 방편 차원에서 이해해야 할 것 같고요.

기종석 아무려나 후기로 가시면서 선생님께서 베르그송에 상당히 많은 무게를 두고 사유하신 것만은 분명하다는 생각이 듭니다.

윤구병 류종렬 선생도 그렇게 생각하시나요?

류종렬 저도 그렇게 생각합니다. 그 이유는 아마도 소은 선생님께서는 공간과 시간의 문제, 총체적 자료의 문제, 그다음으로 필연(ananchē)에 관한 문제를 중요하게 보셨던 것 같습니다. 선생님께서는 이데아에 대한 파악도 직관이라 하셨고 방황하는 원인(planomēnē aitia)을 파악하는 것도 직관일 수밖에 없다고 말씀하신 것으로 저는 들었습니다. 만약 두 개의 직관이 있다는 것이 맞다면, 후자에 관한 이야기는 베르그송의 견해라는 생각이 들어서입니다. 베르그송에게서는 내재적인 직관을 통해 인식되는 실재성이 자발성을 통해 현실로 드러나고, 그 현실로 드러나는 방식이 사회 속에서 어떻게 서로 연관을 맺느냐에 따라 자유가 실현되는 것이 아닌가, 저는 그렇게 이해하고 있습니다.

윤구병 최화 선생 생각은 어때요.

최화 저로선 박홍규 선생님이 나중에 베르그송에 기울었다고 말씀들 하시는데, 그러셨는지 안 그러셨는지 저는 잘 모르겠습니다. 사실 저는 처음에 철학과에 들어오면서 위대한 철학자가 되어야겠다, 나의 철학을 만들겠다는 꿈을 가지고 있었고 그 후에도 그 꿈을 추구해 왔어요. 그런데 새로운 철학을 만들려면 베르그송을 넘어서야 하는데, 내가 정년 퇴임을 앞둔 이 나이가 되도록 아무리 노력해도 그게 안 되더라고요. 사실 베르그송을 오랫동안 연구한 것은 그가 좋아서라기보다는 넘어서려고 한 것인데, 그렇게 연구를 하다 보니까 "아, 이제는 플라톤보다는 베르그송 쪽으로 가야 되겠다"라는 생각이 들었어요. 그렇지만 박홍규 선생님이 그러셨는지는, 저는 잘 모르겠습니다.

그리고 좌담에 참석하지는 않았지만, 이정우 교수는 자신의 연구서에서 소은 선생이 아래와 같이 본질주의에 대해 이중적 시선을 갖고 있다고 분석한다. 즉 소은은 본질을 때로는 "현실의 표면에서 추상화된 것"으로 보는가 하면, 때로는 "유기체들이 구체적인 상황으로서의 세계로부터 탈출해 나가는 한계점에서 성립하는 것"으로 파악한다는 것이다. 이러한 이유로 그는 "소은의 사유는 대체적으로 '플라톤에서 베르그송으로' 이해할 수 있지만 이렇게 가끔씩은 '베르그송에서 플라톤으로'의 방향을 취하기도 한다"라고 평가한다(이정우, 『소은 박홍규와 서구 존재론사』, 도서출판 길 2016, 326쪽).

2) 충족 이유율

소은 선생의 철학적 사유에 어떤 변천이 있는지, 있다면 그것은 무엇인가에 관한 논의는 앞으로 보다 더 심층적으로 연구해야 할 과제로 우리에게 남겨져 있다. 그런데 말년의 소은 선생의 사유를 언급하면서 제자들 모두가 하나같이 언급하고 있는 주제가 또 하나 있다. 그것은 존재의 충족 이유율에 관한 것이다. 제자들 모두가 이 주제에 관심을 가지고 있는 이유는, 선생이 1994년 서울대병원에 입원한 이후에 마지막 투병이 될지 모르는 상태에서 퇴원하면 '충족 이유율'에 대해 강의하겠다고 문병차 온 제자들에게 수차 언급했기 때문이다. 물론 '박홍규 전집'에도 실려 있듯이, 선생은 1992년에 이 주제로 강의한 적이 있다. 그러나 별세하기 직전에 계속해서 이 주제에 대해 강의하겠다는 의지를 굳게 가지고 있었던 것은 아마도 선생 나름의 사유가 보다 분명한 틀로 형성되었기 때문일 것이다. 그래서 이번 좌담에서도 말년 시기의 소은 선생의 학문을 다루면서 자연스럽게 이 주제가 거론되었다. 아래는 이 주제에 관한 제자들의 대화 내용이다.

윤구병　박홍규 선생님이 병원에서 퇴원하시면 충족 이유율에 대해 강의하겠다고 하셨는데, 충족 이유율에 대해 누가 좀 설명해 주세요.

이태수 나는 박홍규 선생님이 철학의 특징과 연결하는 측면에서 충족 이유율을 말씀하신 것이 아닌가 생각해요. 박홍규 선생님이 쓰신 글 중에 제목이 분명하지는 않은데 ……. 대체로 이런 내용이 생각나요. "모든 학문은 'essentia'를 다룬다. 그런데 'existentia'는 전제를 해. 그것 자체는 다루지 않아. 인과율을 이야기할 때도 뭐가 있다는 'existentia'를 전제를 해. 그런데 철학은 어디까지 가야 하면 그 'existentia'까지 문제 삼아야 해"(「플라톤과 전쟁」, 『형이상학 강의 2』(박홍규 전집 3), 민음사 2007, 169쪽 전후). 이것은 실증과학이나 분과 과학과 구분되는 철학의 특징과 관련해 한 말씀인데요. 이때 'existentia'까지 다루려면 지금 있는 것이 왜 있는가를 물어야 하는데, 그것을 묻는 것은 인과율적인 질문이 아니어서 그 답 또한 인과율에서 나올 수는 없고, 만약 그 답이 있다면 그것이 충족 이유율이라고 하겠지요. 그런데 과연 이 충족 이유율이 학문 세계에서 대접을 받을 수 있는 설명의 틀이 될 수 있느냐, 그것이 문제가 될 수 있겠죠. 이러한 질문을 던질 때 그 단계에서 문제가 되는 것이 충족 이유율인데, 이런 문제 의식이 박홍규 선생님께서 충족 이유율을 다루려고 하신 출발점이 아닐까 생각해요.

윤구병 잠깐, 충족 이유율의 일반적인 사전적 뜻은 어떻게 나와요? 검색 좀 해주세요.

이정호 검색해 보니 "충족 이유율이란 '어떤 사실에 대해 왜라고 묻는다면 반드시 왜냐하면이라는 형태의 설명이 있을 것이다'라는 원리이다." 이렇게 나오네요.

이태수 그것은 틀린 설명이고요.

최화 '박홍규 전집' 제3권인 『형이상학 강의 2』를 보면, 선생님이 충족 이유율을 주제로 강의하셨어요. 저도 필사·윤문하면서 이 부분을 열심히 보았는데, 사실 제일 이해가 안 되는 부분이었어요. 그래서 설명을 잘 못하겠지만 그 앞부분에서 선생님이 이런 말씀을 하셨어요. "가령 '소크라테스의 본성'이라는 말은 소크라테스의 총체적 인격(total personality)을 의미하고 그 총체적 인격을 가진 사람들이 거기서 대화를 한다고 했지? 그리고 그 추상의 극한치에 가서 인격이 완성되는데, 그때 사람들이 사물을 보는 가장 추상적인 개념은 존재와 무라고 했지? 그래서 가장 원시적인 사고방식에서 사물을 보는 것이 알파라 한다면 이제 여기 존재와 무의 관계에서 사물을 보는 것은 오메가다. 그 말이야. 그런데 이 존재와 무의 관계에서 볼 때 문제되는 것이 바로 충족률이야. 충족률"(315~16쪽). 그러니까 사물을 분석할 경우에 그 끝까지 가서 존재와 무의 관계에서 볼 때, 문제가 되는 것이 충족 이유율이란 말씀을 하고 계세요.

윤구병 그러니까 왜 무가 아니고 존재인가네요.

이태수 쉽게 말해 끝까지 가야 한다는 것이지요. 분과 과학은 그런 것까지 다루지는 않죠. 사실 충족 이유율을 가지고 논변을 구성하는 여러 가지 사례가 있는데 ……. 이런 예까지도 있어요. 가령 "신이 6,000년 전에 세계를 창조했다 했을 때 우리는 그것을 논박할 수 있다. 왜 6,000년이고 6,001년이 아니냐, 왜 5,999년이 아니고 6,000년이냐 그 이유가 없다. 그러므로 어느 시점에서 신은 세계를 창조하지 않았다." 그러나 이 경우에 끌어들이고 있는 충족 이유율은 사이비 충족 이유율이지요. 사실 충족 이유율은 형이상학의 가장 큰 문제라고 하겠지요. 하이데거의 『형이상학 입문』에도 'Ur-Frage'라는 말이 나오는데, 그것은 던질 수 있는 질문 가운데 가장 큰 질문, 거기까지 가야 하는 그런 질문이겠죠. 선생님께서 존재와 무에 대한 이야기에서부터 출발한다고 하셨을 때도 이 문제와 연결되는 것이겠죠. 그러나 박홍규 선생님이 충족 이유율을 정확히 어떻게 설명하셨는지는 잘 모르겠어요.

최화 그 뒤에 이런 내용도 나옵니다. "왜 이것이 무가 아니고 존재냐. 왜 이것이 없지 않고 있느냐의 문제는 이것은 충족률의 문제야"(317쪽). 어떻게 해서 이렇게 되었느냐, 그 사이에 정도의 차이가 있을 수 있는데 아무튼 이렇게 되었다 하면 그게 충족률의 문제래요. 이게 무슨 말인지 저는 이해가 잘 되지 않아요.

이태수 총체적인 'data' 문제도 그것이지요. 일부 'data'에 관해 질문하면 다른 'data'에서 출발해 나온 것을 가지고 설명할 수 있어요. 그러나 총체적인 'data'를 이야기하면 그것은 무와의 대결이지 다른 여지가 없어요. 그런데 나는 어려워지는 게 …… 그것 이상으로 할 이야기가 없는데 그것에 관해 무엇이 있겠는가라는 생각이 자꾸 들거든요. 다른 어떤 형이상학적인 'narration'을 만들기 전에는 말이에요. 최화 선생이 지금 보고 있는 그곳에 'essentia'와 'existentia'에 관한 설명이 나오지 않나요? 내 기억으로는 그 설명이 나오는 글 제목이 '충족 이유율'은 아닌 것 같은데 ……. 아무튼 그 부분을 읽으면서 그것이 충족 이유율에 관한 설명이라고 나는 생각했거든요.

최화 그런데 여기 중요한 게 계속 나오는데요. 제가 한번 읽어보죠. "그런데 추상화의 극치가 충족률이라 그랬어. 존재와 무로 가. 거기서 존재가 성립할 수 있는 근거를 우리가 충족률이라 그래. 그렇다면 추상화란 것이 무엇이냐? 서로 엉켜 있는 것을 따로따로 떼어내 내용을 구별하고 그 각각의 자기 동일성이 성립할 수 있는 공간에다 집어넣어 자기 동일성이 나와야, 그것을 우리가 추상화한다고 하고, 그 공간을 추상적 공간이라 그래"(317쪽). 그러니까 방금 읽은 것으로만 본다면 존재하는 사물을 모두 분석해 하나하나 엉킨 것을 떼어내 완전히 추상화가 이루어진 그 추상적 공간에서 사물의 존재를 설명하는 것을 충족 이유율이라고 하지 않느냐, 그런 생각이 듭니다.

기종석 선생님께서 병원에서 충족 이유율에 관해 강의하겠다는 강한 의지를 가지고 나름 생각해 두셨던 내용을 전집에 나오는 충족 이유율에 관한 이야기만 가지고 다 알기는 힘들 것 같네요. 그런데 최화 선생이 읽은 부분에서 서로 엉켜 있는 것을 따로따로 떼어내 자기 동일성이 성립할 수 있는 공간에다 집어넣었다는 내용이 있던데 ……. 내가 기억하기로는 옛날에 선생님께서 허무라는 말을 쓰셨잖아요. 무감동이란 말도 많이 쓰시고요. 무감동이란 것은 다른 것들로부터 어떤 영향도 받지 않는 것을 말하는데, 그런 것을 확보해 주는 것이 허무라는 말씀을 많이 하셨어요. 일상적인 의미의 허무와는 거리가 있지만, 그 허무라는 말을 떼어놓고는 플라톤 철학을 설명할 수 없지 않은가, 그런 생각도 듭니다.

류종렬　저는 이런 생각이 듭니다. 선생님이 존재(être)를 이야기할 때는 'kath' hauto', 그러니까 자족적이지 않습니까? 자족적인 것들은 각각 떨어져 있는 데 비해, 현존(Existenz)은 떨어져 있을 수 없고 무엇인가와 연관이 되어 있지요. 그 연관의 근원(archē)을 찾아 해명하는 것, 이를테면 돌이든 식물이든 곤충이든 간에 각각이 현존하는 근원에서 존재 근거(archē)를 찾는 것이 철학이라고 한다면 그런 것과 충족 이유율이 연관이 있지 않나 생각합니다.

이태수　내가 아까 말한 내용이 실린 곳을 찾아보니까 「플라톤과 전쟁」의 앞부분이네요. 그곳을 보면 "허무주의와 대결하는 것, 그것은 철학 밖에 없다"라는 이야기가 나와요. 그 내용을 한번 읽어보죠. "완전한 허무주의는 보통 학문이 취급을 못해. 그러나 철학은 그런 문제도 다룬다. 그 말이야. 그러면 어떻게 하면 되느냐? 사물이 존재하기 위해서는 어떤 요건이 필요한가, 그 원인을 찾아서 있을 수 있는 사물의 총체를 모조리 그 원인에 환원시켜서, 그 원인과의 관계에서 각각을 논의해. 그 과정은 두 가지가 있다고 그랬지?"(169쪽) 나는 여기서 선생님이 충족 이유율이란 말은 하지 않으셨지만, 이 총체적인 것의 원인을 이야기하자면 우리가 통상적으로 말하는 충족 이유율이라 하겠지요. 그 뒤를 이어 더 읽어보죠. "전체를 동시에 성립시켜 주는 원인분석이라는 것은 동시에 사물의 'essentia'만 취급하는 것이 아니라 'existentia'도 취급해. 이 점이 다른 학문과 달라. 다른 학문은 이미 데이터가 있다고 가정하는 거야. 다른 학문은 어떤 사물의 실재를 취급하더라도 이미 다른 사물이 있고, 즉 현존하고, 그리고 그것을 기초로 해서 그 사물이 있으니까 다른 어떤 사물이 있겠구나 하고 취급하는데, 철학은 처음부터 전제하는 어떤 사물이 없어 현존을 전제하지 않아. 그럼에도 불구하고 있을 수 있는 사물은 어떻게 존재할 수 있느냐 하는 총체적인 원인을 찾을 수 있어. 그런 점이 다르지. 물리학 같으면 인과론을 찾지만 인과론에도 어떤 사물이 이미 있다는 것이 전제되어 있어"(169쪽). 그러니까 이런 인과론 말고 그것을 넘어, 굳이 말하자면 총체적인 인과론이라고 할까 ……. 그것을 충족 이유율이라고 하신 것이라 생각해요.

5. 기타

이상은 이번 좌담회에서 나눈 대화 가운데 비교적 강의 및 연구와 관련한 내용을 추려 소은 선생의 삶의 시기를 기준으로 재구성한 것이다. 아래는 방담 형식으로 자유롭게 진행된 좌담 중간중간에 나온 소은 선생의 삶과 관련한 여타의 내용을 몇 개의 주제로 나누어 추린 것이다.

1) 건강

송영진 내가 1982년도쯤인가, 국가장학생으로 벨기에에 갈 때만 해도 이미 선생님께서는 B형 간염을 앓고 계신 것으로 알고 있었어요. 돌아와 찾아뵙고 B형 간염 치료 관련 말씀도 많이 드렸던 기억이 납니다.

이정호 선생님께서는 위장과 간장이 아주 안 좋으셨죠. 댁에서 수업할 때 종종 다리미로 배를 문지르곤 하셨던 것도 생각납니다. 간장이 안 좋으시니까 소광희 선생님 소개로 당시 서울대병원에서 이른바 간(肝) 박사로 유명한 김정용 교수에게 가서 치료를 받으셨는데, 그 후 용태가 좋아지지 않자 사모님께서 "자기가 책임진다고 해놓고는 한약도 못 먹게 하고, 그렇다고 낫게 해주지도 않는다"라고 불만이 많으셨어요. 그런데 선생님이 마지막으로 입원하실 때만 해도 스스로는 전혀 돌아가시리라고는 생각하지 않으셨던 것 같아요. 그때 병원에서 뵈니까, 내가 퇴원하면 이제 충족 이유율에 대해 강의하려 한다고 상당히 힘주어 말씀하셨는데 ……. 정말 가슴 아프게도 그 후에 예후가 아주 안 좋다는 것을 알고서는 얼굴에 아주 당황해하는 빛이 역력하셨어요.

2) 제자 사랑

윤구병 내가 학부 시절에 선생님과 적극적으로 인연을 맺게 된 것은, 어느 날 선생님이 "자네 라틴어 공부를 한다면서? 우리 집에 공부하러 와"라는 말씀에 이끌린 이래 그리스철학 공부를 시작했고, 지금까지 이렇게 살아온 것이니까 그게 선생님 사랑이지요.

이태수 나도 선생님한테 큰 사랑을 받았다고 생각해요. 나나 윤구병 선생이나 아마 2학년 때부터 선생님 방에서 공부하기 시작한 게 선생님과의 인연의 시작이었어요. 그 후 내가 몇 년 동안 아주 혹독하게 텍스트를 읽으면서 처음으로 감히 선생님한테 최소한 일요일은 독회를 쉬자는 말씀을 드린 적이 있었어요. 그때 선생님한테 내가 "친구들도 만나고 제 나이면 여학생도 만나야 되는데 …… 이렇습니다"라고 했더니, "공부하는 사람은 그런 것에 신경 쓰는 게 아니야. 연애나 결혼도 할 필요가 없다고 생각하는 게 공부하는 사람의 자세이지"라고 말씀하시는 거예요. 야단을 그런 방식으로 치신 셈이지요.

기종석 사실 저 개인적으로 대학원 진학할 때 최재희 선생님이 자기 지도 학생이 되라고 말씀하셨는데, 그 말씀을 듣지 않고 오히려 지도를 마뜩하게 생각하지 않으셨던 박홍규 선생님 밑으로 갔지요. 그때 박홍규 선생님이 마지못해 받아주면서 마지막으로 말씀하신 것이 "공부하려면 세 가지 조건이 필요한데, 그 첫째가 돈이 있어야 한다. 둘째가 머리가 좋아야 한다. 셋째가 부지런해야 한다"였어요. 제가 그 조건을 다 충족하지는 못한다고 생각하셨던 것 같지만 제가 삼고초려하니까 결국 받아주신 것이죠.

박희영 저는 박홍규 선생님 강의를 가장 많이 들었다는 점에서 사랑을 많이 받은 제자라고 생각합니다. 계산해 보니까 대학 2학년 이후 18년 동안이나 선생님 강의를 거의 다 들었으니까요. 특히 대학원 강의는 방학이고 일요일이고 상관없이 강의하셨는데, 제가 군대에서 교관으로 근무할 때도 서울에 올라와 강의를 들으러 대전에 있는 제2공군사관학교를 부임지로 택하기도 했지요. 그때 고속버스가 늦을 때가 있어 수업 시간에 도착하지 못하면 박홍규 선생님이 "박군은 아직 안 왔는가?"라고 물으시면서 기다렸다가 강의를 하시기도 해서 사실 수업에 빠지고 싫어도 빠지지를 못했어요. 그리고 대학원을 마치고 군대 가기 전 3주 동안은 선생님이 서울대 철학 교재 원고를 쓰실 때라 매일 선생님 댁에 가서 구술을 받아 쓴 적도 있어요. 그때 선생님은 비스듬히 누워 다리미로 배를 문지르면서 고대 철학사 내용을 연이어 구술하셨는데, 생각 속의 말을 구술하는지라 가끔 문법에 안 맞는 문장에 대해 말씀드리면 "자네가 알아서 고치게잉!" 하고 광주 사투리의 고유 억양으로 말씀하시곤 했지요. 그 3주 동안 사모님이 매번 점심과 저녁을 해주셨는데, 선생님과 사모님의 부부 생활 및 일상생활의 습관을 조금이나마 엿볼 수 있어 많은 것을 배울 수 있었지요.

기종석 저는 선생님의 제자 사랑에 대해 세 가지 정도 증언하도록 해볼게요. 첫째는 성균관대에 계셨던 고(故) 김진성 선생님과 관련한 이야기입니다. 아시다시피 김진성 선생님께서는 젊은 나이에 갑자기 돌아가셨는데, 장례를 치를 때 박홍규 선생님이 장지인 천안까지 내려가셨어요. 사실 선생님이 사람 모이는 데를 잘 가시는 분도 아니어서 누구도 선생님이 그 자리에 오리라고는 생각도 못했죠. 그때는 차를 가진 사람도 없어 저희가 모시고 가지도 못해 죄송스러운 마음에 "선생님 어떻게 이렇게 멀리까지 오셨어요"라고 여쭈었더니, 선생님께서 "너무 아까워서"라는 말을 몇 번이고 되뇌이시던 게 지금도 기억이 생생합니다. 그리고 두 번째는, 제자들 가운데 한 명이 학과 조교를 할 때 선생님을 너무 힘들게 한다는 것이 선생님에게까지 전해진 적이 있었어요. 그런데 선생님은 제자가 그렇다는 이야기에 아주 불편해하면서 저에게 사람들에게 잘 좀 이야기해서 제발 그런 말 나오게 하지 않게 해달라고 여러 번 당부하셨던 게 기억납니다. 제자들 욕먹는 것을 그렇게 싫어하신 것이죠. 세 번째는 박홍규 선생님이 학과 내에서 고생 끝에 간신히 중세 철학 전임 자리를 확보해 그 자리에 지금은 고인이 된 박전규 선생님을 초빙할 때의 이야기입니다. 그때는 전임을 뽑을 때 대학 내 여러 선생님과 대학원생 앞에서 미리 강의를 해보는 게 상례여서 박전규 선생님도 그 자리에 서게 되었죠. 그런데 문제가 생겼어요. 강의 내용을 누구도 제대로 알아들을 수 없다는 것이었어요. 사실 박전규 선생님은 오랜 기간 파리에서 체류한 데다가 사모님이 베트남 분이라서 집에서도 전혀 우리말을 사용하지 않으셨던 터라 우리말이 서툴렀어요. 하물며 역접과 순접을 잘 구분하지 못하셨던 것이지요. 그러니까 말이 앞뒤가 안 맞게 되고 해석이 되지 않아 결국 모든 것이 수포로 돌아갔어요. 박홍규 선생님도 어쩔 도리가 없으셨고요. 그런데 그 며칠 후에 제가 선생님 댁에 볼일이 있어 찾아뵈니까 박전규 선생님이 프랑스에서 정말 학문적으로 얼마나 중요한 업적을 이루고 돌아온 사람인데 그것이 제대로 평가받지 못했다고 너무 안타까워하셨지요. 사실 그 직후에 박홍규 선생님이 박전규 선생님을 집으로 불러 발표 내용에 대해 하나하나 물어보았대요. 그랬더니 그 내용이 중세 철학사의 가장 기본적인 측면을 건드리는 것이더라는 거예요. 보통 중세 철학사는 토마스 아퀴나스(Thomas Aquinas)를 중심으로 하는 토미즘을 가지고 정돈하는데, 박전규 선생님이 그 토미즘이 사실은 안셀무스(Anselmus)라든지 피에르 아벨라르(Pierre Abélard) 등에 의해 당시의 정치적인 과정 속에서 그 뿌리가 형성된 것임을 온갖 도서관의 책들을 다 뒤져 밝혀냈다는 거예요. 이것이 아주 중요한 내용인 데다가 발표 내용의 초점이었는데, 우리말의 소통 문제 때문에 전달되지 않은 것에 대해 그리고 그렇게 학문적으로 중요한 업적을 이루고 돌아온 사람을 제대로 평가하기는커녕 이상한 사람으로까지 보게 된 것에 대해 아주 억울해하셨어요. 박홍규 선생님은 어떻게든 그런 점이 알려져야 한다고 말씀하시면서 매우 안타까워하셨는데, 그 후에 박전규 선생님은 전북대로 가신 후에도 우리말 문제 때문에 고생이 많으셨죠.

류종렬 드릴 말씀은 딱히 없기는 한데 ……. 하나 말씀을 드리자면, 제가 그리스어와 라틴어가 좀 부족하니까 선생님께서 자네는 프랑스 철학을 공부한 다음에 수학사와 생물학사 등 과학사 책을 읽어보라고 말씀하셨던 게 인상에 크게 남아요. 사실 저는 사회문제에 관심이 있어 장-자크 루소(Jean-Jacques Rousseau)를 읽으려고 했는데, 그때 왜 그런 말씀을 하셨는지 당시는 잘 몰랐습니다. 그런데 요즈음 와서 다시 생각하니까 프랑스 철학을 공부하려면 실증철학을 알아야 한다는 것을 일깨워주시려고 그러셨던 것 같습니다.

기종석 제자들을 이렇게 옹호하는 이면에는 선생님의 제자 교육과 학문에 대한 엄격함이 자리하고 계셨기 때문임은 두말할 나위가 없을 것입니다. 박사 학위논문 제출을 위한 종합 시험을 보기 전에 그리스어와 라틴어의 고전 원전 시험을 통과해야 한다는 것도 사실 선생님이 만드셨지요. 그리고 학생들이 교수님들께 무슨 추천서를 써달라고 할 때도 보통은 규격화된 양식대로 그냥 써주었는데, 선생님의 경우에는 성적표 떼어와라, 어떻게 해와라, 뭐 준비해 와라 등 조건이 많으셨지요.

3) 가족, 일상생활, 성격

박희영 저는 구술 심부름 때문에 선생님 댁을 자주 드나들고 어떤 때는 하루에도 6~8시간을 같이 있다 보니 가끔 부부 싸움하시는 것도 보았지요. (웃음) 어느 날은 구술하시다가 저녁 시간이 되어 사모님이 밥을 다 차려 놓았으니 식탁으로 오라고 하셨는데, "조금만 더 있다 가겠다"라고 하시고는 한 시간도 훨씬 더 지나 서재에서 나오시니까 사모님이 야단하실 수밖에요. 그러면 선생님도 사모님께 공부하는 사람이 항상 따뜻한 밥을 먹을 수는 없는 법이라고 항변하고는 하셨지요. 옆에서 보면 너무 재미있었는데 ……. 선생님과 사모님의 부부 생활은 한쌍의 원앙새 같은 신혼 부부가 아니라 틈만 나면 티격태격 토닥토닥 가볍게 싸우는 때까치 같은 신혼 부부의 생활이라는 인상을 받았습니다. 선생님이 물가부터 금리에 대한 지식에 이르기까지 해박하셨던 것도 사모님과의 토닥토닥 싸움의 내공에서 우러난 것이었더라고요. (웃음) 기종석 선생님도 말씀하셨듯이, 선생님께서는 '소은'(素隱)이라는 호(號)를 속으로 그렇게 마음에 들어 하지는 않으셨어요. 선생님은 수업 시간의 차분한 면 외에도 내면에 강렬한 다혈질적인 면도 지니고 계셨어요. 평소에 텔레비전을 잘 안 보시는데, 어느 날은 고등학교 야구 청룡기 대회 결승전을 보고 계시더라고요. 마침 광주일고와 중앙고였나, 잘 생각은 안 나는데 ……. "홈런 쳐버려, 쳐버려!" 하면서 고함을 치실 때, 문득 베르그송의 생명의 약동(L'elan vital)이 떠올라 무척 재미있었지요. 반면에 사모님은 숙명여고 농구 선수 출신답게 직접 코트를 뛰어다녔던 신체의 기억 때문에, 텔레비전 시청에 만족하지 못하고 장충체육관에 출근하다시피 모든 농구를 직접 관람하셨지요. 그런데 깜짝 놀란 것은 사모님이 관람한 모든 경기에 대해 어느 선수가 어떤 기술로 몇 득점을 하였는지에 대해 기록해 둘 정도로 스포츠광이었다는 사실입니다. 컴퓨터가 없던 시절, 이전 대회에 치러진 경기에서 각 선수의 개인 기록을 사모님으로부터 전달받은 '대한농구협회'가 사모님에게 감사의 표시로 장충체육관 평생 입장권을 선물했던 것은 유명한 일화이지요. 경기를 관전해도 선수들의 작전 전개를 이성적으로 예측하면서 관람하실 수 있는 실력을 지닌 사모님이 본인은 운동도 못 하면서 감정적으로 흥분해 홈런을 외치는 선생님을 약간은 가소롭게 생각하시던 장면을 상상해 보세요. 이러한 점에서는 소은의 '素' 자나 '隱' 자가 모두 선생님의 기질과 완전히 들어맞는 것은 아니지요. 그 밖에 당시에는 개인별 외화 사용액에 제한이 있어 외서를 사기가 무척 힘들었는데, 사모님 집안이 부자라서 선생님은 크게 제한받지 않고 다른 선생님 이름을 빌려 사고 싶은 외서를 거의 다 샀다는 이야기도 들었어요.

윤구병 내가 처음에 박홍규 선생님께서 돈을 중요하게 여기셨다는 이야기를 했는데, 한편으로는 대단히 현실적이었던 면도 있으셨어요. 내가 알기로는 선생님께서 자제분 대학 진학 시 진로를 정할 때, "넌 철학을 해서는 안 되고 돈벌이가 되는 분야로 가라"고 거의 강권하다시피 해서 결국 치대를 보내셨다고 해요. 사실 선생님께서 "돈이 없으면 철학을 못 하네"라고 저한테 직접 말씀하신 적이 있어요. 박홍규 선생님께서는 영국 블랙웰 서점에다가 다른 선생님들 쿠폰까지 빌려 그 비싼 외국 원서를 정말 많이 주문하실 정도셨죠. 그러니까 내 생각에 사모님 집안이 돈이 좀 있으니까 선생님 자신은 크게 돈 걱정 없이 철학 공부를 할 수 있었지만, 자식에게는 그렇게 해줄 만한 형편은 못 된다고 생각하신 것이겠죠.

기종석 당시에는 우리나라가 외환 보유고가 적어 유네스코에서 외환 사용 쿠폰을 서울대 교수들에게 배당해 그 쿠폰으로 외서를 구입할 수 있었다고 합니다. 그런데 박홍규 선생님은 문리대 내에 그 쿠폰을 쓰지 않은 교수들이 있으면 그 쿠폰까지 빌려 그 교수 이름으로 자신이 원하는 외서들을 주문하셨다는 거예요. 그래서 알려지기로는 1960~70년대 남산 후암동 쪽에 있던 블랙웰 서점의 한국 지점 최대 고객 가운데 한 사람이 박홍규 선생님이셨다고 해요.

이태수 선생님은 감정 표현을 잘 안 하셨잖아요. 선생님을 그렇게 오랫동안 모셨지만 나는 선생님으로부터 무슨 사적인 이야기를 한번도 들어본 적이 없어요. 그런 이야기를 하시지도 않았고 나한테도 무슨 집안 이야기, 어렸을 때 이야기 등을 전혀 묻지 않으셨어요. 선생님께 주례 부탁을 드리러 갔을 때도 보통의 경우에 신부 집안 이야기나 하다못해 학교를 어디 나왔느냐 등을 묻기 마련인데 그런 것조차 하나 묻지 않으셨어요. 사사로운 이야기나 감정 표현 같은 것을 정말 하지 않으셨지요. 그런데 내가 독일 유학을 가 있을 때 선생님 편지를 받은 적이 있는데, 그때 그 편지를 읽고서는 선생님께 이런 면도 있으시구나 하는 것을 느낀 적이 있어요. 편지에 "봄이 왔는데 창밖에 꽃들이 피고", 이런 표현이 들어 있더라고요. 이런 표현은 평소 박홍규 선생님한테 들어본 적이 없었거든요. 그래서 가끔 감정 표현도 하시는구나 생각했어요.

기종석 제자와 관련해 이야기하면 하셨지, 집안 이야기는 정말 하나도 안 하셨어요.

윤구병 내 기억에 박홍규 선생님의 큰 따님 결혼식을 수운회관에서 했는데, 가보니 식장에 하객이 별로 없더라고요. 그래서 어찌 된 영문인가 했더니 선생님께서 부르지 말라고 하셨다는 거예요. 선생님이 저에게 "자네가 문 앞을 좀 지키고 있게"라고 하셔서 제가 축의금 받는 일도 했는데 ……. 그 넓은 수운회관 식장에 몇 사람 오지 않았어요.

4) 소은 선생의 정치적 입장에 관한 대화

이태수 나는 선생님의 정치적인 성향에 대해 한번 이야기해 보고 싶어요. 내 관점에서 굳이 선생님의 정치적인 성향을 끄집어내라고 한다면 기본적으로 리버럴리스트라고 생각해요.

김남두 어떤 점에서 그렇게 생각하시는지 이야기를 좀 더 해주시죠.

윤구병 사실 저는 이태수 선생님과 조금 다른 증언을 할 수 있기는 한데 …….

김남두 이태수 선생님이 박홍규 선생님을 리버럴리스트라고 하셨는데, 선생님께서 서양 역사에서 모델이 될 만한 사회를 꼽으신 게 로마 사회였거든요.

이태수 로마가 능률적이고, 잘 조직되어 있고, 전체적으로 법치에 의해 질서 잡힌 나라여서 그러셨을 거예요. 우리가 박홍규 선생님 말씀 중에 좀 놀라워했던 것 가운데 하나가 이오시프 스탈린(Iosif Stalin), 진시황, 케말 파샤(Kemal Pasha) 등을 평가하시더라고요. 이것하고 리버럴리즘하고 무슨 상관이 있을까 의아스러웠는데, 생각해 보니 아마도 선생님께서는 리버럴리즘의 여러 스펙트럼 가운데 현실적 측면을 중시하는 관점에서 그렇게 평가하신 것 같아요. 선생님은 일본에서 유학할 때에도 도쿄제국대학이 아니라 와세다대학에서 공부한 것을 매우 다행스러워하셨지요. 왜냐하면 옛날 김성수를 비롯한 전라도 지주들이 그랬던 것처럼 선생님도 개방적이면서 동적이고 발달한 문물을 빨리 받아들이려는 성향을 좋아하셨으니까요. 그런 뜻에서 나는 선생님을 기본적으로 리버럴리스트라고 봅니다. 선생님이 스탈린 같은 사람을 평가한 것도 이념에 의해 전체주의 국가를 만들었다든지, 무산자를 해방했다든지 그런 의미에서가 아니라 현실적으로 나라의 질서를 구축하는 능률 측면에서 그러셨을 거라고 생각해요. 차르 치하에서 미개했던 사회를 짧은 시간에 능률적으로 상당 부분 합리화했다는 것이지요. 그 말씀을 하실 때 저희들 모두가 잔인무도한 독재자를 어찌 그리 평가하실 수 있느냐고 의아해했더니 "휴머니즘 차원에서는 그렇게 이야기할 수 있지만 그건 그거고!"

라고 말씀하시더라고요. 유물 변증법과 관련해서도 선생님은 변증법이
엉터리이지만 유물론은 일정 부분 평가하셨어요. 유물론이 형이상학적
으로 틀렸냐, 맞느냐의 문제가 아니라 유물론적 원리에 의해 사회를 꾸
려나가면 쓸데없는 민심이나 사적인 편견 등의 요소가 줄어든다는 것이
지요. 현실주의적 측면에서 그렇다는 거예요. 그러니까 선생님의 리버럴
리즘은 현실주의와 별개가 아니었다고 봐요. 관료주의도 창조적이지 않
고 현실에 안주한다고 해서 아주 싫어하셨지요. 그러니까 이념 측면보다
는 현실 측면을 중시하신 것이죠. 사실 이게 박종홍 선생님을 변호하는
맥락에서 하신 말씀이셨어요. 박종홍 선생님은 인격자이자 유교적인 선
비이고 어떤 이념을 섬기는 사람이 아니라 현실을 중시하는 분이라 박
정희 정권에 참여했을 것이라는 거예요. 그것을 선생님은 '마름 멘털리
티'라고 하셨어요. 어떻게 보면 박종홍 선생을 변호도 하신 것이지만 그
런 식으로 비판도 하신 셈이지요. 그러면 박정희 때 언론의 자유가 있었
느냐, 그런 질문도 할 수가 있어요. 그런데 박홍규 선생님은 로마 같은
사회를 이루기 위해 그런 것도 다 용납해야 한다고 답을 하셨을 거예요.
그런 점에서 로마 사회도 리버럴한 사회라고 생각하셨을 것이고요. 전
체주의적인 이념에 의해서가 아니라 효율을 향해 열려 있다는 그런 측
면에서요. 선생님은 이념 이전에 효율, 합리성, 능력 같은 것을 중요하게
생각하신 것이죠.

기종석 선생님께서 특별하게 정치적인 성향과 관련해 말씀하신 것
은 없는 것 같아요. 다만 효율과 능력 등 이런 것을 아주 중시하셨죠.

최화 한 가지 확인하고 싶은 것이 있습니다. 4·19혁명 당시 교수들
이 시위에 나설 때, 박홍규 선생님도 참여하셨다는 이야기를 들은 것 같
은데요.

이태수 내가 확인은 못 하겠지만 아마 충분히 그러셨을 거예요. 당시
교수 시위는 최재희 선생님이 앞장서고 그것을 또 굉장히 자랑스러워하
셨죠. 또한 박홍규 선생님에 대해 우리가 놀란 것이 있는데 ……. 2학년
때 6·3한일협정을 매판 자본과의 타협이라고 극렬히 반대 시위도 하고

단식도 하고 했는데, 그때 교수들이 봉급에서 얼마를 떼어 단식하는 학생들을 위해 기부를 했어요. 그때 박홍규 선생님도 그 기부에 참여하셨지요. 그게 신문에도 났어요. 그리고 박정희 군정도 굉장히 싫어하셨어요. 특히 기억나는 것은 민주공화당 창당 당시에 자금책을 맡았던 이영근이라는 사람을 굉장히 미워하셨는데, 그 사람은 공화당 창당 자금을 마련하기 위해 막 시작한 주식시장에서 처음으로 주가 조작이라는 범죄를 저지른 자였거든요. 그런 자들은 전혀 믿을 사람이 아니라는 것이었죠.

최화 그런데 제가 책을 쓰면서 아드님과 인터뷰를 한 적이 있는데……. 그때 아드님이 굉장히 분개하는 목소리로 말하기를, 선생님이 박정희 대통령을 크게 지지하셨다는 거예요.

이태수 아마도 박정희가 처음 나올 때였겠지요. 그때는 여러 사람이 박정희에 대해 희망을 가졌으니까요.

윤구병 저도 처음 대통령 선거 때 윤보선 찍지 않고 박정희를 찍었어요. 당시에는 윤보선이 박정희를 공산당이라고 몰아붙였거든요.

이태수 사실 박홍규 선생님이 리버럴리스트이지만 4·19혁명이 끝나고 나서 들어선 민주당 정권의 무능을 아주 싫어하셨지요. 박홍규 선생님은 우리나라의 양반들이 일을 해본 적이 없어 무능하기 짝이 없는데, 민주당 정권을 양반들의 정권이라고 보신 것이지요. 정확한 진단이었어요. 정말 당시 내각제 아래에서 정부가 무능하기 짝이 없었으니까요.

윤구병 박홍규 선생님이 어느 정도로 현실 정치에 많은 관심을 가졌고 예민했냐 하면……. 선생님은 학교에 오시는 날이면 꼭 도서관 신문 코너에 가서 신문부터 보셨어요.

이태수 내가 지금 박홍규 선생님에 대해 이야기하는 것들 중에는 소광희 선생님한테 들은 내용이 많아요. 그때 소광희 선생님과 같이 박홍규 선생님 강의를 들으러 다녔는데, 소광희 선생님이 저 어른이 어디서 그런 이야기를 들으시는지는 몰라도 다 맞는 이야기라고 인정하셨지요.

김남두 소광희 선생님이 박홍규 선생님 말씀이 맞다고 하신 이유가 무엇이에요?

이태수 책만 보시는 것 같은데 세상을 정확히 보신다는 것이었지요. 소광희 선생님이 이런저런 분들을 통해 당시 정세 돌아가는 것에 대해 잘 아시는 편이셨거든요. 그리고 박홍규 선생님이 일제를 겪어 그랬는지 부국강병에 대한 의식이 크셨어요. 당시는 박홍규 선생님뿐만 아니라 박종홍, 김태길, 최재희 선생님도 다 그러셨어요. 단지 선생님은 부국강병의 길이 도쿄제국대학이나 경성제국대학의 학풍에서 연상되는 군국주의나 전체주의에서가 아니라 와세다대학 학풍이 그러하듯이 개방적이고 동적인 데서 온다고 생각하셨죠. 우리 때하고는 감각이 다른 게 ……. 그러니까 우리는 군사정권에 탄압받고 투옥되고 핍박받는 것을 크게 두려워하고 비판했지만, 선생님은 그런 것보다는 무정부 상태이거나 다른 나라의 지배를 받는 것을 더 두려워하셨어요. 휴머니즘 측면에서 보면 그렇게 비판할 수 있지만 남의 나라의 지배 같은 것을 한번 받고 나면 그런 것은 부차적인 문제라는 것이죠.

기종석 한편 선생님은 일본에 대한 평가에서는 이중적이셨어요. 어떤 질서나 효율 측면에서는 평가를 한 반면에, 일본의 제국주의적인 측면에 대해서는 크게 혐오하셨으니까요. 그런 애증이 같이 있었던 것 같아요.

이태수 한국 사람들은 전통적으로 문약하다는 면에서 일본의 무사 사회를 평가하시기도 했지요.

김남두 선생님께서는 생산적인 것을 크게 중시하셨죠.

기종석 사농공상(士農工商)에서 우리는 선비 '士' 자이고, 일본은 무사 '士' 자라는 말씀도 하셨어요.

이태수 선생님이 로마를 인정하신 것도 그것이거든요. 로마가 사실은 ……. 우리가 처음 리비우스를 읽으면서 로마 사회가 유교 사회와 비슷하다는 생각을 했어요. 조선 시대의 양반 같은 사람들이 아니라 엘리트 무관이 지배하는 사회라고나 할까. 로마의 경우는 전쟁터에 엘리트가 나가야 했으니까요.

기종석 사실 현실을 받아들이는 것도, 우리가 이야기했듯이 데이터에 입각한 것이라 할 수 있겠죠. 선생님의 입장에서 보면, 있는 그대로의 그 현실이 휴머니즘이나 어떤 특정한 관점 이전에 그 자체로 데이터이니까요.

5) 장례

기종석 선생님께서는 서울대병원에서 당시 최고의 치료법이었던 알부민 주사도 맞으시고 사모님도 치료에 최선의 노력을 기울이셨는데 ……. 정말 가슴 아프게도 종내 그 위기를 넘기시지 못하셨어요. 결국 예기치 않게 갑자기 선생님께서 돌아가셔서 가족분들이 경황이 없어 제자들이 나서 선생님 장례를 준비하기로 했지요. 우선 장지부터 찾으려고 최화 교수와 제가 여러 곳을 찾아다녔는데 ……. 최화 선생께서 이와 관련한 이야기를 좀 해주시죠.

최화 저야 기종석 선생님을 따라다닌 것밖에 없습니다. 아무튼 장지를 찾아다니다가 지금 묘소가 있는 곳에 가보니까 ……. 그때는 지금처럼 나무가 가린 것도 없고 앞이 탁 트이고 전망도 좋아 그곳을 장지로 정하게 되었죠.

기종석 그때 경기도 일대를 여기저기 정말 많이 찾아다녔어요. 그런데 딱히 눈에 들어오는 데가 없어 고민하던 중 김남두 선생님이 전화를 주셔서는 선생님 장모님을 모신 남한강 공원묘지라는 곳을 한번 가보라고 했어요. 그곳에 가보니 마음에 들어 몇몇 선배와 상의해 장지로 정하게 되었지요. 그리고 선생님 장례 때 친척분들이 아닌 제자들이 장례 절차를 이끌고, 또 입관할 때도 제자들이 들어가 염을 모신 것 역시 아마 유례가 없을 것 같습니다. 묘비와 관련해서도 말씀을 드려야 할 게 있습니다. 장례 이후 얼마 지나지 않아 묘비를 준비하면서 스승을 위해 최고의 명필을 모셔 묘비명을 쓰려 했어요. 당시 제 친구 중에 이름만 대면 아는 최고의 명필인 아무개를 찾아가 며칠을 간곡히 부탁해 아무런 사례 없이 글씨를 받아왔습니다. 그래서 기쁜 마음으로 사모님께 가서 그 말씀을 드렸더니 정색을 하시면서 딱 한마디만 하셨는데 ……. 부끄러워 등줄기가 싸해지고 말았어요. "명필이 무슨 소용이 있나. 제자들 중에 글씨 반듯하게 쓰는 사람을 찾아 그 사람이 써야지, 무슨 이야기냐"라고 하시는 거예요. 그래서 다시 상의한 끝에 이정호 선생에게 부탁하게 되었지요. 이정호 선생이 박홍규 선생님 글 가운데 추모비에 새겨 넣을 문장도 뽑고 일대기도 작성한 후에, 글씨도 직접 써서 묘비와 추모비를 세울 수 있게 되었지요.

6) 유품

이정호 선생님의 유품 가운데 도서 대부분은 가족분들이 제자들과 상의해 서울대에 기증했어요. 선생님 손길이 비교적 많이 남은 텍스트와 주석서 등 80여 권, 그로티우스의 『전쟁과 평화의 법』 일본어 번역본, '박홍규 전집' 발간에 쓰인 녹음 테이프 170여 개, CD 147개, 그리고 친필 메모, 안경과 넥타이, 수첩과 의류, 라디오 등 일부 유품은 몇 년 동안 정암학당에 보관되어 있다가 역시 서울대 기록관에 모두 기증을 했습니다. 당시 목록의 사본 또한 정암학당에 아직 남아 있습니다. 이때 서울대에 기증한 선생님의 강의 CD 자료 가운데 일부가 최근 영구 보전용으로 전자화되어 학생들이 원하면 청취도 가능해졌다고 합니다. 선생님은 이미 정년 전에 갖고 계신 모든 책의 목록을 작성하시고자 했어요. 이에 저와 박윤호 선생 등 대학원생들이 당시 무게가 상당했던 습식 중고 복사기를 하나 구입해 선생님 댁으로 들고 가 며칠 동안 책 표지들을 모두 복사하기도 했습니다. 유품 가운데 선생님의 난외 메모가 새까맣게 적혀 있는 뷔데판 플라톤 텍스트 사본과 라디오 기능을 갖춘 제법 큰 소니 녹음 카세트 기기는 아직도 정암학당에 보관되어 있고요. 선생님 댁에 있던 목제 책장 가운데 일부도 현재 횡성 정암학당에 보관되어 있고, 선생님 댁에서 우리가 몇 시간씩 앉아 공부했던 방석도 몇 개 남겨 제자분들 몇 분께 드렸지요. 그리고 최근에 정암학당의 보관 자료들을 정리하다가 기독교 철학 관련 친필 메모, 유학 중 선생님께 보낸 제자들의 편지 몇 점과 사적인 편지 및 서류 그리고 장례 때 서울대 병원에서 받은 선생님 양복 등이 발견되어 정리 중에 있습니다. 참고로 '박홍규 전집'의 저작권은 가족분들의 제안으로 출판사와 합의해 정암학당으로 이전했습니다. 현재 별도의 계좌로 인세 수입분을 정암학당에서 관리하고 있지요.

7) 기타 일화

기종석 사실 박홍규 선생님이 은퇴하실 때, 제자들이 안락의자를 선물로 드렸는데 굉장히 꾸지람을 들었어요. 나는 그렇게 편하게 누워 공부하는 사람이 아닌데 왜 그런 안락의자를 선물하느냐, 그런 요지의 말씀이셨어요. 그리고 선생님의 은퇴를 기념해 우리가 『문제를 찾아서』라는 책을 펴낼 때, 선생님 호(號)를 지었으면 해서 윤명로 선생님께 부탁해 '소은'(素隱)이란 호를 받았어요. 그런데 선생님께서는 그 호에 대해 별로 마음에 들어하지 않으셨어요. 특히 '은'(隱) 자를 탐탁하게 생각하지 않으셨어요.

기종석 소광희 선생님께 전해 들은 이야기인데 …….. 소광희 선생님이 여러 선생님과 함께 박홍규 선생님 댁에 가서 리비우스를 읽으신 적이 있었는데, 읽는 도중에 사모님이 시골에서 올라온 엿을 대접하려고 갖고 들어오시니까 선생님이 모인 사람들을 향해 "자네들 엿이나 먹게"라고 하셔서 한참 웃었다고도 합니다. (웃음)

기종석 선생님의 학문적인 엄격함과 관련한 일화 하나를 말씀드리자면 박종현 선생님이 고전철학회 회장을 맡고 제가 간사를 할 때, 그리스 아테네대학의 부드리스(Boudris) 교수가 친선차 내한한 적이 있어요. 이왕 오는 김에 발표 하나를 해달라고 부탁했더니 고사하다가 수락한 후에 원전 텍스트를 요구해 박종현 선생님의 책을 드렸더니 연필로 새까맣게 적혀 있는 것을 보고는 깜짝 놀라 상당히 신경을 써서 발표했다고 합니다. 그런데 다들 발표 내용이 좀 이상하다 싶었는데, 박홍규 선생님 역시 그러셨던 것 같아요. 질문하시다가 아예 통역하라고 시키시더니 크게 내용을 비판하셨지요. 그러자 부드리스 교수가 아무 대답도 못하고 자리를 뜬 적이 있었어요. 선생님은 다른 교수님 발표 때도 그렇지만 외국인 교수가 와서 발표할 때도 내용이 이상하면 가차 없이 비판하셨어요.

아래와 같은 대화도 있었다.

기종석 제가 윤구병 선생님께 여쭈어봐도 잘 모르시던데 ……. 박홍규 선생님이 한국전쟁 당시 납북(拉北)당하다가 중간에 열차에서 탈출하셨다는 이야기를 들은 것 같은데 ……. 혹시 이 이야기를 아시는 분이 계신가요?

박희영 저도 누구한테 들었는지는 모르지만 그런 이야기를 듣기는 들었어요. 열차는 아니고 트럭에 실려가다가 탈출하셨다고 …….

이태수 나도 들었던 기억이 나기는 나요. 열차는 아니었던 같고 …….

윤구병 한국전쟁 전후와 관련해서는 선생님께서 말씀하시길 아주 저어하셨으니까 우리가 잘 모를 수도 있어요.

박희영 제가 선생님께 공부 말고 이런저런 질문을 잘 했는데, 선생님께서는 그때마다 "자네 그런 질문하지 말게"라고 말하곤 하셨어요.

8) 좌담 참관 소감

좌담회는 2021년 3월 30일과 4월 22일 두 차례에 걸쳐 오후 7~10시까지 정암학당 주관 아래 화상회의 형식으로 열렸다. 코로나 방역을 고려해 화상으로 열린 까닭에 제자들 가운데 일부만이 참여했으며, 김남두 교수와 양문흠 교수의 경우는 화상 통신상의 난점 때문에 대화 참여가 쉽지 않거나 아예 불가능하기도 했다. 그런데 좌담회에 참여는 하지 않았으나 서울대 강상진 교수와 강성훈 교수, 그리고 정암학당 연구실장인 한경자 박사가 좌담을 참관하고 사회자의 요청에 따라 아래와 같이 소감을 밝혔다.

강성훈　사실 저는 박홍규 선생님을 생전에 딱 한번 뵈었습니다. 제가 대학원생 때였는데, 다들 박홍규 선생님을 뵈러 간다고 해서 따라갔는데 가보니 선생님들만 계신 거예요. 당시 선생님께서 몸이 많이 불편하셔서 학생들은 오지 말라는 연락을 제가 받지 못했던 거죠. 그날 선생님 말씀을 녹음하는 심부름을 제가 했는데, 그 내용이 나중에 '무제'라는 제목으로 '박홍규 전집'에 실렸더군요. 그리고 그 후 얼마 안 있다가 선생님께서 돌아가셨죠. 지금도 선생님 말씀을 이해하기가 쉽지 않지만 그때는 더더군다나 거의 이해할 수가 없었습니다. 그 후 박홍규 선생님이 어떤 생각을 갖고 계셨는지는 여러 선생님을 통해 많이 들었죠. 이태수 선생님과 김남두 선생님을 통해서도 들었고 ……. 특히 최화 선생님께서 고전학회에서 발표하신 내용, 그러니까 박홍규 선생님의 형이상학과 관련해 'peras', 'apeiron', 'poioun'을 중심으로 말씀하신 내용은 비교적 익숙합니다. 그런데 최화 선생님이 말씀하신 그러한 내용을 사실 최화 선생님 말고는 다른 선생님들에게서 듣지는 못했습니다. 그래서 저로서는 아직 최화 선생님 설명이 박홍규 선생님이 생각하신 것과 맞는 것인지 아닌지를 잘 모르겠습니다. 아까 최화 선생님의 불만도 그래서인 것 같기도 합니다. 사실 제가 '박홍규 전집'을 읽어도 내용을 따라가기가 쉽지는 않습니다. 그리고 이태수 선생님과 김남두 선생님, 그리고 이정호 선생님으로부터 박홍규 선생님에 대한 여러 이야기를 들었는데, 그 이야기를 통해 느껴지는 박홍규 선생님의 모습과 최화 선생님의 말씀을 통해 느껴지는 박홍규 선생님의 모습이 저에게는 잘 매칭되지는 않습니다. 그런데 아까 최화 선생님 말씀을 들었을 때는 박홍규 선생님의 지적 유산이 잘 전해지고 있지 않나 보다라고 생각했는데, 조금 전에 이태수 선생님의 말씀을 듣고 나니까 "아! 그래도 우리에게 지금 박홍규 선생님으로부터 전해지는 유산이 있기는 있구나!"라는 생각도 들었습니다. 사실 박홍규 선생님과 관련해 제가 가장 많이 들었던 것은 김남두 선생님 강의를 통해 들은 박홍규 선생님의 데이터에 관한 내용과 최화 선생님이 말씀하신 'peras', 'apeiron', 'poioun'에 관한 내용인데, 저로서는 데이터에 대한 강조와 최화 선생님께서 말씀하신 내용 그 둘이 서로 다른 이야기 같아 잘 매치가 되지 않았거든요. 물론 오늘 처음 들은 텍스트도 데이터라는 박홍규 선생님의 말씀, 특히 텍스트를 대하는 박홍규 선생님의 엄격함과 철저함에 대한 선생님들의 말씀을 들으니까 그 점만은 박홍규 선생님의 유산으로 이어지고 있다는 생각이 들었습니다. 저도 선생님들로부터 그렇게 배웠으니까요.

강상진 저는 이태수 선생님이 말씀하신 대로 데이터에 텍스트도 포함된다는 것, 그리고 텍스트를 꼼꼼하게 읽는 것, 그래서 고전문헌학을 강조하신 것, 그러한 것들이 박홍규 선생님의 유산으로 저희들에게 이어져왔다고 생각합니다. 아울러 지금도 그러한 실천이 이루어지고 있다고 생각합니다. 비유를 들어 말하자면 "독일 철학을 공부해야 한다고 해서 독문학을 부전공해야 하는 것도 아니고, 동양철학을 공부해야 한다고 해서 중문학을 부전공해야 하는 것도 아니다"라는 생각이 분명 있기는 하지만, 박홍규 선생님께서는 그런 생각과 다르게 우리가 고대 철학을 공부해야 한다면 그리스어와 라틴어를 부전공으로 해야 한다는 것을 늘 강조하셨지요. 그러한 생각이 박홍규 선생님께서 우리에게 남긴 유산이 아닐까 생각합니다. 독일에 유학을 가보니까 그곳에서는 사실 중세 철학을 한다고 해서 반드시 라틴어를 해야 한다는 생각은 없더라고요. 라틴어까지 하면 기특하기는 하지만 철학적 자원이 낭비되는 것은 아닌가 하는 그런 우려를 하는 것 같았어요. 사실 저는 중세 철학을 하고 라틴어와 그리스어를 공부하는 것이 너무 당연한 일이라고 생각했는데, 독일에서는 그런 생각을 하고 있어 다소 당혹스럽기는 했습니다. 어쨌든 간에 저는 고전 철학을 하려면 반드시 고전문헌학도 해야 한다는 박홍규 선생님 말씀이 틀리지 않았다고 생각합니다. 그리고 이태수 선생님께 아리스토텔레스 번역 의뢰가 왔을 때, 박홍규 선생님께서 번역은 다음 세대가 할 일이고 너희는 그 세대를 키우는 세대라고 말씀하시면서 번역을 말리셨다고 제가 들었습니다. 즉 어느 정도 지적 자원이 축적되어야 그것을 바탕으로 자연스럽게 발전이 되고 그런 다음에야 제대로 된 번역도 가능하지, 그렇지 않을 경우에는 오히려 번역할 세대를 키우는 일에 방해가 된다는 점에서 박홍규 선생님의 그 말씀 또한 먼 미래를 잘 내다보시고 올바르게 일러주신 것이었다고 생각합니다. 실제로 지금 박홍규 선생님께서 말씀하신 그 방식대로 그렇게 프로그램이 진행되어 우리가 지금까지 왔다고 생각하고 있으니까요. 당시 박홍규 선생님께서 제자들이 석사 논문을 쓸 때 논제를 내세우는 것 말고 요약하는 것부터 가르치셨다고 하셨는데 ……. 마찬가지로 저희들 역시 이태수 선생님과 김남두 선생님으로부터 배우고 또 그것을 학생들에게 그대로 가르치고 있습니다. 그 가운데 하나가 석사 논문을 지도할 때 우선 작품 전체를 잘 알고 쓰도록 해야지, 그렇지 않은 상태에서 그저 협소한 주제만 끄집어내서 그것에 매달려 쓰게 하지는 말라는 것입니다. 사실 이것은 철학하는 태도와도 관련이 있는데, 요즘에는 철학이란 학문이 무슨 전문 기술 분야처럼 여겨져 박홍규 선생님으로부터 배우고 이태수 선생님과 김남두 선생님으로 배웠던 것 같은 철학함에 있어 긴 호흡으로 깊이 있게 통찰하는 자세가 점차 약해지는 것 같다는 생각이 듭니다. 그래서 저는 요즈음 "나는 철학 하는 사람이지 물리학 하는 사람도 아니고 철학을 해도 분석철학을 하는 사람이 아니다. 그들과 다르게 진화해야 한다"라는 것을 많이 의식하고 있습니다. 그런 점에서 저희들 역시 근본적으로 박홍규 선생님의 생각을 잇고 있다고 생각합니다. 특히 고전문헌학에 대한 강조는 지금 그렇게 진행되고 있다는 점에서 새삼 먼 미래까지 내다보시고 하신 말씀이라는 생각이 듭니다. 박홍규 선생님께서는 형이상학을 깊이 있게 잘하셔서 세상이 어떻게 돌아가는지를 일찍부터 파악하고, 그런 성찰 아래 본인의 역할을 해오셨다고 저는 생각합니다. 그래서 저도 부족하지만 그 근본을 따르려고 합니다.

한경자 저는 정암학당의 연구실장으로 줌(Zoom)을 이용한 이 좌담 방을 여는 역할을 맡아 지난 시간에 이어 오늘도 선생님들의 말씀을 듣는 영광을 누리고 있습니다. 아마도 여기서 제가 박홍규 선생님을 직접 뵙지 못한 유일한 사람인 것 같습니다. 사실 저는 '박홍규 전집'을 읽어도 이해하지 못하는 것들이 많았고, 그저 가끔 제자들인 선생님들한테서 박홍규 선생님에 관한 이야기를 듣고서야 조금 이해하는 정도에 머물러 있습니다. 그래서 오히려 제게는 박홍규 선생님의 말씀보다는 선생님들의 박홍규 선생님에 대한 이해와 해석이 귀에 와닿고 익숙합니다. 그런데 두 차례의 좌담 모임에서 선생님들의 말씀을 들으니까 박홍규 선생님이 우리한테도 멀리 계신 게 아니라는 느낌이 들었습니다. 여러 선생님께서 이미 박홍규 선생님이 일깨워준 것처럼 고전문헌학 공부가 중요하고 그 바탕 위에서 텍스트를 충실하고 정확하게 읽어야 한다는 것, 그래야 텍스트를 철학적으로 제대로 이해할 수 있다는 것을 우리에게 가르쳐주고 계시니까요. 저희들에게도 그렇게 박홍규 선생님의 유산이 이어지고 있다는 생각이 들었습니다. 그런 점에서도 새삼 선생님께 감사를 드립니다.

끝으로 지금까지 나온 소은 철학 관련 연구물은 아래와 같다.

〈저서〉
윤구병, 『있음과 없음』, 보리 2003.
이정우, 『소은 박홍규와 서구 존재론사』, 도서출판 길 2016.
최화, 『박홍규의 철학』, 이화여자대학교출판부 2011.

〈논문〉
김재홍, 「박홍규 철학에서의 '아리스토텔레스의 우시아'」, 『박홍규 형이상학의 세계』, 도서출판 길 2015.
류종렬, 「베르그송의 '형이상학적 관점들'」, 『박홍규 형이상학의 세계』, 도서출판 길 2015.
박종현, 「소은 박홍규 교수의 학자됨과 학문」, 『철학논구』18, 1980.
박희영, 「박홍규의 형이상학적 사유에 대한 소고」, 『박홍규 형이상학의 세계』, 도서출판 길 2015.
송영진, 「소은 박홍규의 형이상학과 자연과학」, 『박홍규 형이상학의 세계』, 도서출판 길 2015.

염수균, 「읽고 정리하게」, 『박홍규 형이상학의 세계』, 도서출판 길 2015.

윤구병, 「0과 1 사이」, 『박홍규 형이상학의 세계』, 도서출판 길 2015.

이정우, 「베르그송과 서구 존재론의 극복」, 『박홍규 형이상학의 세계』, 도서출판 길 2015.

_____, 「소은 박홍규의 아페이론 이해」, 『철학사상』 39, 서울대 철학사상연구소 2011.

_____, 「앙리 베르그송의 생명 개념에 대한 소은 박홍규의 분석」, 『철학사상』 54, 서울대 철학사상연구소 2014.

_____, 「구키 슈조와 박홍규: 우연의 존재론에서 타자-되기의 윤리학으로」, 『동양철학연구』 102, 동양철학연구회 2020.

이정호, 「박홍규의 존재론적 사유에 담긴 플라톤의 정치철학」, 『박홍규 형이상학의 세계』, 도서출판 길 2015.

이태수, 「박홍규의 무한정자(apeiron)에 대한 사색」, 『박홍규 형이상학의 세계』, 도서출판 길 2015.

최화, 「박홍규의 양상론」, 『박홍규 형이상학의 세계』, 도서출판 길 2015.

_____, 「박홍규의 형이상학」, 『서양고전학연구』 58(2), 서양고전학회 2019.

_____, 「형이상학과 서양의 본질: 박홍규론」, 『비평』 창간호, 1999.

〈서평〉

김재홍, 「박홍규 철학이 남긴 헬라스 사유의 유산」, 『철학사상』 19, 서울대 철학사상연구소 2004.

민찬홍, 「서평: 박홍규 전집 1, 2」, 『시대와 철학』 6(2), 한국철학사상연구회 1995.

박희영, 「학문 성립의 근거를 찾아 떠나는 형이상학적 탐험: 〈박홍규 전집〉」, 『비평』 18, 2008.

최화, 「서평: 박홍규 전집 1, 2」, 『과학과 철학』 7, 과학사상연구회 1996.

〈강좌〉

이정우, 「신족과 거인족의 투쟁 II: 소은 철학의 시선을 빌려 서구 사상의 핵심에 접근하다」, 전 6강 12교시, 아트앤스터디 2010.

이정호, 『박홍규 전집』 함께 읽기, 「정치가」 편 강의, 정암학당 2023.

자료
소은 박홍규 선생의 서울대 철학과
강의록과 친필 메모

1. 1972년도 2학기 중세 철학사 수강 노트

9월 28일(금)

〈참고문헌 소개〉

De Wulf, *L'historien de la philosophie médiévale.*

F. Überberg, Grundriß der *Geschichte der Philosophie 2.*

Gilson und Böhner, *Geschichte der christlichen Philosophie.*

Hans Mayer, *Geschichte der abendländischen Weltanschauung*, Band II.

J. R. Weinberg, *A Short History of Medieval Philosophy.*

Etudes de philosophie médiévale

M. Grabman, *Die Geschichte der scholastischen Methode*, I · II.

J. Gredt, *Elementa philosophiae Aristotelico-Thomisticae*, I · II.

C. Dowson, *The Formation of Europe.*

* 중세 철학의 분열 → 실증과학.
아리스토텔레스적인 우주관의 붕괴 → 갈릴레오.
실증과학적 기술이 중세를 분열 → 그리스에서 옴.
실증적 정신+Platonism → 모든 현상 상대적, 개체적.
* 아리스토텔레스: 하나의 세계관, 하나의 목적론 표방 → 중세가 이용.

종합적인 사고방식을 가진 사람 ── 헤겔과 베르그송.
특히 베르그송은 중세 전통 사상과 실증 사상을 종합한 사람.

중세: 종합적인 문화.

1. 그리스 사상
rational한 것과 동물적인 것과의 싸움: 이원론적, 다원론적.
이성적, 도시적 ── 군대 → 도시국가 ↔ 동물적(예: 디오니소스 종교), 농업 지역, 종족적.
인간 체험의 다양성이 특징 → 문화 창달.

2. 로마
동물적인 것이 약해지고 이성적인 것이 강화됨 ── 조직적 군대, 로마법 등 → 인간의 규격화.
실제적이며 행동적.
imperious(힘)+군대 → universum.
로마 중심의 하나로 뭉침. 모든 길은 로마로 통한다 → 일원적 사상.

3. Hebrew: 사막 지대 ── 강인한 자만이 살아남음, 히브리인 ── 자연에서 고립된 민족.
자연과 하모니 없이 초월적 신 ── 종족 본위의 신앙이 나옴(동물적+초월적).

로마 — 로마 자체의 문화와 신앙이 없음. 즉 매우 cosmopolitan적인 일원적 이성적 인간(딱딱한 성격) — 사변적이 아닌 현실적, 실제적, 행동적 — 역사적인 조직으로 형성.

이 로마가 문화적으로는 그리스, 종교적으로는 히브리 것을 받아들여 실제적인 힘으로 확대.

이 둘의 공통점 — 지중해 해안 문화 — 로마가 이것을 삼림 속에다 심음.

봉건 사회 — 농업 지역 – 식물적 — 지상권이 중심.

식물 — 자기 행위가 출발점. 인간의 자연적 건강 상태 → 자연과 접촉해야 함.

이에 비해 사막은 불건전 상태.

식물적, 동물적, 이성적, 신앙적(그리스=동물적+이성적, 히브리=동물적+신앙적).

중세는 이런 것들이 종합된 종합적인 문화이다.

총괄적인 신앙관.

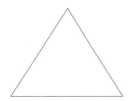

다원적 각 국가 — 국제 사회.

고딕 양식: 신앙, 식물적/인간, 동물적.

가장 원시적이자 가장 형이상학적인 문화 → 이런 문화가 나중에 분열됨.

F. Überberg, Grundriß der *Geschichte der Philosophie*, 2.

가족에서 개인이 개인으로 의식되는 것 → Ionia enlightenment.
가족주의에서 벗어난 개인. 이제는 직접적으로 개인을 다룬다.
이 Grund를 발견하려는 데서 철학이 생성함.
단순히 경험을 경험으로 취급하지 않고 존재자로서 파악.
ex. Herakleitos: 불 → 법칙 → 우주 자체(물활적 신 개념).
신화의 신이 헤라클레이토스적인 범신론적 신으로.
그리하여 이후에 "존재는 존재. 무는 무"라는 사상이 나옴(파르메니데스).
여기에서는 경험이 완전히 탈락하고 오직 logical thinking이 대두.
여기서 어떤 기본적인 성격을 찾을 수 있는가? → 동일률, Self 개념이 나온다.
존재 자체, 무 자체 어떻게 해서 자체라는 개념이 나왔는가?
자체라는 개념은 의식적 존재로서 개인의 확립에 기인함.

* Self의 성립 여건
1. 신화적인 교조주의가 빠져야 함.
2. 경험적으로 외계에 묶여 있음을 탈피해야 함. 왜냐하면 경험은 외계와 관련해 그곳에 묶여 함께 운동하는 것이기 때문.
일자 = 불가분자.
예) 어린이는 아버지, 어머니에 교조적인 감정을 가짐. 그것에서 탈피하면서 셀프를 의식.

Self: 타인의 이야기에 의해서도 안 되고 경험적인 충동에 관계되어서도 안 됨. Self는 경험적으로 이어질 수 있는 행동을 끊어 자기 내부에서 이루어져야 함. 행동의 주체자, Self가 독립되어야 함. 자기가 자기 행동을 책임질 수 있는 자.
→ 이것은 경험적으로 주어진 세계를 전체로서 파악해야만 가능 → 여기서 경험을 넘어선 Grund를 찾게 되고 그곳에서 신의 개념이 파악됨.

＊Self 성립의 논리적 조건 → 무가 나와야 함, 경험과의 연관과 엉킴에서 단절되어야 함.

A에 대해 무라고 하는 것은 A를 A로서 존재하게 하는 것은 아무것도 없다는 것.

Self로서 사물을 볼 때 그 사물의 진상이라고 함. 이 진상이 성립되려면 기본적으로 무가 필요하다. 이 무가 있어야 "그것 이외에 아무것도 없다. 그러니까 그것만이 있다. 방해하는 것이 아무것도 없다."

그런데 A Selbst, B Selbst 두 개 이상의 개념을 가지고 논의할 때 A, B가 둘 다 진상인 경우, A가 진상일 때 B가 Selbst적인 방식은 무엇인가? 그 둘은 연결이 안 되는 것인데 어떻게 A Selbst, B Selbst가 다 진상이 될 수 있는가? 그 둘을 연결하지 않으면 곤란하지 않느냐? 그러면 이 두 개의 진상체계를 어떻게 연결하느냐?

조건: A의 외연과 B의 외연이 같거나(A＝B) 둘 중의 하나가 포함 관계가 되어야 한다(A＞B).

이렇게 되어야만 두 개의 진상이 동시에 주어질 수 있다. 이때 A는 B에 implicate되는 것으로 분석된다고 말함. 서로 implicate되지 않는 것을 드러내면 그것이 definition으로 나타남.

그러므로 정의적 사고방식은 연역적 사고방식이다. 정의적인 방법은 진상체계에서만 연역될 수 있는 것.

그러면 동일률의 Self에서 운동을 살펴보자.

Ⓐ Ⓑ Ⓒ Ⓓ Ⓔ
————————→ 운동.

그러나 Ⓐ Ⓑ Ⓒ Ⓓ Ⓔ 각 개는 모두 Self이므로 그 사이에는 단절이 있다. 즉 운동이라는 것은 단절을 통해 간다. 즉 A가 0으로 가고 0에서 B가 나왔다는 공식이 나와야 한다.

이런 관점에서는 세계를 전체로 Selbst로 본다면 전체가 없어졌다가 새로 나옴. 그런데 A가 0으로 간다는 것은 진상 개념과는 어긋남 — 모순. 그러므로 운동을 동일률을 가지고 다루면 모순의 구조로 나타난다. 그러므로 운동은 모순에 의해 설명되어야 한다.

A 곱하기 0이 나오고 0에서 B를 곱하면 또 0이 나타나고 …… 그러므로 하나의 모순이 있으면 모든 존재자를 무로 돌림. 이것은 모든 사람에게 모순이 골고루 동시에 접해 있다는 이야기이다(0 = 0). 어째서 A가 무로 되고 무에서 어떻게 B란 것이 나오느냐?

* 진상 개념에 매달려 있는 희랍 사람들에게 이 모순과 운동 개념은 받아들여지지 않음. 그리고 제논과 소피스트들에 의해 이것이 수호됨. 그런데 소크라테스가 이 모순을 끄집어냄. 생물학적으로 성인(成人)은 Self가 된다는 것을 의미하는데, 성인은 곧 또한 죽음을 의미. 죽음과 생식이 모두 그것에 관련됨. 진상 개념의 입장에서 보면 모순은 불가하지만 소크라테스는 모순을 실천. 모순은 무가 있어야 하는데 무는 없다. → 플라톤, 아리스토텔레스.

그러면 A = A와 A → 0, 0 → A를 비교해 보자.
* A = A의 경우: 이것은 두 개의 A가 우리의 인식 속에 Dasein하는 것이 아니라 ' = '(equal)이라는 것을 알아야 함.
Ontologische Implication — 이 세계에서 같은 것을 뽑아낸다. 이를 위해서는 논리적인 차원을 성립시키는 agent가 있어야 함.
* Parmenides
논리적 분석, 종합을 이루게 하는 agent가 필요 → 신. 각 개의 agent가 다른 것과 연결을 가지려면 동일성과 더불어 타자성이 나와야 함. 그러기 위해서는 그 연결(논리)을 가능케 하는 agent가 나와야 하는데 그것이

신이다.

* A → 0의 경우: A는 직접적으로 들어오나 그것이 0이 되는 것을 알수 없다. 분석은 공존해야 하는데 이것은 비공존. 다른 말로 설명 불가능. 'Implicate'를 설명할 수 없다. 요컨대 정의, 분석, 종합, 연역 모두가 불가.

* 분석, 종합은 전체와 부분이 공존해야 함 → 공간적 사고.

ex) 자동차의 경우 분해를 분석이라고 하지 않음. 조립을 종합이라고 하지 않음. 왜냐하면 분해 시에 그 전체가 없기 때문. 조립 시에 그 부분이 없기 때문.

* 요컨대 창조, 부활이라는 것은 분석, 종합이라는 개념과는 다르다는 것을 알아야 한다. 비공존의 차원은 시간의 차원. 비공존의 극한은 하나만 존재 → 이 비공존의 사고는 분석, 종합, 연역이 되지 않음. 그런데 우리의 사고는 '연관'이 있다. 연관 없는 진상 그 자체는 사고할 수 없다. 즉 A → 0이라는 것이 있다고 가정하고 그 근거를 찾으려면 0 → A밖에 안 나옴. 그래서 존재 → A를 긍정해야 함. 운동을 긍정하면 모순이 되므로 논리적으로는 운동이 없다. 그러나 운동이 있는 한 그것을 우리는 논리적으로 사고해야만 하는데, 그것이 논리적으로 성립하려면 0 → A라는 모순 배후에 존재 → A라는 '믿음'이 생기게 된다. 곧 순수한 믿음은 순수한 모순에서 나온다.

* 신인 합일 A=B라는 사고방식. 이것은 사실 순수 모순. 이것이 주어지려면 A〉B, B〉A가 되어야 함. ex) 그리스도교: 내가 그리스도가 되거나 그리스도가 내가 되어야 함. 그런데 서로 Implicate. 이 같이 논리적으로 따지면 모순이지만 현실적으로 운동 같은 것이 있는 한 긍정을 함. 이것이 belief이다. 이 비공존의 세계에서는 분석해서는 안 됨. 이것은 운명적이다.

10월 5일(금) 강의 없이 그다음 주 10월 12일에 두 번째 강의.

Chaos: 모든 것이 서로서로 implicate되어 있는 상태.
순수한 모순 ── 순수한 질.

타자 속에 어떻게 자기 자신의 근거를 성립하는가?
원자론: 서로서로 implicate하지 않음. 기독교는 순수한 무를 거쳐, 희랍은 apeiron을 거쳐 근거를 이룸.
기독교: 인간이 신에로 approach가 아니라 신이 인간에게로 approach하는 방식
그리스: a. 신화의 신 ── 타인에 의해, 설득에 의해 approach. 민족 종교, 전통, 관습화되어 있다. b. 이후 신화가 무너지고 경험적 세계에서는 어떻게 approach되는가 → 자기 설득에 의해. reasonable(자기는 그렇게 생각한다는 식). c. 경험의 세계를 넘어서서 자체적으로 사고될 때는(사물의 Selbst로만 볼 때는) 직접적으로 주어진다. 인식론적으로 그 Selbst는 진상, 그것의 인식은 '직관.' 진상으로 성립하기 위해 그 Selbst로서 직접적으로 주어져야 한다. 진상이 그 이외의 것과 더불어 주어지면 Selbst가 아님.

희랍철학의 신이 세상에 나타날 때,
1. 시공간에서 퍼져서 나타남.
2. 변질되어 나타남. degree를 갖고 나타남. degree에 따라 성질이 다르게 나타남.
3. 시공간이 다성(多性)만큼 여러 가지로 나타남.
ex) Platon의 Idea, 즉 A라는 것이 있다면 A라는 모든 다성의 이데아. 현상의 원형의 의미로서 근거. 그것은 논리적이 아니라 존재론적으로 A이다. 경험의 세계에서 그것은 물리학적으로 생물학적으로 변질되어 관점에 따라 나타남. 이것을 다시 하나로 ontologische하게 통일하는 것

→ 신의 능력.

경험의 세계에서는 앞의 1, 2, 3처럼 나타남. 이것을 경험을 넘어 A 자체로 implicate해 내는 것이 Wissenschaft의 입장. 현상 A에서 A Selbst로 가는 과정: 이것은 logical한 것이 아니라 ontological한 것.

경험 세계에서 분석을 거쳐 본질을 파악하고 정의한다면, 그것은 상대적·변질적으로 각기 다르게 수용함. 그러므로 정의가 불가. 곧 완전한 정의는 그 Selbst 자체에서만 가능하다. 그런데 그 Selbst는 정의(곧 분석적 방법)될 수가 없다. 그것을 정의한다는 것은 모순. 그러므로 직접적으로 주어진다. 즉 모순을 통해 주어진다. 희망적이기는 하지만 도달하지 못한다.

그러므로 희랍철학에서는 논리적으로 주어진다는 것은 희망만 할 따름이지 도달하지는 못함.

이에 비해 기독교에서는 주어지려면 모순을 통해 주어져야 한다. 이것은 무엇을 말하느냐 '믿음'이다. 모순의 논리이다.

* 요컨대 기독교적 믿음은 모순의 논리, 그것은 implication이 아니다. 이것은

1. 시공간에 퍼져 나타나지 않음. 하나의 시간, 하나의 공간에 한번만 나타나야 함. Historical fact로서.

2. 경험적 인간으로 나타남(변질되면 안 됨). 그러나 이것은 불가능하므로 가장 순수한 믿음이 나옴.

3. 시공만큼 다성으로만 나타남.

희랍철학에서는 이성적으로 사고해서 Selbst에 approach하나 기독교는 모순을 통해 approach. 탈속(무와 우연해야 함) Selbst와 Selbst 사이의 순수한 무, 그것은 logical한 관점에서 모순. Selbst와 Selbst가 관련을 가지려면 허무(모순)를 통해야 함.

그렇다면 모순을 통해 구제해야 한다면 그것은 어떠한 방식인가?

한 자연인이 모든 차원에서 동일한 자연인을 구제해야 함. 즉 모순을 통해 경험적 자연인을 구제해야 함. 희랍철학에서처럼 모든 자연인의 이데아, 즉 동등한 차원의 자연인을 구제하는 것이 아니라 다성의 자연인을 구제하는 것.

→ 이것은 희랍철학 입장에서는 Non-sense임.

자연인인 한에서는, 구제하려면 자기의 생명을 바쳐야 함. 자연인이 100원을 빌리면 1:1로 100원을 주어야 하듯이. 그런데 어떻게 한 자연인이 만인의 생명을 구하는가?

한 사람이 만인의 죽음을 인수해 자기가 죽어야 한다. → 개인적 이타주의. 극단적 이타주의, 곧 모순은 하나가 전체를 이김.

* 희랍철학: 존재 × 무 = 무

　　　　　존재 2 × 무 = 무

　　　　　존재 3 × 무 = 무 ……

　　　　　무 하나가 동시에 모든 것을 무로 돌림.

* 기독교: 무 × 존재 = 존재

　　　　　무 × 존재 2 = 존재

　　　　　무 × 존재 3 = 존재 ……

　　　　　창조 논리, 즉 모든 무를 존재로 돌림.

* 한 존재(사건)가 모든 사람의 무에로의 길을 존재의 길로 돌림.

* 그러면 한 사건이 어떤 사건이냐?

자기의 죽음을 통해 작용, 곧 자연인을 통해 작용.

죽음 곧 허무, 모순을 통해 만인을 구제. 그러므로 신이며 자연인, 그러므로 이 죽음은 모든 사람을 구제하는 계기가 된 죽음이다. 이 죽음은 자연인의 죽음이지만 일반 자연인의 죽음이 아니다. 그러므로 신이자 자연인의 죽음.

이것은 합리적으로 인식 불가 → 하나의 Non-sense.

창조 논리는 무를 존재로 돌리는 것. 그리스도는 부활했고 모든 무를 존재로 돌리는 것. 모든 사람의 죽음을 속죄했다. 그러면 수육(受肉, incarnation), 즉 신에 직접 부딪치지 않는 사람은 어떻게 approach하느냐?

a. 부딪친 사람의 신앙고백을 통해.

이를테면 상대성 원리 같은 경우는 발견자 이외에 다른 사람이 그것을 인정하려면 그 말(동일한 사고에로 이끄는 implicate 가르침)을 믿어야 하지만, 종교적 신앙고백의 경우는 상대방(하나의 personal atomism)에게 설득(신앙고백을 통해). 그러므로 신앙자의 implicate는 신앙고백을 통해서만 됨. 논리적 implicate한 가르침은 학문적, 즉 학문은 논리적으로 강제되고 부분과 전체가 analogy가 가능하지만, 무와 존재는 analogy가 불가능. 극단에서 극단, 즉 모순 논리는 수정 불가능.

* 엉켜 있는 세계(그러나 아무렇게 implicate되지 않았다고 보면) → 논리적 세계.

* 탈속(脫俗)의 방식들.

1. transcendent —Idea로 가는 것 — 현재보다 강하게 되려는 이유 (positive).

2. apeiron으로 가는 것(망각) individual salvation.

3. 기독교의 탈속 — 절망적인 이야기를 승리의 이야기로 전환 — 노예만이 느끼는 탈속.

* 절망의 경우 희랍에서는 능력 계발이면 됨(positive). 능력 계발의 조건이 있으니까.

* 그러므로 기독교적인 탈속은 절망에서 느껴지는 탈속. 이 탈속이 성사(聖事)가 될 수 있는 조건 — 예수의 죽음 → 탈속의 극치. 그러므로 기

독교의 힘은 '순교.'

　＊ 힘은 힘으로가 아님. 힘을 죽음으로 → 모순. 기독교는 모순의 논리.

- 끝 -
(학부생 이정호 노트)

2. 1975년 1학기 데카르트 수강 노트

* 강의 교재: Descartes, 〈*Meditatione*〉 text 소책자

3월 27일

* 성찰록: *Meditationes de Prima Philosophia, in qua Dei existentia et animæ immortalitas demonstratur.* 1641 ── 데카르트의 핵심적 저서. 독일 관념론에 영향.

* 플라톤 세계관의 층위 1. Idee, 2. 의식, 3. matter.

* 플라톤은 확실성의 근거를 Idee에 두었지만 데카르트는 의식에 둠.

* 경험론은 matter에 확실성의 근거를 둠.

* 데카르트에 와서 Idee는 사라짐. 그래서 데카르트는 cogito에 확실성의 근거를 둠. 그렇다면 그것을 어떻게 구할 것인가?

* Meditation → 그 당시 보수적, 은둔적. 당시의 시대적 전면에 나타난 것이 아니라 역사의 그늘에서 성장함. 당시 유럽이 팽창할 때였음. 진보적인 사상 → 경험론.

* ego에서는 무질서가 나온다. 인간은 사회적 존재 → A. Comte의 Sociologie 출현.

* 대중=사회인으로서 → sociologie의 중심 주제. 그러나 데카르트는 귀족적이고 개인적 → meditation으로 감 ─ 엘리트주의. 그럼에도 불구하고 ego cogito는 현대에 지대한 영향을 줌.

* 데카르트가 개인적인 데 비해, 플라톤은 사회적 현상으로서 대화에 주목.

* 지식의 보편성은 그것 자체의 외연에 의거하지만은 않는다. 그렇다고 이 지식이 얼마만큼 사회에서 수용되는가, 그러한 객관성을 도외시하고 자기에게로 돌아가면 어떻게 되는가?

* 서양의 지식은 개인의 산물이냐, 사회의 산물이냐?

* 데카르트, 당시 보수적인 학문 성향이 짙은 사람들과 대화 불가. 그래서 meditation ─ 이것은 서양 사상의 필요악.

* 경험적 물리현상 ─ doubt ─ 긍정·부정이 미정인 상태.

* Platon ─ 물리학은 그 자체 성립 안 함. 수학과 기하학을 끌어와야 함(아리스토텔레스는 그 자체로 성립한다고 함). material은 긍정·부정이 미정이므로 그곳에 수학과 기하학의 적용 필요 ─ 데카르트는 수학과 기하학을 끌어들여 수리물리학 ─ 데카르트는 플라톤 입장.

* 이성 개념은 사물 자체로 돌아가야 하는데 경험적인 것, 즉 material은 불가. 그러면 기준은 무엇이냐? 물질적인 것이 아닌 것. Idee와 의식 가운데 데카르트는 의식으로 돌아감.

* 왜 material이 회의의 대상이냐? liberté ─ 의심할 수 있다는 것 ─ spontanéité의 본질 → psychē ─ 회의(懷疑)할 때 자발적인 기능.

* existentia ─ 무가 아닌 것. 한 사물이 다른 사물과 관계를 맺을 때. 의심하는 function을 의심의 대상으로 삼을 때 그것은 있지 않을 수 없다.

4월 3일

* substance = ousia의 번역.

* 1) form, 2) matter, 3) form-matter, 이 가운데 form만이 distinct.

* subjectum — 나타나게 하는 것. objectum — 나타나는 내용.

* 앎의 특성 — spontanéité — 하나이면서 자기 동일성을 유지하면서 밖으로 드러나는 것.

5월 16일

* 이론적인 학 — 신학

　　　　　　형이상학 — 제일철학

　　　　　　자연학 — 제이철학: 물질, 무생물, 생물, 인간

　　　　　　수학.

* 데카르트는 제일철학을 인식론에 둔다. 고전적인 의미에서 인식은 De anima에서 영혼이 갖고 있는 기능 가운데 하나이다.

* 각성 — 비고립.

* 꿈 — 고립 — 통각이 없다(외부와 단절). — 지식이 아님, 해석의 대상.

* 통각이 없다는 것: 감각적인 것에 지배를 받고 있다. 반성 능력이 없다.

* 꿈: logical order 없다. 반성 능력 없다.

* 반성의 대상 → 기억 → 기억은 data가 있다.

6월 5일(종강)

* 인식은 자기 운동의 한 모습 — egotism이 개재.

* 데카르트의 '나'는 추리가 아닌 요구. 내가 없다면 어떻게 걸어가느냐? 어떻게 잘 수 있느냐? ⋯⋯

* "나는 생각한다. 고로 존재한다." 이 명제는 논리적으로 불가(논리적인 귀결이 아님). 단지 요청된 것. Postulat: 논리적인 귀결이 안 될 때 요구. 만약 논리적이라면, "사고 안 하면 없다"도 성립해야 함. 그런데 이것은 모순.

* 데카르트의 『성찰록』 → 독일 관념론에 영향을 주었지만 실증주의에는 영향을 못 줌.

  * 독일은 Hegel 이후에야 positivism 나옴.

  - 끝 -   (학부생 이정호 노트)

3. 1975년 2학기 아리스토텔레스 『생성과 소멸』수강 노트

* 강의 교재: Aristotle, Paul Shorey. *On Coming-to-Be and Passing-Away*, Loeb Classical Library.

3월 27일(목) 개강

Aristoteles

1. *Physica* 자연학.

2. *De Caelo* 천체론.

3. *De generatione et corruptione* 생성소멸론.

4. *De anima* 영혼론.

⟨Platon⟩

* material world는 flux = 모든 측면에서 엉켜 있다 → 흐른다. 변한다. 부동(浮動) 상태.

이것을 어떻게 학적으로 정리하는가? ― 공간적 구성을 통해 구성함 (기하학적으로).

地-2면체, 水-20면체, 火-4면체, 風-8면체 → 서로 변형됨 ― 수학이 개입되어 구성함.

그러나

⟨Aristoteles⟩

* 경험적으로 주어진 사물은 그 자체로 실재로 봄. Platon처럼 하면 그 것이 물리학이냐 수학이지. 그러므로 주어지는 감각에 기초해 물질을 보 고 그것의 본질을 찾아냄.

* 그러면 Aristoteles에게 있어 기본적인 물질의 속성은 무엇이냐?

elementary substance ― first matter

火-dry hot, 공기-hot wet, 水-wet cold, 地-cold dry.

* dry-wet 반대, hot-cold 반대. 변화는 반대의 성질에서 이루어진다.

* sensible quality가 실재하며 객관적이다. elementary sensible quality 가 elementary matter를 구성함 ― 이것이 합해져 유기체가 됨.

* 물질은 물질이 갖고 있는 quality에 의해 알려지는 것이지 Platon처 럼 수학적, 기하학적 개념에 의한 구성으로 알려지는 것이 아니다.

* Platon ― 연장성이 있다는 데에 물질다움.

* Aristoteles ― 그것만 가지고 되느냐, 내적 성질이 있어야.

287쪽 중간 아래

* 연속적인 변화의 기초 → 연장성이 있어야 한다.

cf. 흑백: sensible matter ― 껍질, logical(noetic) matter ― 색.

* 기본적인 matter ― first matter ― 이것이 mix되어 homo-hemeras 를 만듦. 여기서 유기체가 나옴. 여기서 정신이 나옴.

* 火 / 공기 / 水 / 地: 공기, 수 ― middle: 火, 地 ― end.

* 이 넷이 circulate ── 1. 성질 유한, 2. 상호 이행.

* Herakleitos는 불이 되면 그 이상 변하지 않는다고 한다.

* 그런데 만약 circulate하지 않고 직선적으로 무한히 간다면 어떻게 되는가? ── 안 됨: 성질이 유한하다면 동일한 것이 나오니까 안 되고, 되려면 성질을 무한히 가지고 있어야 한다.

4월 3일(목)

* 290쪽 중간 아래

백, 흑, dry, moisture를 가지고 element를 구성하면?

circulation: Air → white, dry. Fire → black, dry. Water → white, moisture.

地 → black, moisture → Aristoteles 물리학 chemical하다는 것을 알 수 있다.

* 291쪽 중간

* primary quality가 무한하면 circulate되지 않음.

* Aristoteles, Platon ── 공간적으로 유한, 시간적으로 무한. 우주를 구성하는 질은 유한함.

* Aristoteles ── 일체의 질서가 콩 심은데 콩 난다(모든 것에는 원인이 있다). 그러므로 formal cause는 한정되어 있다. 변화법칙이 일정 ── flux theory가 되지 않도록 우주를 구제하기 위한 것.

cf. formal cause는 무한히 소급된다. 시간적으로 무한하다. 그러나 공간적으로는 유한.

* Platon ── 학문, 물리학 ── reversible한 것을 추구한다. reversible한 요인을 추구. 가장 reversible한 것이 수학. 그러므로 수학이 가장 perfectible. 그러나 Aristoteles는 물질 quality가 가장 reversible.

* 292~33쪽

* circulation이 무한하면 quality가 reversible해지지 못함. revert가 불가능.

모든 것이 다 무제한을 포함하고 있다면 다 똑같음 → chaos.

* Platon: first quality(수, 연장)만 있기 때문에 그곳에 가서 따져야 함. 왜냐하면 second quality는 무한히 변화하는 것이기 때문.

* Platon: second quality를 부정하는 것이 아니다. 다만 그것으로는 변화하는 것이기 때문에 science를 살필 수 없다. 그래서 first quality에로 가서 살펴야 한다.

* Aristoteles: second quality도 확실. 물리적 현상 모두 second quality를 통해 보기 때문에 그것이 불확실하다면 어떻게 하나? → 즉 감각 세계에도 확실한 것이 있다는 것.

4월 4일(금)

* Empedokles의 지수화풍(地水火風) ── 상호간에 transform 안 함 ── atomic함.

* analogy = analogon = according to logos = 비례(ratio), 즉 어떤 특정한 성질에 있어 같다라는 판단 → analogy.

* Aristoteles의 Empedokles 비판 ── unchangeable하면, 즉 element가 되면 어떻게 analogy가 있느냐(293쪽 아래).

* 연장성은, 순수량은 모두 항상 공통치를 갖는다. 그러므로 기본적인 element란 지수화풍이 아니라 그곳에서 더 비교할 수 있게 만드는 hot, dry, wet, cold(온건습냉)가 기본적인 element가 되는 것이다.

– 휴강 –

5월 16일(금)

* 297쪽

* Empedokles는 지수화풍 ── 원자로 봄. 원자는 운동인을 갖고 있지

않은 것. 그러므로 서로 transform이 안 됨. 그래서 Empedokles는 바깥에다 regulative한 운동인으로서 Love와 Strife를 둠. 그런데 Aristoteles는 어떻게 Love와 Strife가 운동인이냐?

* Aristoteles의 입장: body(입방체)가 있으면 항상 운동. body ─ 운동의 begin 아니면 limit이다.

* compulsion: 성질이 외부적으로 주어져 움직인 것(unnatural). 그래서 Fire가 위로 가면 natural, 아래로 가면 unnatural. 이러한 운동을 Love가 일으킨 것인가? 아니다.

cf. Empedokles: Love = 생존 = natural, Strife = 파멸 = unnatural. 화, 공기, 수, 토 ─ 이것이 Love로 모여 사람도 이루고 이것도 생기고 저것도 생김. Strife는 떨어뜨림. 외부에서 Love니 Strife니 힘을 가해야 움직인다.

* Aristoteles ─ 돌이 떨어지는 것이 natural, 그것은 자기 본성을 찾아가는 것인데 그것이 Love냐? ─ 가만히 내버려두면 각 사물이 방해받지 않고 자기 본성대로 움직임 ─ 낙관주의. body 속에 apeiron(무규정자: infinite)이 있다. 이 운동인은 그냥 운동하는 것이 아니라 목적인이다.

ex) $1 = 1/2 + 1/4 + 1/8$ …… indefinite. 1이라는 목적을 향해 감. 1이라는 definite, limit되는 점(telos)에서 규정됨(그런 방향으로 감). 다른 것과는 구별됨 → 그 사물의 본질.

* telos(end)는 compulsion에 의해서가 아닌 natural한 운동의 끝 ─ 이 모든 것의 운동의 궁극적인 끝 → 제일목적. 그러므로 형상인이 목적인이 됨. 개별적인 목적인으로 형성됨.

개, 돼지 …… 의 운동인 → 동물 일반의 운동인 → 계속 circulation하면 제일원인으로 감 ─ 아주 resonable.

5월 29일(목)

* Plato ─ Aristoteles: 신Platon주의(plotinos) ─ Catholic
　　　(이원론)　　　　　　　　(일원론)

* Aristoteles — 사물 본성에 의한 낙관론.

* 기독교의 학문의 입장; 우연. 그러나 학문; 내부적 설명(필연을 추구, 이유가 있어야 함).

* 철학적 문제의 출발: 생성과 소멸의 원인에 대한 물음. 존재가 왜 무로 돌아가느냐, 그 궁극적인 원인을 묻는다. 이때 무엇이 부정을 이끌고 오느냐?

1. to be → not to be로 직접 못 감. 무엇이 개입되느냐를 설명해 주어야 함.

2. 존재에 무를, 무에 존재를 끌고 오는 것이 무엇이냐.

* Aristoteles는 그것을 질료(가능성을 가짐)라고 함. 질료의 독립성을 인정해야 학문이 성립함. 이 질료에 대한 견해에 따라 우주관이 달라짐.

* Aristoteles는 질료가 가능성을 가지고 변화함으로써 기존을 부정하는 성질이 있기 때문.

* 기독교는 언제 생성, 소멸이 있는지 예측 안 됨. 우연.

* 305쪽

* matter: possibility to be and not to be.

* possibility는 독자적인 것이 아니고(항상 개체 속에 있음) 다른 것과의 관계 속에 있다.

possibility이기 때문에 possibility to be something으로 존재함. 따라서 not to be는 그 자체로 있지 않다는 것을 의미함. 이것은 단순히 무로 돌아가는 것이 아니다. 이 possibility는 궁극적으로 어디로 가느냐. 목적으로 감. 동태적인 측면으로 목적이 됨.

* 생물의 경우에 Platon, Aristoteles 모두 목적론에 들어가지만, 무생물의 경우에는 Aristoteles에서만 목적론에 들어감.

6월 5일(목)

* 311쪽 아래

1. formal cause.

2. the end.

3. matter.

4. efficient cause.

* 세계 ─ 1) 기술, 2) 생명현상, 3) 물질.

* matter면 모두 다 그 자체로 운동 원인. 이것이 end로 향하면 Form.

* 자연＝그 자체 속에 운동인을 갖는 것, 기술＝개체 바깥에 운동인을 갖는 것.

* Aristoteles 사상은 efficient cause 없이 material cause에 의해서만 운동을 설명하고자 함 ─ 그러나 난점. Aristoteles 목적론; efficient cause 없어도 자연히 end로 간다.

* 목적론의 입장에서 physical한 면은 dynamic하지 못하지만, mental한 면에서의 power는 그 반대이다.

* Aristoteles ─ matter, Form 떨어져 있지 않음. 이것은 matter가 소멸하지 않는다는 것을 말함. 왜냐하면 Form은 소멸하지 않으니까. 그러므로 운동이 영원함. 즉 영원히 Form의 교환만이 있을 뿐이다.

* Platon ─ matter와 Form이 떨어져 있음(이원적).

* 313쪽 중간 generation＝태양.

6월 12일(목)

* 315쪽 위 중간

* 되풀이의 영원성 ─ 항성이 동일한 주기로 내부에서 움직인다. ─ 봉쇄적 세계관 regular하면서 continuity.

* Aristoteles ─ 실재하는 것은 구체적인 것. 그러므로 matter가 Form을 가지고 있음.

* 사물의 두 측면 ─ 존재와 운동, 불변치와 변화.

* matter 소멸해서 궁극은 존재를 배반함.

* irregular한 변화: 1) 무제한한 방향으로 끊임없이 감. 2) 이러려면 무제한한 시간과 공간 질량이 요청됨. 3) 이것은 봉쇄적 세계관에서는 불가능. → 이것은 chaos. 따라서 Cosmos가 되려면 가장 irregular하지 말아야 함.

 * Form도 무제한일 수 없다. 그러므로 Form도 유한. 그러므로 우주 속 사물들은 Form이 일정하다. 그러므로 질서가 있으려면 일정한 한계가 있어야 함. 즉 우주 안에 일정한 법칙이 있고 그 속에 있는 사물도 유한해야 함.

 * 한 사물의 생성은 한 사물의 소멸을 초래함. 그렇지 않으면 무제한 증가 또는 무제한 소멸. 그렇게 되면 우주는 파괴. 그렇게 되면 안 됨. ― 우주에 대한 낙관적인 전제.

 * 한계를 넘으면 안 됨. ― 희랍 윤리의 근본 사상. 우주가 그렇게 되어 있으니까 도(度)를 지켜야 한다. → 다의 공존을 위한 필연적 전제 → 절제가 기본 사상 ― 인간이 신이 되면 안 됨.

 * Alexander 대왕이 이 사상을 깸 ― 인간 능력을 무제한 발휘하려 함. 무제한 침공. 문화 또한 무제한 융합. → 이 사상이 Rome에 계승. 모든 길은 로마로 통하지 않고 각자로 통한다는 생각을 일원론화함.

6월 19일(목)

 * continuity

1. 항성 ― 원운동(공간적) ― 영원한 일양적인 방식.

2. 유성 ― 불규칙.

3. 지상의 생성, 소멸 ― 반복으로서의 연속.

 * 영원한 일자(immovable mover) = 운동의 original source. 목적론적으로 모든 운동의 근원임. 항성 이하는 운동하고 변하지만 영원성, 즉 불변성을 여하히 확보하느냐의 문제임. ― 일회적인 운동은 예외적이며 영원성에서 가장 먼 운동 방식임.

 * 운동 개념: 다시 반복하는가 또는 사라지는가는 미결정적으로 내포

되어 있음.

　* 운동의 두 종류: 1) 공간 운동(주체가 불변일 때), 2) 생성, 소멸: 주체가 없을 때.

　* 별 → 영원 〉 공간 운동 〉 생성, 소멸.

　* 최선의 우주 — 1. 영원 불변한 우주, 2. 가장 질서 잡힌 우주.

　* apeiron은 미래 예측 불가. 그러면 불안. 시간 속에서 영원하려면 반복해야 함. 그래야 과정은 있되 영원함.

　* 끊임없이 시간 속에 영원으로 고정되어 있는 것은 없다. ex) 한 사람에게서 노년과 소년이 공존할 수 없다. 소년, 노년이 영원하려면 반복이 되어야 함. 또 나올 수 있으니까. 현재는 없어졌다 하더라도 그것은 영원할 수 있다. → 영원한 미래에도 있을 수 있다. 그러므로 Aristoteles에게서 모든 것은 영원으로 향하는 운동 방식 속에 있다.

　* 학문은 그러한 과정에서 비공존적 영원성을 가진 것만, 즉 반복되는 것만 대상이 됨.

　* 319쪽 4행

　* 지수화풍 — 지그재그 직선 운동이지만 반복 — 원운동.

　* 본질(목적)은 운동의 최후의 limit. ex) $1 = 1/2 + 1/4 + 1/8$ ⋯⋯. 부단히 운동해도 결국은 본질 1에서 멈추게 됨. 이 관계를 넘으면 본질 1에 대해서는 기만이다. 넘으면 곤란함. 넘으면 이미 1이 아님. 본질에 따라 공간적 위치가 정해진다.

　* 목적에서 운동은 정지한다.

〈비판〉 319쪽 참조

　* 모든 것이 제자리로 돌아가면 운동이 없어진다. classified된다. 그러나 물은 물대로 불은 불대로 그렇게 되면 지구상의 모든 것이 분해된다. 그러나 운동은 영원하기 때문에 여러 가지가 모두 또다시 결합, 분리를 계속한다. 즉 운동이 목적을 향한다면 Aristoteles에게서는 4원소가 자기

위치에서 영원히 고정되어야 한다. 운동의 반복보다는 존재의 불변성이 더 목적론에 적합하다. 그런데 4원소의 복합된 우주 만물이 결국 분해될 것이 아닌가.

* 목적에 도달하면 그것이 그대로 영원해야 결국은 완전한 목적론이 되는데, 운동이 계속된다는 것은 스스로 존재의 영원성을 파괴하고 목적론을 파기하는 자기모순이 아닌가?

* 운동의 continuity와 목적론적인 일자로의 고정은 서로 들어맞지 않음에도 불구하고 둘을 결합하고 있는데 과연 이것이 가능하냐?

* 운동의 원인은 matter인데, matter는 꼭 목적으로만 향하는 것이 아니고 목적을 배반하기도 함. 즉 '운동'은 목적으로 향할 수도 있고 안 할 수도 있다. 운동을 아무리 목적론으로 완결시키려 해도 그것은 불가능하다. 운동에는 어떻게 될지 모른다는 불안이 있다. — 운동의 본질.

* $1 = 1/2 + 1/4 + 1/8 \cdots$ 무한. 이것이 1 안에 contain됨. contain되어야 목적론.

불변치가 변치를 포함한다는 것. 유한자가 무한자 속에 들어갈 수도 있고 무한자가 유한자 속으로 들어갈 수도 있다. 위의 예에서는 continuity가 1 속에 contain되기 때문에 들어맞는다. 그런데 Aristoteles에게서 continuity는 contain되지 않고 넘어가기 때문에 그에게 있어 continuity와 일자는 서로 들어맞지 않는다.

6월 19일(목)

* 319쪽 아래

* Aristoteles — matter와 Form은 항상 결합되어 있다. 이들이 결합하고 있는 한. Form의 입장에서 존재는 영원하다. matter의 입장에서는 운동은 영원하다. 목적론에는 능동이 안 들어감.

* 변하지 않는 것이 있어야 그것을 기준으로 그 측면에서 변하는 것이 드러나게 됨. 이때 그 불변치가 무엇이냐 → end. 운동을 성립시키기 위해서는 변치와 불변치가 있어야 함. 두 개가 다 원인이 됨(불변치는 목적

인으로서 운동에 작용하는 것이다).

* Form의 입장에서 보면 개체, matter의 입장에서 보면 연속.

* first matter의 입장에서는 이 지구상의 운동은 따로 떨어져 있는 것이 아니라 서로 관련이 있는 것. 즉 하나의 운동의 Form에 의한 specification이다.

* Form에서 보면 지우개나 책상이나 개체이지만, primary matter에서 보면 떨어져 있는 것이 아니다. 그러므로 그런 것이 있는 우주는 하나의 운동이며, 그것은 불변치(목적인)를 가지고 있어야 한다. 이 하나의 운동을 지배하고 있는 것은 목적인이다.

* 321쪽

* Aristoteles의 시공간론은 『자연학』 제4권에서 다룬다. 시간은 운동 없이 성립하지 않는다. 시간이 영원이면 운동도 영원.

* Aristoteles —시간은 각각의 사물마다 다 있다. ex) 사람이 죽으면 그 사람에게 시간은 없다.

그렇다면 한 사물의 시간을 기준으로 해서 다른 한 사물의 시간을 잰다는 것은 한 사물의 운동을 기준으로 해서 다른 사물의 운동을 잰다는 것으로 환원된다.

* 시간 = 운동에 있어서 한 사물이 존재하는 측면. 불변하는 것에는 시간이 없음. 운동하는 것에만 시간이 있음. 그러므로 운동과 시간은 표리 일치.

* 그런데 운동에는 변치, 불변치가 있음. 한 연장선상을 일정한 속도로 움직이는 것을 기준으로 다른 변하는 것을 잰다. 그런데 다른 변하는 것은 모두 연장성을 갖고 있으므로 모두가 한 연장선상에 있게 됨.

6월 27일(금)

* discrete하지 않은 것, 즉 연속적인 것은 어느 것이냐? —matter.

* continuous의 근거는 운동하는 존재자가 있기 때문이냐 —그 존재

자가 있는 공간이 무한하기 때문이냐.

* 운동은 모순된 것. 존재에서 무로의 비약. 그러므로 연속은 무규정 속에서 성립함.

* 여기는 A, 여기는 B이다라고 할 때는 연속 없음. 어디서 A인지 어디 서 B인지를 모를 때 — 연속, 운동.

* Aristoteles — matter는 이러한 성질을 갖고 있고 동시에 이 matter에 는 또한 변하지 않는 것이 있다. 주체 → 그것이 본질, 즉 Form과 matter 의 문제.

* 우주가 유한한데 운동이 왜 영원한가? Aristoteles의 운동은 = repeating movement. 반복함으로써 영원을 모방.

* 공간이 연속적이기 때문에 운동에는 반복 운동과 비반복 운동이 있 다. 비반복 운동은 운동의 질이 달라짐. 그런데 우주는 유한해야 하고 영 원해야 하므로, 주체자는 연속적이어야 하고 공간은 유한해야 한다. 그 러므로 반복 운동하는 matter는 자기 동일성을 갖게 됨. cf. 유성도 항성 의 궤도 한계 내에 있어야 한다.

* 한마디로 비반복하면서 연속적이려면 공간이 무한해야 하는데, Aristoteles에게서 비반복이란 우연이므로 반드시 반복해야 한다. 그러 므로 Aristoteles에게 continuous한 것은 반복하는 것이다. 이는 모든 것 을 필연화하려는 사변적 철학. 목적론을 체계화하려는 그의 의도에 따른 것임.

* 논리적 사고는 공간 운동만 한다. 그러나 일반적인 운동은 시공 운동 을 동시에 한다.

* Aristoteles — 질서가 있기 위해서는 공간이 유한해야 하고 영원하 기 위해서는 시간은 무한해야 한다. 그러나 시간이 무한하면 공간도 무한해야 하고, 공간이 무한하면 시간도 무한해야 하므로 이것부터가 Aristoteles의 non-sense. 시간을 무한으로 한 것은 수량적인 측면에서 영 원을 규정하려 한 것이지 질적인 측면은 아니다.

7월 3일(목)

* 321쪽(11)

* always, necessity → a가 주어지면 곧 b로 가는 것. a — 운동 → b.

* 1) 무엇이 운동하는가? 2) 어디서 어디로 운동하는가? 3) 무엇 때문에 운동하는가?

Aristoteles — 이것에 대답이 되는 운동이어야만 운동이다. 그러므로 불확실한 운동은 운동이 될 수 없다.

* 운동을 끊어볼 수 있다는 견해와 끊어볼 수 없다는 견해에서 Aristoteles는 후자의 입장. 왜냐하면 끊어보지 않으면 어떻게 운동임을 아는가?

* 무제한한 운동은 성립하는지 안 하는지 확정을 짓는 과정이 무제한하다. 그러므로 무제한한 운동은 확정할 수가 없다. 그러므로 Aristoteles는 무제한한 운동을 긍정·부정 못함.

* 우주는 공간적으로 유한, 시간적으로 영원.

7월 4일(금) 종강

* external limit → Form ← definition.

* 존재한다고 하면 external limit가 있어야 함.

* matter, Form이 분리될 수 있고 결합될 수 있다면 그것의 처음과 끝이 있다.

* 그러나 Aristoteles의 경우 matter, form이 분리되어 있지 않음.

* 시간이 유한하면 공간도 유한해야 하는데, Aristoteles는 목적론 일변도.

* Platon, Aristoteles 모두 form은 유한하다고 봄. 그래야 cosmos가 됨. 그렇지 않으면 chaos.

* 목적론 철학 — 질서 의식을 전제한 철학.

* 사물에는 external limit가 있고, 또한 그것을 받아들이는 matter가 있다. 최초의 external limit는 cold and dry 등의 primary quality.

* 운동은 한 external limit에서 다른 external limit로 가는 것.

* 시간이 무한이고 공간이 유한이므로 A → B → A 반복해야 함.

* 논리의 세계에서는 reversible한 것이 tautology인데, 그러나 그것은 운동이 아님.

* Aristoteles에게서 reversible한 것은 자기 운동(의식을 예로 든다면 자기 반성). 이렇게 해야만 자기 동일성이 드러남. 그러므로 Aristoteles는 천체가 살아 있다고 함. cf. Platon ─ 완전한 생명체는 self-sufficient하다.

* 제일 끝 절 ─ 'substance'가 언제나 있어야 numerical한데, 생성 소멸은 substance가 없어졌다 생겼다 하는 것을 말하기 때문에 Aristoteles의 생성 소멸은 specific한 것임. specific과 numerical의 구별은 329쪽 참조.

– 끝 –

(학부생 이정호 노트)

4. 1975년 2학기 제논 수강 노트

강의 교재: H. D. P. Lee, *Zeno of Elea: A Text, with Translation and Notes* (Cambridge Classical Studies)

9월 1일(월)

Introduction

* Zenon의 귀류법

Aristoteles는 다음과 같이 비판한다. Dialektike(변증술)의 견해는 probable한(개연적인 것) 것이다. 그는 『변증론』(*Topica*)에서 학문은 Sache Selbst(물자체)에로 나아가야지, 플라톤처럼 사람들의 견해를 이야기해서는 안 된다고 주장하고 있다.

* Pythagoras

처음으로 순수한 논리적 사고를 함으로써 철학에 영향을 끼쳤다. 그는 경험과 논리적 사고의 혼합 상태에서 벗어나 모든 것을 증명에 의해 해결하고자 했다(천문학: 큰 수학, 음악: 작은 수학). 그러므로 철학이란 수학이 성립할 수 있는 존재론적 근거(Ontologischer Grund)를 찾은 다음에, 수학의 영역을 넘어서서 존재자 일반을 사고하는 데로 확대한 것이다.

9월 8일(월)

I. Plurality(多)

A: Arguments directed to prove Eleatic Monism(엘레아학파의 일원론을 증명하기 위한 논증들)

다원론에는 여러 종류가 있다(순수 다원론, 절충적 다원론).

다(多)를 인정하지 않으면, 우선 수학이 성립하지 않는다.

— 그리스인: plurality는 수이다. 피타고라스: 만물은 수이다. 만물은 복수(plurality)이다.

파르메니데스 1. 서문, 2. Aletheia(진리)의 세계, 3. Doxa(억견)의 세계.

Aletheia의 세계에서 존재(to on)와 비존재(ouk on)를 대립시킨다. 존재는 수학에서 처음 사용한 개념으로, 사물의 정의를 내리고 그 정의에 입각해 사물의 property(속성)를 안다는 것이다. 헤라클레이토스 등은 유비추리를 사용했다(존재는 비존재가 아닌 것).

* on(존재) × ouk on(무, 비존재)

1) 무는 없는 것이요, 존재는 real한 것이다(real하지 않으면, 인식의 대상이 안 된다).

2) 존재는 타자에 refer를 못한다(무에 대비시키므로). refer할 것이 아무것도 없다. 따라서 직접적으로 자신에게 refer할 수밖에 없다(katha auto, per se, en soi, an sich).

예를 들어 나와 책상은 서로 refer할 수 없다. 그러므로 존재는 자기 본위적이다.

3) 다른 것에서 독립해 있다.

4) refer하지 않고, 자신을 있는 그대로 두는 것 — 존재.

5) 존재는 인식론적으로 aletheia(verum)이다.

* 새로이 refer함으로써 새로 규정되는 것: 새로운 근거에 다시(re) 가져가서(fero) 나타난 것.

1) 양상(Modality): 아리스토텔레스에게서는 실재론적 요소가 들어간다. 스콜라철학에서 나온다.

2) 현상(Phainomenon): 플라톤에 있어서는, 의식의 주체자이든 무엇이든 타자가 빛을 던져준다는 의미가 내포된다. 그러므로 모든 논리적 사고의 최고의 근거는 모순율이다. 그런데 모순율을 말할 수 있으려면 무가 아닌 한에서의 존재의 성격을 규정해야 한다.

* 1) 없다는 것에 대해서, 있다는 개념을 사용.

2) 자기에게만 refer해서 real하게 있는 것은 독립되어 있다. 그러므로 refer할 때도 자기에게 고유한 방식으로 refer한다.

3) 무란 다른 존재자가 나타나는 것을 방해하는 요소가 하나도 없다는 것이다(아무것도 없다). 따라서 외부에서 어떠한 영향도 안 받아 그 자신이 그것대로 성립하는 것이 진리이다.

삼각형이 삼각형 자체로서(삼각형의 관점에서만 본다) 있는 것이 정의이다.

* 존재

1. 초월적 규정

어떤 것에 refer해서 사물을 규정하는 것이 아니라 다른 모든 사물과의 연관성을 끊고 존재자 일반의 입장에서 규정하므로 초월적이라 한다. 내용을 빼버리고 무에서만 보기 때문에 항상 확실하다. 단, 이런 것은 모순을 이해할 줄 아는 사람에게만 가능하다. 가장 fomal한 개념이다. 가장 확실하므로 추상적이다. 이러한 존재 개념을 밑바탕으로 해서 인식론을 세우든지 학설을 세우든지 해야 정확하게 된다.

2. 존재의 보편적 규정(정의)

어떤 사물을 한 사물에 refer해서 일반적인 것을 끄집어내는 것을 보편적 정의라고 한다.

* 종과 류: A와 B를 비교해 보니 A가 더 보편적이다. 이 정의는 내용 문제가 들어가므로 확실할 때도 있고, 그렇지 않을 때도 있다(경험 중에는 confirmation시킬 수 없는 것도 있으므로).

* 모순 개념 → 있느냐 없느냐, 둘 중의 하나이다. 중간 단계는 없다. 그러므로 모든 불확실성은 없어진다. 존재는 다른 사물에 refer를 못 하므로 쪼개지지 않는다.

스콜라철학: 존재의 5개 초월적 개념(존재와 등치 개념) ─ 1) 존재 (ens), 2) 일자(unum), 3) 내용(res), 4) 진상(verum), 5) 선(bonum).

무는 내용이 없으므로 학문의 세계에서는 직접적 대상이 안 된다. 그러나 그 배후에는 항상 내용이 있다.

9월 10일(수)

* on(존재)/ouk on(무): 가장 primary한 모순.

존재에는 qualification(질적 규정)이 안 들어간다. 존재라는 개념에는 내용이 안 들어간다.

무는 모순율에 의해 사고되어지는 무이다.

단적으로 존재라는 것의 모순을 생각함. 이런 때의 모순이 무이다.

외부로부터 아무런 영향을 받지 않고 다른 사물에 refer할 수도 없는 것(자신에 대해서만 refer)이다.

1. real(있다. 없다), 2. per se(자기 보존, 독립된 것) → 일자, 3. verum.

사물이 다른 한 사물에 refer해서 나타나는 것 → modality(현상).

사물이 그 자체에 refer해서 존재하는 것 → alētheia(진리).

* alētheia(revelatio)

1. 진상(대상): lanthanein(은폐한다. 가로막는다).

2. 진리(noein, nous): 파악하는 능력이 들어간다.

* ens, unum, res, verum, bonum → quinque transcendentia.

* 일자: 정확성이라는 개념이 들어간다. 가로막는 것이 없으므로

clair(명료)하게 주어진다.

무가 아니고 그것이 존재하는 데서 객관성이 주어진다.

* 우리가 안다는 것의 특징은 정확한 것이다. 그런데 가장 정확한 것은 모순이다.

객관적으로 있고(독립적으로 존재하고) 무 속에 들어 있기 때문에 인식의 대상이 된다 → 학문의 성립 근거. 그렇게 나타나지 않는 것에 대해서는 어떻게 approach할지가 문제가 된다.

* 파르메니데스: 개개의 사물에 접근하는 것이 아니라 만물의 진상에 approach한다(앞의 존재 공식과 함께). 만유는 하나이고 독립적으로 있으며, 그 자체로 진상으로서 성립하고 real하다. 이렇게 정의하고 출발한다.

* 이 우주 전체가 그런 식의 진리 공식에 따라 적용될 수 있느냐는 문제가 생긴다.

다원론자: 진상이 왜 일자이냐고 반론할 수 있다.

* 파르메니데스: 진상 그 자체는 하나인데 전체적 진상을 파악하지 못하기 때문에 부분으로 쪼개어 본다(전체를 전체로서 보지 못하므로 사람, 나무, 집으로 쪼개어 본다). 그러나 전체의 reality는 일자이다.

1. 전체와 부분의 관계

무와 대립된 것으로서의 존재 → 충만(부분으로만 있으면 무가 들어간다).

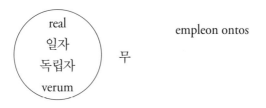

(파르메니데스: 감각의 세계는 암흑과 빛으로 가득 차 있다)

충만에서 사물의 고유한 본질이 나온다 → Idee.

to on(존재)은 감성적 개념이 아니라 논리적 개념이다 → Ontologie.

(Pathos의 대상은 우선 존재해야 한다)

우주의 진상은 부분의 진상들로 가득 차 있다.

이것과 다른 것이 구별되는 것 → 질(質).

A-Sache(물자체), B-Sache, C-Sache.

* 플라톤: 각 사물의 eidos라는 말을 쓸 수 있으려면, 그 사물로 나뉘어져야 가능하다.

파르메니데스: A, B, C 각각이 자체로만 있으면 전체라는 개념을 쓸 수 없다. 무가(그 사이에 있는) 없어져야 A, B, C ……의 전체가 나올 수 있다. 그러므로 충만되기 위해서는 얽혀야 한다(무가 없어져야 전체라는 말을 쓸 수 있으므로).

플라톤: 얽히면 곤란하다.

2. 얽힘과 충만

두 개 이상의 존재를 쓰려면 충만이 들어가야 한다. 그런데 충만이 되려면 얽혀야 한다.

* 얽힘

a) synechō(together+have), contineo(cum+tineo): contain.

전체를 부분에서 보면, 전체가 부분을 함유하는 것이다.

b) syneches: continum(continue).

얽혀지면 a, b, c, d가 관계를 맺게 된다(a, b, c, d 상호간에 contain).

또한 전체적인 규정은 부분적인 규정을 contain한다.

* 얽히는 것은 어디까지 가는가? → 일자가 나올 때까지(얽힘의 극한치).

거기에서는 contain과 contained된 것의 구별이 없어지고 A와 B의 구별도 없어진다. 그러므로 충만 개념이 요구하는 것의 limit는 syneches이다.

충만: 모든 것은 같다(과거, 현재, 미래, 여기, 저기).

그러나 이쪽에서는 조금 얽히고 저쪽에서는 많이 얽히는 등, 서로 같지 않으면 plurality(다)의 개념이 나온다.

　* 전체의 일자는 부분의 일자가 얽혀 언제나 구별이 없는 상태가 나와
야 한다 → 얽힘의 limit는 충만이다.

　* per se, kath' auto, 독립자 → 안 얽힘의 limit.

　이 우주를 이 두 가지 가운데 어떠한 것으로 볼 것인가?

　파르메니데스의 dilemma: 전체의 an sich가 성립하는가?

　(얽힘의 극한 syneches: 구별되지 않는 것)

　* 일자

　1. per se에 대한 일자.

　2. syneches에 대한 일자.

　1, 2는 서로 다르다.

9월 12일(금)

　* divisible: 분할되어 있다. 얽힘이 불완전하다. A. B. C. D → 구별이
있다.

　indivisible: syneches의 극한은 모든 내용이 구분 안 된다. 즉 구분의 기
준이 없어진다.

　* syneches의 문제 → indefinite한 점(kath' auto에 반대).

　1) 존재와 무는 모순된 것(entweder/oder)이므로 부분으로써 전체를 이
룬다고 말할 수 없다.

　2) 존재와 무가 결합해 이루어졌다는 것이 아니다(neither to be nor not
to be).

　3) 존재로서도 무로서도 파악이 안 된다. medēteron(neuterum).

　그러므로 syneches는 neither/nor로밖에 규정이 안 된다.

　* syneches: 그 자체로서는 쪼개질 수 없다(쪼개는 기준이 없다는 의미에
서 일자라 한다) → apeiron(무규정적인 것). 순수한 apeiron 자체는 쪼개지
지 않는다.

　* 파르메니데스: apeiron은 존재자로 충만되어 있는 것(empleon ontos)

이 아니라 무규정적인 것(indefinite)으로 충만되어 있다(제논이 더 밝히고자 한 점).

　＊syneches 개념에 도달하고 보니까 apeiron 개념이 나왔다. 그런데 apeiron kath＇auto(무규정적인 것 그 자체)는 apeiron으로 충만된 것이지, 존재로 충만된 것은 아니다. 존재도 무도 아니므로 apeiron으로서의 syneches는 상대적으로 분할 가능하다(존재가 아니라는 점이나 무가 아니라는 점 하나에 상대적으로 refer시킬 경우). 따라서 그 자체로는 쪼개는 기준을 갖고 있지 않지만 외부에서 기준을 넣어 쪼갤 수 있다(현실적으로 쪼개져 있지 않지만, 외부에서 주어지면 쪼개질 수 있다). syneches는 연속(존재도 무도 아닌 것으로서의 충만)이다.

　＊sōma(body) → 존재, 독립적 일자.

　연속성의 입장에서 볼 때, 연속적인 일자를 다른 연속적인 것과 구별해 독립적 일자로 만드는 것이 독립적 일자이다. 그것이 성립하기 위해서는 다른 것과 끊어주는 인자가 있어야 한다. 그 인자를 body라 한다. 그 body는 어디에서 보나 하나로 성립해 주는 인자이다. 연속적인 어떤 것으로 있기 위해서는 하나의 인자가 들어가야 한다.

　body: apeiron의 측면에서 보면 무한히 분할될 수 있다. 그러면서도 동시에 무한히 분할될 수 있다는 측면에서 보면 body라는 말을 못 쓴다. 그러므로 body는 무제한하게 쪼개지는 면과 무제한하게 쪼개지지 않는 면을 동시에 지니고 있다. body는 모든 측면에서 다른 것과 구별해 주는 것이다. body만 독립된 존재자이고, 선과 점은 이것에 따라다닌다.

　＊다(多)로 성립된 것을 존재로 취급할 때.

　＊충만 → syneches ① apeiron: 가분적(무제한성).

　　　　　　　　　　② apeiron과 대립된 개념으로서의 존재(불가분적

　　　　　　　　　일자).

　①처럼 apeiron의 측면을 보는 것: 유클리드 기하학(4, 6면체).

　②는 apeiron을 하나의 body로서 통일해 주는 일자. 예) 사고의 통각, 인간의 Idea, 생명, 아리스토텔레스의 본질.

* 파르메니데스의 일자

apeiron을 통해 무제한 내용을 받아들여 규정하는 일자. 일부의 내용만 받아들이면 분할되므로 분할되지 않도록 만들기 위해 요청되는 일자: hypothesis(근거지음) 사상.

그러므로 질에 있어서는 존재가 apeiron보다 위에 있고, 양에 있어서는 apeiron이 존재보다 위에 있다(degree상으로). 우주는 하나의 body이다. 우주를 하나의 body로서 성립해 주는 하나의 인자가 있어야 한다. 이것이 무너지면 indefinite divisibility 사상이 나온다.

9월 15일(월)

* 제논: syneches를 존재의 측면에서 본다. to on → syneches(body). 모순 개념으로는 분석이 안 되지만 독립된 일자로서의 다른 것과 구별해 주는 것.

continuous indivisible(연속된 비가분적인 것).

* 반대론자들: syneches body를 infinite divisible(무한 분할 가능한) apeiron으로 본다.

어떤 측면에서도 다른 측면과 구별되어야 body 개념이 나온다. 연속적인 비분할적 개념이 body가 다른 것과 독립되도록 해준다.

* 백묵이란 quality가 그러한 body로 될 수 있는가는 문제이다(백묵의 모든 부분에서 서로 얽혀 있어 어디에서든지 unified form을 갖고 있어야 한다).

* 제논: 무가 아닌 한에서의 존재의 측면에서 논하고 있다.

1) 존재(일자): 모순율에서 출발(무에 대립된 개념으로서의 존재). 그러므로 단순하다.

2) syneches: 무와 모순된 존재 개념, 즉 apeiron과 대립된 존재 개념이므로 단순하지 않다.

* 반대론자들: syneches인 body가 나오므로 그것은 가분적(divisible)이지 않으냐?

* 제논: apeiron을 모든 측면에서 일자로 규정해 주는 syneches를 논함.

* 베르그송: syneches는 시간의 차원에서는 지속이고 인식의 차원에서는 통각이다. 얽혀 하나가 되는 그 지점에 생명의 본질이 있고, 바로 그 지점에 다른 것과 구별해 주는 body가 있다. 유기적 통일체(organic unity)도 syneches 개념 중의 하나이다(예: 팔을 몸에서 떼어놓으면, 그게 무슨 팔이냐?).

* sōma는 사람의 신체인가, 물체인가의 문제(철학적 용어).

1) 플라톤: 생명체가 개체이다.

2) 파르메니데스: 우주가 개체이다.

2. 심플리키우스

* ultimate minima(궁극적 극미체): 존재만이 존재의 단위가 될 수 있다. apeiron은 존재의 단위가 될 수 없다.

* whole(전체)은 indefinite한 number의 body로 구성되었다고 하는데, whole 속에 infinite한 number가 들어갈 수 있는가?

* megethos(양)의 두 종류

① non-magnitude: synechein 아닌 것으로서의 존재, 무.

② magnitude: synechein인 것으로서의 존재.

①로 나누면 megethos는 항상 그대로 남는다. ②로 나누면 일부분은 부정된다. 그러므로 양은 계속해서 나누면 나중에는 없어져 Zero Punkt로 가게 된다.

* whole(pan)

① apeiros number of parts로 구성된 것.

② apeiros number of parts로 구성되지 않은 것.

제논은 ①에 대해서는 생각하지 않는다.

infinite divisible이지 infinite divided는 아니다.

(문제점: 무제한한 것을 부분이라 할 수 있는가? body 속에 무제한한 부분이 들어갈 수는 있지만 현재 그렇게 분할된 것은 아니다.)

* magnitude를 magnitude로 나누면(모든 측면에서) 허무로 돌아간다.

magnitude를 non-magnitude로 나누면, 무제한하게 쪼개질 따름이지, 원래의 magnitude는 no touch이다.

완전하게 얽히지 않으면 차별점이 생겨 그 점에서 분할된다.

제논은 apeiron을 infinite number of parts로 안 보려고 한다.

indivisible one → 일자 → 존재 → verum을 밝히고자 한다.

맨 처음에 출발한 일자와 syneches를 총괄하는 일자의 연관, 존재, 진상 개념이 점점 변해 가는 걸 보아야 한다(항상 모순율과 연결해서만 본다).

9월 17일(수)

3. 필로포누스

* non-proper sense의 일(一)이 나와야 다(多)가 성립한다.

왜냐하면 그래야만 얽혀, 다가 성립하기 때문이다 → Zenon의 모순.

plurality는 non-proper sense의 one들로 구성되어 있다.

① one.

② plurality: 중간 입장. 그러나 제논은 apeiron 입장에서 보고 있다.

③ apeiron(indefinite).

* magnitude의 최후 unity가 안 나오면 무엇을 기준으로 구성되어 있다고 볼 수 있느냐?

제논: apeiron은 one과 대립된다(그는 있느냐 없느냐만 따지는 모순율만을 갖고 논의한다).

apeiron을 존재 개념과 동떨어진 것으로 사용한다(그러나 실제로 plurality는 있을 수도 있고 없을 수도 있다).

제논: apeiron은 일자에 대립된 개념이다.

plurality를 인정하면, apeiron도 인정해야 한다(apeiron 자체를 논의).

일자에 대한 apeiron의 관계: 자기 전체의 성격을 주거나 안 주거나이다. 부분적 성격을 주는 것이 아니다. 존재와 apeiron은 대립된다. 따라서 entweder one oder apeiron이므로 plurality는 없게 된다.

* oneness(모순율로서의 진정한 one)는 모든 plurality에 외연되어 있다.

제논: 문제를 해결하기 위해서는 apeiron 개념에 대해 해결해야 한다 (다로써 구성된 일자를 다룰 때 생기는 철학적 aporia). 그러므로 제논에게 있어 전체를 구성하는 unit는 유한수이다.

 * plurality는 많아질 수도 있고 적어질 수도 있다.

유한한 우주 속에서 무한한 것은 우연(existentia)이다.

① 위에서 보면, 하나이다.

② 밑에서 보면, 존재 가능하거나 불가능하거나이다.

apeiron은 모순을 가지고서는 쪼갤 수 없는 개념이다.

apeiron은 모순을 화해시키는 개념이다.

apeiron은 어떤 관점에서는 모순(존재·무)을 이끌어오는 개념이다.

 * 제논은 연속적인 것을 빼버린다. 그에 따르면, 우주 전체의 세계는 존재(haplos한 존재, 즉 단적인 존재)로써 충만되어 있으므로 body로 이루어졌다고 할 수 없다. 왜냐하면 이때의 존재는 어떤 단서가 붙여진 존재이기 때문이다. 그런데 제논은 body로써 이루어졌다고 말하므로 틀렸다 (body의 일면은 일자이므로 어떤 관점에서는 존재라 할 수 있다).

그러므로 Zenon에서는 연결이 안 되고 가능·우연이 없다.

infinite는 양적 개념이고, indefinite는 질적 개념이다.

문제: 다(多)는 어떻게 진상의 영역으로 들어가는가? 진상이 될지, 안 될지는 미정이다.

9월 19일(금)

 § B. Arguments directed against a plurality of henades(일자들로 구성된 다를 공격하는 논증들).

 4. 아리스토텔레스

 * 제논: 상대방의 견해를 받아들이고 나서 그 견해로부터 모순을 끌어 낸다. 즉 plurality를 인정하면 auto to hen(자체적 일자)이 안 나온다.

syneches는 on(kath' auto hen)이다: 제논의 입장.

syneches는 apeiron이다: 반대편의 입장.

* 아리스토텔레스: 모든 질의 결여(privation: sterēsis).

제논: plēthos → hen.

plurality는 나타난 것이 아니라 그 자체로 있다. 그렇다면 그것의 기본 단위는 kath' auto의 것(자체적인 것)으로 있어야 한다. 그런데 반대편에는 그러한 일자가 없다.

* apeiron이 존재의 성격을 지니려면 body가 되어야 한다(선, 점이 되어서는 안 된다). body로서의 plurality는 무한히 쪼개진다. 그러므로 kath' auto hen은 안 나온다(반대편의 입장에 서면). 그 이유는 kath' auto hen에는 magnitude가 없어야 하기 때문이다. magnitude가 없는 것은 점이다. 그러므로 반대편의 입장은 성립하지 않는다.

* 반대편의 입장: 쪼갬에 의해서만 나타날 뿐 처음부터는 없다.

* unity itself가 성립하려면 magnitude가 없는 자신(itself)이 나와야 한다. magnitude를 지닌 것은 쪼개지면서 나타나므로 아무리 계속해 쪼개도 unity itself는 나오지 않는다(반대편의 hypothesis: magnitude가 존재의 성격을 받아들이므로 성립하는 존재였다).

* soma는 pantei on(모든 면에서의 존재)이다. 그런데 pantei homoios diaireton(모든 면에서 동일하게 나누어진 것)은 apeiron이다. 그러므로 syneches는 apeiron이다.

* physical body와 geometrical body의 차이는 formal science와 matter science의 차이이다.

physical body에는 physical property(내용)가 들어 있다. 그 내용이 무엇이냐에 따라 physical 또는 biological body가 된다.

geometrical body는 그 속의 내용을 뺀 것이다. 그 속에는 내용 대신에 geometrical magnitude가 들어 있다. geometrical magnitude는 얽혀 있다. 따라서 하나의 body만 나온다. 반면에 physical 또는 biological body는 모두 얽혀 있다(syneches). 양자는 얽혀 있다는 점에서는 같으나, 내용이 들어 있느냐 없느냐에 따라 다르다.

* Geometrical body.

① 제논: 얽혀 positive한 내용이 성립하는 것. 얽혀 하나가 되려면 positive한 내용으로 충만되어야 한다.

② 반대론자: 얽혀 그 내용이 다 빠진 것. 내용이 다 빠지므로 무에 접하게 된다. 1항적(一項的) 공간이 geometrical body 속에 들어 있다.

* apeiron(연속성)이 존재화되려면 어떠한 조건이 필요한가? 존재에 부딪히려면 연속성이 끊어져야 한다. 연속성이 그대로 있는 한에서는 존재에 부딪히지 않는다. 끊어진 그곳에서만 on을 쓸 수 있다. 안 끊어지면 possibility만 갖게 된다. in all respects(모든 점에서) 끊어진 것이 body이다. apeiron이 body로 될 때, body는 possibility만 갖게 된다. 끊어지는 그 점에 허무가 있다. 존재에 부딪히면 positive한 규정을 받아들이게 된다.

* geometrical body에서 그것이 존재라 불릴 수 있는 이유: 그것의 한계(horos)에 있지, 그 속(내용)에 있지 않기 때문.

* 제논: 얽혀 하나가 된다. 겉 또는 속이라 하는 말은 전체와 부분이 있어야 한다. 따라서 제논에게서는 겉과 속의 구별이 없어진다.

* physical body: body뿐만 아니라 속이 있어야 한다. 그 속에 들어 있는 것이 positive한 존재성을 가지고 있다. 즉 내용이 들어간 것이다.

* geometrical body: 한계 때문에 존재라 불린다. 이것은 1차 속성과 2차 속성의 차이를 발생시키는 근원이다. body와 내용을 구별해야 한다. 그 이유는 연장성 자체의 규정과 연장성 자체가 아닌 규정을 구별해야 하기 때문이다. 따라서 geometrical body는, 속에는 아무것도 없고 외부의 horos로만 규정되는 것을 의미한다. 제논은 모든 측면에서 geometrical body를 확대하려는 사람이다.

* 그러나 확대한다면 어떻게 연장성의 horos(기하학적 body의 한계)만 있겠는가? 존재와 무의 horos도 있다. 무가 아닌 모든 것을 받아들일 수 있으므로 내용까지 받아들인다. 그러므로 sōma pantē on(충전적 존재인 soma)이 나오게 된다. 이것은 연장성의 개념과 무가 아닌 한에서라는 점의 결합이라 할 수 있다.

* pantē on(충전적 존재)으로서는 통일된 일자가 성립한다 → Aristoteles의 형상 질료설(form-matter theory).

이 우주를 그러한 것을 받아들이는 규정으로 본다. 제1속성과 제2속성 모두를 받아들인다.

* 본질은 하나의 개체 나름의 존재를 성립시킬 수 있는 근거이다. 본질을 얻기 위해 하나의 개체를 자꾸 형태로 쪼갠다(분석). 분석한 다음에 합해 전체를 이룬다. 그러므로 first quality가 중요하게 된다(공간론).

* 형태보다 내용이 중요한 것.

아리스토텔레스의 입장: 날개가 있으므로 새가 된다.

이러한 입장: 공간 운동을 하려고 하니까 날개가 있다. 눈은 보려고 하니까 있다.

새가 나는 것과 사람이 걷는 것은, 외양은 틀리지만 같은 것이다. 그러므로 기능(function)이 중요하게 된다(시간론).

* 철학의 기본 문제.

plurality: body가 기본. 공간론. form-matter theory에서 완성된다(제논: 밖에 나타나는 것은 같아도, 내용은 다르다).

syneches는 하나의 positive한 존재(덩어리)이다.

그러므로 밑의 apeiron(존재의 privation)은 이 두 개가 부딪혀 나오는 것이다.

(body를 기준으로 한 plurality는 있는 것이 아니라 나타나는 것이다.)

9월 26(금)

5. 심플리키우스 97.13

* 제논

일자가 있어야 다가 있는 것이고, 일자가 점이라면 다는 없다. 왜냐하면 점은 증가나 감소의 원인이 아니기 때문이다. 즉 무로 간다. magnitude를 뺀 일자는 점이다.

* 반대론자

다(多)를 주장. 다가 성립하려면 magnitude가 전제되어야 한다. 그런데 magnitude를 지닌 일자는 무한 분할된다. 그러므로 진정한 단위는 magnitude가 없는 단위이다. 즉 분할 불가능한 단위이다. 점은 부분이 없으므로 분할 불가능하다. 따라서 점이 unit가 되어야 하지만, 제논에 의하면 점은 다를 구성하는 존재 속에 안 들어간다.

* 제논

① syneches → 존재 → 일자.

얽힘: A와 B가 자신의 것을 잃어버리고 얽힌 상태. 모든 내용이 결여(privation)된 상태 → apeiron.

privation: 무는 아니지만, 무에 접한 것.

② division.

㉠ 무를 자름: magnitude는 그대로 남는다. process는 무제한하다. 일자가 안 나온다.

㉡ magnitude를 자름: 아무것도 안 나온다.

magnitude와 무가 접한 한계선 중에서 가장 기본적인 한계는 점이다. 그러므로 양(量)에 대해서는 부분을 가지고 있는 것만 더하고 뺄 수 있다. 점을 더한다고 할 때, 실제로는 점을 가지고 있는 것을 더하는 것이다.

* kath' auto(자체적인 것)와 syneches(연속적인 것)는 서로 반대이다.

얽힌다는 개념: ① 불분명(apeiron)으로 가는 것 → 논리적(반대론자).

② 존재적으로 가는 것 → ontisch(제논).

②는 fact로서는 옳다. 논리적으로는 fact와 반대되는 것으로 간다.

논리적으로는 무제한하게 분석될 수 있는 것이 apeiron이다. (아래에서 보는 것) 그러나 위에서 보면, 분리할 수 없는 것이 일자이다. 그러므로 얽힌다는 개념 자체 속으로 논리적으로 들어간다. 얽힘에 들어가는 방식이 여럿 있지만 논리적 방식으로 들어간다.

* 문제점

① apeiron적인 것이 제논이 말하는 ontisch한 것을 회복하기 위해서

는 어떤 조건이 필요한가? →ontologie(존재론).

② 그러면 그 제논의 일자는 존재론을 밝히는 데 어디까지 도와줄 수 있는가?

* a(privation)+peiron(peras, terminus): 구별이 없어진다(있는지 없는지 구별을 못 내린다).

존재와 무의 구별이 사라지는 것이 privation이다.

기본적 구별은 '있다/없다'에 대한 구별이다. 동시에 존재도 아니고 무도 아니다. 존재와 무가 동시에 있으면 구별이 생긴다.

* 우리의 논리적 사고는 apeiron의 법칙에 따라간다. 두 개의 사물이 얽히는 것을 사고할 때, 논리적 사고가 나온다. (두 개의 kath' auto의 본질에서 출발) 그때의 기준은 얽힌다는 개념이 기준이다.

① A ② B ③ 얽힘(prevail).

* 하나만을 볼 때는 직관이 나온다. 예를 들어 친구를 만나 우는 것은 논리적 사고가 아니라 factual한 것으로 간다.

6. 심플리키우스. 99.7

* deiknymi: 증명한다. 피타고라스에서 발달한 증명 사상은 제논까지 내려온다.

apodeiknymi: 논증하다. antikeimenon: 대립된 생각으로서 놓여진 것, 반대 명제. anaireō(tollo, aufheben): 직접적으로 논파하다.

* 파르메니데스, 제논: 존재의 monism. einai/ouch einai.

1. 일원론: 무라는 것은 그 자체가 저절로 사라지고 결국 일자, 존재가 남는다.

2. syneches: 둘이 있어 존재가 성립한다. 이 syneches라는 개념 때문에 monism은 깨진다. syneches가 가지는 논리적 개념 때문에 제논의 반대편도 성립한다.

3. 그러나 제논은 반대편의 plurality를 antikeimenon(모순)으로 본다. 따라서 제논의 일자가 성립하느냐, 다가 성립하느냐는 양자택일적이어

야 한다.

　* 이때 제논은 모순 개념을 방법으로 삼아 반대편을 논파하려고 한다 (즉 A의 모순이 허위이면, A는 진리이다). syneches는 A와 B가 얽히면 양자가 자기 성질을 잃는다. 존재와 무가 얽히면 하나는 없어지는데(양자 중 택일해야 하므로), 이는 모순이다.

　① 제논: 가만히 놓아두면 존재만 남는다. 존재와 무의 대결에서 무가 나온다.

　② 반대편: 모순은 kath'auto도 아니고, syneches도 아니다.

　* 제논 철학의 문제점

　1. 제논이 말하듯이, 다는 꼭 허무로만 돌아가는가? 허무로 가지 않으면 왜 모순율을 적용하는가?

　2. 모순 자체의 구조가 제논의 일원론에서 도출되는가? 자신의 주장(모순을 인정 안 함)과 방법론(모순을 인정)의 관계는 어떻게 설명해야 하는가? 사실 그는 자신의 방법론을 따르면 정반대의 사상을 인정해야 한다.

　• 자신의 주장: 무에 대결시키지 마라. 무를 내버려둬라.
　• 방법론: 무에 대결시키되, 상대방의 다에 대결시켜라(자신의 일자에는 대결시키지 말고).

　* 모순

존재와 무의 대결에서 왜 무로 가는가?

$1 \times 0 = 0$: 제논의 논리.

$1 \times 0 = 1$: 반대편의 논리.

존재와 무를 kath'auto(자체적)로 두면 일원론이 성립한다. 존재와 무를 관계 맺게 하려면, 그 이외의 것이 들어가야 한다. 즉 apeiron이 들어가야 한다. 존재와 무는 논리적 공간의 법칙에서 관계 맺는다. 그것은 privation의 극한치가 무이기 때문이다. 따라서 존재와 무는 privation의 극한으로 가는 apeiron의 법칙에 의해 대결된다.

　* 논리적 입장(논리적 공간에서 관계 맺음).

1. syneches의 indefiniteness.

2. 모순: 이런 것들이 모두 존재에서 출발한다는 점(apeiron은 무에서 출발하면 존재의 변경으로 된다).

* 제논: 일원론을 깨트리는 모든 요인은 무를 거쳐야 한다. 그는 apeiron과 존재를 서로 모순된 것으로 본다. 이것들을 다루려면 무가 들어가야 한다.

9월 29일(월)

monism: 일자는 성립하느냐 않느냐의 양자택일만이 있다.

　　일자가 아닌 것: 다(多)·apeiron(존재의 입장에서 보고 있다).

　　일자: degree가 없는 것.

　　다의 본성: 다를 쪼개면 자꾸 다가 나오게 되는 것.

　　제논: 5는 하나의 존재, 즉 하나의 unit이다. 그것이 없어진 뒤에야 6이 나오게 된다. 그것이 무제한하게 간다. 그러므로 process만 있지, 도대체 존재가 어디에서 성립하느냐?

* 그는 일자가 성립하느냐, 않느냐를 강요한다. 일자는 부분이 없어서 implication도 없다(일자이냐, 아니냐만을 다룬다). 일자가 아닌 것은 일자가 없어진 다음에 생긴다. 그러므로 다원론은 다가 될 수 있는 implication을 갖는 일자를 다루고, 제논은 모순율의 일자를 다루고 있다.

* 결론

① 제논의 주장: synechein하면 존재가 나오고 일자도 나온다. 그것을 kath' auto(자체성)의 입장에서 보면, 존재만 나오게 된다 → 일원론.

② 제논의 방법: 사물과 관계해 증명하는 것(deiknymi), 즉 간접적으로 증명하는 방식은 모순이다. 따라서 그 방법을 통해서는 자신의 일원론도 성립하지 않는다.

* ① synechein해서 존재로 가는 것 → fact.

사물을 있는 그대로 보라(현상 기록) → kath' auto로 두는 것.

② synechein해서 apeiron으로 가는 것(apeiron의 한계까지) → logic.

관계를 맺어보라. 논리적 좌표에 refer시켜라. 논리적 공간에서 관계시켜라.

제논: 존재와 무가 얽힐 때, logical이라 한다.

반대론자: 두 존재자가 얽힐 때, logical이라 한다.

* Ontologie: ontisch한 것과 logisch한 것이 대립되므로 어디에 중점을 두느냐가 문제이다. 그러나 모순된 방향성 때문에 어디에 중점을 두어도 완전하지는 않다.

* fact 중심이면 엄밀한 구조를 알 수 없다(안 맞으니까 검증이 필요).

apeiron의 한계와 사실 세계의 차이를 학문이 채워준다.

syneches: 두 개가 관계 맺을 때는 부분(연장성이 들어간)을 지닌 것만이 관계를 맺는다. 그러므로 기하학에서는 연속량이 나온다. 일자는 연속량이 없다.

* syneches: 연속량이 있는 측면에서 관계 맺음.

존재: 연속량이 없는 측면에서 관계 맺음.

10월 6일(월)

7. 심플리키우스 138.3

* the one is not an existant → 반대편의 일자.

dichotomy: ├──────┼┼┼──┤ → 자꾸 나뉘는 것.

무한 분할 속에 어떻게 일자가 있느냐?

no longer one＝one is not an existant.

magnitude를 지닌 것이 존재한다면, 다만 plurality로서만 존재한다.

즉 제논의 일자는 magnitude를 지니고 있지 않다.

* plurality(비연속량)는 항상 2부터 시작한다. magnitude(연속량)는 연결해 주는 역할을 한다. 그래도 비연속량의 근저에는 연속량이 가정되어 있다.

연속량: 공간에서 연결된 것.

비연속량: 쪼개서 본 것.

연속량뿐만 아니라 apeiron을 지닌 것이 존재한다면(연속량이 끊어져 term을 받아들인다는 의미), apeiron은 일양적인 것이 없어져 버리고 최소 한도 2 이상이 나올 때 성립한다.

to be × not to be.

term(terminus)

apeiron은 term이 없다. 그런 의미에서 apeiron이다.

* apeiron은 그 자체가 둘이 아니라 possibility to be이자 possibility not to be이다. 쪼갤 수 있는 척도가 없으므로 apeiron이다. 척도를 받아들이면 apeiron이 아니다. 그러므로 모든 수의 근원은 1과 2이다.

* indefinite two(duas).

```
           C(존재)
           |
A ———————+——————— B
```

둘하면, 이미 모든 것이 나올 수 있다는 것을 의미한다. 따라서 제논의 일자에는 apeiron이 안 들어가야 한다.

8. 필로포누스

* 제논의 반대편: 책상 또는 사람 등이 많은 것은 자명하다(일상적인 견해에서 봄).

제논: 엄밀한 technical term에서 보는 것. 다는 self-evidence한 것이 아니다.

* 존재의 degree.

① 제논: 얽혀 하나로 감.

② 반대편: 얽혀 그 반대로 감.

③ 나중 사람들: 얽힘을 통해 나타나는 일자는 현상(Erschein)이다.

Phainomenon: 불로 비춰진다(비춰져야 안의 것이 비춰진다).

그러한 것도 존재라고 해야 한다. 그러나 다의 세계는 존재의 degree가 다르다(제논: 존재의 degree를 인정 안 함).

　＊물리학 등 모든 법칙: 얽혀 apeiron으로 가는 것이 아니라 positive한 규정이 나온다.

　법: 그 법을 통해, 한국 전체를 궁극적 일자로 놓는 것. 그러면 그 법은 한국을 존재하게 만드는 법이 된다. 그러므로 존재하게 하려면 얽혀 하나가 되는 법칙을 찾아야 한다. 예를 들어 만유를 존재하게 하는 법칙은 무엇인가? 무생물은 어떻게 생명체로 되는가?

　＊아리스토텔레스의 목적론이나 헤겔의 변증법은 그러한 법칙에 대한 형이상학적 차원에서의 이론이다. 어째서 다가 모여 하나로 될 수 있는가? 얽혀 하나가 될 수 있는 일반적 법칙은 형이상학의 사활의 문제이다. 각 분과 과학의 hypothesis를 빌려 얽혀 하나가 되는 현상(법칙)을 취급한다(제논: 다를 인정하면 우주는 존재하지 않는다).

10월 8일(수)

　＊제논: 명제의 부분을 이루고 있는 것이 모여 하나가 된다. 그는 소크라테스가 unit가 아님을 주장한다. 그 이유는 소크라테스가 철학자이며 동시에 기타 여러 다른 속성을 가지고 있기 때문이다. 이러한 분석은 제논의 반대편 입장을 이용해 반대편을 공격하는 것이다. 그러나 반대편의 입장을 이용하지 않고 제논의 존재 개념을 소크라테스에 적용하면, 일자(타자가 아닌)가 성립해야 한다. 이러한 일자는 분석적 사고의 종말(없앰)에서 성립한다.

　to be ＝ to be one: ontisch.

　＊문제점: 어떻게 주어지는가? 전체가 전체로서 주어진다.

　제논에게서 ontisch와 logisch는 정반대이다.

　아리스토텔레스의 논리: 분석을 하되, 어떻게 전체가 나올 수 있는가?

　현상학: term이 body에서 끝나 나타나는 것이 경험적으로 주어진 것.

　Ontologie: 어떻게 전체가 우리에게 주어질 수 있는가 하는 논리를 세워야 한다.

to be in all respects에서 끊어져야 body가 나온다.

뉴턴 물리학: body에서 출발.

field theory: body를 인정하지 않는다.

* 제논에서는 논리를 분석하면(Ontologie가 성립하면) 무한히 분할 가능하므로 최후의 일자가 나오지 않는다. 제논의 일자로 가려면 분석적 사고로 가지 마라. 제논의 입장에서 분석이란 '덜 얽혔다(불완전)', '구별된다'를 의미한다(무가 그 속으로 들어간 것이므로, 존재하지 않는 것).

* 제논에게서 다는 '완전히 얽히지 못했기' 때문에 나오는 것이다. 존재 내에 무가 있는 것은 모순이다. 분석은 무가 덜 빠졌기 때문에 행해지는 것이다. 개체 외부뿐만 아니라 내부에도 plurality가 있다.

* 제논의 존재: 엄밀한 의미에서의 존재.

제논의 세계: magnitude 속의 규정 아래에 있는 세계.

플라톤의 세계: 생성의 세계.

연역적 사고: 전체에 대한 규정에서 출발해 부분으로 나아가야 함.

플라톤: 다의 세계로 내려감.

10월 10일(금)

* continuous는 많은 단면(respect)을 가진다. 그러므로 잘릴 수 있다. 그러나 사실은 continuous를 자를 필요는 없다. the continuous는 one respect만으로는 성립이 안 된다. respect에 따라서 자꾸 잘릴 수 있다. 그런데 제논은 한 respect만을 지닌 일자와 여러 respect를 동시에 지니고 있는 일자들을 활용해 반대편을 논파하고자 한다.

* termless: privation의 극한치(무와 limit). 그 자신의 내용이 없다(내용이 있으면 안 쪼개진다).

the continuous는 respect가 들어간다.

possibility: 그 자체로는 안 되고 외부에서 respect가 들어가야 한다.

apeiron＝possibility: 그 자체로는 둘 중에서(to be or not to be) 어느 것도 안 되고, 어떠한 조건이 붙어야 그런 것이 된다.

continuous의 두면 → neither to be nor not to be.

* The continuous의 모순을 끌어내는 법(제논에 있어).

1) one이며 동시에 possibility to be many인 것.

2) 그 개념 자체 속에 모순이 들어 있다. possibility는 조건을 지닌 것만이 가능하다.

(존재와 무라는 개념이 없으면, 논리적으로 성립 안 한다.)

possibility는 본래 모순 개념이 아니지만, 모순 개념을 끌어낼 수 있다. neither나 nor를 동반해야 하므로 possibility는 모순을 동반한다. 다시 말해 to be나 not to be로 정해져 버리면 possibility는 안 나온다.

* 제논의 입장: 존재가 아닌 것에는 possibility와 무가 들어 있다. 동시에 존재도 아니라는 점에서만 possibility는 무에 들어간다.

① 제논: possibility에는 neither to be가 들어간다.

② 반대편: possibility는 nor not to be이므로 nor라는 조건 아래에서만 존재하게 된다.

③ 제논: neither to be와 nor not to be가 동시에 들어간다.

예) 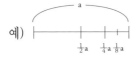 $\frac{1}{2}$a로 constant하게 있는 것이 아니고, negative한 것이 나온다.

neither to be도 동시에 따라다니므로 항상 $\frac{1}{4}$a, $\frac{1}{8}$a로 갈 수도 있다.

그러므로 계속해 neither to be만 뽑아내면 to be와 모순이 된다.

* divisible.

apeiron은 neither to be와 nor not to be라는 두 respect를 지닌다. nor not to be 측면에서는 positive한 becoming이 나오고, neither to be의 측면에서는 negative한 perishing이 나온다. 그 쪼개진 respect에서는 possibility가 없어진다. possibility를 통해 생긴 to be는 to be가 안 될 수도 있다(우연)는 것이 그 뒤에 항상 따라다닌다.

① possibility to be → 좁은 의미의 존재.

② possibility not to be → contingency.

그러므로 제논의 일자에 continuity를 끌어들이려면 neither to be도 끌어들여야 하므로 우선 모순에 부딪히게 된다.

10월 20일(월)
§. C. Passages which apparently quote Zeno's actual words.

--9--

* plurality의 입장에서 보면, magnitude는 별개의 것이다. plurality는 no magnitude의 한계에서 성립한다. term은 magnitude가 없는 존재와 무가 접하는 것이다. 제논은 plurality의 무제한성이 아니라 magnitude의 무제한성을 가지고 논한다.

* 보탠다: 얽혀서 내용이 관계를 맺는 것이다(새로운 unit가 나와야 한다). 따라서 apeiron, 즉 얽히는 요인이 항상 들어가야 한다.

* point는 어떻게 얽히게 되나? point 자체가 아니라 point 사이에 있는 magnitude가 얽히는 것이다.

제논: 그렇게 되면, magnitude는 없다. 최후의 entity는 부분이 없다. 부분이 없는데 어떻게 더해지는가?

* infinite

① so small as to have no magnitude(분할해 zero point에 가까워질 때).

② so large as to have infinite large.

①은 ├──────┼─┼┼┤→ 안에서 분할되는 것.

②는 ┤├ ┤├ ┤├→ 밖에서 첨가되는 것.

* apeiron의 성격: 얼마든지 줄어들 수도 있고, 많아질 수도 있다(무한 분할, 무한 증가).

① 무한 분할: 무한 수의 magnitude.

② 무한 증가: 무한대의 magnitude.

* 다성(多性): ① Zero.

② Full: 그 밖에 부분이 없는 것(전체). 밖에 0이 없는 것:

synechein해서 하나가 된다 → 존재.

③ 다성은 zero와 full 사이에서 왔다 갔다 하는 것이다.

* plurality가 있을 때 magnitude는 무한대로 커질 수도, 무한소로 작아질 수도 있다 → apeiron의 성격.

* 아리스토텔레스: 일정한 plurality가 있다고 해서 곧 무제한하게 될 수 있다고 보지는 않는다(제논도 마찬가지). 무제한 분할한다는 것은 끊지 않고(쉬지 않고) 분할한다는 것을 의미한다. 그것은 무한 진행의 process 속에서만 있지, 실제로 그 process가 없으면 불가능한 것이다. 2에서 4로 가는 것은 3이란 process가 있기 때문에 가능한 것이다. 즉 무한 분할이 진행될 때만 가능한 것이다. (현재의 plurality와 앞으로 있을 plurality는 다르다.)

* termless 일반의 차원에서 magnitude를 생각한 것.

① 무제한한 magnitude.

② 어떤 규정성을 지닌 magnitude.

③ 그러므로 zero punkt에까지 임박해 들어가야 한다.

10월 29일(수)

* apeiron: ① pantē on.

② to be in all respects body. 독립된(independent) 개체가 나온다.

body   apeiron

plurality가 존재한다면, independence가 있어야 하므로 서로 떨어져 있어야 한다.

plural, plurality, plural things ─ polla의 이율배반.

(칸트의 이율배반: 우주는 무한이냐, 한정되어 있느냐?)

* 제논: 아리스토텔레스처럼 있을 가능성이 있다는 것이 아니라 다(多)는 항상 있다.

① polla(다)는 한정 개념이다.

② 무제한하게 큰 것은 한정 개념(8개 있다. 10개 있다)이 아니다.

그러므로 ① 무제한하게 적은 것 ② 큰 것 ③ 동시에 크고 적은 것이 있다 → polla의 모순.

* 아리스토텔레스의 입장: 5가 있다고 해서 무한한가? 무한한 가능성일 뿐이다.

* 제논의 입장: 무제한 적은 것에서 무제한 큰 것까지 있는데, 우리는 그중에서 일부분을 보고 polla라 한다. plurality가 존재한다면 independent해야 할 터인데, 적은 것과 많은 것의 중간에 끼어 항상 변한다(항상 relation 속에 있으므로). 그러므로 plurality를 인정하면 apeiron도 인정해야 한다.

* 문제: 어떻게 bestimmt한 것(규정된 것) 속에 unbestimmt(무규정적인) 것이 들어가는가?

* 아리스토텔레스

① apeiron: termless.

② plurality: termed termless.

사각형 속은 termless이고, 사각형의 경계선은 termed이다.

이런 입장에서 보면, 현재 있는 것만 있게 된다. 우주는 개체들이 합해져 있다(물리: 입자).

termless는 termed되어야만 존재한다. 왜냐하면 존재한다는 것은 independent한 것 속에 들어가야 하기 때문이다. term에 의존해서만 자신의 존재 성격을 받아들일 수 있다. term을 넘어서는 존재하지 않는다. 전체는 일정하고 내부에서만 변한다. 또한 하나의 termed, termless가 나오려면 기존의 것이 나누어져야 한다. termed가 능동적(active)이라면, termless는 수동적(passive)이다. term은 규정성을 제공하고 termless는 그것을 받아들인다.

active한 것이 존재의 성격을 부여한다. 규정성 → 나무 때문에 책상이라 하지 않고, 일정한 형태 때문에 책상이라 부른다. 나무에 책상이란 성격이 전체적으로 규정되어 있다.

* 제논: termless가 어째서 termed 속에만 있겠는가? 사이에도 있고 밖에도 있다. 도처에 있지 않고, 아리스토텔레스 식으로 있으면 termless라고 할 수 없지 않은가? termless가 있고, 그 속에 termed가 있다. 제논에게서는 term이 수동적(passive)이고, termless는 능동적(active)이다. 다를 만들려면 단위가 필요하다. 그런데 단위는 무제한(active)하다. 일정한 단위는 없다.

공격점: plurality는 apeiron을 놓고 나간다. 그런데 apeiron은 제한된 plurality 속에 있지 않은가?

* 아리스토텔레스: 제논의 입장에서는 indefinite 속으로 들어가므로 존재란 말을 쓸 수 없다. 제논 식이면, 극한에서는 plurality가 나오지 않는다. plurality는 그 자체가 영원히 합칠 수 없는 두 개 이상의 요인으로 되어 있다. 한 respct에서만 설명할 수 없으므로 문제가 복잡해진다. 그러므로 plurality라 한다. 아리스토텔레스에 따르면, 제논이 말한 것은 혼동 속에 들어 있는 것이다.

11월 3일(수)

* 제논에게서 다의 존재는 얽혀 하나인 것이다. 그것은 얽힘과 하나가 분열이 안 된 상태이다. 반면 아리스토텔레스는 얽힘을 빼고 하나만 생각한다. 하나가 magnitude 속에 들어가 존재가 되려면 body가 되어야 한다.

* plurality의 성립 요인: ① privation으로서의 syneches, ② 얽힘, ③ 하나.

* 아리스토텔레스: 다(多)는 independent한 요소가 여러 개 모여 있는 것이다. 그러나 그것만 갖고는 안 된다. 왜냐하면 얽혀서도 존재가 드러나야 하기 때문이다.

① termless: privation으로서의 termless에서는 존재가 드러나고, 얽힘으로서의 termless에서는 관계 맺음이 드러난다.

② always: independent한 일자에서는 안 나온다. 얽히는 것이 중지하지 않는 것이 process이다. 다가 나오려면 always가 있어야 한다.

* 제논: 얽힘과 하나가 분리될 때, plurality 개념이 나온다. 즉 덜 얽혀졌을 때, 다가 나온다. 다가 relation 없이 존재한다는 것은 얽혀 존재한다는 것이 아니라 존재하게끔 하는 능력에서 나온다. 그런데 그 능력은 중지하지 않는 것이므로 always이다.

* plurality의 reality: bestimmt와 unbestimmt를 모두 갖고 있는 것이 다의 본성이다. 그러므로 제논의 이야기도 옳고, 반대편의 이야기도 옳다(어떤 관점에서만). plurality의 정체성은 하나만으로는 안 된다는 사실이다.

11월 7일(금)

12. 플라톤

* 아리스토텔레스에 따르면, 한 사물에 대해 일정한 시공간에서는 여러 규정을 넣어서는 안 된다. 논리적 사유(logical thinking)는 동일한 사물을 동시에 동일한 관점에서 보는 것이다. 두 개의 규정을 넣어서는 안 된다. logos는 대상을 먼저 둘로 쪼개고, 그 둘 사이의 관계를 일정하게 연결하는 것이다. 그러므로 학문은 쪼갤 수 있는 곳까지 쪼개야 한다.

* 제논: 규정들이란 동일한 말을 해야지, 다른 말을 해서는 안 됨을 의미한다. 쪼개서 보면 상호간에 모여 하나가 될 수 없으므로 전체적으로 보자. 다(多)가 들어가려면 difference가 개입되어야 한다. 쪼개 놓으면 여러 관점에서 사물을 볼 수 있는데, 그러한 것은 하나로서 있다는 것에는 모순이다.

* '존재한다'는 것은 쪼개지 말자는 것이고, 논리는 쪼개자는 것이다. ontisch와 logisch는 상반된다. 존재론(ontisch)에서는 '있다, 없다'만 이야기할 수 있다. 논리학(logisch)에서는 무가 공간이 된다. 운동과 다에서

는 얽힘과 고정치가 구별된다. 얽힌다는 운동(작용)과 얽힌다는 단위만 구별된다.

* 존재는 비분석적 직접성에서 주어진다. 존재는 그러한 것이라는 Idee를 추상적으로 갖고 있다. 그것이 어떻게 주어지는가를 분석하면 주어지지 않는다. 존재란 있는 것일 뿐이다. 무가 아니다. 내가 있다. 그뿐이다. 있다는 증명은 없다. 살아 있다는 reality뿐이다. reality가 성립할 때, 쪼개볼 수 있는 힘을 지니는 것이 지적 능력이다.

* 자신의 reality에 real한 반응을 느낄 때, 그것을 분석하고 추상화하려는 능력은 학문으로 가게 되고, 그것에 위기감을 느끼는 감정은 종교로 가게 된다. 학문은 분석하는 것이기 때문에 고정치와 운동을 나누어본다(명사, 동사). 쪼개는 것(대상에 대한 분석)은 privation의 극한치로 가는 것이고, 그 극한치에서 증명할 수 있게 된다. 반면 자신의 존재를 허무에 대한 antithese로서 느끼면 신앙으로 가게 된다. 사실 내가 존재하지 않을 수도 있다는 느낌을 가지면, 우리는 어떤 존재가 아니라 어떠한 존재여야 하는가를 탐구하게 된다.

* 희랍인에게는 있는 것만이 있는 것이므로 신앙이 문제되지 않는다. 분석만이 문제가 된다.

II. Place

* 모든 것이 얽혀 있을 때는 place가 성립하지 않는다. place가 성립하려면 얽혀 있지 않고 뚜렷한 한 단위가 나와야 한다. 최초의 단위는 점, 선, 평면, 입체이다. 하나라는 것이 연장성을 띨 때, 공간 개념이 성립한다. 한 사물이 들어간 자리가 공간이다. 그것은 한 사물을 둘러싸고 있는 내부의 한계이다. 둘러싸고 있는 외부가 무엇이든 상관없다. 둘러싸고 있는 외부는 apeiron의 한계이다.

① proper place(topos)는 그 사물에만 국한된 장소이다 → 경험적 세계.

② common place는 모든 것이 들어갈 수 있는 장소이다 → 진공, 허

공, 기하학적 공간(synechein, privation).

　＊공간은 inner limit이다. 그것은 고정치가 나타나는 limit이고, 여기서
부터 현상이 나타난다.

　limit는 보태도 그대로 있다. 보탤 때는 부분이 있어야 하는데, limit
는 부분이 없다. 그러므로 '다가 있다'라고 하려면 공간이 먼저 있어야
한다.

　　① unit: 고정치가 나타나기 위한 필연적 조건.

　　② limit: 사물에 붙이면 form이 되고, 사물을 둘러싸고 있는 것에 붙
이면 공간이 된다. 공간은 사물의 form이 나타나는 곳이다. 그러므로 공
간의 성질에 따라 달라지므로, 철학에서는 모든 사물에 다 나타날 수 있
는 공간을 문제 삼는다. 부분이 없는 측면은 privation이고, 부분이 있는
측면은 연장성이다. 가장 구체적인 공간은 topos이다.

11월 10일(월)

　13. 아리스토텔레스

　＊Place는 사물을 둘러싸고 있는 내적 한계(inner limit of the surrounding
thing)이다. 따라서 그것은 limit의 한 종류이다.

　　① 두 개의 사물이 있어야 한다.

　　② 두 사물 사이에는 surrounding의 관계가 있어야 한다.

　Form은 사물을 둘러싸고 있는 외적 한계(the outer limit of the
surrounding thing)이다.

　surrounding의 관계가 없으면, 공간 속으로 들어가지 못한다. place는
limit이므로 독립되어 있지 않다. place는 limit가 속해 있는 사물의 공간
이다. 그런데 공간이 있다고 할 때는, 일상적 용어에서 애매하게 쓰인다.
제논은 고유한 의미(proper sense)로 '독립된 하나의 entity'라는 의미에서
사용한다.

* 도형과 같이 A가 B 속으로 들어간다고 할 때, 삼각형의 limit가 연장성과 부분을 갖고 있으므로 limit 자체가 entity라면 그것들은 합쳐지지 않는다. 수는 limit of the extension이다. 수의 단위는 point와 비슷하다. point는 아무리 합해져도 커지지 않는다.

  B는 pp′에 의해 surrounded 되었는데, 만약에 공간이 독립된 것이라면 pp′는 독립되어야 한다.

A ├──────┤ B p p′

  place가 있다면 place를 구성하는 실체가 또 무제한 나아가므로 최후에 가서는 infinite로 surround한다. infinite 자체는 공간 속에 안 들어간다. place를 인정하면 무제한적(infinite) place가 나오게 된다. 그러면 또 place가 없어진다. 이것은 수에서 다를 인정하면 수에 모순되는 결론이 나오듯이 모순이다. 그러므로 place는 limit를 갖고 있는 실체가 있을 때만 있게 된다. 아리스토텔레스에게서 place는 우연(accident)이다.

  * Place 개념

  ① 고정치가 나와야 한다.

  ② 전체와 부분이란 개념이 나와야 한다. (둘러싸므로)

  ③ 그 부분이 나타나는 apeiron이 limit이다.

  ④ 그 limit에서 form이 나타난다. 그 form을 빼면 그 form이 나타나는 한계가 있다. 그러므로 공간을 제1성질이라 한다. 어디서부터 이것이 책상이냐? 사물을 사물 자체로 보는 것이 아니라 다른 사물과 더불어 나타나는 그 한계를 물어야 한다. 한 사물이 맨 처음에 그것 아닌 것과 구별되는 곳이 place이다. 그래서 제1성질(primary quality)이다.

  ⑤ 한 사물이 단독으로 존재하지 않고 여러 사물과 관계지어 나타나면

서도 얽히지 않고 나타날 때 성립하는 것이다. 사물이 단독으로 나타나면, 공간은 성립하지 않는다.

14. 아리스토텔레스

우리가 'place가 있다'라고 말할 때, 그것은 의식의 공간에 meaning으로서만 있다.

15. 심플리키우스

* place는 다가 존재하기 위한 기본적 조건이다. 우리가 파악할 수 있는 모든 것이 나타날 수 있는 공간이다. 다가 없어지면 place도 없어진다.

① 제논: place도 '있느냐 없느냐'만 문제 삼는다. '내가 어디에 있는가?'는 문제 삼지 않는다.

② 논리적 사고: 어디에서부터 다의 내용이 나오는지를 설정해야 하므로, place는 중요하게 된다. 내용의 질은 공간과는 상관없다.

③ 아리스토텔레스: 전체는 공간 속에 안 들어간다. surround하는 것이 없으므로 공간은 항상 우연성이다. 그러므로 infinite와 우주는 공간에 안 들어간다. 반면 인간은 definite한 것에로 간다.

11월 12일(수)

* space: the most common place(Kant의 시공간) → 모든 것이 다 들어갈 수 있는 place.

place: topos.

무는 place가 아니다(surrounding하는 것이 없으므로). 들어가기 전에는 비어 있다. 따라서 privation되어 있는 상태이다. 그러므로 제논에게서 모든 것을 받아들이는 것은 syneches이다(자연학: void). syneches(연속성)의 입장에서 보면, 그 속에 들어오는 것에 대해 surrounding만 한다. 그것은 privation of the total(possible)이라 할 수 있다.

* 그러면 공간에 들어가는 것은 무엇인가? 다가 들어간다. 운동

이 들어간다. 4차원의 것이 들어가면 place를 갖게 되고 space는 자취가 없어진다. space가 완전히 없어진다면, flux theory가 나오게 된다. space(Euclid 기하학적 공간, intelligible 공간)는 proper place(감성적 공간-직관한다)가 끝나는 곳에서 나온다.

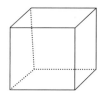

위 그림은 뒤도 보인다고 가정하므로 이렇게 그려진 것이다. 뒤도 보인다는 가정은 앞이나 뒤가 모두 동시에 주어져야 가능하게 된다 → ideal space. 색채와 감정 등은 그런 space에 집어넣지 못한다(비연장성이므로). 의미 내용으로만 집어넣을 수 있다. 플라톤은 지·수·화·풍 등을 넣을 수 있다고 보았다. 그것은 그가 보다 더 추상적으로 갔기 때문이다.

 * 개념적 사고는 형태마저 빼버리고 의미 내용만을 다룬다. 추상적 사고로만 보아야 identity를 알 수 있다. 우리의 의식에는 proper place를 넘어 space로 가는 측면이 있다. 있을 수 있는 것을 모두 다룰 수 있는 공간으로 간다. 그러므로 그것을 성립시키기 위해 syneches를 끄집어낸다.

 * 아리스토텔레스는 우주가 개체로서 구성되어 있다고 보므로 place를 논한다. syneches 속에는 다와 공간이 들어간다. 운동이 들어갈 때(운동은 고정적인 것이 아니므로)는 place라고 하지 않는다. syneches 속에는 얽히고 운동하는 면과 privation의 면이 다 있다. place가 성립하려면 실제로는 apeiron의 우연으로만 성립된다. place 자체는 개념 속에서만 성립한다.

 * 평면: 무에 접한 측면에서 고정치가 나온다. 존재를 무가 아닌 한에서 볼 때, self가 나온다(A, B, C, …… Self). 반면 연속성에 접한 측면에서는 고정치가 나올 수 없다. 왜냐하면 연속성 속에 들어가면 운동하게 되기 때문이다. 여기에서 flux의 극한치가 나온다.

* surrounding한 것 속에 refer할 때는 공간 속에 들어가는 것이다. surrounding한 것 속에 refer하지 않고 자신에 refer하면 an sich(자체성)이다.

* 파르메니데스는 일자를 구(球)로 생각한다.

그러므로 존재는 유한하다

멜리소스(Melissos): 존재는 한정되어 있다. 우주는 유한하다(자연학적 관점).

nothing is nowhere → being is everywhere → infinite.

따라서 멜리소스에게서는 apeiron이 성립한다. 그에게 무는 자기 파괴 개념이다.

제논: apeiron은 공간이 없으면 없는 것이다. 그렇게 되면 apeiron은 성립하지 않는다.

11월 17일(월)

* 공간: 항상 그 안에 고정치가 들어가야 한다. 흐르면 공간이 아니다. modality를 갖고 취급하는 것은 기능주의(functionalism)의 입장이다. 공간은 논리적 entity가 surrounded되는 한계이다. 공간 일반은 거기에서 부터 그 무엇(etwas)이 나올 수 있는 최후의 limit이다. 그곳에서 운동에 대한 고정치가 나온다.

* 제논의 ontisch는 경험적인 것이 아니라 주어진 것이다. 예를 들어 거리에서 가방을 주웠을 경우, 국내라면 법률적 관점에서 논리적으로 사태를 처리해 가방을 주인에게 돌려주어야 한다. 그러나 국외라면, 발견한 사람이 주인이 된다. 이는 법을 실천하려면 힘, 즉 강제력이 있어야

함을 의미한다. 힘은 ontisch한 데서 나온다.

① 논리는 존재로 들어가서 서로 맞게 된다: 아리스토텔레스와 헤겔의 입장.

② 논리는 존재와 맞지 않는다: 제논의 입장.

제논이 볼 때, ontisch는 하나이고 logisch는 relative이다. 논리는 두 개의 항이 관계 맺을 때 발생한다. 그때 관계 맺는 방식은 항상 가설적 (hypothetical)이다.

* 논리와 ontisch가 항상 반대되는 이유

① 제논: 존재는 무가 아니라는 점에서 출발한다. 존재와 무는 서로 다른 것이라는 사실이 명백하다(eindeutig). 아리스토텔레스의 목적론에 따르면, 논리는 존재로 향해 간다.

② 항(term)의 identity를 인정해야 한다. 항은 적어도 두 개가 나와야 한다. 둘이 나올 수 있는 필수적 조건이 apeiron이다. 둘은 각자가 서로 일부분만 관계를 맺지만, 관계를 맺기 전에 apeiron에 먼저 refer한다. 이는 둘 모두 apeiron과 어떤 관계를 맺고 있다는 것을 의미한다. 그러므로 apeiron의 성질이 무엇이냐에 따라 논리의 성질이 주어지게 된다. 따라서 ontisch는 무에 refer하고, logisch(둘)는 apeiron에 refer하게 된다. 그런데 무는 apeiron과 다르다. 두 개의 사물은 먼저 apeiron에 refer하고 있다. 그러므로 존재와 논리는 다르다.

* 궁극적인 것은 ontisch한 것이다. 왜냐하면 분석 자체가 목적이 아니라 존재를 알려고 분석하기 때문이다. 산다는 것은 존재적(ontisch)인 것이고, 관계 맺음은 논리적(logisch)인 것이다. 소크라테스의 죽음은 logisch한 것을 끊고 살려는 것이 아니라 자기가 죽음으로써 도시국가의 ontisch한 것을 살리고자 한 것이다.

11월 19일(수)

Motion

§ A. Place and Motion

* place는 고정치가 둘 이상 나올 때 성립한다. 제논은 motion 자체를 place에 refer해 비판하고자 한다. motion은 최소한 두 개의 place에 refer 한다. motion은 고정치가 없을 때 성립한다. motion은 얽히는 과정이고, 얽히는 것은 둘 이상일 때 발생한다. 존재는 얽힘과 얽히지 않는 것을 구별하지 않는다. 다는 구별이 된 것(그러나 뒤에 termless가 따라다님)이다. 존재에서 다를 끄집어내면 얽힘이 남는다.

① 제논: 다가 얽혀 일자가 된다(얽혀서 내용이 살아야 한다).

② 반대론자: 다가 얽혀 apeiron(privation)으로 간다.

그러므로 논리적으로는 하나로서 인정을 못하고 쪼개보아야 한다. 쪼개려면 두 개 이상의 것을 받아들여야 한다. 즉 apeiron을 받아들여야 한다. 모든 가능적 고정치를 받아들이는 한계가 space이다.

* Space와 운동의 관계

apeiron과 고정치가 관계를 맺으면 space와 다가 나오게 된다. 반면 apeiron과 얽힘이 관계를 맺으면 운동과 시간이 나오게 된다. 그러므로 운동에서 존재가 드러날 때를 시간이라 한다.

① 제논: 존재는 충만(definite)한 place를 받아들이는 것이다. 정지는 그 사물 나름대로의 충만이다. 시각(ist)은 그 순간순간의 존재이다.

② 반대론자: 존재는 apeiron과 privation으로 간다. 운동이 시간(시각)의 존재를 드러낸다.

③ 비판: 지나가는 운동을 논해야 운동을 논하는 것인데, 제논은 운동을 논하고 있는 것이 아니다. 따라서 운동에 대한 반박이 안 된다.

* plurality에는 termed와 termless가 항상 따라다닌다. 그렇다면 어째서 다만 나타나는가?

운동에는 고정치를 못 붙이므로 '운동이 운동한다'라고밖에 표현을 못한다. '이것이 운동한다' 또는 '저것이 운동한다'라고 말하지 못한다. 왜냐하면 다와 결합된 운동만이 존재하기 때문이다.

*제논: 운동과 운동하지 않는 것이 합쳐 불가분의 것으로 된 것만이 존재할 수 있다.

A is moving to Apriori.

A(termed) is moving(term을 주는 것) to be → 시간.

abstract한 측면에서만 다가 성립하는 것이지, real하게는 뒤에 무규정이 따라다니므로 다만 있는 것이 아니다. 항상 다와 결합된 운동만 있다. 순수한 운동(플라톤의 자발성)은 없다. 실제 있는 것은, 운동의 어느 관점에서 보면 다로서 나타나기도, 운동으로 나타나기도 한다.

*제논: 존재 속에 다와 운동이 있는데(구분하지 않고 연결시킴), 분석해 보면 한 측면은 다이고 다른 한 측면은 운동이다(플라톤은 존재 속에서 다와 운동을 구분한다). 순간은 다가 perfect하게 나타나는 계기이다. 그러므로 순수한 순간의 antithesis가 순수한 운동이다. 순수 apeiron은 순수 Privation이다.

*plurality: 얽힘이 언제나(always) 지속되고 중지되지 않을 때 성립한다.

운동: succession, duration.

순수한 운동(다가 항상 배후에 따라다닌다)일수록 순수 apeiron이다. 순수 privation은 순수한 다의 이면을 항상 가지고 있다. 그러므로 실제 성립하는 것은 ist인데, 그것은 운동과 다가 비구분된 것이다. 순수한 운동에는 순수한 다가 따라다닌다. 그 다를 운동 측면에서 보면 시간과 순간이 나오게 된다.

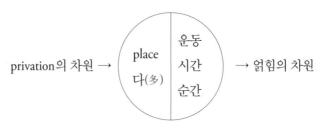

* 제논에게서 '운동은 운동한다'라는 언명은 nonsense이다. 운동은 다 없이는 성립하지 않는다. 그런데 운동은 다가 아니다. 운동과 다는 존재의 양측면이다. 운동도 아니고 다도 아닌 것이 성립한다. apeiron으로 가는 것은 두 개로 가는 것이다. 존재는 그렇지 않다. 반면에 철학자들은 운동은 운동대로, 다는 다대로 본다. 그래서 is를 is not이 아니라 apeiron과 대립시킨다.

* 제논: absolute(무가 아닌 한에서) reality를 다룸.

학문의 방법: relative reality를 hypothesis의 차원에서 다룸.

그러한 hypothesis를 살피는 것이 플라톤 이후의 철학이다. 즉 플라톤 이후의 철학은 '운동과 다는 있다'라고 가정하고 그 속의 것을 끄집어내고자 한다. 예를 들어 운동이 있으려면 무슨 조건(무가 아니고 다가 아닌 한에서)이 있어야 하는가? functionalism이냐 body냐? 실제 성립하는 것은 field인가, 입자인가?

* 제논은 운동과 공간의 antinomie를 본다. 그는 운동을 그 어떤 것에도 환원하지 않는다. 그 이유는 그 어떤 것으로 환원하면, apeiron의 성격이 없어지기 때문이다. 반면에 칸트는 운동을 공간에 환원해 본다. 사실 철학은 실제로 두 개를 놓고 그 둘을 어떻게 조화시키는가의 문제(운동과 고정치는 어떻게 조화되는가?)를 다루게 된다. 제논에 따르면, 이 둘은 근본에 가서는 합쳐진 개념이 아니다. 학문은 hypothesis를 인정한다. 그러한 hypothesis가 어디에서 출발하고 어떻게 관계 맺는가를 탐구한다. 이것은 형이상학의 문제이다. 그러므로 운동과 다는 원칙적으로는 안 받아들여진다. '내가 있다'라는 것은 운동도 아니고 부분도 아니다. 그것은 증명을 못하는 것이다.

* 진정한 의미의 존재는 function과 organ을 구별 못하는 어떤 것이다. 칸트에 따르면, 순수 오성 판단을 하는 통각을 넘어서는 어떤 것이 있다. 그러나 제논에 따르면, 우리는 그러한 존재에 대해서는 분석을 하지 못한다. 그런데 분석을 하지 않으면서 근거(Grund)를 찾는 것은 신앙(belief)이다.

* 플라톤에게서 운동은 spontanéité(자발성)이다. 따라서 다와 운동을 관계시키는 것이 문제가 된다. hypothesis는 우리가 그것에 대한 negation을 배후에 갖고 있으므로 hypothesis라 한다. 아리스토텔레스의 목적론에서는 운동이 다를 향해 나아간다. 베르그송에게서 다는 운동의 aspect이다. 플라톤에게서는 운동과 다가 공존한다.

11월 24일(월)

* 다로서의 to be는 얽혀야 한다. 경험으로 주어진 것을 wissenschaftlich 하게(학문적으로) 설명하려는 것이 formal science(형식과학)이다. 이러한 과학은 항상 to be에서 출발한다. 따라서 그것은 무에서 출발하지 않으며(무는 우연이다), 운동에서 출발하지도 않는다. 무나 운동은 그것에 대해 표상하는 한에서 또는 고정치의 기준에서 말할 수 있는 한에서만 의미가 있다. 고정치에서 출발하기 때문에 우리는 '운동은 운동한다'라고밖에 말할 수 없게 된다. 고정치 중에서도 가장 perfect한 고정치는 자체성(kath' hauto per se)이다. 이것은 질적으로는 완전한 고정치이지만 양적으로는 외형상 모든 것을 포함한다.

* 아리스토텔레스는 다를 운동하는 측면에서 보는 것을 물리학(physics)으로, 다가 운동하는 측면을 넘어서는 것을 존재론 또는 형이상학(Ontologie, Metaphysics)으로 구별하고 있다. '다가 존재한다'라고 할 때에는, 다가 얽혀 존재해야 함을 의미한다. 얽힘은 항상 존재에서 출발한다. 얽힘이 존재(불변치)에 끼치는 영향은 그것이 존재를 불변치로 두지 않음에 있다. 얽힘은 고정치를 없애는데, 그러면 얽힘과 존재는 모순이 아닌가? 그러므로 얽힘의 성질을 존재에 부여하면 존재가 깨지게 된다. 반대편의 논리대로, A와 B가 얽히면(관계 맺으면) 존재 성격은 깨지고 A도 B도 아닌 indefinite한 성격만 남는다. 그렇게 되면 얽힘의 극한치로 나아가 다가 없어지게 된다. 따라서 제논의 입장에서 보면 그것은 곤란하다. 그에게서 다의 존재란 충만하게 존재할 수 있어야 한다(그렇게 존재해야 할 필요가 있다). 그것은 하나의 존재적 요청(Ontische Postulat)이라

할 수 있다.

  * 제논은 존재이냐, 아니면 무이냐의 모순만 갖고 논한다. 얽힘과 존재가 구별이 안 되고 하나이다. 반대론자들은 얽힘의 극한인 apeiron과 privation으로 간다. 얽힘이 끝난 장소(평면)에서 얽힘과 존재가 구별된다. 얽힘 속에서 존재는 apeiron과 privation이라는 두 방면으로 나뉘어 나타난다. privation은 무에 접한다. 그리하면 외부에서 영향을 안 받아들이므로 고정치가 나오게 된다. 얽힘 속에서는 모든 것이 운동만 할 뿐이다. 이러한 두 측면은 동시에 있다. 그러므로 고정치와 얽힘은 구별되어 나타나는 것이 아니다. 그것은 apeiron이 지닌 syneches의 양면으로 나타난다. 운동 없이 다가 나타날 수 없고, 운동은 다 없이 나타날 수 없다. 다와 운동은 apeiron을 통해 연결되어 있다. 고정치는 운동에 대해서는 정지(불변치)이다. 과거를 동일하게 유지하는 능력은 기억이다. 이것은 자기 보존(Self-conservation)의 능력이다. 따라서 기억이 없으면 말도 못하게 된다.

  * 반대론자: 변하는 것과 안 변하는 것은 apeiron의 두 측면이다. 다는 고정치(정지하고 있는 것)이지만 운동을 항상 따라다닌다. 다원론에 따르면, 다가 있다. is를 A의 고정치로 놓을 수 있다. 운동은 있거나 다에 종속된다. 운동은 다의 이합집산이다. 헤라클레이토스는 '운동이 있다'라고 주장한다. 다는 운동의 respect이다.

  ① 多(정지한 것): A is ~ing. B is ~ing.

  ② is: A ── 정지. ~~ing ── 운동.

  * 플라톤: 다도 있고 운동도 있다(logical thinking). 다와 운동은 서로 성질이 다르다. 그는 다(idea)와 운동(poioun)을 나누고, 그 둘의 원인을 별개의 Grund에서 찾는다.

  제논: '다도 운동도 있다'라고 말하지 못한다. is는 하나인네, 둘로 나누어 말하지 못한다. 있다, 없다밖에 말하지 못한다. 구별조차 못한다.

  * 목적론: 운동은 고정치를 위해 있다. 즉 그 고정치의 본질을 실현하기 위해 있다. 운동과 고정치는 동일한 것이 아니다.

② 헤라클레이토스와 베르그송: 이 세상은 모두 운동이고, 고정치는 activity의 한 phase이다. 특히 베르그송은 의식의 흐름(stream of consciousness)을 주장한다.

③ 플라톤: 운동과 고정치는 서로 다르기 때문에 어떤 하나에 종속될 수 없다. 이 점에서는 제논과 동일하다. 그 둘 가운데 하나는 작용인(agent)이고, 또 다른 하나는 형상인(formal cause)이다. 다가 존재로 들어가는 길은 운동에서 완전히 벗어날 때이다. 운동이 존재로 들어가는 길은 다에서 완전히 벗어날 때이다(자기 운동). 그 운동은 영원하다.

④ Hegel: 자기 운동은 존재의 동일성이다.

* 공간: 거기에서 고정치가 나오는 apeiron의 한계이다.

시간: 운동 속에서 존재가 드러나므로 구체적인 내용이 있어야 한다(고정치가 논리적으로 안 들어간다).

운동: A에서 B로 가는 process이다. A에서 B로 되었으면 다(多)이다.

운동하면서 A, B가 드러나면 시간이고, 불투명하게 되면 apeiron이다. 시간에서 존재가 안 드러나면 운동은 공간이 된다. 운동은 어디에서 시작해 어디에서 끝날지 모른다. 그것을 구별하는 징표가 시간이다.

* 합리주의 전통은 시간을 공간 속에 넣어 왔다. 공간은 고정치를 surrounding하고 있는 inner limit이다. 시간이 정지해 있으면 시간이라 하지 않는다. 시간은 운동에 밑받침해서 나온다. 베르그송은 시간을 공간에 환원하지 않는다. 공간은 고정치에서 생각하는 것이고, 시간은 운동에서 생각하는 것이다.

* 존재론적 근거지음(Ontologische Hypothesis)

① 아리스토텔레스: 운동 속에서 존재가 드러난다.

② 플라톤: 운동 속에는 존재가 드러나는 측면과 드러나지 않는 측면이 있다.

③ 엔트로피 이론: 운동 속에서 존재가 드러나지 않는다. 시간은 존재가 드러나야 그 말을 쓸 수 있다. 시간을 공간에 환원하면 process가 빠지고(process는 측정을 못 하므로) 양항만 나오게 된다. 그것은 공간화된 시간

이다. 이 개념 속에는, 모든 사물에 시간과 공간이 동시에 있다는 생각이 들어 있다.

＊시간과 공간의 관계

시간은 운동이 있어야 한다. 운동은 얽힘의 극한치이고, privation은 고정치이다. apeiron으로서 사물이 성립할 때, 시간과 공간은 두 개의 필수적 요소이다. 그러나 양자는 그 성질이 다르다(한쪽은 운동에서, 한쪽은 고정치에서).

＊제논: '진정으로 있다'라고 할 때, 시·공으로 나누면 벌써 '있다'라는 말을 못 쓴다. 시·공으로 나누지 말라. to be is 'to be', to be is not 'not to be.' 존재를 무와의 관계에서만 보는 것은 절대적(absolute) 입장이다.

＊아리스토텔레스: 다는 plurality이다(apeiron의 입장에서 보기 때문에).

제논: 다는 apeiron이다. 이것에는 얽힘과 privation 두 측면이 있다. apeiron이 하나인 한에서는 시공이 따라다니지만, 시·공은 성격이 달라 한 측면에서 보면 다른 측면은 나오지 않는다(hypothesis).

＊지식의 입장: 절대적(absolute) 입장을 버리고 특정 관점에서 분석한다.

플라톤: 둘 모두 이질적이니까 둘을 다 보아야 한다. 현실적(real) 입장에서 존재론적 함의(ontological implication)를 찾고자 한다.

아리스토텔레스: 이질적인데 어떻게 한번에 볼 수 있는가? (서로 상반되는데 어떻게 설명할 수 있는가?)

＊Absolute

1. 존재를 다와 동일시하는 철학: 에피쿠로스.

2. 존재를 자기 운동과 동일시하는 철학: 헤겔.

현실을 설명하는 데 어떤 hypothesis가 더 좋은가? 절대적 철학은 없다. 상대적으로 서로 보완되는 철학만 있을 뿐이다. hypothesis 사상은 제논에까지 올라간다. 반대론자들에게서는 얽힘이 apeiron으로 간다.

＊철학의 hypothesis

① 시간 위주, ② 공간 위주, ③ 시·공 위주.

상식은 분석하는 능력을 지닌 인지적 기능(cognitive function)이다. 사태도 분석되는 측면이 있다.

– 끝 –

(대학원생 박희영 노트)

5. 1975년 2학기 제논 수강 노트

* 강의 교재: H. D. P. Lee, *Zeno of Elea: A Text, with Translation and Notes* (Cambridge Classical Studies)

9월 10일

존재: 1) real, 2) 자기 단위로서 독립된 것 ── 일자, 3) verum.
만물의 진상이라고 정의해 놓고 논의를 시작 ── monism ← Parmenides.

alētheia의 의미: 1. 진상, 2. 진리. lanthanō(은폐, 가로 놓인 것)을 벗긴다 (revelation).

전체의 reality는 일자; 존재로 충만되어 있다.
감각적인 것 다 빼버리고 다른 것과 관련해 refer할 수 없는 고유한 것, 항상 그 자체로 나오는 것 ── 논리적 사고, 추상적 사고에서 존재 ── Ontologie.

A Selbst B Selbst C Selbst. 이것을 전체로 말할 수 없다. 왜냐하면 A, B, C를 전체로 연결하는 것은 없기 때문에. 그러므로 플라톤은 A, B, C 는 독자로 전체로 있다고 본다.

Parmenides: A와 B와 C는 전체로 하나(엉켜서 가득 차 있다. 충만──이 곳에 무가 없다).

Platon: A, B, C 사이에 무가 있다.

엉킨다──synechō = together + have.

contineo = synechōn = contain.

continum = syneches = continue.

a, b, c, d가 엉키면 a, b, c, d의 관계가 생길 수 있다(상호 continue가 성립).

그러므로 a, b, c, d 전체의 규정은 a, b, c, d를 contain해야 함.

일자가 나올 때까지 엉키면 포함하는 것, 포함되는 것의 구별이 없어짐.

엉키는 극한치, 즉 충만 개념이 요구하는 것의 limit에는 a, b, c, d의 구별이 없어진다.

일자의 개념이 나오기 위해서는 철저히 완전하게 엉켜야 한다.

(a, b), (b, c) ……, 이런 식으로 엉킴이 각각 다르면 plurality가 나온다.

그러나 전체의 일자는 부분의 일자가 엉켜 구분이 없어지는 것.

충만 = 엉키는 limit, 자체적인 것(kath' auto) = 안 엉키는 limit(Platon).

kath' auto의 일자와 syneches의 일자는 다르다.

집합론 = 엉키더라도 요소와 unit가 그대로 있는 엉킴.

그러나 Zenon 책에서는 수학에서처럼 항(項)이 보이지 않음. 수학은 항이라는 function을 통해 엉켜지기 때문에 각개의 unit가 남아 있으면서 엉킴.

9월 15일

13쪽

Zenon: to on syneches(body)를 indivisible한 것으로 생각.

반대편: body → infinite divisibility.

존재 개념은 무와 대립 개념이 아니라 apeiron과 대립. 그러므로 apeiron과 대립되는 개념으로서 존재 개념을 찾아야 함.

2. Simplicius

ultimate minima가 있는가? → 존재의 단위는 존재만이 될 수 있다. ultimate minima 역시 존재이다. 절대로 ultimate minima는 존재가 아닌 apeiron이 될 수 없다.

Zenon에게서 전체(whole) 속에 infinite number가 들어갈 수 있는가, 없는가? 없으면 왜 없는가?

* magnitude를 나눌 때, 1) magnitude로 나눌 수 있다, 2) non-magnitude로 나눌 수 있다.

2)의 경우에는 body가 아닌 존재로 나누어야 한다. 이때는 그대로 magnitude가 본래대로 남아 있음.

1)의 경우에는 magnitude가 무한히 분할해 zero point로 가게 됨 (vanish).

* 전체(whole) 1) apeiron number of parts로 구성될 수 있다.

　　　　　　　 2) apeiron number of parts로 구성될 수 없다.

Zenon은 1)의 경우는 생각하지 않는다. 1)의 경우에 body는 Aristoteles의 개체, 즉 무제한한 부분. Aristoteles의 개체는 무한히 쪼갤 수는 있지만(즉 divisible하지만 divided되지는 않는다), 모든 측면에서 magnitude를 나눌 수는 없을 것이다.

* 만약 분할하려면 magnitude에서 magnitude로 나누어야 하는데, 그

렇게 하면 허무로 돌아감.

magnitude를 non-magnitude로 나누면 magnitude는 그대로 남아 있고, 다만 무제한 쪼개질 따름이다.

Zenon은 apeiron의 입장에서 보지 않음.

Zenon에게서 infinite number는 고려되지 않는다. 왜냐하면 indivisible one의 입장이기 때문에.

infinite number는 indefinite number를 의미하기 때문에 진상이 나오지 않는다.

즉 Zenon의 최초 전제는 '진상'이 살아남을 수 있는 한에서 모든 것을 받아들임.

따라서 진상 개념의 측면에서는 indefinite란 용납될 수 없음(항상 모순율에 의거).

따라서 Zenon에게서 infinite number는 nonsense가 됨.

9월 17일

continum: 자체로는 divided된 것이 아니지만 divide될 수 있다.

non-proper sense에 1이 나와야 다(plurality)가 성립.

즉 plurality는 non-proper sense one으로 구성됨.

plurality: one과 apeiron의 성격을 가지고 있다.

Zenon은 그중 plurality를 apeiron 입장에서 봄. apeiron을 존재도 무도 아닌 바, 모순율에 의거해 존재 개념이 아닌 것으로 봄.

* plurality는 축소, 증가가 가능 → 하나의 process.

이것을 인정하면 apeiron을 인정하는 것이고, 그것은 oneness를 부정하는 것임.

* apeiron 자체에서 봄. entweder oder(존재이거나 apeiron이거나, 일자이거나 plurality이거나).

* Zenon: plurality — 전(全) 우주의 진상의 입장에서만 이것을 부정.

폐쇄적인 우주 속에서 units는 무제한일 수 없다.

 * apeiron: 존재도 아니고 무도 아님. 모순을 이끌고, 또한 모순을 사라지게 한다. 모순율 적용 불가. ex) 죽음과 삶 모두 Zenon은 분리. 그러나 삶이 계속되다가 그것이 끝남과 동시에 죽는 것이므로 하나의 연속체로도 볼 수 있다. 그런데 Zenon은 이러한 입장이 아니다. 모순율에 의거해 죽음이냐, 삶이냐로 구분. 즉 Zenon에게는 중간 세계가 없다.

9월 19일 15쪽 중에서

Arguments directed against a plurality of henades.

Zenon: syneches ─ on(kath' auto hen).

plurality가 성립하려면 그 기초로서 hen이 단위로서 있어야 한다. 그런데 그런 일자란 없다(Zenon이 상대방의 입장을 수용해 비판). apeiron이 존재의 성격을 가지려면 선이나 점이 아니라 body가 되어야 한다. body로서의 plurality는 무제한 쪼개진다. 그런데 어떻게 그것이 body가 되는가?(일자가 있으려면 magnitude를 없애야 한다). 그러므로 plurality도 없다.

 * Zenon: unit(one) itself가 있으려면 magnitude가 없는 one 자신이 나와야 한다. magnitude가 있다면 그것은 one itself가 아니다(왜냐하면 무한히 쪼개지므로). 즉 magnitude가 없는 unit가 성립해야 함. 그러나 상대방의 가정에는 magnitude가 있는 unit이므로 상대방이 주장하고 있는 unit는 일자가 아니다. 그러므로 그들이 말하는 무제한 쪼갬으로써 plurality를 이룬다고 하는데, 그 unit가 plurality라는 말을 가능케 하는 unit itself가 아니다(왜냐하면 magnitude가 있기 때문에). 그러므로 그들이 말하는 plurality를 구성하는 unit는 one itself, unit itself가 될 수 없다.

body = being in all respects equally.

apeiron = divisible all respects equally.

 * Zenon: 엉켜 하나의 진정한 것이 나와야 한다.

반대편: 엉키면 내용이 모두 없어진다.

  * apeiron이 존재로 되려면 끊어져야 한다(그렇지 않으면 계속 연속됨. 연속성 그대로 있으면 존재와 안 만남)──being in all respects = 모든 점에서 끊어져야 한다(body).

  이 끊어지는 한계선에 무와 존재가 동시에 비침. 무와 접해 있는 apeiron.

  ex) 정삼각형의 경우, 그 속에 있는 것(possibility)으로 to be라고 불리는 것이 아니라 그것의 한계 때문에 정삼각형으로 불린다.

  1) geometrical body에서 to be라는 개념은 그것의 한계에 있지, 속에 있지 않다.

  2) physical body는 body뿐만 아니라 속이 있어야 한다. 속도 엉켜 있다. 그렇다면 to be가 속 때문이냐, 한계 때문이냐?(plurality의 문제──공간의 문제)

  ex) 물을 병에 넣거나 시험관에 넣을 경우, body는 다른데 내용은 같다. 여기서 제1속성과 제2속성이 갈려 나옴. 내용과 body를 구별할 때는 연장성 자체를 기준으로 한다. 1)의 경우는 그 자신이 아무것도 가지고 있지 않다. 그러므로 어떤 것이 존재의 성격을 가지려면 모든 horos를 받아들임으로써 존재가 될 수 있다. ── 종합: 일자로의 통일.

  ex) 안경이 존재를 획득하려면 공간적 한계뿐만 아니라 단단하다, 투명하다 등의 많은 한계를 수용해야 한다.

9월 26일

  *15쪽 아래 다섯째 줄에서 말하는 1은 다를 이루는 단위로서의 1이다. 그것은 Zenon이 말하는 1과 구별된다. Zenon은 1이 있어야 다가 있고, 1이 점이라면 없다. 왜냐하면 점은 증가나 감소의 원인이 아니다. 즉 없다. magnitude를 뺀 1은 점이 되어야 할 것 아니냐, 그런데 이 점은 무가 아니냐.

  *Zenon의 상대방은 다를 주장함. 다가 성립하려면 magnitude가 있어야 함. magnitude가 있는 일자는 무한히 분할됨. 그러므로 진정한 단위

는 magnitude가 없는 단위, 즉 분할 불가능한 단위임. 점은 부분이 없으므로 분할 불가능. 즉 점이 unit가 되어야 하지만, Zenon에 의하면 점은 다를 구성하는 존재 속에 들어가지 않음 → 진퇴양난 paradox.

syneches → 존재 ── 일자.

privation(무에 접한 것이 privation의 특징).

Zenon: 다를 주장하려면 그것을 구성하는 일자를 말해 봐라. 그것은 내가 말하는 진정한 일자가 될 수 없다. 그러므로 다는 없다.

* 1) 엉켜 다시 존재 상태를 가져야 함: Zenon.

 2) 엉키면 불분명 ──apeiron.

엉킨다는 개념은 논리적으로 2)로 귀결됨. 그러나 ontisch한 fact로서는 1)의 상태로 돌아감(real). logical과 ontisch가 불일치. 그러면 어떻게 logical한 것이 ontisch한 것을 회복하는가? →Ontologie의 문제.

* 가장 기본적인 구별: 존재와 무. 이것이 엉켰다는 것은 그것의 한계가 드러나지 않는다는 것. 존재도 아닌 것, 무도 아닌 것. 그렇다고 동시에 있지도 않다(동시에 있다면 그 구별이 벌써 되어 있어 드러났다는 것이 되므로). privation, 즉 우리의 logical 사고는 apeiron의 법칙에 따라 사고한다. 그러나 직관은 ontisch에 의존. 존재론의 목표는 logical과 ontisch의 합일.

9월 29일

Parmenides와 Zenon의 특징: 절대적 monism.

모순: 존재와 무가 엉키면 어느 하나가 없어져야 성립: 양자택일적 관계.

monism: 가만 내버려두면 무는 없어짐. Zenon의 입장에서는 모순율을 적용할 필요도 없다. 왜냐하면 저절로 무가 나오니까. 그런데 왜 Zenon은 방법론에서는 모순율을 사용할까?

Zenon은 상대방의 다에 대해 공격하지만, 결국 스스로 모순에 빠짐.

Zenon은 다의 존재가 무로 된다는 것을 모순율로 해결함으로써 모순율 적용의 필요조차 없다는 자가당착에 빠짐.

ex) 'A의 모순이 허위라면 A는 진리이다'라는 주장 자체에 모순율이 들어가 있음.

1) 다가 허무로 돌아가느냐? 다가 허무로 안 돌아가면 왜 모순율을 적용시키느냐?

2) 모순 자체의 구조가 Zenon의 일원론에서 도출되느냐?

결국 모순율은 무를 택하거나 존재를 택하거나 둘 중 하나에 이르는데, Zenon은 일원론이면서(일원론은 모순율을 쓸 것 없이 저절로 결론이 나온다) 모순율을 자기 이론에 적용하고 있다. 모순율의 적용은 벌써 다를 전제하는 것. Zenon은 자신의 일원론과 다의 존재를 대결시킬 수 없음에도 상대방의 다에 대해 일반적인 무로 대결시켜 상대방의 다를 부정 — Zenon의 난점. 결론적으로 Zenon이 '모순'을 진정하면 결국 자가당착에 빠진다(즉 상대방의 다와 자기의 일원론을 정면 대결해 양자택일로 놓으면 그것 자체가 자기의 일원론을 부정하는 것이기 때문).

* Zenon이 지금 존재와 무를 관련시키는 것은 순전히 논리적인 공간을 개입시키고 있는 것이다. 논리적 공간은 무와 접해 있는 apeiron의 법칙으로 privation의 극한에서 성립한다.

logical하다는 것은 privation에서 어떤 관련을 가져야만 성립. 그리하여 Zenon의 syneches가 indefinite하고 모순이 됨. 즉 Zenon이 존재와 apeiron이 다르다고 하려면 이 판단을 내리기 위해서는 logical해져야 함. logical은 privation에서 성립, 즉 무가 들어가야 함. 그런데 무가 들어간다면 Zenon의 일자 개념은 성립하지 않음(일자는 degree를 인정하지 않음. 하물며 무가 나타날 수 있는 빈틈도 주지 않음. 결국 Zenon은 항상 존재의 측면에서만 봄).

* Zenon의 plurality 비판.

이것에서 저것으로 전이할 때, 이것은 없어져야 함. Zenon은 양자택일적인 관점에서 봄. 일자는 양자택일적인 것, plurality를 인정하지 않음.

　＊ 중요한 것: logical한 것과 ontisch한 두 관점이 있다는 것.

　＊ 엉킨다는 것은 관계를 맺는다는 것. 관계를 맺는다는 것은 논리적 공간, 즉 apeiron에 적용된다는 것. 모순율의 적용 대상이 된다는 것.

　＊ Zenon은 대결할 때 logical인 데 비해, 상대편은 엉킬 때 logical.

　＊ ontisch 입장은 무는 관계시키지 않고 fact로 본다. 그러나 logical하게 보려면 무도 관계해서 생각해 보라는 것.

　＊ 결론: Zenon의 일자는 ontisch하게 보아야 함. 분석이 안 됨. 그것을 분석하려고 그 ontisch한 것을 logical한 차원으로 올려서 볼 때, 그것은 모순에 빠지게 됨. 왜냐하면 logical은 무엇과 관계시킨다는 것인데, 그것은 스스로의 일자를 부정하는 것이기 때문 — fact와 logical과의 딜레마. fact를 중심으로 하면 구조는 모르고, 구조를 알려고 logical하면 fact가 무너져 알 수 없다. Ontologie란 logical과 ontisch의 합일.

10월 6일

7. ＊ magnitude를 지닌 것이 존재한다면 다만 plurality로서만 존재한다. 일자로서는 존재하지 않는다. 즉 Zenon의 일자는 magnitude를 지니고 있지 않다.

　＊ magnitude: 연속량, plurality: 비연속량. 그러나 이 비연속량은 연속량 때문에 드러남. 단지 관점 차이 때문에 드러남.

　＊ 연속량뿐만 아니라 apeiron을 가지고 있는 것은 그 이상으로 존재함. 존재한다 함은 연속량이 끊어져 term(end)을 받아들여야 함. apeiron은 term이 없다. 그런 의미에서 일양적이다.

　＊ apeiron — possibility to be, possibility not to be. Zenon의 일자는 apeiron을 가지고 있지 않다.

8. Zenon과 Parmenides의 일자는 technical term으로 이야기함. 즉 sophistical. 상대방은 상식적인 이 세상의 다, 즉 자명하다고 생각되는 일

반적인 다를 이야기함.

* Zenon은 일자만이 존재한다고 하고, 나머지 것에 대해서는 그것을 중심으로 연역적으로 technical term으로 sophistical하게 말함. 그러나 상대방은 일반적인 다, 상식적인 다가 존재한다는 데서 출발. 둘의 출발점이 다르다. 그리하여 Zenon은 엉키면 하나로 가는데, 상대방은 무한히 plurality로 분할됨. 이렇게 엉킴을 통해 성립하는 일자=현상으로 나타남. 그러나 그렇게 현상으로 나타나는 것은 Zenon에게서 존재라 하지 않음 → 순수한 sophistical argument. Zenon의 존재는 사변적 존재.

ex) "하나의 법이 나라를 분열시킨다면, 그 법은 존재하지 않는다"라고 표현. 그 법이 옳다면(존재한다면) 나라는 하나로 됨. 즉 Zenon은 하나가 되게 하는 법, 존재를 형이상학적 입장에서 찾고자 함. 즉 만유를 존재하게 하는 것을 찾음.

* 현상의 감각적 일과 다의 측면을 다루는 것이 아니라 전체적인 엉킴으로써 하나의 존재 근거 내지 유기체 속의 통일된 하나의 법칙 근거를 다루는 것: 형이상학.

* 각 개별 과학은 가정을 빌려, 엉켜 하나가 되는 현상을 취급하는 것.

* 그러므로 Zenon에게서 다가 우주에 들어가면 우주란 존재하지 않는 것으로 분열. 즉 그는 우주를 하나의 진상 개념으로 봄.

10월 8일 19쪽
명제의 문제.

Zenon은 Socrates가 unit가 아님을 주장함. 왜냐하면 소크라테스는 철학자이며, 기타 다른 속성을 갖고 있기 때문이다(이런 분석은 Zenon 반대파의 주장을 이용해 반대파를 공격하는 것임). 반대파의 입장을 이용하지 않고 Zenon의 존재 개념을 소크라테스에 적용하면 일자가 성립해야 함. 이 일자는 분석적 사고에서는 성립하지 않음. 단지 ontisch하게 전체로서 주어질 뿐.

* cf. 아리스토텔레스의 문제: 분석을 하면서 어떻게 전체가 나올 수 있

느냐. 논리 분석이란 전체가 주어진 다음.

　* Ontology란 전체로서 일자를 구하는 것인데, 논리 분석하면 일자가 나오지 않음. 그렇다면 그 분석 대상(body)은 아무것도 아닌가? 그렇지는 않다. 다만 그것은 ontisch하게 있다.

　* Zenon: logical과 ontisch를 결합하는 Ontology란 성립하지 않는다. 즉 그에게는 logical과 ontisch는 정반대로 감. 애초 분석적 사고는 하지 말아야 일자가 나옴. 분석이 안 된 totality＝일자. 분석하면 plurality — 일자 아님. 즉 one과 plurality는 모순. 소크라테스가 어떻게 unit냐. 소크라테스에게는 무한한 unit가 있다. 즉 plurality를 논한다면 그것을 구성하는 unit가 있어야 하는데, 또한 그 unit가 분할되므로 그 다를 논할 때는 일자가 나오지 않는다.

　* plurality를 성립시키는 one은 magnitude를 그 자체에 갖고 있다. 또한 그것은 분할되므로 그 one은 one이 아니다. 즉 그 one은 존재하지 않는다. one은 ontisch하게 전체로서 파악할 때 있다. 철저한 formal, sophistical science — 형이상학, 존재론, 상식적 사고로는 불가능. 즉 Zenon 형이상학의 최고의 극단을 논하고 있다.

10월 10일 — 교재 19쪽 14행 이하

　* Neither to be nor not to be — possible to — contingency possibility — to be와 not to be 사이 — 둘 중 어느 것도 되지 않음.

　동시에 무도 아니고 동시에 존재도 아님 — Zenon의 일자와는 들어맞지 않는다.

　* possibility는 negation을 항상 수반한다.

　* divided된 것에는 항상 그렇게 안 될 수도 있다는 neither가 따라 다님.

　* Zenon의 to be 입장에서만 보니까 자기의 일자 속에 연속이 들어오려면 neither to be nor not to be를 받아들여만 되고, 그렇게 되면 모순 개념을 받아들이게 됨.

10월 20일

* infinite할 때.

so small as to have no magnitude(분할해 zero point에 가까워지는 점).

so large as to have infinitely large.

* apeiron 다성(多性) ─ zero와 full 사이

* 전체 ─ 밖에 부분이 없는 것, 밖에 zero를 갖고 있는 것 → to be(존재).

11월 5일 21쪽 11행

엉킨다는 의미에서 '존재'라는 말을 쓴다면 '완전히 엉킨다.'

always는 syneches의 대명사.

to be = one(다가 완전히 엉킨다).

　　　│

불가분의 관계

* Zenon의 입장에서 '있다'는 것은 완전히 엉킨 상태에서의 one.

ex) '나'가 '있다'고 할 때, 간·머리·발 등이 엉켜 유기체적으로 있다 ─ ontisch.

* 다라는 것은 엉킨다는 작용이 구별되는 것.

ex) 간·머리·발 따로따로 살핌 ─ logical.

* Zenon은 이와 같이 예를 든 방식으로 있는 것 모두를 생각해 만물이 유기체적으로 엉킨 상태에서의 존재를 말함 ─ 따로따로 살펴보면(abstract) 다가 성립.

　* 다의 측면이라면 구분했다는 것 → 구분이라면 그것의 기준도 다(多). 해부한 간, 유기체 간은 엉킨 방식이 다르다. → 기준이 다른 가운데 간은 간이 아님 → 원래의 간의 definition은 구분 속에서 규정된 것이 아니라 완전히 엉킨 상태에서 규정된 것임 ─ 그런데 구분 abstract 아래에서 본다면, 그 간은 간으로서 '있다'라는 말을 하지 못한다.

　* 엉키는 과정(운동)이 고정치만 나오면 안 됨. 끊임없이 비고정치가

나와야 함.

* 엉키는 과정이 고정치로 되어 있으면(ex. Zenon의 화살) 논리적으로 분석이 가능하다. 그런데 그 결과는 정지. 엉키는 과정은 운동, 그러므로 논리적으로 분석. 엉키는 과정은 비고정치.

* 다: 존재론적인 다. 일자-존재론적인 일자.

* 존재한다는 것은 고정치와 비고정치 두 가지 측면을 포함 ── 학문은 hypothesis를 두고 고정치만 취급 가능.

11월 10일 Place 37쪽

* place = 사물을 둘러싸고 있는 속의 한계(inner limit of the surrounding thing).

cf. form = the out limit of the surrounding thing.

* surrounding하는 것과 surrounded한 것, 즉 두 개의 관계가 있어야 공간에서 place를 가짐. place는 limit의 일종 ── limit는 독립된 entity가 아니다.

* Zenon의 '있다'라는 말은 우리가 사용하는 일상어의 의미가 아님. '있다'는 독립된 full meaning의 entity일 때 씀. 그러나 공간은 따로 있지 않음. 공간이 따로 있다면 그것은 공간 속에 있어야 함. 포함되는 것은 따로 있다는 것이 아님. place가 따로 독자적으로 있는 것이 아니다.

* 37쪽 13, 15항 ── ad infinition.

infinite ── surrounding한 게 있느냐 → 없다. 그러므로 infinite는 공간 속에 들어올 수 없다. 그러므로 place는 limit를 갖게 하는 것이 '있을' 때만 '있다.' 독자적으로는 없다.

* place: 1. 흐르면 안 됨(고정치가 나와야 한다).

　　　　2. 전체의 부분이란 개념이 나와야 한다.

　　　　3. 그 부분이 나타나는 apeiron은 limit이다.

* 모든 form을 가진 것은 공간에서 나타난다. 공간은 form이 primary 하게 나타날 수 있는 제1조건이다 ── place는 다(존재자)가 존재하기 위

한 기본적인 조건.

*37쪽 15항 — 한 사물이 단독으로 존재하지 않는다. 다른 것과 더불어 나타난다. 그러나 그것은 엉키지 않는다.

*Zenon — place가 없다. 어디 있다고 하면 다가 성립. 그런 의미에서 '없다.' to be or not to be의 entweder oder.

*논리적 입장은 다를 성립시키는 공간이 primary importance를 가짐.

11월 12일

*syneches: privation of total.

*모든 것을 받아들일 수 있는 것: 모든 것이 privation되어 있는 것, 비워진 것(그것은 syneches이지 무는 아니다).

1) syneches 속에 다가 들어간다.

*다가 들어가면 proper place가 나타난다. 그렇다고 space가 없어지는 것은 아니다.

*구체적 사물이 존재하는 곳 → proper place(즉 사물이 space를 차지하면 사물 뒤가 보이지 않음. proper place를 빼버리고 순수 공간을 만듦. 예를 들면 직육면체를 그릴 때 보이지 않는 곳, 점선으로 표시해 동시에 드러냄).

*순수 공간(intelligible space, ideal space) — 유클리드 기하학적 공간 — 동시에 다 주어지는 공간(cf. 칸트가 취급하는 공간은 감성적인 공간).

*그러면 색깔과 빛은 어떻게 순수 공간에 넣을 수 있을까? → 내용으로 넣음 — proper, place를 순수 공간의 place로 치환할 수 있다는 것은 모든 것이 들어갈 수 있는 공간으로 옮아가는 것을 의미.

2) syneches 속에 운동이 들어간다.

*운동이 들어갈 때는 place란 말을 안 쓴다. 운동에 고정치가 없기 때문에.

*평면에는 고정치가 나옴(평면과 수직 방향으로, 무에 직면). 그러나 수

평 방향으로 보면 연속적. 두 가지 측면이 나옴. 존재를 무가 아닌 한에 서 볼 때 Self라고 본다.

　* 예를 들어 평면을 수직 방향에서 내려다볼 때 Self를 봄. 고정치가 나옴(무와 직면). 그러나 수평 방향에서 보면 고정치가 나오지 않음. 연속체.

　* 공간체를 평면에 그릴 수 있다는 것은 연속성으로부터 분리해 낼 수 있기 때문(무가 접한 수직 방향에서) → 논리적 사고의 평면 ── 유클리드 기하학적 평면.

11월 14일 38쪽

　* syneches → privation으로 감. privation은 무에 접함.

　* 점 ── 위치는 있고 면적과 부분은 없다. 선(線) 속에 들어가지 않음. 선과 수직 방향에서 볼 때 고정치 나옴. 수평 방향에서는 연속.

　* plurality가 들어가려면 공간이 있어야 함. plurality는 무한대로 갈 수 있다. 그런데 무제한은 비고정치. plurality는 고정치 ── Platon Gorgias 편의 Zenon 이론.

　* apeiron = termless. 공간 속에 들어가지 않는 것 = plurality가 아닌 것. 자기 이외의 것이 안 됨(cf. 헤겔은 이와 반대). apeiron은 자기 자신 속에 있을 수도 없고 자기 밖에 있을 수도 없다. Zenon은 이런 것이 어디 있을 수 있느냐면서 apeiron을 부정.

11월 24일

　* formal science ── 연역적. 다로서의 to be. 무에서 출발하지 않음. 운동에서 출발하지 않음.

　운동의 관점에서 본 것이 physics. 운동 밖에서의 존재 state, 불변치의 구조를 논하는 것이 metaphysics. 다가 운동한다라고 취급하지 않음. 다가 존재한다라고 함.

　* 그런데 다로서 to be란 엉켜야 함. 엉키면 존재를 기만. 그래서

Zenon은 다를 부정. 그런데 다는 존재 → ontisch한 Postulat.

*Zenon은 존재와 무(entweder oder에서 봄). Zenon에게서는 다가 엉킨다, 존재와의 구별이 없음.

*그러나 다를 인정한다는 것은 엉킨다는 것을 존재로부터 구별해 낸 것임 ─ 논리적 분석 ─ 존재가 두 개의 측면으로 분열해 나타남. 무에 접한다고 하면 고정치가 나옴＝정지. 엉킨다고 하면 비고정치가 나옴＝운동.

*그러나 이것은 apeiron과 syneches의 양면으로 나타나는 것이다. 다와 운동이 apeiron을 통해 연결되어 있다. 두 측면이 동시에 항상 있다.

*is A＝존재, is～ing＝운동. 다원론자는 운동을 고정치라고 함. Herakleitos는 운동이 있다고 함.

*다와 존재 1) 환원 가능하냐? 2) 독자적이냐? 3) 독자적이면서 하나일 수 있느냐?

1) 다원론자: 다는 있다. 운동은 다에 같이 있거나 종속한다.

2) 아리스토텔레스: 존재에 다, 운동을 종속시킴.

3) Platon: 다도 있고 운동도 있다(동등관).

4) Zenon: 1), 2), 3)을 거론하지 않음. 존재하는 것만 있다(존재에 대해서만 사고의 대상을 삼음. 왜냐하면 그렇게 구별할 수 없기 때문).

*고정치에 운동을 종속시키는 것 ─ 목적론.

– 끝 – (학부생 이정호 노트)

6. 1973년 1학기 (대학원 강의)
플라톤의 『파이돈』 수강 노트

74e-75a

* ἀναγκαῖον ἄρα ἡμᾶς προειδέναι τὸ ἴσον πρὸ ἐκείνου τοῦ χρόνου ὅτε τὸ πρῶτον ἰδόντες τὰ ἴσα ἐνενοήσαμεν ὅτι ὀρέγεται μὲν πάντα ταῦτα εἶναι οἷον τὸ ἴσον, ἔχει δὲ ἐνδεεστέρως.

75a-b

* ἐκ γε τῶν αἰσθήσεων δεῖ ἐννοῆσαι ὅτι πάντα τὰ ἐν ταῖς αἰσθήσεσιν ἐκείνου τε ὀρέγεται τοῦ ὅ ἐστιν ἴσον, καὶ αὐτοῦ ἐνδεέστερά ἐστιν:

75b

* πρὸ τοῦ ἄρα ἄρξασθαι ἡμᾶς ὁρᾶν καὶ ἀκούειν καὶ τἆλλα αἰσθάνεσθαι τυχεῖν ἔδει που εἰληφότας ἐπιστήμην αὐτοῦ τοῦ ἴσου ὅτι ἔστιν,(Was es ist) εἰ ἐμέλλομεν τὰ ἐκ τῶν αἰσθήσεων ἴσα ἐκεῖσε

ἀνοίσειν, ὅτι προθυμεῖται μὲν πάντα τοιαῦτ᾽ εἶναι οἷον ἐκεῖνο,
ἔστιν δὲ αὐτοῦ φαυλότερα.

* eidenai = labonta tou epistēmēn echein kai mē apolōlekenai
  lethē = epistēmēs apobolē

* manthanein = oikeian epistēmēn analambanein (wieder-aufnehmen)
  = anamimnēskesthai (wieder-erinnern)
* to auto ho esti: 모순, 우연이 빠진 상태.

79c-d
* autē kath᾽ hauten skopē — psychē에 의거해 logismos 위에 있는 것.
최후의 일자.
* aei on ~ ~ kai hōsautōs echon; aei kata tauta hōsautōs echei.
저 현상계에 관해 동일성을 유지하는 것. 외부의 대상에 끌려가면
(helketai) 생명체가 안 된다. 만일 끌려가면 인식이 생기지 않는다.

79d
planos;
* peri: 떨어져 있음 ↔ ephaptomenē.
* psychē = idea + dynamic.
왜 분리하냐?
apeiron의 두 가지 측면 → 정적인 측면: idea, 운동의 측면: 도망감(자
기 상실).
psychē는 위 두 개의 측면을 가지고 있다. 내용? = 없다. 내용은 idea에
있다.
* idea는 Rule에 따름. 왜냐하면 hōsautōs kata tauta echein하기 때문
(자기 조절). 그렇지 않으면 planos로 빠짐.

* 자기 상실하지 않기 위해 물질 속에서 psychē는 역운동해야 한다. 외부의 진상도 알아야 한다. 그 능력＝manthanein. philosophy.

29 XXXII

toiouton: aidios는 아니나 비슷한.

* 인식론을 먼저 앞세운 이유 → 인식론에서 truth가, 사고의 기본이 나타난다.

* 행동이 앞서면 사물의 기본 구조를 알 수 없다.

* 행동을 강조하는 자는 먼저 우리가 조절 능력이 있다고 가정하고 강조한다.

* 인식을 하면 나 및 외부 대상의 truth가 나타난다. 즉 truth를 문제시하려니까 인식론이 대두(Platon에 있어서). 그런 후에야 국가 및 미(美) 등의 입장에서 볼 수 있다.

ontology, metaphysic이 앞선다.

사물을 주관적으로 보려고 인식론을 먼저 시작한 것이 아니다.

희랍: 지식이란 모순을 극치까지 없앰. aei hōsautōs echein하기 위해 모순의 진상을 찾지 않는다.

Platon은 현실 세계를 모순으로 보지 못했다. 진상을 모르면 헛것을 믿는다. 현실 세계는 모순이다. 믿음은 진리에 의한 해결이 아니다.

* 믿음은 모순을 통해 해결. 우연의 극한. 모순을 통해 해결할 때에 어떤 hypothesis가 요청되는가? 기독교의 부활 같은 것.

* Platon: 문제를 해결하기 위해 hypothesis를 가진다. 그리고 조절한다. 인간은 중간자, 그러므로 hypothesis가 필요하다.

* 중간자인 한에서 항상 hypothesis가 필요. hypothesis → 진리도 허위도 아니다.

* Platon, Aristoteles, hypothesis를 사용하는 실증과학에 충실하다. 실증과학은 책임을 져야 하기 때문에. 근대 철학은 남에 대해 책임을 지지 않고 있다.

* 조절을 잘하기 위해 학(學)을 하고 있다. Platon; 무책임한 소리는 하지 않고 있다. Platon은 대화(對話)에서 검증하고 있다.

* 실증과학이 엄밀하게 발달하면 인식론이 필요 없다.

병: 자기 조절이 안 되는 사람.

* 철학은 ontology와 logic만 남는가?

* hypothesis를 놓을 수 있는 능력이 지(知)의 최고 단계.

83d: eidos는 우리에게 고통을 안 준다. enargestaton kai alēthestaton하다(lypē와 hedonē가 없다).

* lypēthēnai

(apatheia, atharaxia): 현실 도피가 아니라 용기가 있어야 한다. 외부의 지배에 놓이지 말아야 한다. megalē psychē가 있어야 한다. constantia를 가지고 행위. 이것은 현실 극복이다.

이러한 apatheia 상태에 올라갈수록 andreioi한 사람이다. epithymia는 용감의 상태가 아니다. 비극의 탄생(왜냐하면 현실 극복). 동양은 갈등이 없다.

* 직접적으로 인식 능력에 관계하니 감각적인 것은 X.

* 쾌락, 고통은 판단 능력에 관여해 옳은 판단을 방해한다.

* 고통, 쾌락을 없애라.

* 옳은 판단은 용기가 필요하다. 그러므로 진정한 판단은 가치 판단이다.

비극: 개체와 개체 이상의 것을 알았을 때 비극이 탄생한다.

동양에서는 socialize가 되어 있지 않다. socialize가 되면 전제 정치가 위험하다.

socialize: harmonize의 구체화(극단적으로). 이것이 되지 않는 사회에서 공산주의 탄생.

pronēsis가 침투해 기독교 성립. 가설. 신의 function의 요구. 신 자신이 나와야 믿는다.

죽음은 시간 좌표, 공간 좌표로서는 해결이 안 된다.

Aristoteles: idea가 나타나야 사물을 알 수 있다. 구약의 신은 Idea의 신. function을 통해 신에게로.

----

* poioun은 harmonia를 psychē가 넣은 것. 소피스트들만은 harmoia를 부정.

* Zenon의 Dilemma는 harmonia를 찾지 않는 것.

* Platon, Aristoteles: harmonia를 찾는 것이 목적.

* 기독교(창조)는 harmonia를 찾지 않는다. 자연 신앙에서는 harmonia를 찾는데.

* 多가 존재할 때, 그 속에 harmonia가 있다.

* 옷(몸)은 psychē가 존재하기 위한 수단. 자기 보호하는 것을 만들다가 psychē는 죽는다.

* psychē는 모으려 하고 sōma는 흩어지려 한다 → 반대 운동.

* 질문(dilemma)과 hypothesis.

* Zenon의 aporētikon을 확장: Platon. aporētikon이 없으면 학문이 발달하지 않는다.

* hypothesis: pronēsis의 입장에서는 psychē는 불멸. ponein의 입장에서는 apolōlein한다.

* 생물에서 harmonia가 있다.

* Platon에서는 dynamic한 점에서, non-dynamic한 점에서 구별한다.

* 운동하는 측면과 운동 안 하는 측면이 다르다.

* dysologoi의 깊은 면 miaidea에 대해서는 logos(말)가 불성립. logos에서는 두 가지 면이 가능.

* Idea는 우리에게 안 들어오니까 kata auto라는 말을 쓴다.

* 원자론자: Idea = 물질(모순 없다).

* hypothesis.

* Platon: 모든 것은 진리의 측면이 있다. 사물의 진리와 허위를 가려 진리의 측면을 밑받침하기 위해 Idea가 필요.

* 모순을 없애려고 flux theory 적용.

* technē를 가지고 어떤 때는 진리이고 허위인가를 밝히자. 그러면 → misologia가 안 된다.

kata auto를 찾아 거기에 매야 구제가 된다.

----

* 99e eis tous logous kataphygonta

ho eikazō: logos를 탐구하는 것.

* logos를 logos로 탐구할 수는 없다. 그러므로 eikazō.

Anaxagoras의 hypokeimenon은 감성적인 것, 그러나 이것은 paratithemi한 것이어서 Grund가 아니다.

paratithemi(밑에서 떠받침)를 쓸 수 있는 것은 감성적인 것과 본질적인 것을 구별하니까.

tithemi: 주관적 행동, 논리적 진리 공간에 놓음. 즉 감성적 사물을 설명하기 위해.

(무관계한) kata auto eidos(aitia)를 놓는다. kata auto는 명제 속에 들어오지 않으므로.

사고 속에 들어오기 위해서는 eikazō hypothesis(우리의 능력 속에, dianoia 속에 들어온다).

* 감성적인 차원에서 eidos는 안 섞임(phainomenon만 Gegenstand).

* hypothemenos: 객관적으로 aitia를 찾을 때 성립. 이성적인 차원에서

원인을 찾을 때 항상 hypothesis가 나온다. 이것은 내재적인 것에서 찾고 분석적이다. aitia가 현상에 들어와야 인식이 성립된다(synaitia, 즉 hylē가 필요).

pragmateia.

＊kalon이 있으면 왜 원인을 구할 수 있는가? anamnēsis하기 때문. 논리적 지식이 성립하는 근거. 검증은? dialogue를 통해.

감성적인 것을 paratithemi하면 대화가 성립하지 않는다(외우면 된다).

＊phronēsis는? (phronēsis: Aristoteles에게는 poioun)

andreia sophrosynē.

마부. 통각의 기능. 감성적인 것 지배. 신체적인 것을 총체적으로 지배.

논리적인 지각과 감성적인 지각만 있으면 대화가 성립하지 않는다. 즉 통각이 없으면 hypothesis가 성립하지 않는다. 이 개념은 앞의 두 개의 면을 다 가지고 있다. 그래야 대화가 성립.

우리는 sōma 속에 있기 때문에 완전한 진리에 도달할 수 없다.

sōma의 기능 epithymia. 이것을 하나로 통일하는 능력이 있기 때문에 자기 조절 가능.

통각은 세 개의 factor: 감성적인 것, 논리적인 것, 두 개의 합.

＊행동에 있어서 hypothesis가 타당한 경우: 논리적 공간의 archē는 선택.

선택이 있으면 hypothesis. hypo──선택이 있다. Belief가 최대한 빠져야 지식. Belief는 어디나 들어간다.

＊아름다움 자체: hypokeimenon 인식 근거, 존재 근거──aitia.

＊asphalestaton 등의 낱말──hypothesis와 연결된다.

＊parousia.

apeiron은 어떤 구조를 갖고 있나? dunkel, 비규정적, diaskēnai, asapheia.

＊미(美) 자체가 parousia해야만 미가 성립.

＊Platon에게서는 밑으로 내려올수록 matter적(확산) parousia: hypothesis.

----

* zōē ←→ thanatos. zōē는 psychē가 준다. zōē의 원인이 psychē.
zōē는 thanatos를 받아들이지 않는다. zōē ←→ 무생명체.

* thanatos: psychē와, zōē를 주지 않는 물질적인 것과의 분리.
생명: psychē+물질적인 것. 물질에다 psychē를 kataschein. 그러므로
zōē는 psychē의 기능. athanathos psychē가 들어옴으로써 zōē가 성립.

* Lebenskraft.

* apatheia는 Platon에게는 무의미.

* 순환 논법.
어떤 것이 현실로 되느냐 하는 것은 idee 입장에서 모른다.

hypothesis

x가 우수(2)일 경우 본성적으로 겹침.

* kataschein: 3, idea → 이것이 apeiron의 확산을 막는다.

* perissotēs: superfluity excess.

* monas, alone, solitary.

* asphalein: certainty, logon. a-sphalēs.

zōē=apallagē의 반대. 죽음: apallagē psychē.

psychē → athathon → kata auto. phronēsis의 원인.

zōē → psychē와 물질의 결합. thanathos = separation(parousia에서 벗어
나는 것).

psychē는 없어지게 되는데 Platon에게서는 불사적이므로 남아야
한다.

zōē는 불사적인 기능이 있다.

* psychē의 이중 성격

1) parousia 時의 psychē, 2) parousia 이전의 psychē.

zōē의 athanathos의 성격은 무엇? separation의 원인.

psychē가 apeiron을 kataschein하는 방식: apeiron의 연속성을 끊는다 → 개체+dynamic.

연속성: 도망간다.

* 여러 modality가 합쳐진 것이 한 사물 → 사물은 변한다. 이것의 모든 modality를 통합 = phronēsis.

* 유클리드 기하학은 한 평면에서만 성립. 이것을 쌓으면 개체(즉 시·공간의 방식)가 된다.

분석적 사고방식의 소산.

* parousia theory.

apallage theory(위기에 빠진 사람에게는 무의미).

죽는 것을 사람은 싫어한다(parousia가 끊어지니까. Lebensgrund가 끊어진다).

경험적으로 증명하는 것: 죽은 뒤 시체가 남는 것.

Bergson: 생명체는 자신을 시간 속에서 영원화하려 한다.

* 모순을 올바르게 인정하는 것: 철학.

* psychē의 epimeleia: 생물로 하여금 자기 동일성을 유지하도록 하는 dynamic한 측면.

* Besoge Lebens Ordnung.

- 끝 -   (학부생 이규성 노트)

7. 박홍규 교수 학술 관련 친필 메모

2023년 여름 소은 선생이 남긴 우리말 책들(정암학당 보관)을 정리하던 중 두 가지 종류의 학술 관련 친필 메모를 발견했다. 하나는 아래 책 표지 공백에 남긴 기독교 관련 메모이고 또 하나는 습자지 한 장에 당대 문명과 우리나라 학문 풍토에 관해 수필 쓰듯 남긴 메모이다. 기독교 관련 메모는 아래 책에는 없는 내용으로서 책을 읽은 후 소은 선생 나름 기독교와 관련한 철학적 단상을 메모한 것으로 보인다. 책에는 선생이 읽으며 연필로 쳐놓은 밑줄들이 도처에 있다. 메모 내용은 1972년 2학기 중세 철학사 수강 노트와 밀접하게 연관되어 있다. 그리고 습자지 한 장에 남긴 메모는 현재까지 확인된 소은 선생이 남긴 글들 가운데 단 하나밖에 없는 수필형 문건이다. 그곳에는 흥미롭게도 짤막하지만 인간의 지성을 대체하는 기계 장치의 등장에 주목하고 있는 내용도 실려 있다. 해독이 불분명하거나 해독이 되지 않은 부분은 괄호 안에 물음표 표시를 병기했다.

1.『기독교 교리사』 표지 공백에 남긴 메모(메모 시기는 불명)

*『기독교 교리사』 J. L. 니이브, 서남동 옮김, 대한기독교서회 1965.
(J. l. Neve, *A History of Christian Thought*. Vol One History of Christian Doctrine, 1943)

a. 겉표지 앞날개
* 물질적 관계는 상호 take함. 생명의 관계는 상호 give함. give의 극한 적 상태는 자기희생적인 것.

b. 겉표지 뒷날개
* 서구 사회는 2층 건물임. Greek 1층, Christentum 2층.
* 물질은 관계를 맺으면 관계 맺는 것이 상호 상실됨. 생명의 세계(인간의 세계)는 역으로 각 관계항이 자기 완성됨. 물질은 상호 take함.

c. 앞쪽 속표지 1면
1. 식물의 세계에 욕구 불만이 없다.
2. 동물은 시끄럽고 욕구불만의 덩어리.
3. 종교의 최종적 목적은 인간의 욕구불만을 해소시키는 데 있다.
기독교는 희랍철학보다 욕구불만의 수(?)가 많다. 그리고 완전히 욕구 불만을 해소해 주는 데 있다. (이성보다)
생물의 욕구불만의 두 가지 양극. 하나는 식물, 하나는 종교의 은혜. 양 자의 결합 = Gottic Mensch.

d. 앞쪽 속표지 2면
욕구불만이 채워지면 조용해진다. 하나는 성자의 태도(?)이고 하나는 식물적 상태임. α와 ω의 결합.
나무는 전부(?) 동일한 공간 위에 서 있고 지배자도 피지배자도 없음.

계급도 없고 구세주도 없음. 생명현상은 1. 비분할 2. 창조성이 있는바
창조적 신앙은 생명의 극한적 능력의 표현임 1. 감성에서 2. 이성으로,
그리고 창조로 가는 것은 생명의 근원으로 육박(?)함을 뜻하며 비분석적
사고는 미개인의 사고와 상통함.

1. 두 개의 비분할적인 자. 1. 유기체 2. 감정 정신적 결합. 2(?) 신앙에
의한 결합.

e. 앞쪽 속표지 3면
비분석적 사고의 Climax 그리스도의 Incarnation.

선지자의 말이 나타나(?) 피를 가진 인간 살을 가진 인간으로 태어났
다는 것.

그리스도와 법 = 賞(?) 罰(?)을 줌(?).

신앙 → 감화(상대방의 자발성에 맡김. 감화 여부는 신만이 안다(예정론).

비분석적인 생의 양극단 1. 식물과 2. 은총에 의한 생. 양자의 결합이
Gothic 성당.

양자에 흐르는 생명을 표현함.

구약, 마호메트교와 달리 기독교가 다른 점, 즉 그리스도의 Incarnation
이 있음.

f. 앞쪽 속표지 4면
분석적 사고는 내재적 원인을 찾음. 모순의 회피.

비분석적 사고는 외재적 원인에 근거함 → 모순의 인정.

생명의 근원은 비분석적. 표면(신체)은 분석적.

존재, 무, 공간.

무는 죽음의 원인.

인간은 유한한 모든 자기 안의 무를 완전히 극복 못함.

존재(spontanéité)는 공간의 관계시켜서 공간 지배가 희랍철학의 문제임, 무를 지배하는 것은 기독교의(속표지 5면에 이어짐).

g. 앞쪽 속표지 5면

(속표지 3면에서 이어짐) 문제이고, 전자는 세계의 법칙적인 질서를 주는 것이고 후자는 재생 부활을 주는 것임(죄의 극한(?)은 무임).

희랍 사람(?)은 무를 static하게 봄. Christentum은 무를 dynamic하게 봄(모순의 인정).

신앙은 모순에서 즉 dynamic한 것이며 禩은 정적이다. 종교의 본질은 dynamic한 것임.

신념 = 정적, 신앙 = 동적.

비분석적 태도는 예술가, 종교, 부모의 사랑 — 신앙공동체에서 나타남. 생명의 중심은 비분석적인 것.

h. 앞쪽 속표지 6면

Platon은 신은 끊임없이 양적 분산되어 우주에 나옴. 기독교의 신은 단 한번 비분할적으로 나타남.

i. 뒤쪽 속표지 1면

$1 \times 0 = 0$: 관계법칙에 내재한 원리에 의하여 사고하니 합리적이다.

$1 \times 0 = 1$: 내재적 법칙에 따르지 않는다. 밖, 외재적 존재자가 있다고 가정해야 함.

창조의 논리는 관계자와 상태 타자인 초월적 원인을 요구하고 그것은 학문의 대상이 안 됨.

나무는 자기 욕망을 타자에 의하지 않고 스스로 채우며 자기 할 일을 타자에 매달리지 않고 스스로 처리함. 동물은 자기 욕구를 스스로 못 채

운다. 울부짖고 시끄럽고 싸우고 하는 것은 타자에 의지해서만 이 자기 욕구를 채운다.

j. 뒤쪽 속표지 2면
인간이 가장 타자 의존도가 많아 그 극한은 신에 매달리는 것임.
인간이 지상의 존재인 한, 나무를 본따서 자기 문제를 해결 못하고(?) 타자에 의지하려는 한 초월자가 필요함.
중세 gothic 성당은 나무를 통해서 초월자를 보았는지, gratia가 내려오는 과정인지 …… 분간 못함.

생명체는 스스로의 생명의 전체적 기능을 손상시키지 않고 타자와 합일하려는 본능이 있다(미분(?) 관계). 분석하면 생명은 죽는다.

k. 뒤쪽 속표지 3면
비분석적 사고방식이 발달 안 한 미개인은 거의 종교적임.
감성적인 것과 초인간적인 것을 직접적으로 결합시킴.
분석적 사고가 발달하면 종교가 없어짐.

Platon. Aristoteles의 신의 능력은 시공간에 양적으로 분산해서 나타남.
기독교의 신은 한 장소에 단 한번 신 전체의 기능을 갖고 비분석적인 전인적인 형태를 취하고 나타남(Incarnation theorie). (Participation theorie와 Incarnation theorie의 구별)

l. 뒤쪽 속표지 4면

법은 생명현상에서 물질현상으로 넘어가는 한계선에 성립함.

기독교는 법 준수 이상의 높은 의욕을 전제로 한 신앙임.

m. 뒤쪽 속표지 4면

창조자인 신에 의지한다는 것은 물질처럼 passive하다는 뜻이 아니고 신처럼 creative하여 active하다는 뜻임(모순율, 즉 passive한 것이 active하게 됨. 마치 무가 모순으로 변하듯이).

2. 현대 문명과 우리나라 학술 풍토에 관한 짧은 메모(메모 시기 불명)

헉슬리를 읽고 알았던가 자세히 기억은 안 나지만 지금은 도덕적 위선의 시대는 지났고 바야흐로 지성적 위선의 시대가 도래했다고 말하고 있다. 그러나 내 생각으로는 지성적 위선의 시대도 지난 것 같다. 현대의 과학적 기구가 지성을 대신하여 효율적으로 신속 정확히 움직이고 있는 것은 그 좋은 예이다.

넝마 누더기처럼 여기저기에서 주워 모은 글 구절의 짝을 맞추어 벌려 놓은 글을 학적 권위라고 자찬하는 사람의 글을 보면 한 페이지 정도의 글을 쓰는 데 외국 서적을 실로 30, 40권씩이나 인용하고 있다. 동서고금의 명인들이 사용했던 관념에 올라타고 앉아 좋아하며 의기양양한 유아적 사고방식이거나 지성적 위선자들이라 하겠다. 이런 글들은 좀 머리가 명석한 사람이라면 대부분 한두 구절로 요약해 놓아도 좋은 것들이다. 예를 들면 예수를 믿어라 믿어라 하는 글을 백장 썼다 하면 '믿어라'라는 한 단어로 요약되듯이. 또 하나는 날씬날씬하게 토막을 지어 분류해 놓고 물 위에 기름처럼, 제비 날개 공기차고 가듯 수박겉핥기 식으로 쓴 일서(日書)들을 거의 축자적으로 모방하고도 출처도 밝힘이 없이 마치 제 학설인양 천연스런 얌체들도 있다. 이런 사람은 학문의 깊은 생명의 단맛을 맛보지 못한 좀 딱한 사람일 것이라고 추측해 본다.

소은(素隱) 박홍규(朴洪奎) 연보

1919년 6월 1일	전라남도 광주시 서창면(西倉面)에서 박하정(朴夏鋌)과 송계남(宋溪南)의 3남 1녀 중 2남으로 출생
시기 미상	광주서방소학교(수창초등학교) 입학
시기 미상	광주서중학교 입학
1934년 4월	서울 중앙중학교 입학
1937년 4월	일본 와세다대학 제1고등학교 입학
1937년 4월	일본 아테네-프랑세 불어과 수학(2년)
1939년 4월	일본 상지대학 독어과 수학(2년)
1940년 4월	와세다대학 법학부 입학
1941년 4월	와세다대학 철학과 입학
1941년 4월	일본 아테네-프랑세 희랍어과/라틴어과 수학(3년 7개월)
1943년 8월	와세다대학 철학과 졸업
1943년 9월	와세다대학 법학부 연구실 조교(그로티우스 저작 초역 및 교열)
1945년 2월	경성치과대학 불어 강사
1945년 8월	일제(日帝)로부터 해방
1946년 10월	서울대학교 치과대학 강사
1948년 1월	서울대학교 문리과대학 불어과 조교수
1949년	현영오(玄永梧) 여사와 결혼, 슬하에 1남 2녀를 둠
1950년 6월	한국전쟁 발발. 서울에 있다가 1·4후퇴 때 광주를 거쳐 부산으로 피난

1954년 8월	서울대학교 문리과대학 불어과 부교수
1955년 1월	서울대학교 문리과대학 철학과 교수
1960년대	정규 강의와 별도로 자택에서 고전어 독회
	(1974년까지 삼선동 독회 시기)
1974년 10월	서울대 이전에 따라 강남구 반포동으로 이사
	(1984년까지 반포동 독회 시기)
1975년 3월	서울대학교 인문대학 철학과 교수
1975~82년	논문 작성 의무 규정에 따라 논문 6편(소은 선생 논문의 전부) 저술
1984년 6월	정년퇴임 고별 강연
1984년 8월	정년퇴임. 서울대학교 명예교수
1984년 11월	경기도 과천으로 이사. 자택에서 강의 및 독회 계속
	(1993년까지 과천 독회 시기)
1986년	한국서양고전학회 창립. 초대 이사
1993년 12월	과천 자택에서 마지막 강의(박홍규 전집 『형이상학 강의 2』 '무제')
1994년	3월 9일 서울대학교병원에서 숙환으로 별세

* 소은 선생의 주요 강의들을 녹취, 필사, 윤문한 글들과 논문 등을 모두 묶어
  『박홍규 전집』(전5권)으로 펴내기로 하고 아래와 같이 순차적으로 출간하였음.

— 『희랍철학 논고』(박홍규 전집 1), 민음사, 1995.
— 『형이상학 강의 1』(박홍규 전집 2), 민음사, 1995.
— 『형이상학 강의 2』(박홍규 전집 3), 민음사, 2004.
— 『플라톤 후기 철학 강의』(박홍규 전집 4), 민음사, 2004.
— 『베르그송의 창조적 진화 강독』(박홍규 전집 5), 민음사, 2007.

찾아보기